JUANJO MOYANO VÁZQUEZ

ENTRENAMIENTO DE PÁDEL:
1001 NUEVOS EJERCICIOS

©Copyright: Juanjo Moyano Vázquez
©Copyright: De la presente Edición, Año 2018 WANCEULEN EDITORIAL

Título: ENTRENAMIENTO DE PÁDEL: 1001 NUEVOS EJERCICIOS
Autores: JUANJO MOYANO VÁZQUEZ

Editorial: WANCEULEN EDITORIAL
Sello Editorial: WANCEULEN EDITORIAL DEPORTIVA

ISBN (Papel): 978-84-9993-869-1
ISBN (Ebook): 978-84-9993-870-7
Depósito Legal: SE 906-2018

Impreso en España. 2018.

WANCEULEN S.L.
C/ Cristo del Desamparo y Abandono, 56 - 41006 Sevilla
Dirección web: www.wanceuleneditorial.com y www.wanceulen.com
Email: info@wanceuleneditorial.com

Reservados todos los derechos. Queda prohibido reproducir, almacenar en sistemas de recuperación de la información y transmitir parte alguna de esta publicación, cualquiera que sea el medio empleado (electrónico, mecánico, fotocopia, impresión, grabación, etc), sin el permiso de los titulares de los derechos de propiedad intelectual. Cualquier forma de reproducción, distribución, comunicación pública o transformación de esta obra solo puede ser realizada con la autorización de sus titulares, salvo excepción prevista por la ley. Diríjase a CEDRO (Centro Español de Derechos Reprográficos, www.cedro.org) si necesita fotocopiar o escanear algún fragmento de esta obra.

A Nico y a Leo, que serán el futuro y se divertirán con el Pádel.

A todos mis alumnos, compañeros y profesores, que con su ayuda indirecta volvieron a crear otra obra.

A mis patrocinadores, colaboradores y amigos por su apoyo incondicional.

Nunca dejes de aprender. Norman Foster.

Todo el mundo y todo a tu alrededor es tu maestro. Ken Keyes.

Quien se atreve a enseñar nunca debe dejar de aprender. Paulo Freire.

ÍNDICE

Prólogo por Paquito Navarro Compán 9
Introducción del Autor: Juanjo Moyano Vázquez 11
El pádel como forma de vida, nuestro deporte......... 15
Simbología y Referencias Gráficas...18
Ejercicios de Derecha y de Revés 19
Ejercicios de Pared (SF, SL, SDP)..41
Ejercicios de Volea...65
Ejercicios de Globo 105
Ejercicios de Saque 105
Ejercicios de Bandeja..107
Ejercicios de Remate 134
Ejercicios combinados: Derecha Revés Salida de Fondo............................152
Ejercicios combinados: Derecha Revés Volea 154
Ejercicios combinados: Derecha Revés Bandeja 173
Ejercicios combinados: Derecha Revés Remate...175
Ejercicios combinados: Derecha Revés Volea Salida de Fondo 175
Ejercicios combinados: Salida de Fondo Volea 176
Ejercicios combinados: Salida de Fondo Remate 189
Ejercicios combinados: Salida de Fondo Volea Remate 189
Ejercicios combinados: Volea Remate..191
Ejercicios combinados: Volea Bandeja 212
Ejercicios combinados: Bandeja Remate...258
Ejercicios combinados: Derecha Volea Paredes Remate 265
Ejercicios combinados: Saque Bandeja 267
Ejercicios combinados: Volea Globo Remate 268
Ejercicios combinados: Globo Bandeja/Remate 269
Ejercicios combinados: Saque Volea Bandeja 277
Ejercicios combinados: Saque Volea Remate..280
Ejercicios combinados: Saque Resto 282

Ejercicios combinados: Volea Bandeja Remate 283
Ejercicios combinados: Salida de Fondo Globo Bandeja 289
Ejercicios combinados: Saque Salida de Fondo Volea 290
Ejercicios combinados: Saque Volea Bandeja 293
Ejercicios combinados: Volea Salida de Fondo Bandeja 293
Ejercicios combinados: Derecha Revés Salida Lateral Doble Pared 294
Ejercicios combinados: Derecha Revés Globo Bandeja 294
Ejercicios combinados: Derecha Revés Globo Remate 296
Ejercicios combinados: Derecha Revés Bandeja Remate 296
Ejercicios combinados: Volea Globo Bandeja 297
Ejercicios combinados: Derecha Revés Salida Fondo Volea 298
Ejercicios combinados: Salida Fondo Lateral Volea 298
Ejercicios combinados: Derecha Revés Volea Remate 299
Ejercicios Variados de Competición 303
Ejercicios de Psicomotricidad 319
Peque-Pádel: Ejercicios de Niños 324
El Pádel y la Visión 365
Reseñas de Pádel. 369
Agradecimiento Especial a Paquito Navarro Compán 371
Patrocinadores y Colaboradores 372
Agradecimiento Colaboración en el libro 373
Datos del autor 375
Bibliografía y Fotografía 376

PRÓLOGO por Paquito Navarro Compán

Cuando empecé a jugar al pádel allá por el año 95 ó 96, apenas había posibilidad de formarse en este fantástico deporte. Es verdad que yo fui una excepción y tuve la inmensa suerte de cruzarme con varios profesionales que marcaron mis primeros años en las categorías de menores pero, a decir verdad, no era algo habitual. Eran años en los que para justificar las ausencias en el colegio en semanas de torneo tenía que explicar en clase qué era eso del pádel.

La mayoría de mis ídolos padelísticos de la niñez, tuvieron una formación mucho más autodidacta. Y con el paso de los años y el crecimiento del

pádel, el deporte ha ido avanzando en cada una de sus variantes como, entre otras, la formativa, con grandes entusiastas que han querido poner en manos de los aficionados todo su conocimiento para compartir la experiencia y el trabajo desarrollado en toda una carrera formando jugadores de todos los niveles, desde los primeros golpes hasta la competición.

Hoy en día, existen grandes profesores, academias, metodologías, material didáctico audiovisual, libros, etc. al alcance de cualquiera que quiera iniciarse en nuestro querido deporte. Y para muestra, este fantástico libro que os ayudará a bucear en el mundo del aprendizaje del pádel y sus miles de opciones para llevarlo a cabo. Disfrutadlo.

Paquito Navarro Compán.

Abril de 2018

Introducción del Autor: Juanjo Moyano Vázquez

Pues ya hace más de ocho años de la operación de rodilla con la que comenzó el primer proyecto "1001 Juegos y Ejercicios de Pádel". Creo recordar que siendo verano y estando en Serracines delante de mi ordenador, me dio por "ordenar" mis apuntes y ejercicios que ponía en práctica en mis clases y entrenamientos. Poco después me dio por enviar mis "apuntes", colocados de forma tosca y desaliñada a una Editorial Deportiva que tenía su foco puesto en el fútbol formativo. Ahí encontré personas cercanas como Don Antonio Wanceulen y su hermano Don José Wanceulen. Siempre los traté de Don, por todo lo que me ofrecieron sin darles apenas unas hojas rellenas con garabatos y flechas. Ellos fueron los que le dieron forma al primer libro de pádel que publicamos y el cual se convirtió, y sigue en la actualidad, en bestseller en todas las plataformas en las cuales se difundió.

A partir de ahí, el pádel siguió su inexorable expansión mundial. Tenía una sensación que mezclaba incredulidad y orgullo al ver que mi libro escrito en español se publicaba en todos los rincones del mundo:

desde Japón a Alemania, pasando por Argentina, Chile, Estados Unidos, Italia, Francia o Reino Unido. Toda esta expansión y difusión que realizó la Editorial Wanceulen provocó que ese primer libro se tradujese al inglés para acercar más el pádel a los países de habla anglosajona.

Ya como tercer proyecto, un poco largo por su preparación, publicamos "Pádel: sus golpes, entrenamiento y más", donde pude contar con amigos que me ayudaron con su colaboración: David Lapastora, Kike Lacasa, Rafa Guerrero,... En este libro tocamos muchas de las áreas de nuestro deporte: aprendizaje motor, desplazamientos, el juego de pies, zonas de la pista, enseñanza del pádel, peke-pádel, empuñaduras y efectos, todos los golpes y su entrenamiento, psicología adaptada al pádel, pádel adaptado, reglamento y arbitraje, lesiones y punto de vista médico-quirúrgico, estiramientos,...

Y en este penúltimo proyecto, ya que siempre hay que pensar en que habrá alguno más, he contado con mi amigo David Calderón de Visioramasport y con Antonio José Jiménez Martín de Padelboing, los cuales han dado una visión diferente a los entrenamientos.

Entre medias de estos libros he tenido muchas horas de entrenamiento, de clases, de torneos arbitrados, de partidos con amigos y de ver muchos partidos, ya sean profesionales o amateur. En todos estos momentos he sacado ejercicios o ideas, por lo cual, gracias a todos los jugadores, alumnos y amigos que fueron observados y de los que saqué alguno de mis ejercicios.

Por último quiero agradecer desde aquí a varias personas que desde el comienzo han estado conmigo:

.- Alí, David y Willy, que desde el comienzo en el CDE Pádel Torrejón, y posteriormente en el Club Pádel Soto Torrejón han estado apoyando y ayudándome en todo lo que he necesitado de ellos. Muchas gracias por estar ahí.

.- A la Federación Madrileña de Pádel, mi Federación. Gracias a su Presidente Pepelu, a Rivero, Atienza y Ramón Gómez, los cuales han estado siempre cerca desde que entré siendo un monitor y posteriormente siendo Juez Árbitro de Pádel.

.- Al Presidente de la Federación Española de Pádel D. Alfredo Garbisu Elzaurdy y al Presidente de la Federación Internacional de Pádel D. Daniel Patti, por su apoyo en la difusión de mis obras y por hacer del pádel un deporte global.

.- A Raúl Rodríguez, que me llevó a la marca en la que trabajaba cuando publiqué mi primer libro y ahora me tiene con él en Bullpadel. Sin su apoyo incondicional no podría haber llegado a publicar mis siguientes libros. Siempre pendiente de todo lo que necesitaba, me ha conseguido los contactos y apoyos que le pedía y

necesitaba, me ha conseguido los contactos y apoyos que le pedía y sobre todo, ha confiado en mi desde el principio. Gracias por tu apoyo en mis libros y en mi día a día lo que facilita mis entrenamientos y clases.

.- A la familia Wanceulen. Don Antonio, Don José, Maria José y Rocio. Desde el principio creyeron en nuestro deporte y aunque no era su deporte, apoyaron y apostaron todo para conseguir lo nunca soñado. Siempre os estaré agradecido.

Por último, me gustaría hacerte llegar que seguro que en este libro encontrarás ejercicios que ya has realizado, seguro que habrá ejercicios que no estén y seguro que muchos de ellos podrán ser modificados o cambiados para hacer uno distinto. Mi principal objetivo era reunir la mayoría de los ejercicios que pasaron por mi cabeza, pero seguro que hay muchos más, pero de eso se trata, de que nuestro deporte no esté cerrado y cada día podamos encontrar nuevas vías para entrenar o entretener a nuestros jugadores o alumnos.

Pero como alguien muy sabio me dijo un día, "un grano no hace granero, pero ayuda al compañero", y esta es mi pequeña aportación a nuestro deporte.

Juanjo Moyano Vázquez

Abril de 2018

EL PÁDEL COMO FORMA DE VIDA, NUESTRO DEPORTE

1. Desarrolla buenos hábitos.

Con el fin de lograr el éxito, las personas debemos desarrollar buenos hábitos. Somos criaturas de hábitos. El deporte no es sólo algo que realizar para verse bien, ganar masa muscular o perder peso, el deporte se convierte en parte de nuestro estilo de vida.

Nos marcamos en nuestro horario diario ese hueco para dedicarnos a nosotros mismos haciendo lo que nos gusta, jugar o entrenar pádel, y nos hace sentirnos bien. Casi sin darnos cuenta generamos en nuestra vida una disciplina que podremos aplicar a cualquier campo de la misma: trabajo, familia, estudios.

2. Moderación.

Todo en la vida es bueno con moderación,… ya lo decía mi madre.

No podemos estar a dieta los 365 días del año así como no es bueno entrenar más de 4 meses (2 o 3 horas por día) seguidos sin darnos un descanso. Cuando perdemos el control de las cosas, es cuando todo empieza a ir mal. Date un descanso para recuperar las sensaciones perdidas.

3. La disciplina es la CLAVE.

Entrenar o jugar una semana 4 días y a la siguiente no realizarlo no lleva a ningún lado. La clave es mantener la disciplina en los entrenamientos a medio plazo. En la vida debemos de tener constancia y luchar por los objetivos que nos hemos marcado.

4. Da prioridad a TU vida.

Mira hacia atrás y evalúa que es lo más importante para ti. El deporte es parte de nuestra vida, porque entendemos que una salud de hierro y un cuerpo sano nos dan calidad de vida. Está claro que todos estamos ocupados y el estrés laboral es muy alto, pero siempre debemos buscarnos un hueco para entrenar o jugar un partido.

5. Calidad, NO Cantidad.

Todo el mundo que practica pádel sabe que la intensidad y la concentración durante el entrenamiento son más importantes que la cantidad de horas que invertimos en él.

Al igual que en el pádel, en la vida, a veces tenemos una abundancia de riqueza material y eso no necesariamente nos proporciona la felicidad, sin embargo, la calidad de nuestras experiencias y de las personas que nos rodean harán que nuestra vida sea mucho más completa y feliz.

6. Cuidarse a uno mismo PRIMERO.

Cuida de ti mismo primero. Al centrarte en tu salud y en dar prioridad a la nutrición, estás cuidándote a ti mismo. Si estamos física, mental y espiritualmente estables, podemos ofrecer más a nuestros seres queridos.

7. CADA acción tiene una reacción.

Un cambio físico requiere dedicación, compromiso y sacrificio. Y los objetivos que nos marcamos durante los entrenamientos deben de ser siempre a medio-largo plazo. Cada elección en nuestra vida tiene una consecuencia, mediante la comprensión de los resultados de esa decisión a largo plazo (entrenamiento), podemos tomar mejores decisiones aplicables a cualquier ámbito de nuestras vidas.

8. Si no tenemos un PLAN, vamos a fallar.

Si queremos conseguir algún objetivo en el deporte, debemos entender como la nutrición, el descanso, los ejercicios, la motivación, etc.... influyen cada uno por separado en los resultados finales. Al igual que cualquier situación de la vida, primero debemos comprender lo que se necesita para obtener un objetivo y una vez hecho esto, solo nos queda andar el camino.

9. Ten una MENTE abierta.

Continuamente se generan nuevos estudios sobre nutrición, ejercicios, salud y aquello que era dogma, deja de serlo. Solo debemos de leer un libro de nutrición de los años setenta para ver como las cosas cambian continuamente.

Nuestro conocimiento sobre cualquier tema es siempre limitado, por tanto nunca caigas en el error de creer que lo sabes todo, el mundo está en continua evolución y tú debes de estar preparado para todo.

10. Disfruta del viaje, no solo del DESTINO.

Siempre hay un reto por delante... siempre hay un partido que queremos ganar o un campeonato que conquistar. Debemos de estar continuamente motivados para dar lo mejor de nosotros mismos, sea cual sea el resultado. Para valorar la vida, tenemos que disfrutar del proceso de la misma (vivir) y no centrarnos tanto en el destino, porque una vez que lleguemos a nuestro destino, siempre habrá algún lugar más lejos donde queramos llegar... este deseo de resistirnos a la comodidad, de estar en continua evolución es lo que crea el éxito.

¡¡¡¡¡ Disfruta cada día de lo bueno que nos da el Pádel !!!!!

SIMBOLOGÍA Y REFERENCIAS GRÁFICAS

Alumno ○   *Niño* ○   *Monitor*

Referencia de Tiro / Zona de Tiro ● ⬚1

Referencia de Golpeo o Movimiento del Alumno ▲

Desplazamientos del Alumno

Desplazamientos Ida y Vuelta del Alumno

Desplazamiento en 8

Giro del Alumno

Golpe del Alumno

Golpe del Monitor

Orden de golpes   1 2 3 4 5

Valla

Salto de Valla

ona Pintada

Zona de Tiro

Carro ◇

Pala de Niños

Objetivo de golpeo en pared o reja ⊕

Cadena

Cadena con Aros

Zonas marcadas con cuerdas o cadenas

Zona de Movimiento de Paso

D	Derecha	**R**	Revés	**SF**	Salida de Fondo
SL	Salida de Lateral	**SDP**	Salida Doble Pared	**CP**	Contra Pared
V	Volea	**G**	Globo	**Rm**	Remate
Bd	Bandeja	**Sq**	Saque	**Resto**	
//	Paralelo	**X**	Cruzado		

NOTA: TODOS LOS EJERCICIOS ESTÁN BASADOS EN UN JUGADOR DIESTRO

EJERCICIOS DE DERECHA Y DE REVÉS

Ejercicio 0001   Golpes: D – R

Objetivo: Regular el ritmo de ejecución mediante el perfeccionamiento técnico.
Secuencia de golpes: D// o R//

Descripción:
Ubicados dos jugadores en el fondo de la pista, realizarán golpes de derecha paralelos o de revés paralelos, ejecutándolos siempre entre los palos situados sobre la línea de saque.

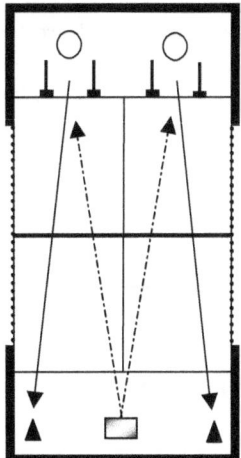

Ejercicio 0002   Golpes: D – R

Objetivo: Perfeccionamiento técnico de los lanzamientos mediante un ritmo correcto de ejecución.
Secuencia de golpes: D// o DX – R// o RX

Descripción:
Ubicados dos jugadores en el fondo de la pista, alternarán los golpes de paralelos o cruzados, ya sea de derecha o de revés según la zona en la que estén.
Después de cada golpe rodearán el poste situado sobre la línea de saque para continuar el ejercicio.
Después de 10 bolas se cambia la posición de los jugadores.

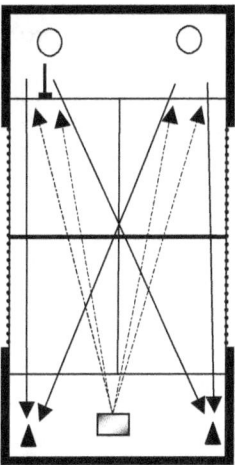

Ejercicio 0003   Golpes: R

Objetivo: Coordinación y precisión en la ejecución, tiempo de ejecución y habilidad.
Secuencia de golpes: RX

Descripción:
Ubicados dos jugadores en un fondo de la pista y los otros dos en el otro fondo, jugarán entre ellos golpeando solo de revés.
Un jugador no podrá golpear dos veces seguidas la bola.
Cuando se perfecciones se realizará en paralelo.

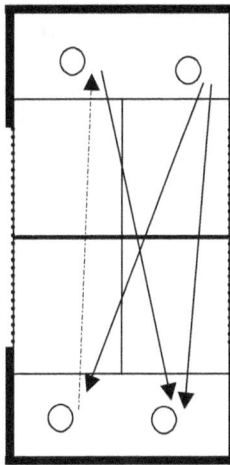

Ejercicio 0004   Golpes: R

Objetivo: Rapidez en el movimiento, desarrollo de la precisión en la ejecución, tiempo de ejecución, velocidad de reacción.
Secuencia de golpes: R// - RX

Descripción:
Ubicado el jugador en el fondo de la pista, alternará los golpes de revés cruzados y reveses paralelos, con el objetivo de las marcas situadas en el fondo de la pista. Después de cada golpe, rodeará el poste situado un metro delante de la línea. Una vez haya ejecutado cuatro golpes, continuará el punto en cruzado contra el monitor, respetando la zona actual de juego.

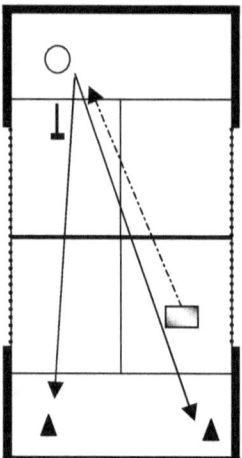

Ejercicio 0005   Golpes: D

Objetivo: Rapidez en el movimiento, desarrollo de la precisión en la ejecución, tiempo de ejecución, velocidad de reacción.
Secuencia de golpes: DX - DX

Descripción:
Enfrentados dos jugadores en cruzado y situados en el fondo de cada lado de la pista, realizarán golpes de derecha cruzados con la obligación de que la bola bote siempre en la zona marcada.

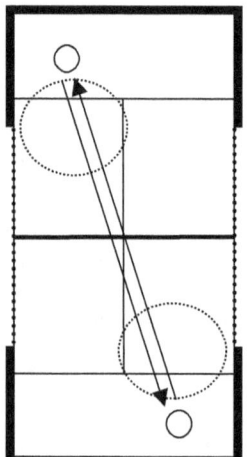

Ejercicio 0006   Golpes: D

Objetivo: Rapidez en el movimiento, desarrollo de la precisión en la ejecución, tiempo de ejecución, velocidad de reacción.
Secuencia de golpes: D// - DX

Descripción:
Ubicado el jugador en el fondo de la pista, alternará los golpes de derecha cruzados y derecha paralelos, con el objetivo de las marcas situadas en el fondo de la pista. Después de cada golpe, rodeará el poste situado un metro delante de la línea.

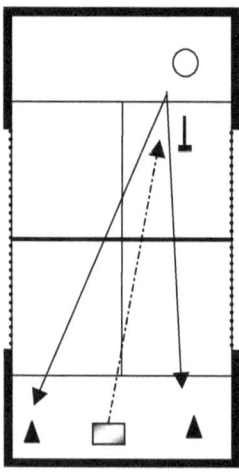

Ejercicio 0007   Golpes: D – R

Objetivo: Perfeccionamiento de la técnica y rapidez en la ejecución.
Secuencia de golpes: DX - RX

Descripción:
Ubicados dos jugadores, cada uno en uno de los fondos, intercambiarán golpes cruzados.
Después de cada golpe, tendrán que rodear el poste situado sobre la línea de saque.

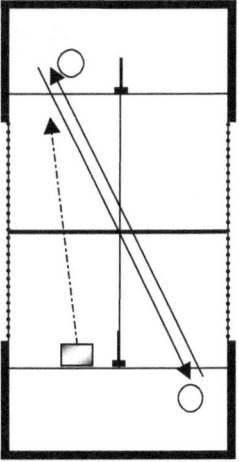

Ejercicio 0008   Golpes: D – R

Objetivo: Coordinación del golpeo en movimiento.
Secuencia de golpes: D o R

Descripción:
Ubicados dos jugadores en el fondo de la pista, el monitor alternará los lanzamientos a la zona marcada para que los jugadores realicen golpeo en movimiento.
Los jugadores volverán a la posición inicial después de cada golpe.
Después de 10 bolas se alterna la posición de los jugadores.

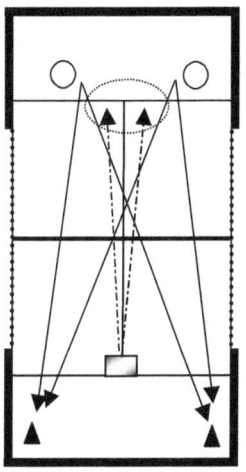

Ejercicio 0009   Golpes: D - R

Objetivo: Velocidad de reacción, rapidez en el movimiento y tiempo de ejecución. Perfeccionamiento del golpeo.
Secuencia de golpes: D// - R//

Descripción:
Ubicados dos jugadores en cada uno de los fondos realizarán golpes de derecha paralelos y de revés paralelos entre ellos. Después de cada golpe, deberán tocar obligatoriamente alguno de los conos situados alrededor suyo. Una vez hayan ejecutado 4 golpes entre los dos, podrán terminar el punto incluso subiendo a la red y siempre respetando la zona de juego actual.

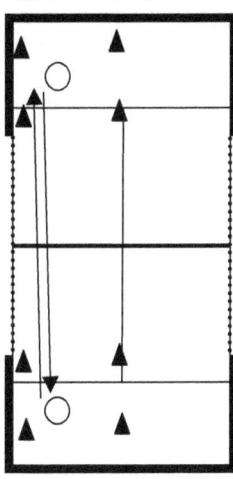

Ejercicio 0010   Golpes: R

Objetivo: Control de derecha entre dos jugadores. Habilidad, tiempo de ejecución y velocidad de reacción.
Secuencia de golpes: R// - R//

Descripción:
Ubicados dos jugadores cada uno en uno de los fondos, realizarán golpeos de revés paralelos. Después de cada golpe, deben saltar un pequeño obstáculo, al mismo tiempo que se desplazan lateralmente.
Cuando perfeccionen este ejercicio, lo realizarán en cruzado.

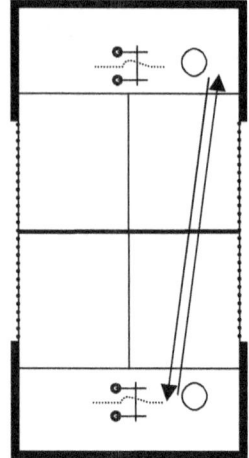

Ejercicio 0011   Golpes: D

Objetivo: Rapidez en el movimiento, desarrollo de la precisión en la ejecución, tiempo de ejecución, velocidad de reacción.
Secuencia de golpes: D// - D//

Descripción:
Enfrentados dos jugadores en paralelo y situados en el fondo de cada lado de la pista, realizarán golpes de derecha paralelos con la obligación de que la bola bote siempre en la zona marcada.

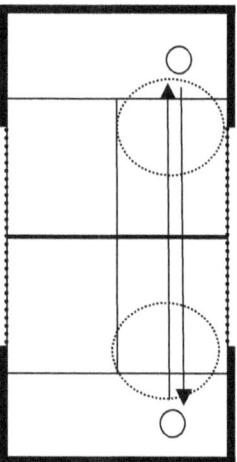

Ejercicio 0012   Golpes: D

Objetivo: Control de derecha entre dos jugadores. Habilidad, tiempo de ejecución y velocidad de reacción.
Secuencia de golpes: D// - D//

Descripción:
Ubicados dos jugadores cada uno en uno de los fondos, realizarán golpeos de derecha paralelos. Después de cada golpe, deben saltar un pequeño obstáculo, al mismo tiempo que se desplazan lateralmente.
Cuando perfeccionen este ejercicio, lo realizarán en cruzado.

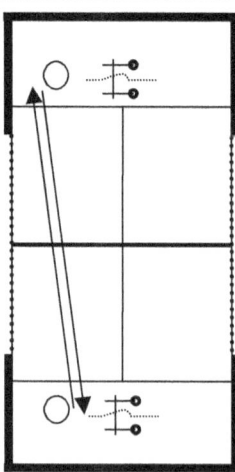

Ejercicio 0013   Golpes: D

Objetivo: Perfeccionamiento de la coordinación técnica en la ejecución, resistencia, habilidad y velocidad de reacción con rapidez en el movimiento.

Secuencia de golpes: D// y jugar

Descripción:
Ubicados dos jugadores en cada uno de los fondos, uno de los jugadores realizará una derecha paralela y continuará el punto hasta terminarlo respetando la zona actual de juego. El punto sólo será válido a partir de que ese jugador haya tocado la red previamente. El que no toque la red no podrá ganar el punto. Llegados a 11 puntos se alterna la posición de los jugadores.

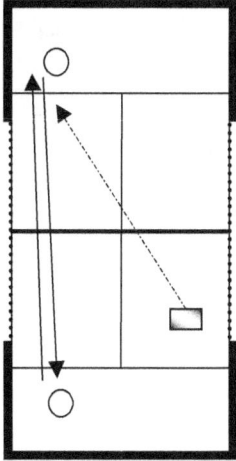

Ejercicio 0014   Golpes: R

Objetivo: Velocidad de reacción, rapidez en el movimiento y tiempo de ejecución. Perfeccionamiento del golpeo.

Secuencia de golpes: R//

Descripción:
Ubicado el jugador en media pista, realizará golpeos de revés contra la pared de fondo. Después de cada golpe, rodeará el poste situado cerca de él.

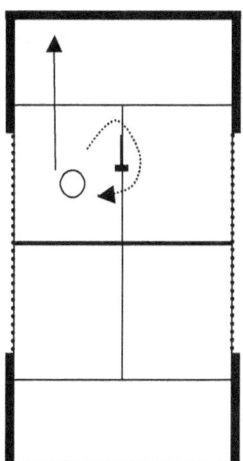

Ejercicio 0015   Golpes: R

Objetivo: Rapidez en el movimiento, desarrollo de la precisión en la ejecución, tiempo de ejecución, velocidad de reacción.

Secuencia de golpes: R// - R//

Descripción:
Enfrentados dos jugadores en paralelo y situados en el fondo de cada lado de la pista, realizarán golpes de revés paralelos con la obligación de que la bola bote siempre en la zona marcada.

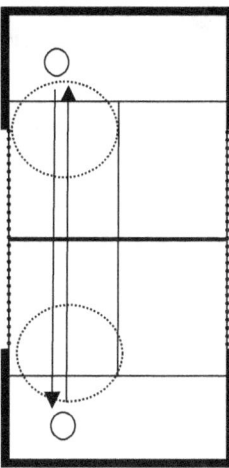

Ejercicio 0016   Golpes: D

Objetivo: Perfeccionamiento de la coordinación técnica en la ejecución, resistencia, habilidad y velocidad de reacción con rapidez en el movimiento.
Secuencia de golpes: DX y jugar

Descripción:
Ubicados dos jugadores en cada uno de los fondos, uno de los jugadores realizará una derecha cruzada y continuará el punto hasta terminarlo respetando la zona actual de juego. El punto sólo será válido a partir de que ese jugador haya tocado la red previamente. El que no toque la red no podrá ganar el punto. Llegados a 11 puntos se alterna la posición de los jugadores.

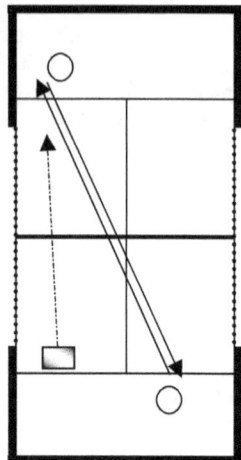

Ejercicio 0017   Golpes: D

Objetivo: Velocidad de reacción, rapidez en el movimiento y tiempo de ejecución. Perfeccionamiento del golpeo.
Secuencia de golpes: D//

Descripción:
Ubicado el jugador en media pista, realizará golpeos de derecha contra la pared de fondo. Después de cada golpe, rodeará el poste situado cerca de él.

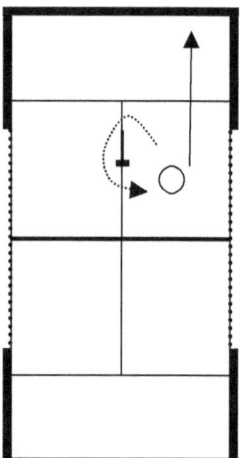

Ejercicio 0018   Golpes: R

Objetivo: Rapidez en el movimiento, desarrollo de la precisión en la ejecución, tiempo de ejecución, velocidad de reacción.
Secuencia de golpes: RX - RX

Descripción:
Enfrentados dos jugadores en cruzado y situados en el fondo de cada lado de la pista, realizarán golpes de revés cruzados con la obligación de que la bola bote siempre en la zona marcada.

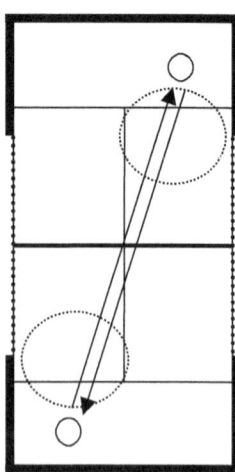

Ejercicio 0019   Golpes: D

Objetivo: Rapidez en el movimiento, desarrollo de la precisión en la ejecución, tiempo de ejecución, velocidad de reacción.
Secuencia de golpes: D// - DX

Descripción:
Ubicado el jugador en el fondo de la pista, alternará los golpes de derecha cruzados y derecha paralelos, con el objetivo de las marcas situadas en el fondo de la pista. Después de cada golpe, rodeará el poste situado un metro delante de la línea. Una vez haya ejecutado cuatro golpes, continuará el punto en cruzado contra el monitor, respetando la zona actual de juego.

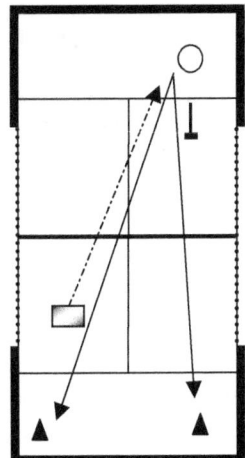

Ejercicio 0020   Golpes: D - R

Objetivo: Velocidad de reacción, rapidez en el movimiento y tiempo de ejecución. Perfeccionamiento del golpeo.
Secuencia de golpes: DX - RX

Descripción:
Ubicados dos jugadores en cada uno de los fondos realizarán golpes de derecha cruzados y de revés cruzados entre ellos. Después de cada golpe, deberán tocar obligatoriamente alguno de los conos situados alrededor suyo. Una vez hayan ejecutado 4 golpes entre los dos, podrán terminar el punto incluso subiendo a la red y siempre respetando la zona de juego actual.

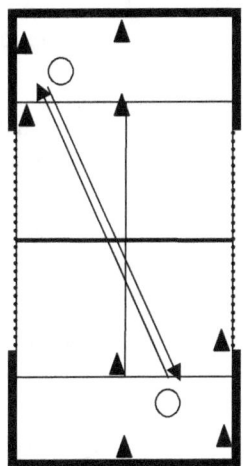

Ejercicio 0021   Golpes: R

Objetivo: Rapidez en el movimiento, desarrollo de la precisión en la ejecución, tiempo de ejecución, velocidad de reacción.
Secuencia de golpes: R// - RX

Descripción:
Ubicado el jugador en el fondo de la pista, alternará los golpes de revés cruzados y de revés paralelo, con el objetivo de las marcas situadas en el fondo de la pista. Después de cada golpe, rodeará el poste situado en el lateral de la pista. Una vez haya ejecutado cuatro golpes, continuará el punto en cruzado contra el monitor, respetando la zona actual de juego.

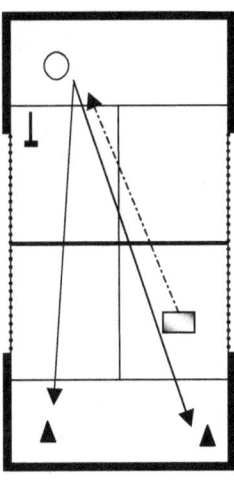

Ejercicio 0022   Golpes: D

Objetivo: Rapidez en el movimiento, desarrollo de la precisión, tiempo de ejecución, velocidad de reacción.
Secuencia de golpes: D// - DX

Descripción:
Ubicado el jugador en el fondo de la pista, alternará los golpes de derecha cruzados y derecha paralelos, con el objetivo de las marcas situadas en el fondo de la pista. Después de cada golpe, rodeará el poste situado en el lateral de la pista.
Una vez haya ejecutado cuatro golpes, continuará el punto en cruzado contra el monitor, respetando la zona actual de juego.

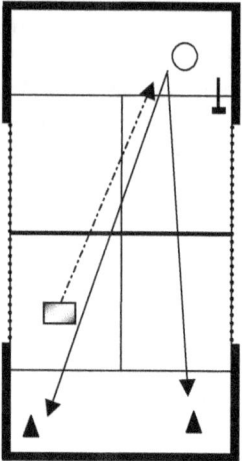

Ejercicio 0023   Golpes: D - R

Objetivo: Perfeccionamiento técnico, resistencia, habilidad y tiempo de ejecución. Coordinación.
Secuencia de golpes: G a sí mismo – D// o R//

Descripción:
Ubicados dos jugadores en los fondos de cada una de los lados, cuando reciban la bola relizarán un golpe sobre sí mismos, un globo, para después volver a ejecutar una derecha paralela o un revés paralelo. Después de 11 puntos se alterna la posición de los jugadores.

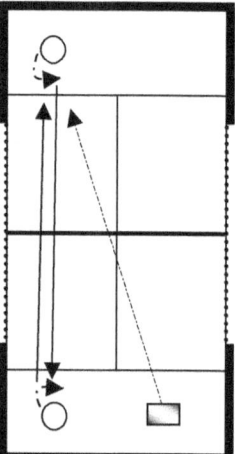

Ejercicio 0024   Golpes: R

Objetivo: Perfeccionamiento de la coordinación técnica en la ejecución, resistencia, habilidad y velocidad de reacción con rapidez en el movimiento.
Secuencia de golpes: R// y jugar

Descripción:
Ubicados dos jugadores en cada uno de los fondos, uno de los jugadores realizará un revés paralelo y continuará el punto hasta terminarlo respetando la zona actual de juego. El punto sólo será válido a partir de que ese jugador haya tocado la red previamente. El que no toque la red no podrá ganar el punto. Llegados a 11 puntos se alterna la posición de los jugadores.

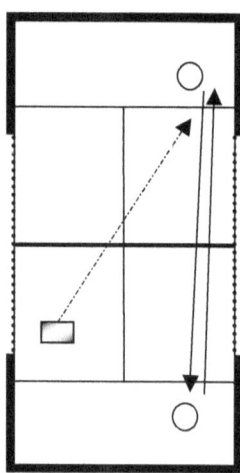

Ejercicio 0025   Golpes: D - R

Objetivo: Velocidad de reacción, rapidez en el movimiento y tiempo de ejecución. Perfeccionamiento del golpeo.
Secuencia de golpes: D// - R//

Descripción:
Ubicados dos jugadores en cada uno de los fondos realizarán golpes de derecha paralelos y de revés paralelos entre ellos. Después de cada golpe, deberán tocar obligatoriamente alguno de los conos situados alrededor suyo.

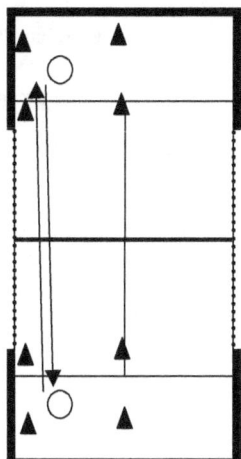

Ejercicio 0026   Golpes: D - R

Objetivo: Perfeccionamiento técnico, resistencia, habilidad y tiempo de ejecución. Coordinación.
Secuencia de golpes: G a sí mismo – DX o RX

Descripción:
Ubicados dos jugadores en los fondos de cada una de los lados, cuando reciban la bola relizarán un golpe sobre sí mismos, un globo, para después volver a ejecutar una derecha cruzada o un revés cruzado. Después de 11 puntos se alterna la posición de los jugadores.

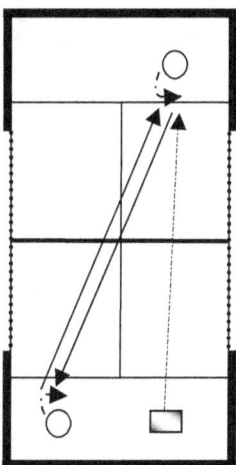

Ejercicio 0027   Golpes: R

Objetivo: Perfeccionamiento de la coordinación técnica en la ejecución, resistencia, habilidad y velocidad de reacción con rapidez en el movimiento.
Secuencia de golpes: RX y jugar

Descripción:
Ubicados dos jugadores en cada uno de los fondos, uno de los jugadores realizará un revés cruzado y continuará el punto hasta terminarlo respetando la zona actual de juego. El punto sólo será válido a partir de que ese jugador haya tocado la red previamente. El que no toque la red no podrá ganar el punto. Llegados a 11 puntos se alterna la posición de los jugadores.

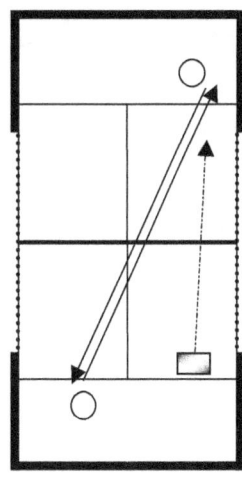

Ejercicio 0028   Golpes: D - R

Objetivo: Velocidad de reacción, rapidez en el movimiento y tiempo de ejecución. Perfeccionamiento del golpeo.
Secuencia de golpes: DX - RX

Descripción:
Ubicados dos jugadores en cada uno de los fondos realizarán golpes de derecha cruzados y de revés cruzados entre ellos. Después de cada golpe, deberán tocar obligatoriamente alguno de los conos situados alrededor suyo.

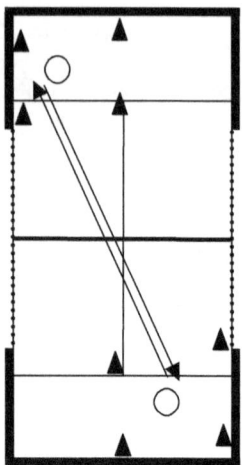

Ejercicio 0029   Golpes: D

Objetivo: Rapidez en el movimiento, desarrollo de la precisión en la ejecución, tiempo de ejecución, velocidad de reacción.
Secuencia de golpes: D// - DX

Descripción:
Ubicado el jugador en el fondo de la pista, alternará los golpes de derecha cruzados y derecha paralelos, con el objetivo de las marcas situadas en el fondo de la pista. Después de cada golpe, rodeará el poste situado en el lateral de la pista.

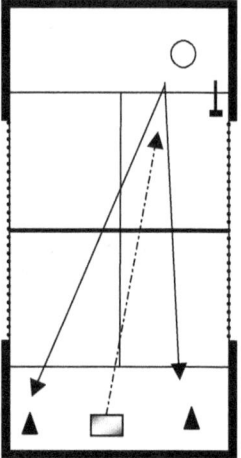

Ejercicio 0030   Golpes: R

Objetivo: Rapidez en el movimiento, desarrollo de la precisión en la ejecución, tiempo de ejecución, velocidad de reacción.
Secuencia de golpes: R// - RX

Descripción:
Ubicado el jugador en el fondo de la pista, alternará los golpes de revés cruzados y revés paralelos, con el objetivo de las marcas situadas en el fondo de la pista. Después de cada golpe, rodeará el poste situado un metro delante de la línea.

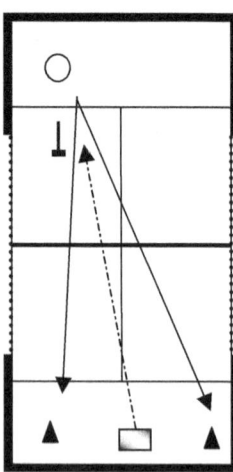

Ejercicio 0031   Golpes: D - R

Objetivo: Perfeccionamiento de la derecha en movimiento, resistencia, tiempo de ejecución y habilidad.
Secuencia de golpes: D// - DX o R// - RX

Descripción:
Ubicados los jugadores en el fondo de la pista separados en dos filas, realilzarán una derecha paralela y una derecha cruzada o un revés paralelo y un revés cruzado, con el objetivo de las marcas situadas en el fondo de la pista. Después de cada golpe, correrán para sortear el poste situado en media pista y cambiarán de fila.

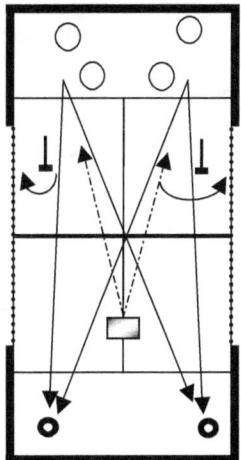

Ejercicio 0032   Golpes: D

Objetivo: Perfeccionamiento de la derecha en movimiento, resistencia, tiempo de ejecución y habilidad.
Secuencia de golpes: D// –DX

Descripción:
Ubicado el jugador en media pista y atado a la cintura con una cinta elástica de resistencia* que será sujetada por un compañero situado en el fondo de la pista, realizará derechas paralelas y derechas cruzadas, con el objetivo de las marcas situadas en el fondo de la pista.

- * www.technologysport.com

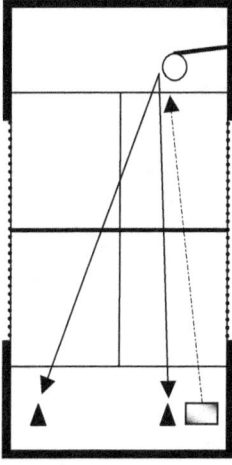

Ejercicio 0033   Golpes: D - R

Objetivo: Armado corto
Secuencia de golpes: D – R

Descripción:
Ubicado el jugador en el fondo de la pista, con una bola debajo del brazo, realizará golpes de derecha y de revés, con el propósito de realizar un armado corto y no exagerado. Cuando se perfeccione, se podrá realizar con voleas.

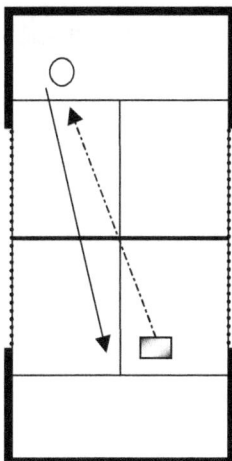

Ejercicio 0034   Golpes: D

Objetivo: Perfeccionamiento de la derecha en movimiento, resistencia, tiempo de ejecución y habilidad.
Secuencia de golpes: D// - DX

Descripción:
Ubicado el jugador en el fondo de la pista, alternará una derecha cruzada o una derecha paralela, con el objetivo de las marcas situadas en el fondo de la pista. Después de cada golpe, rodeará, por el lado contrario, los conos situados sobre la línea de saque.

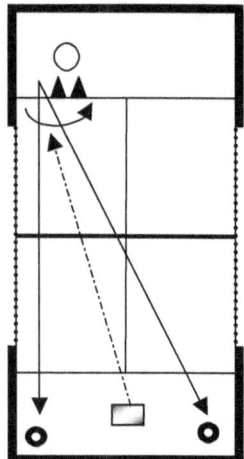

Ejercicio 0035   Golpes: D - R

Objetivo: Golpes en movimiento con obstáculo.
Secuencia de golpes: D - R

Descripción:
Ubicado el jugador en el fondo de la pista, realizará golpes de revés paralelo y de derecha cruzado, evitando después de cada golpe el obstáculo que tiene sobre la línea, con el objetivo de las marcas situadas en el fondo de la pista.

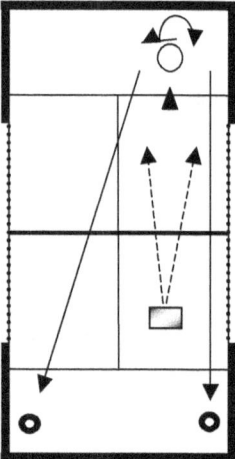

Ejercicio 0036   Golpes: R

Objetivo: Control de derecha entre dos jugadores. Habilidad, tiempo de ejecución y velocidad de reacción.
Secuencia de golpes: R// - R//

Descripción:
Ubicados dos jugadores cada uno en uno de los fondos, realizarán golpeos de revés paralelos. Después de cada golpe, deben saltar un pequeño obstáculo, al mismo tiempo que se desplazan lateralmente.
Cuando perfeccionen este ejercicio, lo realizarán en cruzado.

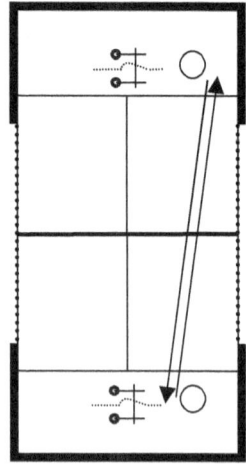

Ejercicio 0037   Golpes: D – R

Objetivo: Recuperación de la zona.
Secuencia de golpes: D o R

Descripción:
Ubicados dos jugadores en el fondo de la pista, realizarán golpes de derecha o de revés libres, con el objetivo de las marcas situadas en el fondo de la pista. Después de cada golpe tocarán el cono más cercano y volverán a su zona para volver a ejercutar otro golpe. El monitor intentará mover de la zona al jugador para que se acostumbre a recuperar la zona correcta.

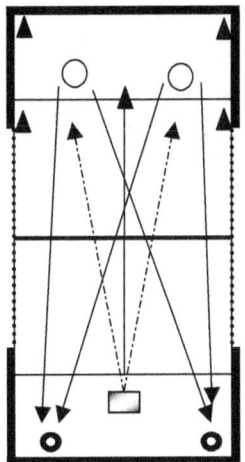

Ejercicio 0038   Golpes: R

Objetivo: Rapidez en el movimiento, desarrollo de la precisión en la ejecución, tiempo de ejecución, velocidad de reacción.
Secuencia de golpes: R// - RX

Descripción:
Ubicado el jugador en el fondo de la pista, alternará los golpes de revés cruzado y de revés paralelos, con el objetivo de las marcas situadas en el fondo de la pista. Después de cada golpe, rodeará el poste situado en el lateral de la pista.

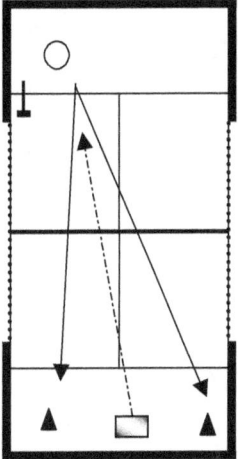

Ejercicio 0039   Golpes: D – R

Objetivo: Rapidez en el movimiento, desarrollo de la precisión en la ejecución, tiempo de ejecución, velocidad de reacción.
Secuencia de golpes: D// – R//

Descripción:
Ubicado el jugador en la posición de defensa en el fondo de la pista, realizará dos golpes de derecha paralelo y dos golpes de revés paralelo y cambiará de fila, con el objetivo de las marcas situadas en el fondo de la pista. Todos los golpes se realizarán por debajo sw la goma limitadora de altura*.
- * www.technologysport.com

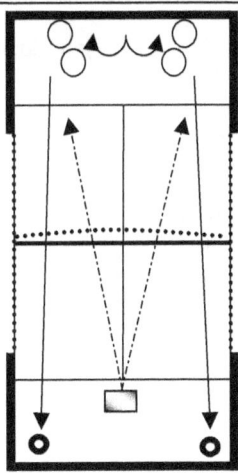

Ejercicio 0040   Golpes: R

Objetivo: Perfeccionamiento del revés en movimiento, resistencia, tiempo de ejecución y habilidad.
Secuencia de golpes: R// - RX

Descripción:
Ubicado el jugador en el fondo de la pista, alternará un revés cruzado o un revés paralelo, con el objetivo de las marcas situadas en el fondo de la pista. Después de cada golpe, rodeará, por el lado contrario, los conos situados sobre la línea de saque.

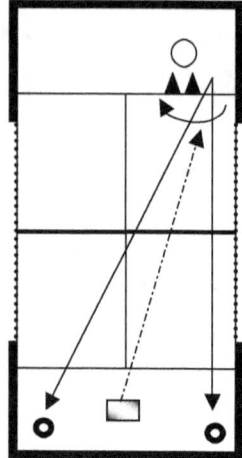

Ejercicio 0041   Golpes: D – R

Objetivo: Perfeccionamiento de la técnica y rapidez en la ejecución.
Secuencia de golpes: D// - R//

Descripción:
Ubicados dos jugadores, cada uno en uno de los fondos, intercambiarán golpes paralelos sin rebote en la pared.
Después de cada golpe, tendrán que rodear el poste situado sobre la línea de saque.

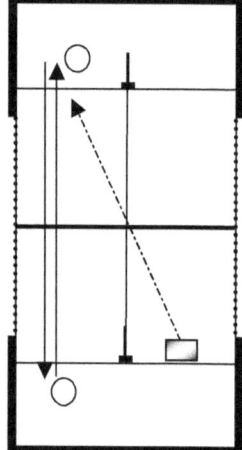

Ejercicio 0042   Golpes: D - R

Objetivo: Perfeccionamiento técnico mediante el ritmo de ejecución.
Secuencia de golpes: D// o DX – R// o RX

Descripción:
Ubicado un jugador en el fondo de la pista, realizará un 8 entre los postes situados sobre la línea. Al llegar a cada poste, alternará los golpes paralelos y cruzados.
Después de 10 bolas se cambia de jugador.

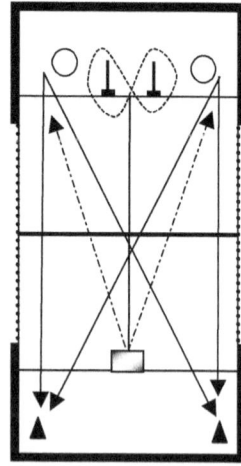

Ejercicio 0043   Golpes: D - R

Objetivo: Control de golpes a bote pronto
Secuencia de golpes: D – R

Descripción:
Ubicado el jugador en el fondo de la pista, realizará derecha y revés con bote pronto, para defender bolas rápidas que no le permiten dejar botar y que caigan en la pared y bolas lentas que le permiten subir con ellas a la red.

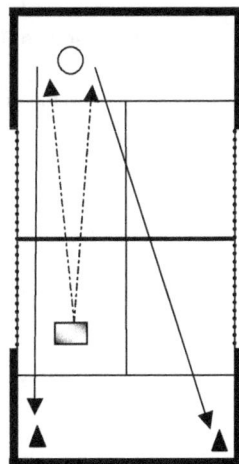

Ejercicio 0044   Golpes: D – R

Objetivo: Coordinación del dinamismo motor para conseguir un ritmo constante y regular del juego, habilidad y resistencia.
Secuencia de golpes: DX - RX

Descripción:
Ubicado un jugador detrás de la línea de saque, alternará los golpes de derecha cruzado y de revés cruzado con el objetivo de la marca situada en el fondo de la pista. Después de cada golpe saltará una valla situada al lado suyo.
Después de 10 golpes se cambia de jugador.

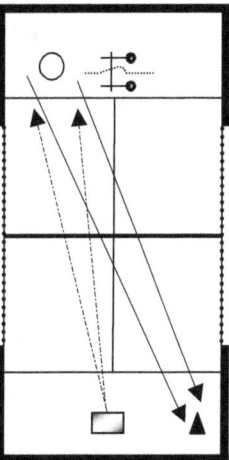

Ejercicio 0045   Golpes: D – R

Objetivo: Perfeccionamiento técnico de los lanzamientos mediante un ritmo correcto de ejecución.
Secuencia de golpes: D// o DX – R// o RX

Descripción:
Ubicados dos jugadores en el fondo de la pista cerca del poste situado sobre la línea, alternarán los golpes paralelos o cruzados. Cada jugador trabajará o la derecha o el revés según corresponda.
Después de cada golpe rodearán el poste situado junto a ellos.
Después de 10 bolas se cambia la posición de los jugadores.

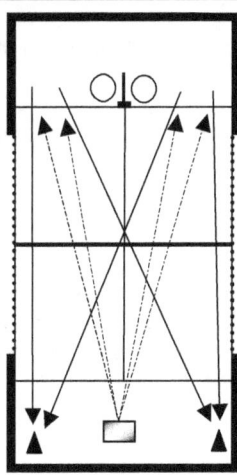

Ejercicio 0046   Golpes: D – R

Objetivo: Perfeccionamiento técnico del golpeo en movimiento.
Secuencia de golpes: D// - R//

Descripción:
Ubicados dos jugadores en un fondo y los otros dos en el otro, ejecutarán golpes paralelos de derecha o de revés según les corresponda. Después de cada golpe, el jugador debe rodear el poste situado en medio de la pista.
Después de 20 golpes se alterna la posición de los jugadores.

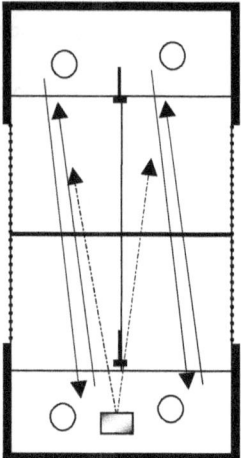

Ejercicio 0047   Golpes: R

Objetivo: Perfeccionamiento del revés en movimiento, resistencia, tiempo de ejecución y habilidad.
Secuencia de golpes: R// –RX

Descripción:
Ubicado el jugador en media pista y atado a la cintura con una cinta elástica de resistencia* que será sujetada por un compañero situado en el fondo de la pista, realizará revés paralelo y revés cruzado, con el objetivo de las marcas situadas en el fondo de la pista.

- * www.technologysport.com

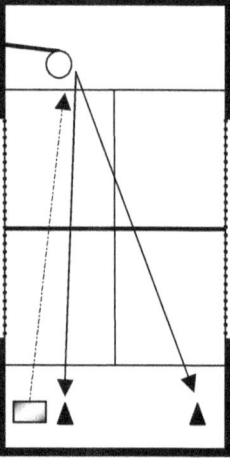

Ejercicio 0048   Golpes: D – R

Objetivo: Perfeccionamiento técnico de los lanzamientos, fuerza, habilidad y resistencia.
Secuencia de golpes: D// – RX

Descripción:
Ubicado un jugador en el fondo de la pista, alternará los golpes de derecha paralela y de revés cruzado con el objetivo de las marcas situadas en el fondo de la pista. Después de cada golpe, rodeará el poste más cercano a su posición para recuperar la posición y seguir el ejercicio.
Después de 10 bolas se cambia de jugador.

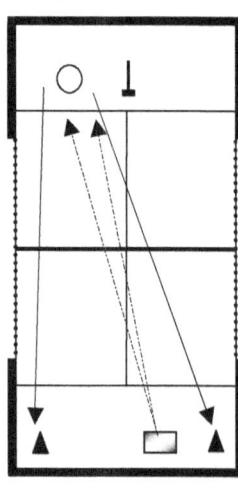

Ejercicio 0049   Golpes: D – R

Objetivo: Precisión de los lanzamientos por medio de la rapidez y habilidad.
Secuencia de golpes: D// o DX o R// o RX

Descripción:
Ubicados tres jugadores en el fondo de la pista y otros tres en el otro fondo, realizarán peloteo desde el fondo de la pista. Primero lo harán en paralelo y luego irán alternado la posición para ejecutarlo entre todos.

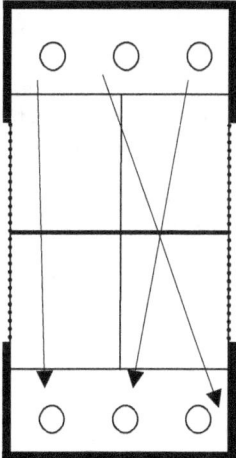

Ejercicio 0050   Golpes: D – R

Objetivo: Rapidez en la ejecución con rapidez en el movimiento y resistencia a la velocidad en largos periodos de tiempo.
Secuencia de golpes: D// - R//

Descripción:
Ubicado un jugador en el fondo de la pista junto al poste situado sobre la línea, ejecutará una derecha paralela, rodeará el poste y golpeará un revés paralelo con el objetivo de la marca situada en el fondo de la pista.
Después de 10 bolas se cambia de jugador.

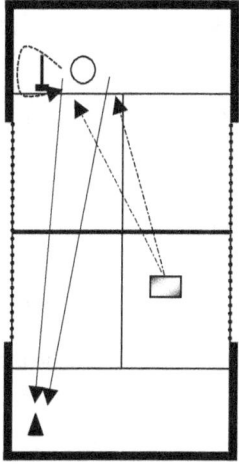

Ejercicio 0051   Golpes: D – R

Objetivo: Rapidez en la ejecución con rapidez en el movimiento y resistencia a la velocidad en largos periodos de tiempo.
Secuencia de golpes: DX - RX

Descripción:
Ubicado un jugador en el fondo de la pista junto al poste situado sobre la línea, ejecutará una derecha cruzada, rodeará el poste y golpeará un revés cruzado con el objetivo de la marca situada en el fondo de la pista.
Después de 10 bolas se cambia de jugador.

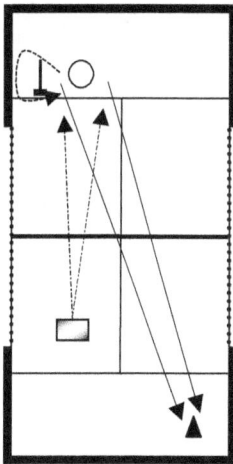

Ejercicio 0052   Golpes: R

Objetivo: Perfeccionamiento de la técnica del revés con cambios de dirección, tiempo de ejecución y habilidad.
Secuencia de golpes: R// - RX

Descripción:
Ubicado el jugador en el fondo de la pista, realizará un golpe de revés paralelo, rodeará el poste situado delante de el y con cambio de dirección realizará un golpe de revés cruzado con el objetivo de la marca situada en el fondo de la pista.
Después de 10 bolas se cambia de jugador.

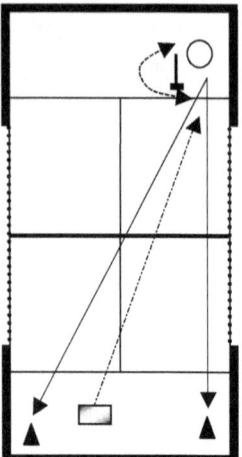

Ejercicio 0053   Golpes: D – R

Objetivo: Golpes en movimiento con limitación de altura.
Secuencia de golpes: DX – RX

Descripción:
Ubicado el jugador en la posición de defensa en el fondo de la pista, realizará dos golpes de derecha cruzado y dos golpes de revés cruzado y cambiará de fila, con el objetivo de las marcas situadas en el fondo de la pista. Todos los golpes se realizarán por debajo de la goma limitadora de altura*.

- * www.technologysport.com

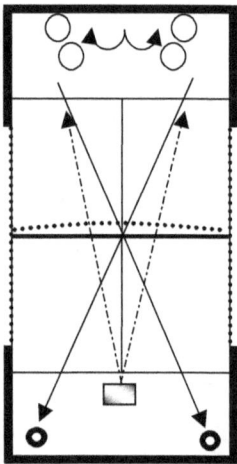

Ejercicio 0054   Golpes: D - R

Objetivo: Golpes en movimiento con obstáculo.
Secuencia de golpes: D// - RX

Descripción:
Ubicado el jugador en el fondo de la pista, realizará golpes de derecha paralelo y de revés cruzado, evitando después de cada golpe el obstáculo que tiene sobre la línea, con el objetivo de las marcas situadas en el fondo de la pista.

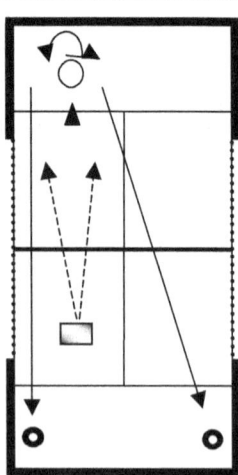

Ejercicio 0055   Golpes: D – R

Objetivo: Perfeccionamiento técnico del golpeo en movimiento.
Secuencia de golpes: DX - RX

Descripción:
Ubicados dos jugadores en un fondo y los otros dos en el otro, ejecutarán golpes cruzados de derecha o de revés según les corresponda. Después de cada golpe, el jugador debe rodear el poste situado en medio de la pista.
Después de 20 golpes se alterna la posición de los jugadores.

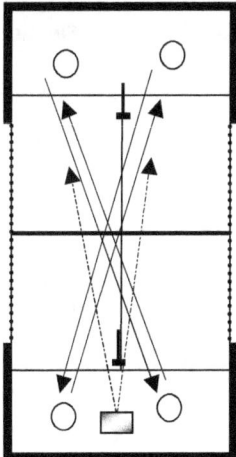

Ejercicio 0056   Golpes: D – R

Objetivo: Desarrollo de capacidades técnicas defensivas.
Secuencia de golpes: D o R

Descripción:
Ubicados dos jugadores en el fondo de la pista, se defenderán, con golpes por abajo, del monitor que se encontrará en el medio de la pista ubicado entre dos conos. Después de 10 bolas se alterna la posición de los jugadores.

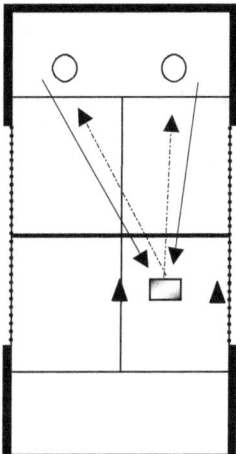

Ejercicio 0057   Golpes: D – R

Objetivo: Regular el ritmo de ejecución mediante el perfeccionamiento técnico.
Secuencia de golpes: DX o RX

Descripción:
Ubicados dos jugadores en el fondo de la pista, realizarán golpes de derecha cruzados o de revés cruzados, ejecutándolos siempre entre los palos situados sobre la línea de saque.

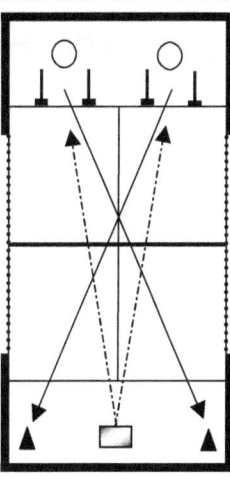

Ejercicio 0058   Golpes: D

Objetivo: Perfeccionamiento de la técnica de la derecha con cambios de dirección, tiempo de ejecución y habilidad.
Secuencia de golpes: D// - DX

Descripción:
Ubicado el jugador en el fondo de la pista, realizará un golpe de derecha paralelo, rodeará el poste situado delante de el y con cambio de dirección realizará un golpe de derecha cruzado con el objetivo de la marca situada en el fondo de la pista.
Después de 10 bolas se cambia de jugador.

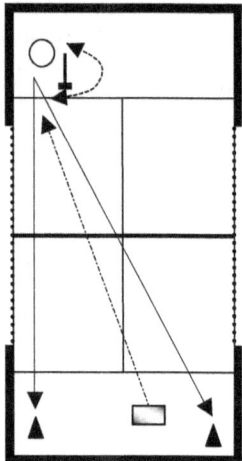

Ejercicio 0059   Golpes: D

Objetivo: Coordinación y precisión en la ejecución, tiempo de ejecución y habilidad.
Secuencia de golpes: DX o D//

Descripción:
Ubicados dos jugadores en un fondo de la pista y los otros dos en el otro fondo, jugarán entre ellos golpeando solo de derecha. Un jugador no podrá golpear dos veces seguidas la bola.
Cuando se perfecciones se realizará en paralelo.

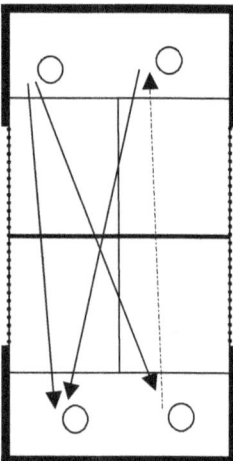

Ejercicio 0060   Golpes: D – R

Objetivo: Coordinación del dinamismo motor para conseguir un ritmo constante y regular del juego, habilidad y resistencia.
Secuencia de golpes: D// - R//

Descripción:
Ubicado un jugador detrás de la línea de saque, alternará los golpes de derecha paralelo y de revés paralelo con el objetivo de las marcas situadas en el fondo de la pista. Después de cada golpe saltará una valla situada al lado suyo.
Después de 10 golpes se cambia de jugador.

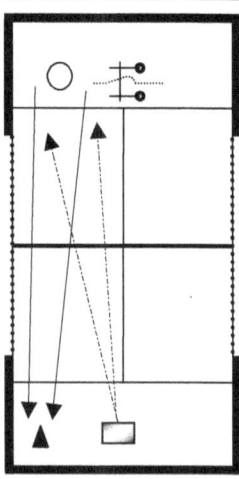

Ejercicio 0061 Drive con PadelBoing.

Explicación.

Preparación: Comenzamos en la posición de defensa, en la que nos colocamos mirando al campo contrario con las piernas semi-flexionadas, pies a la anchura de los hombros, codos separados del cuerpo con la pala cogida con las dos manos a la altura de la barbilla. Mover la pierna izquierda hacia delante y un poco hacia la derecha apuntando con la zapatilla izquierda hacia el poste derecho de la red de pista, haciendo que el cuerpo gire 90º. A la vez que se mueven los pies, cogiendo la pala con la mano derecha (izquierda para los zurdos) llevarla hacia atrás a la altura de la cintura y apuntando con la base del puño a la pared de fondo del contrario. La mano izquierda se queda como referencia para la terminación delante del cuerpo, señalando hacia el frente.

Impacto: Cuando veamos venir la bola, mover la pala de atrás hacia delante buscando el punto de impacto justo delante del cuerpo a la altura del pie adelantado, a la vez que pasamos el peso del pie atrasado (derecho) al de adelante (izquierdo).

Terminación: Finalizaremos el golpe con la cabeza de la pala a la altura del hombro contrario.

Recreación del golpe (ver imagen 3)

1. Coloca tu "PadelBoing" a media pista, unos 4 pasos frente a la línea de saque, y ajusta el ángulo a 70º.

2. Sitúate en la línea de saque y levantando la pala a modo de saque de tenis golpea bolas hacia la red imprimiendo fuerza.

3. Recibirás bolas rápidas que botarán antes de la línea de saque para poder ejecutar los golpes de:

(Ubicación-Situación, Inclinación y Ataque) Foto número 3. Recreación de golpe adversario para entrenar el golpe de drive.

Ejercicio 0062 Revés con PadelBoing.

Explicación.

Preparación: Tomando como referencia la posición de defensa, desplazar la pierna derecha hacia delante, apuntando con la zapatilla derecha hacia el poste izquierdo de la red, y quedarse de lado mirando con el hombro derecho hacia el campo contrario. A la vez que se mueven los pies, abrir la pala hacia atrás a la altura de la cadera. Agarrando la pala con las dos manos, mano derecha en el puño y mano izquierda en el cuello de la pala, y cogiéndola con el pulgar y el dedo corazón, intentar que la pala quede ligeramente en vertical.

Impacto: Cuando se haya calculado la distancia de la bola, soltar la mano izquierda, que se queda detrás, y buscar el punto de impacto delante del cuerpo y a la altura del pie derecho.

Terminación: Hay que terminar el golpe con la pala hacia el frente a la altura de la cabeza y el brazo izquierdo abriéndolo hacia atrás.

Recreación del golpe adversario (ver imagen 4)

1. Coloca tu "PadelBoing" a media pista, unos 4 pasos frente a la línea de saque, y ajusta el ángulo a 70º.

2. Sitúate en la línea de saque y levantando la pala a modo de saque de tenis golpea bolas hacia la red imprimiendo fuerza.

3. Recibirás bolas rápidas que botarán antes de la línea de saque para poder ejecutar los golpes de:

Foto número 4. Recreación de golpe para entrenar el golpe de Revés. (Ubicación-Situación, Inclinación y Ataque)

EJERCICIOS DE PARED (SL, SF, SDP)

Ejercicio 0063   Golpes: SL

Objetivo: Rapidez en el movimiento, desarrollo de la precisión en la ejecución, tiempo de ejecución.
Secuencia de golpes: SLD//

Descripción:
Ubicados dos jugadores en el fondo de la pista, realizarán una salida de lateral de derecha paralela con el objetivo de la marca situada en el fondo de la pista. Después de cada golpe, el jugador se moverá lateralmente hacia su izquierda para dejar hueco a su compañero y se pondrá detrás de él para estar preparado para el siguiente golpe.

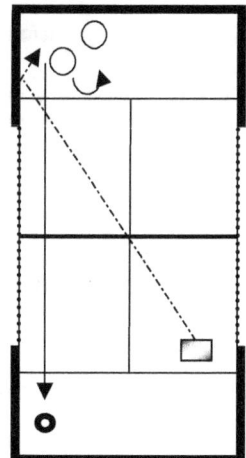

Ejercicio 0064   Golpes: SL

Objetivo: Rapidez en el movimiento, desarrollo de la precisión en la ejecución, tiempo de ejecución.
Secuencia de golpes: SLD// - SLDX

Descripción:
Ubicado el jugador en el fondo de la pista, alternará las salidas de lateral de derecha paralela y la salida de lateral de derecha cruzada, con el objetivo de las marcas situadas en el fondo de la pista. Después de cada golpe, rodeará el poste situado a un metro de la línea de saque. Una vez haya ejecutado cuatro golpes, continuará el punto en cruzado contra el monitor, respetando la zona actual de juego.

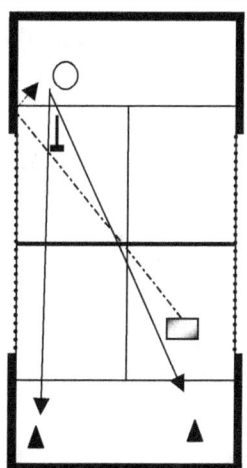

Ejercicio 0065   Golpes: SF

Objetivo: Rapidez en el movimiento, desarrollo de la precisión en la ejecución, tiempo de ejecución.
Secuencia de golpes: SFR//

Descripción:
Ubicados dos jugadores en el fondo de la pista, realizarán una salida de fondo de revés paralela con el objetivo de la marca situada en el fondo de la pista. Después de cada golpe, el jugador se moverá lateralmente hacia su derecha para dejar hueco a su compañero y se pondrá detrás de él para estar preparado para el siguiente golpe.

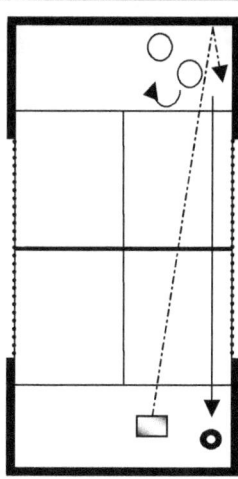

Ejercicio 0066   Golpes: SDP

Objetivo: Rapidez en el movimiento, desarrollo de la precisión en la ejecución, tiempo de ejecución.
Secuencia de golpes: SDPD// - SDPDX

Descripción:
Ubicado el jugador en el fondo de la pista, alternará las salidas de doble pared de derecha paralela y la salida de doble pared de derecha cruzada, con el objetivo de las marcas situadas en el fondo de la pista. Después de cada golpe, rodeará el poste situado a un metro de la línea de saque. Una vez haya ejecutado cuatro golpes, continuará el punto en cruzado contra el monitor, respetando la zona actual de juego.

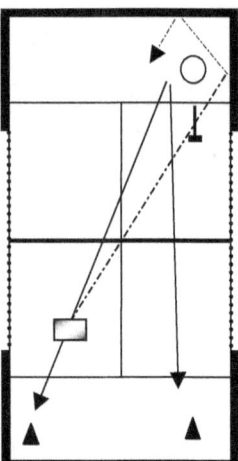

Ejercicio 0067   Golpes: SDP

Objetivo: Rapidez en el movimiento, desarrollo de la precisión en la ejecución, tiempo de ejecución, velocidad de reacción.
Secuencia de golpes: SDPD// - SDPDX

Descripción:
Ubicado el jugador en el fondo de la pista, alternará las salidas de doble pared de derecha paralelas y la salida de doble pared de derecha cruzadas, con el objetivo de las marcas situadas en el fondo de la pista. Después de cada golpe, rodeará el poste situado a un metro de la línea de saque.

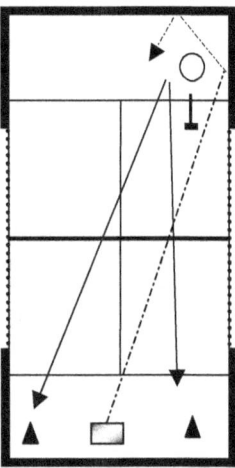

Ejercicio 0068   Golpes: SF

Objetivo: Habilidad, rapidez en el movimiento y desplazamiento.
Secuencia de golpes: SFD// - SFR//

Descripción:
Ubicados dos jugadores en el fondo de la pista, realizarán en cada zona una salida de fondo de derecha paralela o una salida de fondo de revés paralela. Después de cada golpe se desplazarán a la otra zona sorteando el poste colocado en media pista y evitando el choque con su compañero.
Después de 10 bolas se cambia de jugadores.

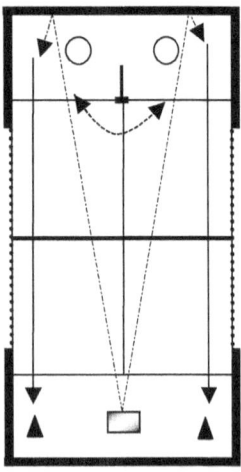

Ejercicio 0069   Golpes: SL

Objetivo: Rapidez en el movimiento, desarrollo de la precisión en la ejecución, tiempo de ejecución, velocidad de reacción.
Secuencia de golpes: SLR// - SLRX

Descripción:
Ubicado el jugador en el fondo de la pista, alternará las salidas de lateral de revés paralelas y las salidas de lateral de revés cruzadas, con el objetivo de las marcas situadas en el fondo de la pista. Después de cada golpe, rodeará el poste situado en el lateral de la pista.

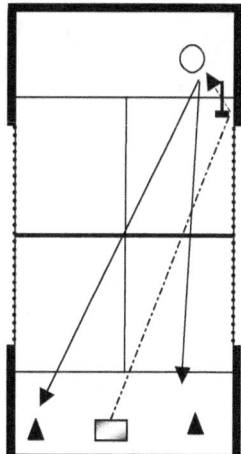

Ejercicio 0070   Golpes: SF

Objetivo: Velocidad de reacción, tiempo de ejecución y habilidad.
Secuencia de golpes: SFDX

Descripción:
Ubicado el jugador en el fondo de la pista, realizará chiquitas a la reja con una salida de pared de fondo de derecha. Después de cada golpe, rodeará el poste situado al lado suyo.

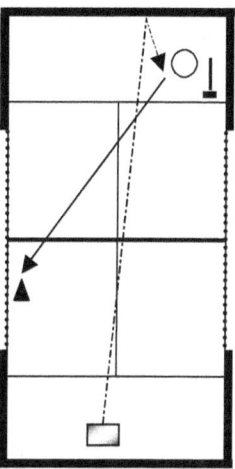

Ejercicio 0071   Golpes: SF

Objetivo: Rapidez en el movimiento, desarrollo de la precisión en la ejecución, tiempo de ejecución, velocidad de reacción.
Secuencia de golpes: SFD// - SFDX

Descripción:
Ubicado el jugador en el fondo de la pista, alternará las salidas de fondo de derecha paralelas y la salida de fondo de derecha cruzadas, con el objetivo de las marcas situadas en el fondo de la pista. Después de cada golpe, rodeará el poste situado a un metro de la línea de saque.

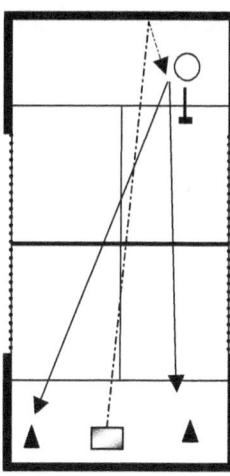

Ejercicio 0072   Golpes: SF

Objetivo: Rapidez en el movimiento, desarrollo de la precisión en la ejecución, tiempo de ejecución.
Secuencia de golpes: SFR// - SFRX

Descripción:
Ubicado el jugador en el fondo de la pista, alternará las salidas de fondo de revés paralela y la salida de fondo de revés cruzada, con el objetivo de las marcas situadas en el fondo de la pista. Después de cada golpe, rodeará el poste situado a un metro de la línea de saque. Una vez haya ejecutado cuatro golpes, continuará el punto en cruzado contra el monitor, respetando la zona actual de juego.

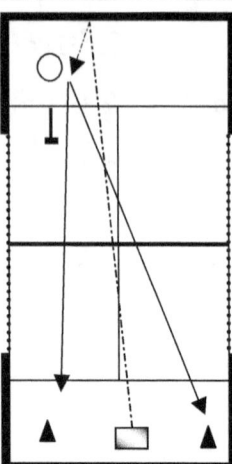

Ejercicio 0073   Golpes: SF

Objetivo: Rapidez en el movimiento, desarrollo de la precisión en la ejecución, tiempo de ejecución.
Secuencia de golpes: SFRX

Descripción:
Ubicados dos jugadores en el fondo de la pista, realizarán una salida de fondo de revés cruzada con el objetivo de la marca situada en el fondo de la pista. Después de cada golpe, el jugador se moverá lateralmente hacia su derecha para dejar hueco a su compañero y se pondrá detrás de él para estar preparado para el siguiente golpe.

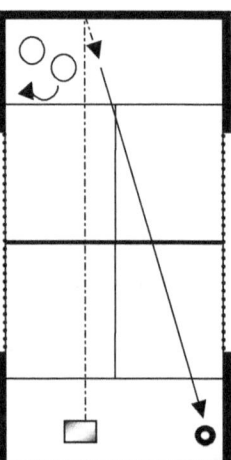

Ejercicio 0074   Golpes: SFD

Objetivo: Perfeccionamiento de la ejecución del movimiento, habilidad, fuerza y rapidez.
Secuencia de golpes: SFDX

Descripción:
Ubicado un jugador sobre la línea de saque, rodeará el poste situado en media pista para realizar una salida de fondo de derecha con el objetivo de la marca situada en el fondo de la pista.

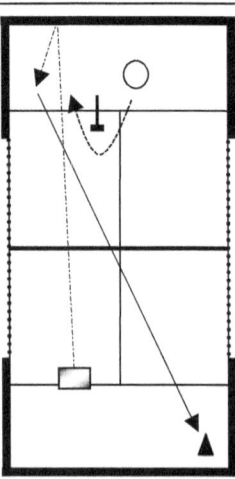

Ejercicio 0075   Golpes: SF

Objetivo: Perfeccionamiento de la ejecución del movimiento, habilidad, fuerza y rapidez.
Secuencia de golpes: SFD// - SFDX

Descripción:
Ubicado el jugador en el fondo de la pista, alternará una salida de fondo de derecha paralela o una salida de fondo de derecha cruzada, con el objetivo de las marcas situadas en el fondo de la pista. Después de cada golpe, rodeará, por el lado contrario, los conos situados sobre la línea de saque.

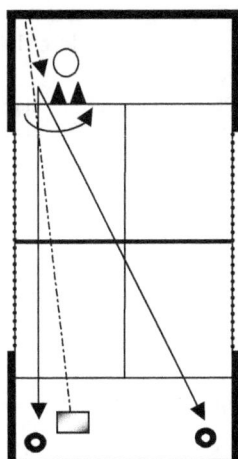

Ejercicio 0076   Golpes: SF

Objetivo: Rapidez en el movimiento, desarrollo de la precisión en la ejecución, tiempo de ejecución.
Secuencia de golpes: SFD// - SFDX

Descripción:
Ubicado el jugador en el fondo de la pista, alternará las salidas de fondo de derecha paralelas y la salida de fondo de derecha cruzadas, con el objetivo de las marcas situadas en el fondo de la pista. Después de cada golpe, rodeará el poste situado en el lateral de la pista. Una vez haya ejecutado cuatro golpes, continuará el punto en cruzado contra el monitor, respetando la zona actual de juego.

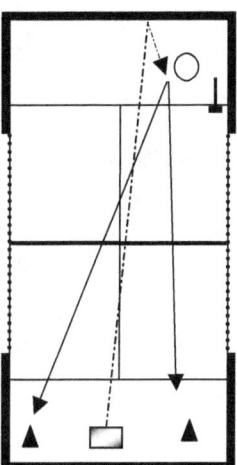

Ejercicio 0077   Golpes: SL

Objetivo: Perfeccionamiento de la ejecución del movimiento, habilidad, fuerza y rapidez.
Secuencia de golpes: SLR//

Descripción:
Ubicados dos jugadores en el fondo de la pista, realizarán una salida de lateral de revés paralela con el objetivo de la marca situada en el fondo de la pista. Después de cada golpe, el jugador se moverá lateralmente hacia su derecha para dejar hueco a su compañero y se pondrá detrás de él para estar preparado para el siguiente golpe.

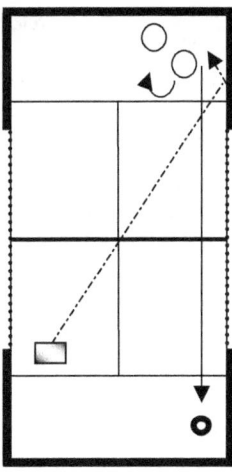

Ejercicio 0078   Golpes: SL

Objetivo: Rapidez en el movimiento, desarrollo de la precisión en la ejecución, tiempo de ejecución.
Secuencia de golpes: SLD// - SFDX

Descripción:
Ubicado el jugador en el fondo de la pista, alternará las salidas de lateral de derecha paralela y la salida de lateral de derecha cruzada, con el objetivo de las marcas situadas en el fondo de la pista. Después de cada golpe, rodeará el poste situado en el lateral de la pista. Una vez haya ejecutado cuatro golpes, continuará el punto en cruzado contra el monitor, respetando la zona actual de juego.

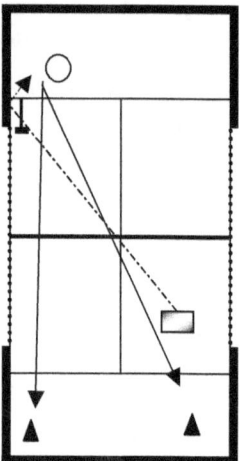

Ejercicio 0079   Golpes: SL

Objetivo: Perfeccionamiento de la ejecución del movimiento, habilidad, fuerza y rapidez.
Secuencia de golpes: SLR// - SLRX

Descripción:
Ubicado el jugador en el fondo de la pista, alternará una salida de lateral de revés paralela o una salida de lateral de revés cruzada, con el objetivo de las marcas situadas en el fondo de la pista. Después de cada golpe, rodeará, por el lado contrario, los conos situados sobre la línea de saque.

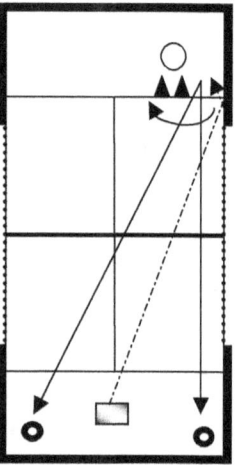

Ejercicio 0080   Golpes: SL

Objetivo: Perfeccionamiento de la ejecución del movimiento, habilidad, fuerza y rapidez.
Secuencia de golpes: SLDX

Descripción:
Ubicado un jugador sobre la línea de saque, rodeará los postes situados en media pista para realizar una salida de lateral de derecha con el objetivo de la marca situada en el fondo de la pista.

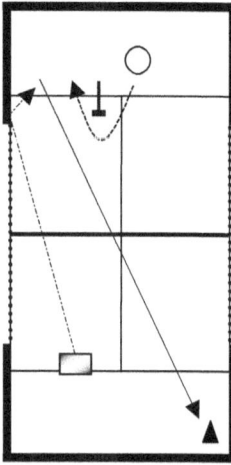

Ejercicio 0081   Golpes: SL

Objetivo: Habilidad, rapidez en el movimiento y desplazamiento.
Secuencia de golpes: SLDX - SFLRX

Descripción:
Ubicados dos jugadores en el fondo de la pista, realizarán en cada zona una salida de lateral de derecha cruzada o una salida de lateral de revés cruzada. Después de cada golpe se desplazarán a la otra zona sorteando el poste colocado en media pista y evitando el choque con su compañero.
Después de 10 bolas se cambia de jugadores.

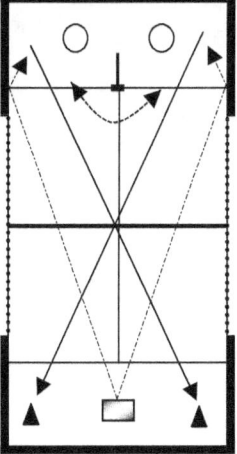

Ejercicio 0082   Golpes: SL

Objetivo: Rapidez en el movimiento, desarrollo de la precisión en la ejecución, tiempo de ejecución, velocidad de reacción.
Secuencia de golpes: SLD// - SFDX

Descripción:
Ubicado el jugador en el fondo de la pista, alternará las salidas de lateral de derecha paralela y la salida de lateral de derecha cruzada, con el objetivo de las marcas situadas en el fondo de la pista. Después de cada golpe, rodeará el poste situado en el lateral de la pista.

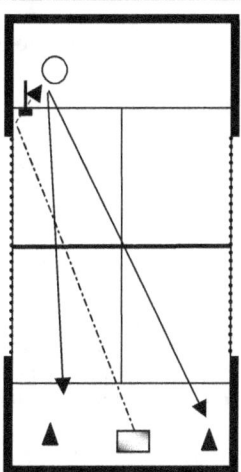

Ejercicio 0083   Golpes: SL

Objetivo: Rapidez en el movimiento, desarrollo de la precisión en la ejecución, tiempo de ejecución, velocidad de reacción.
Secuencia de golpes: SLRX

Descripción:
Ubicados dos jugadores en el fondo de la pista, realizarán una salida de lateral de revés cruzada con el objetivo de la marca situada en el fondo de la pista. Después de cada golpe, el jugador se moverá lateralmente hacia su derecha para dejar hueco a su compañero y se pondrá detrás de él para estar preparado para el siguiente golpe.

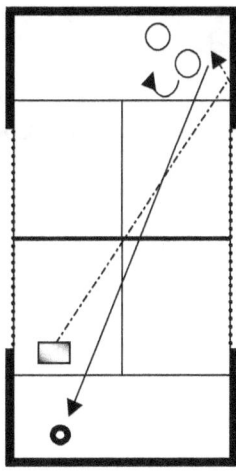

Ejercicio 0084   Golpes: SL

Objetivo: Rapidez en el movimiento, desarrollo de la precisión en la ejecución, tiempo de ejecución, velocidad de reacción.
Secuencia de golpes: SLR// - SLRX

Descripción:
Ubicado el jugador en el fondo de la pista, alternará las salidas de lateral de revés paralela y la salida de lateral de revés cruzada, con el objetivo de las marcas situadas en el fondo de la pista. Después de cada golpe, rodeará el poste situado en el lateral de la pista. Una vez haya ejecutado cuatro golpes, continuará el punto en cruzado contra el monitor, respetando la zona actual de juego.

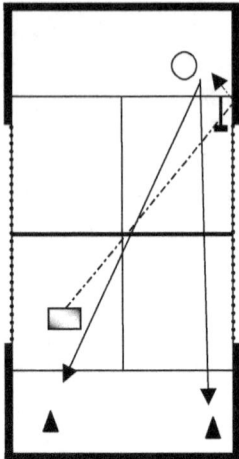

Ejercicio 0085   Golpes: SDP

Objetivo: Rapidez en el movimiento, desarrollo de la precisión en la ejecución, tiempo de ejecución.
Secuencia de golpes: SDPR// - SDPRX

Descripción:
Ubicado el jugador en el fondo de la pista, alternará las salidas de doble pared de revés paralela y la salida de doble pared de revés cruzada, con el objetivo de las marcas situadas en el fondo de la pista. Después de cada golpe, rodeará el poste situado a un metro de la línea de saque. Una vez haya ejecutado cuatro golpes, continuará el punto en cruzado contra el monitor, respetando la zona actual de juego.

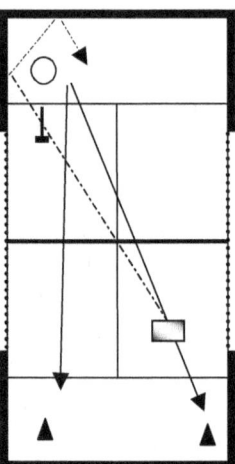

Ejercicio 0086   Golpes: SL

Objetivo: Recuperación de la zona.
Secuencia de golpes: SLD o SLR libres

Descripción:
Ubicados dos jugadores en el fondo de la pista, realizarán salida de lateral de derecha o salida de lateral de revés libres, con el objetivo de las marcas situadas en el fondo de la pista. Después de cada golpe tocarán el cono más cercano y volverán a su zona para volver a ejecutar otro golpe. El monitor intentará mover de la zona al jugador para que se acostumbre a recuperar la zona correcta.

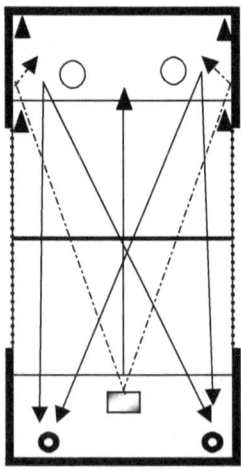

Ejercicio 0087   Golpes: SF - SL

Objetivo: Mecanización movimiento salida paredes.
Secuencia de golpes: SLR – SFD – SLD – SFR

Descripción:
Ubicado el jugador en el fondo de la pista en el lado del revés, realizará los siguientes golpes hacia el monitor de forma suave: salida lateral de revés, salida de fondo de derecha, salida de lateral de derecha, salida de fondo de revés. El monitor adaptará el ritmo al movimiento del jugador lanzando las bolas con la mano.

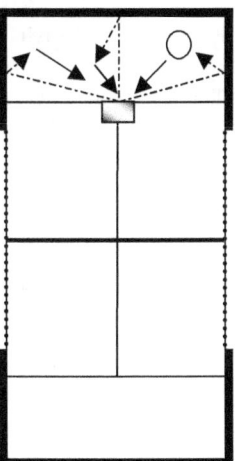

Ejercicio 0088   Golpes: SL

Objetivo: Rapidez en el movimiento, desarrollo de la precisión en la ejecución, tiempo de ejecución, velocidad de reacción.
Secuencia de golpes: SLD// - SLDX

Descripción:
Ubicado el jugador en el fondo de la pista, alternará una salida de lateral de derecha paralela o una salida de lateral de derecha cruzada, con el objetivo de las marcas situadas en el fondo de la pista. Después de cada golpe, rodeará, por el lado contrario, los conos situados sobre la línea de saque.

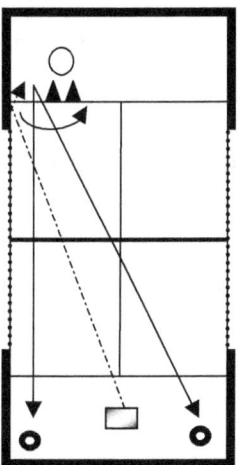

Ejercicio 0089   Golpes: SDP

Objetivo: Rapidez en el movimiento, desarrollo de la precisión en la ejecución, tiempo de ejecución, velocidad de reacción.
Secuencia de golpes: SDPR// - SDPRX

Descripción:
Ubicado el jugador en el fondo de la pista, alternará las salidas de doble pared de revés paralela y la salida de doble pared de revés cruzada, con el objetivo de las marcas situadas en el fondo de la pista. Después de cada golpe, rodeará el poste situado a un metro de la línea de saque.

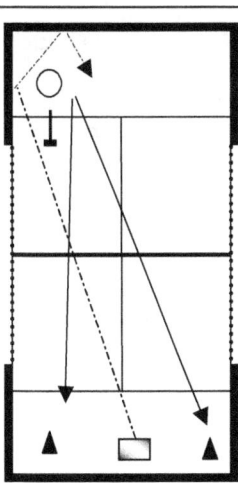

Ejercicio 0090   Golpes: SL

Objetivo: Rapidez en el movimiento, desarrollo de la precisión en la ejecución, tiempo de ejecución, velocidad de reacción.
Secuencia de golpes: SLDX

Descripción:
Ubicados dos jugadores en el fondo de la pista, realizarán una salida de lateral de derecha cruzada con el objetivo de la marca situada en el fondo de la pista. Después de cada golpe, el jugador se moverá lateralmente hacia su izquierda para dejar hueco a su compañero y se pondrá detrás de él para estar preparado para el siguiente golpe.

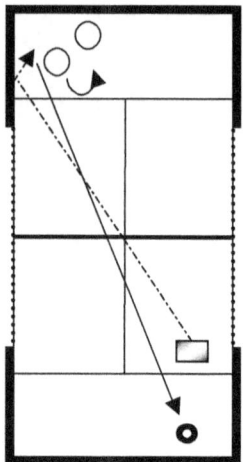

Ejercicio 0091   Golpes: SDP

Objetivo: Rapidez en el movimiento, desarrollo de la precisión en la ejecución, tiempo de ejecución.
Secuencia de golpes: SDPD// - SDPDX

Descripción:
Ubicado el jugador en el fondo de la pista, alternará las salidas de doble pared de derecha paralela y la salida de doble pared de derecha cruzada, con el objetivo de las marcas situadas en el fondo de la pista. Después de cada golpe, rodeará el poste situado en el lateral de la pista. Una vez haya ejecutado cuatro golpes, continuará el punto en cruzado contra el monitor, respetando la zona actual de juego.

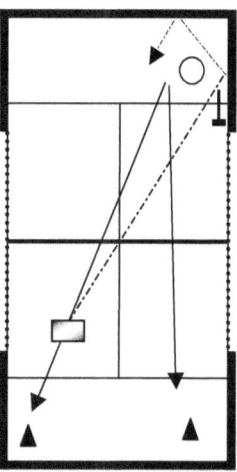

Ejercicio 0092   Golpes: SL

Objetivo: Perfeccionamiento de la ejecución del movimiento, habilidad, fuerza y rapidez.
Secuencia de golpes: SLRX

Descripción:
Ubicado un jugador sobre la línea de saque, rodeará los postes situados en media pista para realizar una salida de lateral de revés cruzada con el objetivo de la marca situada en el fondo de la pista.

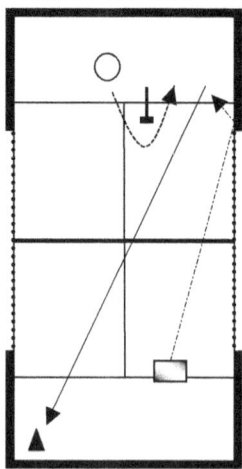

Ejercicio 0093   Golpes: SL

Objetivo: Habilidad, rapidez en el movimiento y desplazamiento.
Secuencia de golpes: SLD// - SFLR//

Descripción:
Ubicados dos jugadores en el fondo de la pista, realizarán en cada zona una salida de lateral de derecha paralela o una salida de lateral de revés paralela. Después de cada golpe se desplazarán a la otra zona sorteando el poste colocado en media pista y evitando el choque con su compañero.
Después de 10 bolas se cambia de jugadores.

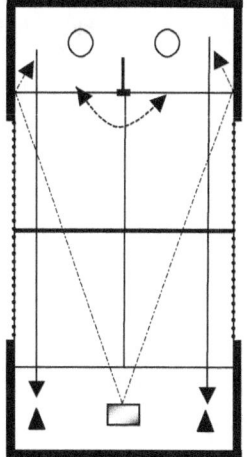

Ejercicio 0094   Golpes: SDP

Objetivo: Rapidez en el movimiento, desarrollo de la precisión en la ejecución, tiempo de ejecución, velocidad de reacción.
Secuencia de golpes: SDPD// - SDPDX

Descripción:
Ubicado el jugador en el fondo de la pista, alternará las salidas de doble pared de derecha paralela y la salida de doble pared de derecha cruzada, con el objetivo de las marcas situadas en el fondo de la pista. Después de cada golpe, rodeará el poste situado en el lateral de la pista.

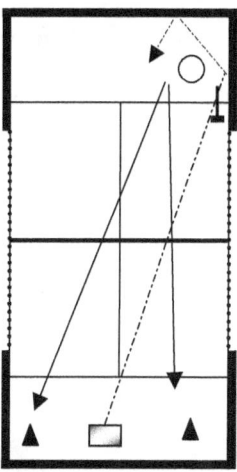

Ejercicio 0095   Golpes: SDP

Objetivo: Rapidez en el movimiento, desarrollo de la precisión en la ejecución, tiempo de ejecución.
Secuencia de golpes: SDPR// - SDPRX

Descripción:
Ubicado el jugador en el fondo de la pista, alternará las salidas de doble pared de revés paralela y la salida de doble pared de revés cruzada, con el objetivo de las marcas situadas en el fondo de la pista. Después de cada golpe, rodeará el poste situado en el lateral de la pista. Una vez haya ejecutado cuatro golpes, continuará el punto en cruzado contra el monitor, respetando la zona actual de juego.

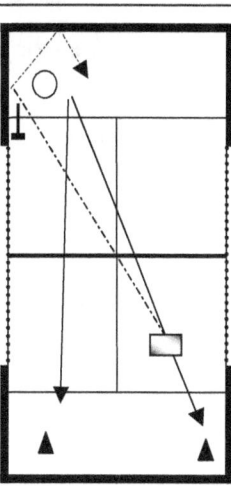

Ejercicio 0096   Golpes: SDP

Objetivo: Rapidez en el movimiento, desarrollo de la precisión en la ejecución, tiempo de ejecución, velocidad de reacción.
Secuencia de golpes: SDPR// - SDPRX

Descripción:
Ubicado el jugador en el fondo de la pista, alternará las salidas de doble pared de revés paralelas y las salidas de doble pared de revés cruzadas, con el objetivo de las marcas situadas en el fondo de la pista. Después de cada golpe, rodeará el poste situado en el lateral de la pista.

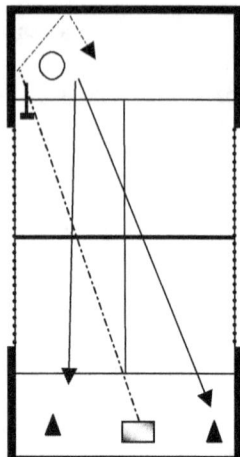

Ejercicio 0097   Golpes: SF

Objetivo: Velocidad de reacción, tiempo de ejecución y habilidad.
Secuencia de golpes: SFRX

Descripción:
Ubicado el jugador en el fondo de la pista, realizará chiquitas a la reja con una salida de pared de fondo de revés. Después de cada golpe, rodeará el poste situado al lado suyo.

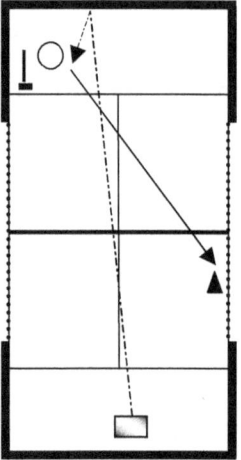

Ejercicio 0098   Golpes: SF

Objetivo: Rapidez en el movimiento, desarrollo de la precisión en la ejecución, tiempo de ejecución, velocidad de reacción.
Secuencia de golpes: SFD// - SFDX

Descripción:
Ubicado el jugador en el fondo de la pista, alternará las salidas de fondo de derecha paralela y las salidas de fondo de derecha cruzada, con el objetivo de las marcas situadas en el fondo de la pista. Después de cada golpe, rodeará el poste situado en el lateral de la pista.

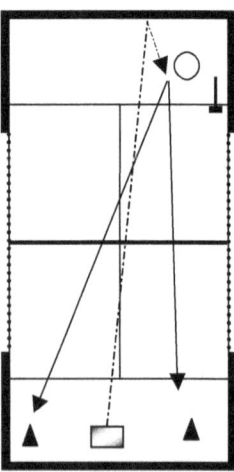

Ejercicio 0099   Golpes: SF

Objetivo: Rapidez en el movimiento, desarrollo de la precisión en la ejecución, tiempo de ejecución.
Secuencia de golpes: SFD// - SFDX

Descripción:
Ubicado el jugador en el fondo de la pista, alternará las salidas de fondo de derecha paralela y la salida de fondo de derecha cruzada, con el objetivo de las marcas situadas en el fondo de la pista. Después de cada golpe, rodeará el poste situado a un metro de la línea de saque. Una vez haya ejecutado cuatro golpes, continuará el punto en cruzado contra el monitor, respetando la zona actual de juego.

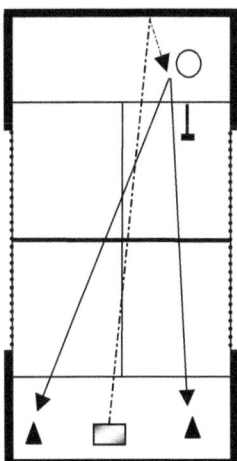

Ejercicio 0100   Golpes: SF

Objetivo: Rapidez en el movimiento, desarrollo de la precisión en la ejecución, tiempo de ejecución.
Secuencia de golpes: SFD//

Descripción:
Ubicados dos jugadores en el fondo de la pista, realizarán una salida de fondo de derecha paralela con el objetivo de la marca situada en el fondo de la pista. Después de cada golpe, el jugador se moverá lateralmente hacia su izquierda para dejar hueco a su compañero y se pondrá detrás de él para estar preparado para el siguiente golpe.

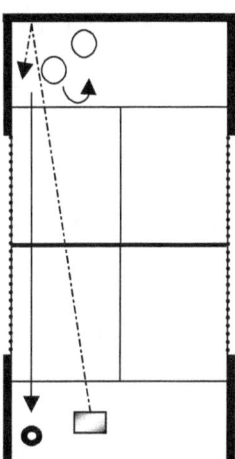

Ejercicio 0101   Golpes: SF

Objetivo: Rapidez en el movimiento, desarrollo de la precisión en la ejecución, tiempo de ejecución.
Secuencia de golpes: SFR// - SFRX

Descripción:
Ubicado el jugador en el fondo de la pista, alternará una salida de fondo de revés paralela o una salida de fondo de revés cruzada, con el objetivo de las marcas situadas en el fondo de la pista. Después de cada golpe, rodeará, por el lado contrario, los conos situados sobre la línea de saque.

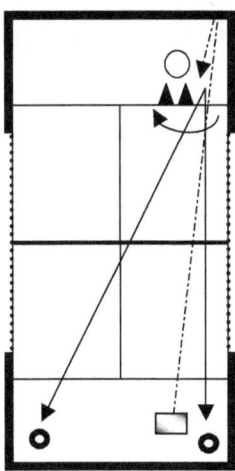

Ejercicio 0102   Golpes: SF

Objetivo: Perfeccionamiento de la ejecución del movimiento, habilidad, fuerza y rapidez.
Secuencia de golpes: SFRX

Descripción:
Ubicado un jugador sobre la línea de saque, rodeará los postes situados en media pista para realizar una salida de fondo de revés cruzada con el objetivo de la marca situada en el fondo de la pista.

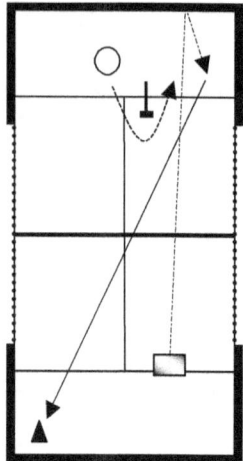

Ejercicio 0103   Golpes: SF

Objetivo: Perfeccionamiento de la ejecución del movimiento, habilidad, fuerza y rapidez.
Secuencia de golpes: SF y jugar

Descripción:
Ubicados dos jugadores en el fondo de la pista y dos pegados en la red, los jugadores del fondo realizarán salida de fondo libre. Los jugadores de la red deberán tocar la red una vez la bola lanzada por el monitor haya tocado la pared. Si no tocan la red no podrán participar.
Después de 10 bolas se rota la posición de los jugadores.

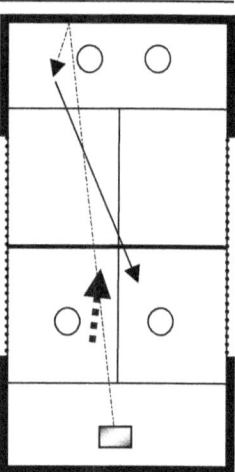

Ejercicio 0104   Golpes: SF

Objetivo: Habilidad, rapidez en el movimiento y desplazamiento.
Secuencia de golpes: SFDX - SFRX

Descripción:
Ubicados dos jugadores en el fondo de la pista, realizarán en cada zona una salida de fondo de derecha cruzada o una salida de fondo de revés cruzada. Después de cada golpe se desplazarán a la otra zona sorteando el poste colocado en media pista y evitando el choque con su compañero.
Después de 10 bolas se cambia de jugadores.

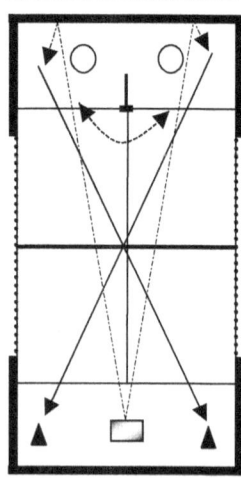

Ejercicio 0105   Golpes: SF

Objetivo: Rapidez en el movimiento, desarrollo de la precisión en la ejecución, tiempo de ejecución, velocidad de reacción.
Secuencia de golpes: SFR// - SFRX

Descripción:
Ubicado el jugador en el fondo de la pista, alternará las salidas de fondo de revés paralelas y las salidas de fondo de revés cruzadas, con el objetivo de las marcas situadas en el fondo de la pista. Después de cada golpe, rodeará el poste situado a un metro de la línea de saque.

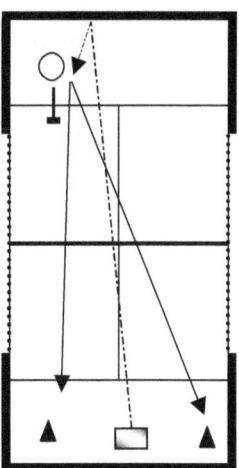

Ejercicio 0106   Golpes: SF

Objetivo: Rapidez en el movimiento, desarrollo de la precisión en la ejecución, tiempo de ejecución, velocidad de reacción.
Secuencia de golpes: SFR// - SFRX

Descripción:
Ubicado el jugador en el fondo de la pista, alternará las salidas de fondo de revés paralelas y las salidas de fondo de revés cruzadas, con el objetivo de las marcas situadas en el fondo de la pista. Después de cada golpe, rodeará el poste situado en el lateral de la pista. Una vez haya ejecutado cuatro golpes, continuará el punto en cruzado contra el monitor, respetando la zona actual de juego.

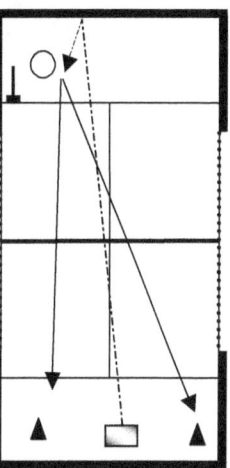

Ejercicio 0107   Golpes: SF

Objetivo: Rapidez en el movimiento, desarrollo de la precisión en la ejecución, tiempo de ejecución, velocidad de reacción.
Secuencia de golpes: SFR// - SFRX

Descripción:
Ubicado el jugador en el fondo de la pista, alternará las salidas de fondo de revés paralela y la salida de fondo de revés cruzada, con el objetivo de las marcas situadas en el fondo de la pista. Después de cada golpe, rodeará el poste situado en el lateral de la pista.

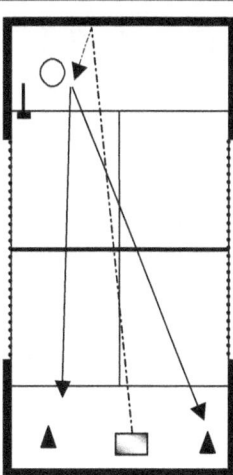

Ejercicio 0108   Golpes: SF

Objetivo: Rapidez en el movimiento, desarrollo de la precisión en la ejecución, tiempo de ejecución, velocidad de reacción.
Secuencia de golpes: SFDX

Descripción:
Ubicados dos jugadores en el fondo de la pista, realizarán una salida de fondo de derecha cruzada con el objetivo de la marca situada en el fondo de la pista. Después de cada golpe, el jugador se moverá lateralmente hacia su izquierda para dejar hueco a su compañero y se pondrá detrás de él para estar preparado para el siguiente golpe.

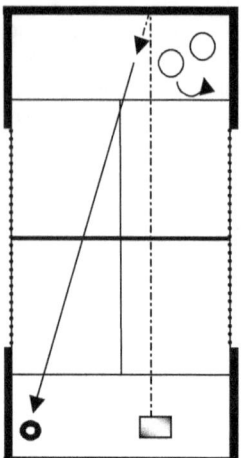

Ejercicio 0109   Golpes: SF

Objetivo: Recuperación de la zona
Secuencia de golpes: SFD o SFR libres.

Descripción:
Ubicados dos jugadores en el fondo de la pista, realizarán salida de fondo de derecha o salida de fondo de revés libres, con el objetivo de las marcas situadas en el fondo de la pista. Después de cada golpe tocarán el cono más cercano y volverán a su zona para volver a ejercutar otro golpe. El monitor intentará mover de la zona al jugador para que se acostumbre a recuperar la zona correcta.

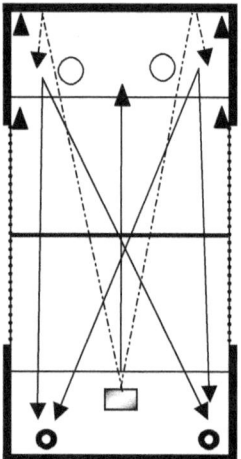

Ejercicio 0110   Golpes: SL

Objetivo: Perfeccionamiento de la ejecución del movimiento, habilidad, fuerza y rapidez.
Secuencia de golpes: SL y jugar.

Descripción:
Ubicados dos jugadores en el fondo de la pista y dos pegados en la red, los jugadores del fondo realizarán una salida de lateral libre. Los jugadores de la red deberán tocar la red una vez la bola lanzada por el monitor haya tocado la pared. Si no tocan la red no podrán participar.
Después de 10 bolas se rota la posición de los jugadores

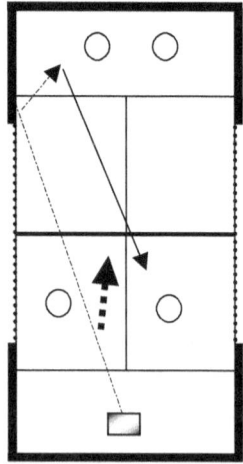

Ejercicio 0111   Golpes: SL

Objetivo: Rapidez en el movimiento, desarrollo de la precisión en la ejecución, tiempo de ejecución, velocidad de reacción.
Secuencia de golpes: SLR// - SLRX

Descripción:
Ubicado el jugador en el fondo de la pista, alternará las salidas de lateral de revés paralelas y las salidas de lateral de revés cruzadas, con el objetivo de las marcas situadas en el fondo de la pista. Después de cada golpe, rodeará el poste situado a un metro de la línea de saque.

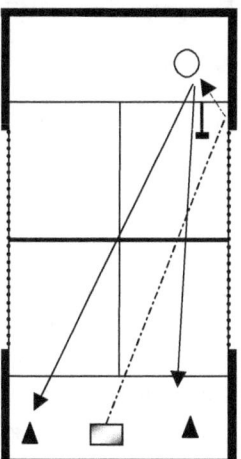

Ejercicio 0112   Golpes: SL

Objetivo: Rapidez en el movimiento, desarrollo de la precisión en la ejecución, tiempo de ejecución.
Secuencia de golpes: SLR// - SLRX

Descripción:
Ubicado el jugador en el fondo de la pista, alternará las salidas de lateral de revés paralelas y las salidas de lateral de revés cruzadas, con el objetivo de las marcas situadas en el fondo de la pista. Después de cada golpe, rodeará el poste situado a un metro de la línea de saque. Una vez haya ejecutado cuatro golpes, continuará el punto en cruzado contra el monitor, respetando la zona actual de juego.

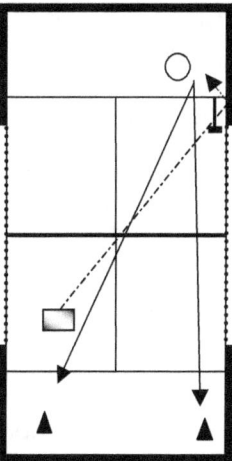

Ejercicio 0113   SALIDA DE PARED DE DERECHA con PadelBoing.

Explicación.

Preparación: En la preparación para golpear de derecha (de lado), se debe dejar que la bola bote en el suelo y rebote en la pared de fondo para golpearla antes de que bote nuevamente en el suelo.

Impacto: La pala ha de estar preparada antes de que la bola nos pase, y una vez que ha pasado se deben ajustar los pasos necesarios para poder golpear la pelota a la altura de la pierna adelantada, delante del cuerpo, calculando la velocidad con la que viene la bola, ya que en función de su velocidad y trayectoria saldrá despedida con más o menos fuerza de la pared de fondo. El recorrido de la pala es de abajo hacia arriba, ya que con este tipo de golpes se busca realizar un golpe plano que pase a ras de la red, o bien, un globo para pasar a los oponentes que pueden estar situados en la volea.

Terminación: Se finaliza de igual manera que el golpe de drive, con la cabeza de la pala a la altura del hombro contrario.

Recreación del golpe (ver imagen 5)

1. Coloca tu "PadelBoing" a unos 2 pasos frente a la línea de saque y ajusta el ángulo a 70º.

2. Sitúate frente al tu PadelBoing sobre la línea de saque y ligeramente a la izquierda. Levantando la pala a modo de saque de tenis golpea bolas hacia la red de forma plana y sin demasiada fuerza.

3. Recibirás bolas rápidas hacia la pared de fondo que rebotarán y tendrás que ir a buscarlas hacia atrás para practicar los siguientes golpes:

Foto 5. Recreación de golpe a fondo de pista para entrenar el golpe de salida de parad de derecha (Ubicación-Situación, Inclinación y Ataque)

Ejercicio 0114   SALIDA DE PARED DE REVÉS con PadelBoing.

Explicación.

Preparación: Su ejecución es la misma que en la pared de fondo de derecha, pero su preparación tiene como posición de referencia el golpe de revés. Es decir, nos preparamos para golpear de revés (de lado), dejando que la bola bote en el suelo y rebote en la pared de fondo, golpeándola antes de que bote nuevamente en el suelo.

Impacto: La pala ha de estar preparada antes de que la bola nos pase y, una vez que ha pasado, hay que ajustar los pasos necesarios para poder golpear la pelota delante del cuerpo, a la altura de la pierna adelantada, calculando su velocidad y trayectoria, ya que de ello depende que la bola salga despedida con más o menos fuerza de la pared de fondo. El recorrido de la pala es de abajo hacia arriba, ya que en este tipo de golpes se busca realizar un golpe plano que pase a ras de la red, o bien, un globo para pasar a los oponentes que pueden estar situados en la volea.

Terminación: Su terminación es igual que en los golpes de revés, con la pala hacia el frente a la altura de la cabeza y el brazo izquierdo abriéndolo hacia atrás.

Recreación del golpe (ver imagen 6)

1. Coloca tu "PadelBoing" a 2 pasos frente a la línea de saque y ajusta el ángulo a 70º.

2. Sitúate frente al tu PadelBoing ligeramente hacia la derecha y sobre la línea de saque. Levantando la pala a modo de saque de tenis golpea bolas hacia la red de forma plana y sin demasiada fuerza.

3. Recibirás bolas rápidas hacia la pared de fondo que rebotarán y tendrás que ir a buscarlas hacia atrás para practicar los siguientes golpes:

Foto 6.
Recreación de golpe a fondo de pista para entrenar el golpe de salida de pared de revés
(Ubicación-Situación, Inclinación y Ataque)

Ejercicio 0115 BAJADA DE PARED con PadelBoing.

Explicación.

Dependiendo de la potencia que le demos, puede convertirse en un golpe de ajuste para colocar o bien en un golpe ofensivo, bien cortado o plano. En este apartado vamos a tratar el golpe ofensivo ya que el golpe de ajuste variará según dónde queramos colocar la bola en cada momento.

Preparación: Consiste en dejar pasar la bola situándonos de lado, lo suficientemente retirados de la bola para guardar la distancia. La pala irá hacia atrás lo máximo que podamos. Hay que flexionar y separar las piernas para tener buena estabilidad y poder ajustar para impactar. Mientras tanto, debemos poner el peso del cuerpo en la pierna más atrasada

Impacto: Hay que impactar a la altura máxima a la que llegue la bola después de rebotar en la pared de fondo. El punto de impacto está al costado y ligeramente hacia adelante. El objetivo es golpear a la bola de forma cortada o plana y con el brazo extendido, con buena aceleración hacia delante y pasando el peso del cuerpo a la pierna adelantada.

Terminación: La trayectoria de la pala va de arriba hacia abajo en diagonal, por tanto, en la terminación del golpe la pala quedará hacia abajo entre el cuerpo y el brazo libre.

Recreación del golpe (ver Imagen 7)

En este caso no necesitaremos la ayuda de la red reboteadora PadelBoing, basta con situarnos en la línea de saque en posición lateral y golpear una bola contra el suelo y hacia atrás, de modo que tras botar en el suelo rebote en la pared de fondo con suficiente altura y salga despedida, de forma que nos permita practicar este golpe tantas veces como necesitemos, hasta mejorar nuestro golpeo.

Foto 7.
Recreación de globo para entrenar la bajada de pared (Ubicación-Situación, Inclinación y Ataque)

Ejercicio 0116   DOBLE PARED DE DERECHA SIN GIRO con PadelBoing.

Explicación.

En este golpe, tras botar en el suelo y rebotar en la pared lateral de derecha seguida de la pared de fondo, hay que golpear la bola antes de que caiga al suelo.

Preparación: Una vez observada la trayectoria y velocidad de la bola, se debe preparar la pala antes de que pase la bola y ajustar los pasos necesarios para separarte lo suficiente, a la vez que debes dejar la pierna Izquierda hacia delante y un poco hacia la derecha, apuntando con la zapatilla izquierda hacia el poste derecho de la red de pista, y haciendo que el cuerpo gire 90º. A la vez que se mueven los pies, cogiendo la pala con la mano derecha, llevarla hacia atrás a la altura de la cintura y apuntando con la base del puño a la pared de fondo del contrario. La mano izquierda se queda como referencia para la terminación delante del cuerpo, señalando hacia el frente.

Impacto: Buscar el punto de impacto, siempre delante del cuerpo y después de que la pelota salga rebotada de la pared de fondo. El recorrido de la pala es de abajo hacia arriba, ya que se busca el efecto de globo para pasar a los oponentes que puedan estar situados en la red.

Terminación: Su terminación es igual que en los golpes de derecha, con la cabeza de la pala a la altura del hombro contrario.

Recreación del golpe (ver imagen 8)

1. Coloca tu "PadelBoing" en la misma línea de saque ajustando el ángulo a 90 º y muy próxima a la pared lateral (0-30 cm).
2. Sitúate en zona defensiva (entre línea de saque y pared de fondo y en el centro del lado de tu pista). Quedarás situado en posición diagonal a tu PadelBoing. Levantando la pala y a modo de saque de tenis con el brazo ligeramente encogido, golpea bolas de forma plana y con fuerza hacia la red.
3. 3. Recibirás bolas rápidas hacia la pared de lateral que rebotarán en la pared de fondo de forma que tendrás que abrirte y practicar el golpe de doble pared **de derecha sin giro.**

Foto 8.
Recreación de golpe a doble pared para entrenar doble pared de derecha sin giro (Ubicación-Situación, Inclinación y Ataque)

Ejercicio 0117   DOBLE PARED DE REVÉS SIN GIRO con PadelBoing.

Explicación.

Preparación: Su ejecución es la misma que en la doble pared de derecha, pero su preparación tiene como posición de referencia el golpe de revés. Uno se prepara para golpear de revés (de lado), dejando que la bola bote en el suelo y rebote en la pared lateral de revés y en la pared de fondo, golpeándola antes de que bote nuevamente en el suelo.

Impacto: La pala tiene que estar preparada antes de que la bola pase, y una vez que ha pasado, se deben ajustar los pasos necesarios para separarse lo suficiente de la bola y golpear en el punto de impacto (delante del cuerpo), calculando la velocidad de la bola, ya que de ella depende que se abra más o menos, así como que salga despedida con mayor o menor fuerza de la pared de fondo. El recorrido de la pala es de abajo arriba, ya que se busca realizar un globo para pasar a los oponentes que puedan estar situados en la volea.

Terminación: Su terminación es igual que en los golpes de revés, con la pala hacia el frente a la altura de la cabeza y el brazo izquierdo abriéndolo hacia atrás.

Recreación del golpe adversario (igual que la imagen 8 anterior, pero en la pared contraria)

1. Coloca tu "PadelBoing" en la misma línea de saque ajustando el ángulo a 90 º y muy próxima a la pared lateral (0-30 cm).
2. Sitúate en zona defensiva (entre línea de saque y pared de fondo y en el centro del lado de tu pista.). Quedarás situado en posición diagonal a tu PadelBoing. Levantando la pala y a modo de saque de tenis con el brazo ligeramente encogido, golpea bolas de forma plana y con fuerza hacia la red.
3. Recibirás bolas rápidas hacia la pared de lateral que rebotarán en la pared de fondo de forma que tendrás que abrirte y practicar el golpe de **doble pared de revés sin giro.**

Ejercicio 0118   DOBLE PARED DE REVÉS CON GIRO con PadelBoing.

Explicación.

Preparación: Su preparación tiene como objetivo quedar situado en la posición para golpe de revés ya que la bola, tras botar en el suelo y rebotar en la pared lateral de derecha seguida de la pared de fondo, hay que golpearla antes de que caiga al suelo. Para esto el jugador debe realizar una trayectoria circular en sentido horario siguiendo la trayectoria de la bola hasta situarse correctamente para ejecutar el golpe de revés. Se deben ajustar los pasos necesarios para separarse lo suficiente de la bola y golpear en el punto de impacto (delante del cuerpo), calculando la velocidad de la bola, ya que de ella depende que se abra más o menos, así como que salga despedida con mayor o menor fuerza de la pared de fondo.

Impacto: El punto de impacto ha de ser cuanto más alto mejor para imprimir fuerza en caso de querer atacar, o en caso de que la bola no salga con altura o fuerza suficiente, se puede buscar realizar un globo para pasar a los oponentes que puedan estar situados en la volea.

Terminación: La terminación es igual a la del golpe de revés.

Recreación de golpe (ver imagen 9)

1. Coloca tu "PadelBoing" en la misma línea de saque ajustando el ángulo a 90 º y muy próxima a la pared lateral izquierda de tu campo (0-30 cm), pero esta vez debes girarla unos 15º respecto a la línea de saque.
2. Sitúate en zona defensiva (entre línea de saque y pared de fondo y en el centro del lado de tu pista). Quedarás situado en posición diagonal a tu PadelBoing. Levantando la pala y a modo de saque de tenis con el brazo ligeramente encogido, golpea bolas de forma plana y con fuerza hacia la red
3. Recibirás bolas rápidas que botarán en el suelo hacia la pared de lateral y rebotarán en la pared de fondo de forma que tendrás que girar buscando la bola para practicar el golpe de **doble pared de derecha con giro.**

Foto 9.
Recreación de golpe a doble pared para entrenar doble pared con giro
(Ubicación-Situación, Inclinación y Ataque)

Ejercicio 0119   DOBLE PARED DE REVÉS CON GIRO con PadelBoing.

Explicación.

Preparación: Su preparación tiene como objetivo quedar situado en la posición para golpe de drive ya que la bola, tras botar en el suelo y rebotar en la pared lateral de izquierda seguida de la pared de fondo, hay que golpearla antes de que caiga al suelo. Para esto el jugador debe realizar una trayectoria circular en sentido anti-horario siguiendo la trayectoria de la bola hasta situarse correctamente para ejecutar el golpe de drive. Se deben ajustar los pasos necesarios para golpear en el punto de impacto (delante del cuerpo), calculando la velocidad de la bola, ya que de ella depende que se abra más o menos, así como que salga despedida con mayor o menor fuerza de la pared de fondo.

Impacto: El punto de impacto ha de ser cuanto más alto mejor para imprimir fuerza en caso de querer atacar, o en caso de que la bola no salga con altura o fuerza suficiente, se puede buscar realizar un globo para pasar a los oponentes que puedan estar situados en la volea.

Terminación: La terminación es igual a la del golpe de drive.

Recreación golpe (igual que en la imagen 9 anterior pero en la pared contraria)

1. Coloca tu "PadelBoing" en la misma línea de saque ajustando el ángulo a 90 º y muy próxima a la pared lateral izquierda de tu campo (0-30 cm), pero esta vez debes girarla unos 15º respecto a la línea de saque.
2. Sitúate en zona defensiva (entre línea de saque y pared de fondo y en el centro del lado de tu pista). Quedarás situado en posición diagonal a tu PadelBoing. Levantando la pala y a modo de saque de tenis con el brazo ligeramente encogido, golpea bolas de forma plana y con fuerza hacia la red.
3. Recibirás bolas rápidas que botarán en el suelo hacia la pared de lateral y rebotarán en la pared de fondo, de forma que tendrás que girar buscando la bola para practicar el golpe de **doble pared de revés con giro.**

EJERCICIOS DE VOLEA

Ejercicio 0120   Golpes: V

Objetivo: Rapidez en el movimiento, desarrollo de la precisión en la ejecución, tiempo de ejecución, velocidad de reacción.
Secuencia de golpes: VD medio - VDX

Descripción:
Ubicado un jugador en media pista sentado en una silla, realizará, sin levantarse de la silla, voleas de derecha al medio y voleas de derecha cruzadas, con el objetivo de las marcas situadas en el fondo de la pista. El monitor alternará estas bolas con algunas cortas, lo que hará que el alumno se levante para realizar el golpe.

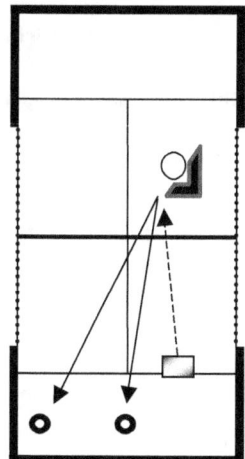

Ejercicio 0121   Golpes: V

Objetivo: Rapidez en el movimiento, desarrollo de la precisión en la ejecución, tiempo de ejecución, velocidad de reacción.
Secuencia de golpes: VD// - VDX

Descripción:
Ubicado el jugador en media pista, alternará las voleas de derecha paralelas y las voleas de derecha cruzadas, con el objetivo de las marcas situadas en el fondo de la pista. Después de cada golpe, rodeará el poste situado a un metro de la red para continuar el ejercicio.
Después de 10 bolas se cambia de jugador.

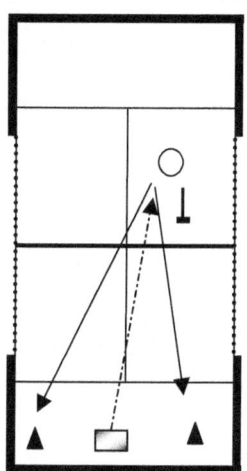

Ejercicio 0122   Golpes: V

Objetivo: Coordinación y precisión en la ejecución, tiempo de ejecución y habilidad.
Secuencia de golpes: VX

Descripción:
Enfrentados los cuatro jugadores cerca de la red en cruzado en un mismo cuadrante por parejas, jugarán entre ellos golpeando solo de volea. Un jugador no podrá golpear dos veces seguidas la bola.
Cuando se perfeccione se realizará en paralelo.

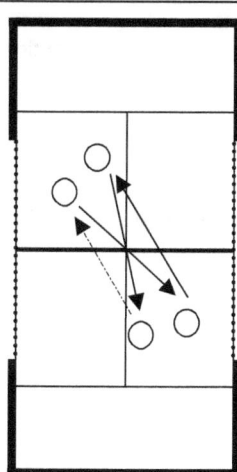

Ejercicio 0123   Golpes: V

Objetivo: Desarrollo de la técnica en movimiento, habilidad y resistencia.
Secuencia de golpes: VD (x3) – VR (x3)

Descripción:
Ubicado el jugador cerca de la red, realizará tres voleas de derecha con desplazamiento hasta rodear el poste y volverá para hacer tres voleas de revés con desplazamiento.

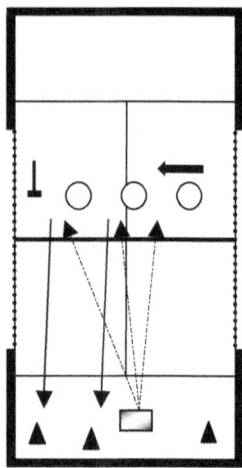

Ejercicio 0124   Golpes: V

Objetivo: Perfeccionamiento del golpe, elevación, fuerza y rapidez.
Secuencia de golpes: VD// - VDX

Descripción:
Ubicado el jugador en media pista, realizará voleas de derecha paralelas o voleas de derecha cruzadas con el objetivo de las marcas situadas en el fondo de la pista. Después de cada golpe, rodeará el poste situado en medio de la pista para encontrarse siempre la volea en el lado.
Después de 10 bolas se cambia de jugador.

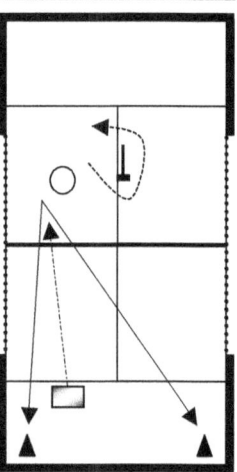

Ejercicio 0125   Golpes: V

Objetivo: Desarrollo de técnicas rápidas y tiempo de ejecución.
Secuencia de golpes: VD// - VRX

Descripción:
Ubicado un jugador cerca de la red realizará una volea de derecha con dejada como respuesta a un lanzamiento fuerte del monitor, rodeará el poste situado en el medio de la pista para subir de nuevo a la red y realizar una volea de revés cruzada con el objetivo de la marca situada en el fondo de la pista.
Después de 10 bolas se cambia de jugador.

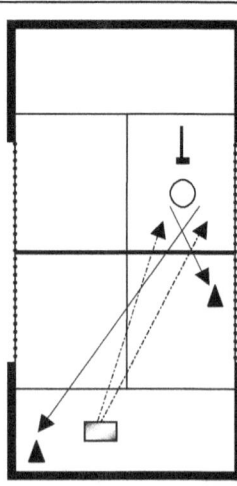

Ejercicio 0126   Golpes: V

Objetivo: Desarrollo del ritmo y ejecución del golpe.
Secuencia de golpes: VR// - VRX o VD// - VDX

Descripción:
Ubicado un jugador cerca de la red, realizará una volea de revés paralela y una volea de revés cruzada, con el objetivo de las marcas situadas en el fondo de la pista. Después rodeará el poste situado en media pista para volver a subir a la red y realizar una volea de derecha paralela y una volea de derecha cruzada con el objetivo de las marcas situadas en el fondo de la pista.
Después de 12 bolas se cambia de jugador.

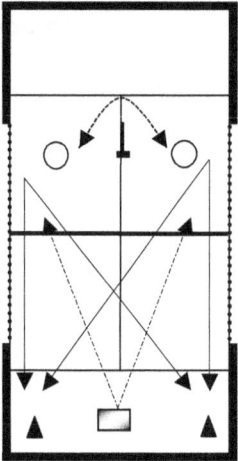

Ejercicio 0127   Golpes: V

Objetivo: Coordinación del dinamismo motor para conseguir un ritmo constante y regular del juego, habilidad y resistencia.
Secuencia de golpes: VD medio - VR//

Descripción:
Ubicado un jugador cerca de la red, alternará las voleas de derecha paralelas y las voleas de revés paralelas con el objetivo de las marcas situadas en el fondo de la pista. Después de cada golpe saltará una valla situada al lado suyo.
Después de 10 golpes se cambia de jugador.

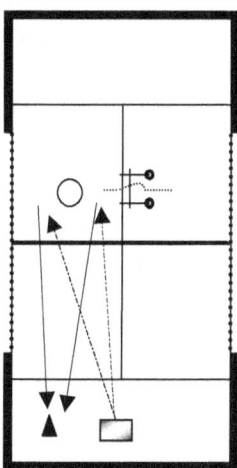

Ejercicio 0128   Golpes: V

Objetivo: Coordinación del movimiento técnico mediante rápidos cambios de dirección.
Secuencia de golpes: VDX – VR//

Descripción:
Ubicado el jugador cerca de la red, realizará una volea de derecha al medio, se retrasará para rodear el poste situado al lado suyo y subirá de nuevo a la red para realizar una dejada de revés con el objetivo de las marcas situadas en el fondo de la pista. Después del último golpe, volverá a la posición inicial para volver a realizar el ejercicio.
Después de 10 bolas se cambia de jugador.

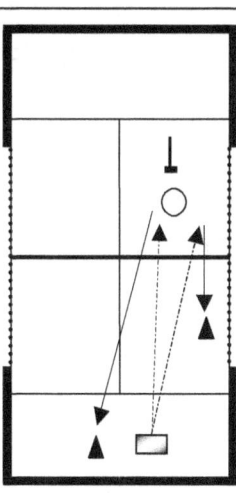

Ejercicio 0129   Golpes: V

Objetivo: Esfuerzo, habilidad y resistencia.
Secuencia de golpes: VD// o VRX

Descripción:
Ubicado el jugador cerca de la red, alternará las voleas de derecha paralelas y las voles de revés cruzadas, con el objetivo de las marcas situadas en el fondo de la pista.
Después de cada volea, el jugador se retrasará hasta la línea de saque para rodear el poste situado en ella.
Después de 10 bolas se cambia de jugador.

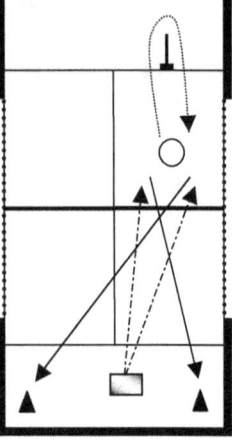

Ejercicio 0130   Golpes: V

Objetivo: Habilidad y tiempo de ejecución.
Secuencia de golpes: VRX o VDX

Descripción:
Ubicado los dos jugadores cerca de la red, realizarán voleas de revés cruzadas o voleas de derecha cruzadas, con el objetivo de las marcas situadas en la pista.
Después de cada golpe, el jugador rodeará el poste situado junto a el para cambiar de posición.
Después de 10 bolas se alterna la posición de los jugadores.

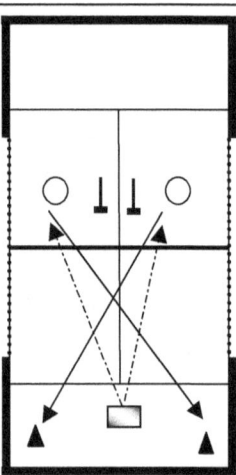

Ejercicio 0131   Golpes: V

Objetivo: Velocidad y coordinación del movimiento técnico, habilidad y resistencia a la velocidad en largos períodos de tiempo.
Secuencia de golpes: VDX - VRX

Descripción:
Ubicado un jugador cerca de la red, realizará una volea de derecha cruzada, saltará un pequeño obstáculo situado al lado suyo y realizará otra volea de revés cruzada. Después de este golpe volverá a saltar el obstáculo e iniciará de nuevo el ejercicio.
Después de 10 bolas se cambia de jugador.

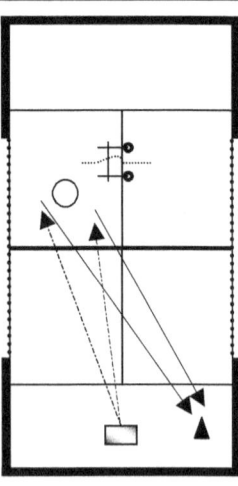

Ejercicio 0132   Golpes: V

Objetivo: Rapidez en el movimiento y precisión en la ejecución.
Secuencia de golpes: VDX - VRX

Descripción:
Ubicados dos jugadores cerca de la red realizarán voleas de derecha cruzadas o voleas de revés cruzadas con el objetivo de las marcas situadas en el fondo de la pista. Después de cada golpe, se retrasarán en cruzado hasta el fondo de la pista para rodear el poste allí situado y subir en paralelo para realizar otra volea. Después de 10 bolas se cambia de jugadores.

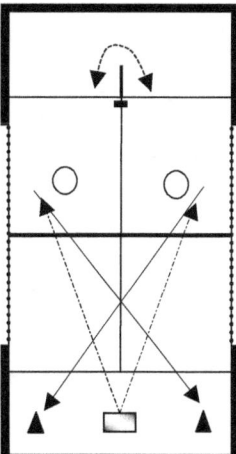

Ejercicio 0133   Golpes: V

Objetivo: Rapidez en el movimiento y coordinación del movimiento técnico, resistencia y tiempo de ejecución.
Secuencia de golpes: VX – ocho – VX

Descripción:
Ubicado un jugador cerca de la red realizará una volea cruzada y realizará un ocho para llegar a la otra zona y realizar otra volea cruzada con el objetivo de las marcas situadas en el fondo de la pista.
Después de 10 bolas se cambia de jugador.

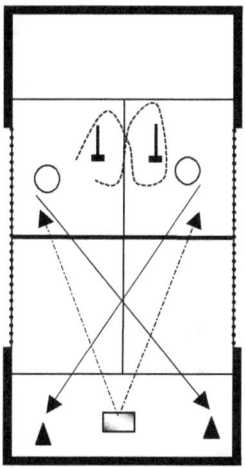

Ejercicio 0134   Golpes: V

Objetivo: Velocidad de reacción y rapidez en la ejecución.
Secuencia de golpes: VD// - VRX

Descripción:
Ubicados dos jugadores en la línea de saque, realizarán voleas entre ellos. A la señal del monitor, los jugadores subirán a la red para hacer una volea de derecha paralela y una volea de revés cruzada con el objetivo de las marcas situadas en el fondo de la pista.
Después de 10 bolas se alterna la posición de los jugadores.

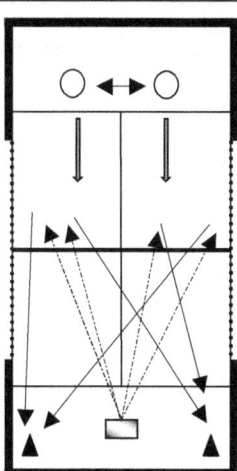

Ejercicio 0135   Golpes: V

Objetivo: Rapidez en el movimiento y precisión en la ejecución.
Secuencia de golpes: VD// - VR//

Descripción:
Ubicados dos jugadores cerca de la red realizarán voleas de derecha paralelas o voleas de revés paralelas con el objetivo de las marcas situadas en el fondo de la pista. Después de cada golpe, se retrasarán en cruzado hasta el fondo de la pista para rodear el poste allí situado y subir en paralelo para realizar otra volea. Después de 10 bolas se cambia de jugadores.

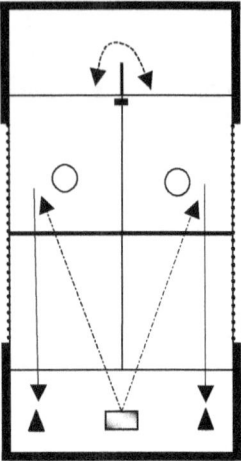

Ejercicio 0136   Golpes: V

Objetivo: Desarrollo de técnicas complejas, tiempo de ejecución, rapidez en el movimiento y habilidad.
Secuencia de golpes: VR// o VRX

Descripción:
Ubicado el jugador cerca de la red realizará dejadas de revés paralelas o dejadas de revés cruzadas con el objetivo de las marcas situadas en los laterales de la pista. Después del último golpe rodeará el poste situado al lado suyo para iniciar de nuevo el ejercicio.
Después de 10 bolas se cambia de jugador.

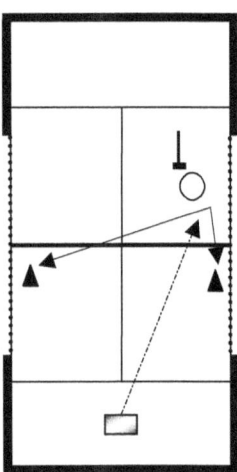

Ejercicio 0137   Golpes: V

Objetivo: Resistencia, tiempo de ejecución, habilidad y rapidez en el movimiento.
Secuencia de golpes: VD// - VRX

Descripción:
Ubicado un jugador en el fondo de la pista junto a un poste, saltará el obstáculo que tiene delante suyo para llegar a la red y realizar una volea de derecha paralela y una volea de revés cruzada, con el objetivo de las marcas situada en el fondo de la pista. Después del último golpe se retrasará para rodear el poste y volver a realizar el ejercicio. Después de 10 bolas se cambia de jugador.

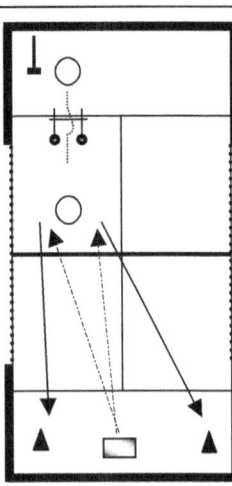

Ejercicio 0138   Golpes: V

Objetivo: Rapidez en el movimiento y en la ejecución, resistencia.
Secuencia de golpes: VDX - VRX

Descripción:
Ubicado un jugador cerca de la red, realizará una volea de derecha cruzada y se retrasará lo suficiente para rodear el poste situado en mitad de pista y volverá a subir para hacer una volea de revés cruzada, con el objetivo de la marca situada en el fondo de la pista.
Después de 10 bolas se cambia de jugador.

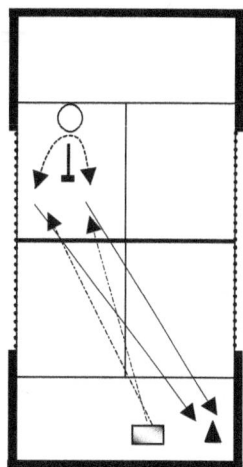

Ejercicio 0139   Golpes: V

Objetivo: Perfeccionamiento de la coordinación técnica en la ejecución, resistencia, habilidad y velocidad.
Secuencia de golpes: VRX y jugar

Descripción:
Ubicado un jugador en el fondo y otro cerca de la red, uno de los jugadores realizará una volea de revés cruzada y continuará el punto hasta terminarlo respetando la zona actual de juego. El punto sólo será válido a partir de que ese jugador haya tocado la red previamente. El que no toque la red no podrá ganar el punto. Llegados a 11 puntos se alterna la posición de los jugadores.

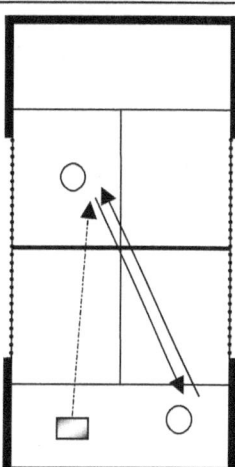

Ejercicio 0140   Golpes: V

Objetivo: Coordinación y precisión en la ejecución, tiempo de ejecución y habilidad.
Secuencia de golpes: VD// (x2) - VR// (x3)

Descripción:
Ubicado un jugador cerca de la red, realizará dos voleas de derecha paralelas con el objetivo de la marca situada en el fondo de la pista, se retrasará para rodear el poste situado en el fondo de la pista y subirá a la red realizando 3 voleas de revés paralelas progresivas para ganar la red.

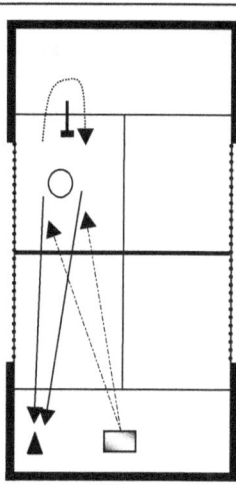

Ejercicio 0141   Golpes: V

Objetivo: Perfeccionamiento de la coordinación técnica en la ejecución, resistencia, habilidad y velocidad.

Secuencia de golpes: VD// y jugar.

Descripción:
Ubicado un jugador en el fondo y otro cerca de la red, uno de los jugadores realizará una volea de derecha paralela y continuará el punto hasta terminarlo respetando la zona actual de juego. El punto sólo será válido a partir de que ese jugador haya tocado la red previamente. El que no toque la red no podrá ganar el punto. Llegados a 11 puntos se alterna la posición de los jugadores.

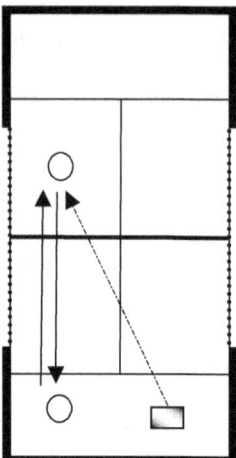

Ejercicio 0142   Golpes: V

Objetivo: Coordinación y precisión en la ejecución, tiempo de ejecución y habilidad.

Secuencia de golpes: VDX (x2) - VRX (x3)

Descripción:
Ubicado un jugador cerca de la red, realizará dos voleas de derecha cruzadas con el objetivo de la marca situada en el fondo de la pista, se retrasará para rodear el poste situado en el fondo de la pista y subirá a la red realizando 3 voleas de revés cruzadas progresivas para ganar la red.

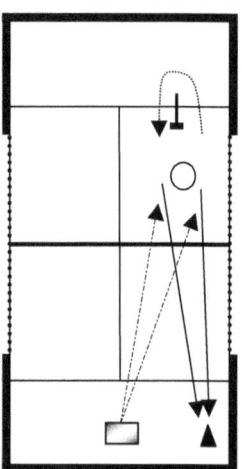

Ejercicio 0143   Golpes: V

Objetivo: Rapidez en el movimiento, desarrollo de la precisión en la ejecución, tiempo de ejecución, velocidad de reacción.

Secuencia de golpes: VR// - VRX

Descripción:
Ubicado el jugador en media pista, alternará las voleas de revés paralelas y las voleas de revés cruzadas, con el objetivo de las marcas situadas en el fondo de la pista. Después de cada golpe, rodeará el poste situado a un metro de la red. Una vez haya ejecutado cuatro golpes, continuará el punto en cruzado contra el monitor, respetando la zona actual de juego.

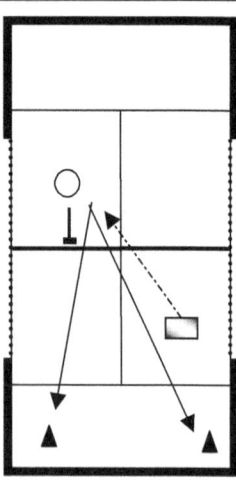

Ejercicio 0144   Golpes: V

Objetivo: Perfeccionamiento de la volea en movimiento, resistencia, tiempo de ejecución y habilidad.
Secuencia de golpes: VD// – VDX

Descripción:
Ubicado el jugador en media pista y atado a la cintura con una * cinta elástica de resistencia, realizará voleas de derecha paralelas y voleas de derecha cruzadas, con el objetivo de las marcas situadas en el fondo de la pista. El monitor irá modificando la resistencia de la cinta elástica para trabajar la resistencia.

- * www.technologysport.com

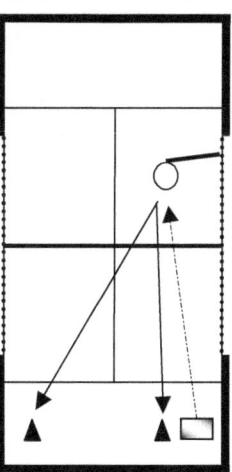

Ejercicio 0145   Golpes: V

Objetivo: Perfeccionamiento de la coordinación técnica en la ejecución, resistencia, habilidad y velocidad.
Secuencia de golpes: VDX y jugar

Descripción:
Ubicado un jugador en el fondo y otro cerca de la red, uno de los jugadores realizará una volea de derecha cruzada y continuará el punto hasta terminarlo respetando la zona actual de juego. El punto sólo será válido a partir de que ese jugador haya tocado la red previamente. El que no toque la red no podrá ganar el punto. Llegados a 11 puntos se alterna la posición de los jugadores.

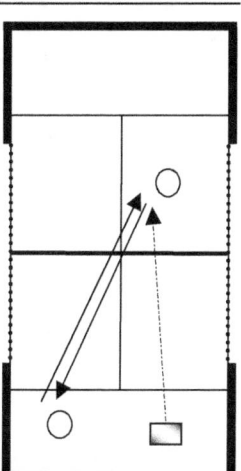

Ejercicio 0146   Golpes: V

Objetivo: Rapidez en el movimiento, desarrollo de la precisión en la ejecución, tiempo de ejecución, velocidad de reacción.
Secuencia de golpes: VR// - VRX

Descripción:
Ubicado el jugador en media pista, alternará las voleas de revés paralelas y las voleas de revés cruzadas, con el objetivo de las marcas situadas en el fondo de la pista. Después de cada golpe, rodeará el poste situado en el lateral de la pista. Una vez haya ejecutado cuatro golpes, continuará el punto en cruzado contra el monitor, respetando la zona actual de juego.

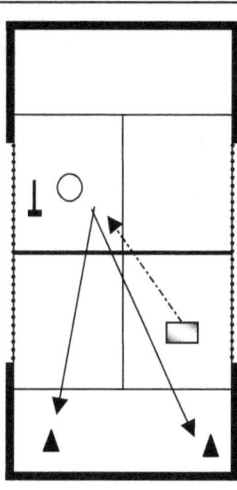

Ejercicio 0147   Golpes: V

Objetivo: Rapidez en el movimiento, desarrollo de la precisión en la ejecución, tiempo de ejecución, velocidad de reacción.
Secuencia de golpes: VD// - VDX

Descripción:
Ubicado el jugador en media pista, alternará las voleas de derecha paralelas y las voleas de derecha cruzadas, con el objetivo de las marcas situadas en el fondo de la pista. Después de cada golpe, rodeará el poste situado en el lateral de la pista.

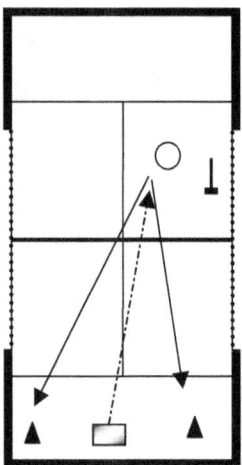

Ejercicio 0148   Golpes: V

Objetivo: Rapidez en el movimiento, desarrollo de la precisión en la ejecución, tiempo de ejecución, velocidad de reacción.
Secuencia de golpes: (VD//) x3 - VDX

Descripción:
Ubicado el jugador en media pista, realizará tres voleas de derecha paralelas contra el monitor, y a la cuarta bola, realizará una volea de derecha cruzada de potencia, con el objetivo de la marca situada en el fondo de la pista.

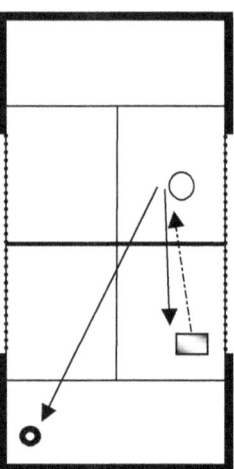

Ejercicio 0149   Golpes: V

Objetivo: Rapidez en el movimiento, desarrollo de la precisión en la ejecución, tiempo de ejecución, velocidad de reacción.
Secuencia de golpes: VDX

Descripción:
Ubicados dos jugadores cerca de la red, realizarán voleas de derecha cruzadas con el objetivo de la marca situada en el fondo de la pista. Después de cada golpe, el jugador se moverá lateralmente hacia su izquierda para dejar hueco a su compañero y se pondrá detrás de él para estar preparado para el siguiente golpe.

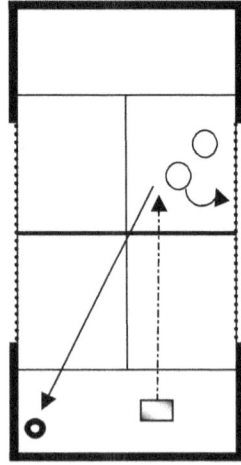

Ejercicio 0150   Golpes: V

Objetivo: Rapidez en el movimiento, desarrollo de la precisión en la ejecución, tiempo de ejecución, velocidad de reacción.
Secuencia de golpes: VR//

Descripción:
Ubicados dos jugadores cerca de la red, realizarán voleas de revés paralelas con el objetivo de la marca situada en el fondo de la pista. Después de cada golpe, el jugador se moverá lateralmente hacia su derecha para dejar hueco a su compañero y se pondrá detrás de él para estar preparado para el siguiente golpe.

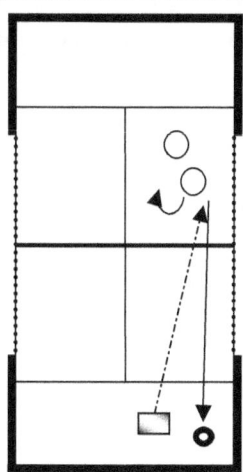

Ejercicio 0151   Golpes: V

Objetivo: Control de volea en defensa.
Secuencia de golpes: VDX – VR//

Descripción:
Ubicado el jugador en el fondo de la pista, realizará voleas de derecha y voleas de revés, para defender sin bote bolas rápidas que me no permiten dejar botar y que caigan en la pared y bolas lentas que me permiten subir con ellas a la red.

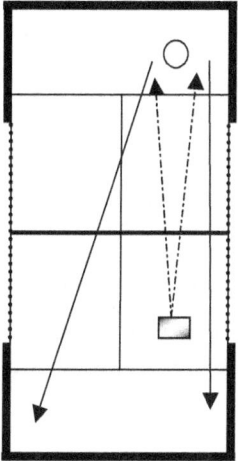

Ejercicio 0152   Golpes: V

Objetivo: Control de volea.
Secuencia de golpes: VD// o VR//

Descripción:
Ubicados dos jugadores en media pista cerca del monitor, realizarán dos voleas de derecha paralelas o dos voleas de revés paralelas con el objetivo de las marcas situadas en el fondo de la pista, a las bolas lanzadas con la mano por el monitor.

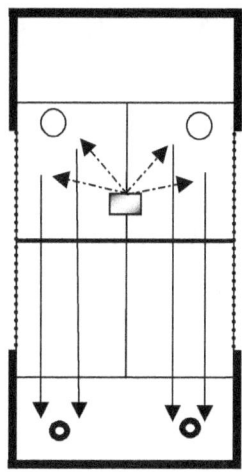

Ejercicio 0153   Golpes: V

Objetivo: Rapidez en el movimiento, desarrollo de la precisión en la ejecución, tiempo de ejecución, velocidad de reacción.
Secuencia de golpes: VD// - VDX

Descripción:
Ubicado el jugador en media pista, alternará una volea de derecha paralela o una volea de derecha cruzada, con el objetivo de las marcas situadas en el fondo de la pista. Después de cada golpe, rodeará por el lado contrario los conos situados en media pista.

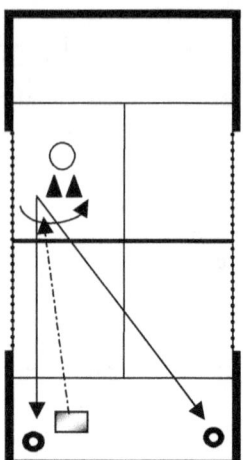

Ejercicio 0154   Golpes: V

Objetivo: Recuperación de la zona.
Secuencia de golpes: VD o VR libres

Descripción:
Ubicados dos jugadores en media pista, realizarán voleas de derecha o voleas de revés libres, con el objetivo de las marcas situadas en el fondo de la pista. Después de cada golpe tocarán el cono más cercano y volverán a su zona para volver a ejercutar otro golpe. El monitor intentará mover de la zona al jugador para que se acostumbre a recuperar la zona correcta.

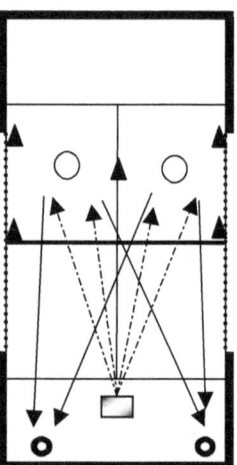

Ejercicio 0155   Golpes: V

Objetivo: Rapidez en el movimiento, desarrollo de la precisión en la ejecución, tiempo de ejecución, velocidad de reacción.
Secuencia de golpes: VR// - VDX

Descripción:
Ubicado el jugador en la posición de defensa en el fondo de la pista, saltará el obstáculo y realizará una volea de revés paralela y una volea de derecha cruzada, con el objetivo de las marcas situadas en el fondo de la pista.

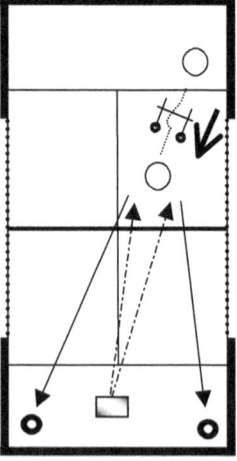

Ejercicio 0156   Golpes: V

Objetivo: Rapidez en el movimiento, desarrollo de la precisión en la ejecución, tiempo de ejecución, velocidad de reacción.
Secuencia de golpes: VR medio - VRX

Descripción:
Ubicado un jugador en media pista sentado en una silla, realizará, sin levantarse de la silla, voleas de revés al medio y voleas de revés cruzadas, con el objetivo de las marcas situadas en el fondo de la pista. El monitor alternará estas bolas con algunas cortas, lo que hará que el alumno se levante para realizar el golpe.

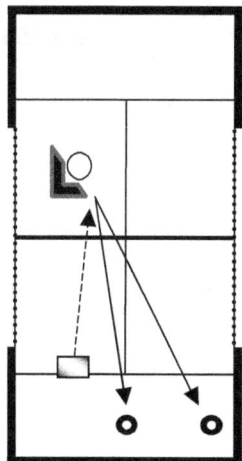

Ejercicio 0157   Golpes: V

Objetivo: Control de golpe en movimiento.
Secuencia de golpes: Salto – VRX – VD//

Descripción:
Ubicado el jugador en la posición de defensa en el fondo de la pista, saltará el obstáculo y realizará una volea de revés cruzada y una volea de derecha paralela, con el objetivo de las marcas situadas en el fondo de la pista. Tras el último golpe se retrasará para comenzar de nuevo el ejercicio.
Tras 10 bolas se cambia de jugador.

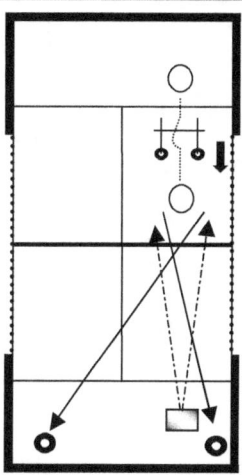

Ejercicio 0158   Golpes: V

Objetivo: Coordinación del dinamismo motor para conseguir un ritmo constante y regular del juego, habilidad y resistencia.
Secuencia de golpes: VDX - VRX

Descripción:
Ubicado un jugador cerca de la red, alternará las voleas de derecha cruzadas y las voleas de revés cruzadas con el objetivo de las marcas situadas en el fondo de la pista. Después de cada golpe saltará una valla situada al lado suyo. Después de 10 golpes se cambia de jugador.

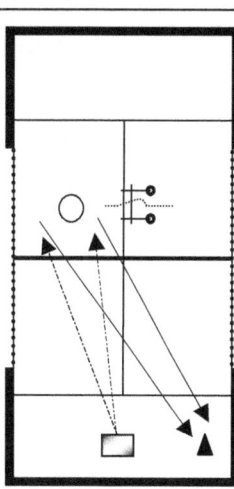

Ejercicio 0159   Golpes: V

Objetivo: Perfeccionamiento técnico mediante el ritmo de ejecución.
Secuencia de golpes: VD// o VDX – VR// o VRX

Descripción:
Ubicado un jugador cerca de la red, realizará un 8 entre los postes situados en media pista. Al llegar a cada poste, alternará las voleas paralelas y cruzadas.
Después de 10 bolas se cambia de jugador.

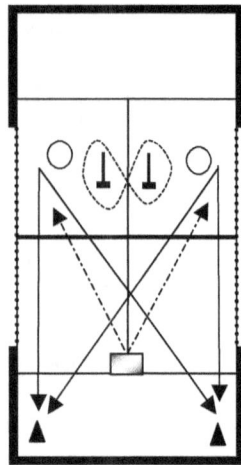

Ejercicio 0160   Golpes: V

Objetivo: Rapidez en el movimiento, desarrollo de la precisión en la ejecución, tiempo de ejecución, velocidad de reacción.
Secuencia de golpes: VR// - VRX

Descripción:
Ubicado el jugador en media pista, alternará las voleas de revés paralelas y las voleas de revés cruzadas, con el objetivo de las marcas situadas en el fondo de la pista. Después de cada golpe, rodeará el poste situado en el lateral de la pista.

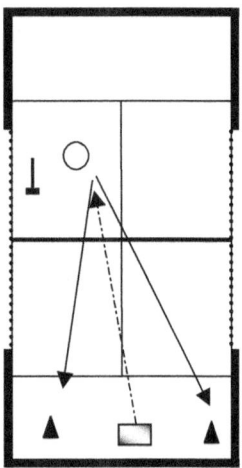

Ejercicio 0161   Golpes: V

Objetivo: Perfeccionamiento de la ejecución del movimiento, habilidad, fuerza y rapidez.
Secuencia de golpes: VD// - VDX

Descripción:
Ubicado un jugador en media pista, ejecutará voleas de derecha paralelas o voleas de derecha cruzadas con el objetivo de las marcas situadas en el fondo de la pista.
Después de cada golpe, rodeará el poste situado en el lateral de la pista.
Al rodear el poste y subir a la red, nos encontraremos siempre la bola por delante.
Después de 10 bolas se cambia de jugador.

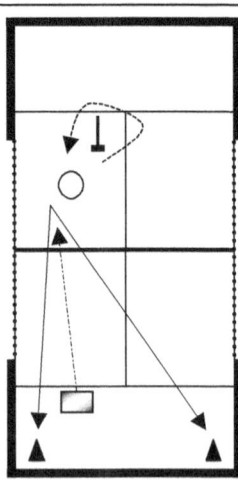

Ejercicio 0162   Golpes: V

Objetivo: Desarrollo del ritmo y ejecución del golpe.
Secuencia de golpes: VDX – VRX

Descripción:
Ubicados dos jugadores en media pista, realizarán una volea de derecha cruzada y una volea de revés cruzada con el objetivo de las marcas situadas en el fondo de la pista.
Después de los dos golpes, los jugadores rodearán el poste situado junto al pico de la pista.
Después de 10 bolas los jugadores alternarán la posición.

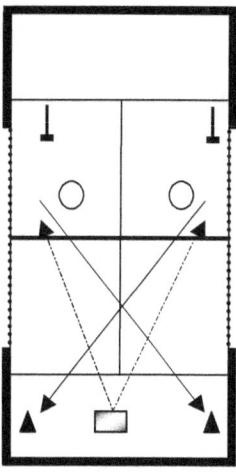

Ejercicio 0163   Golpes: V

Objetivo: Combinación de golpes con esfuerzo, coordinación y habilidad.
Secuencia de golpes: V

Descripción:
Ubicados dos jugadores cerca de la red y el monitor frente a uno de ellos también en la red, los jugadores realizarán voleas libres contra el monitor. El monitor realizará dos voleas contra un jugador y cambiará al otro.

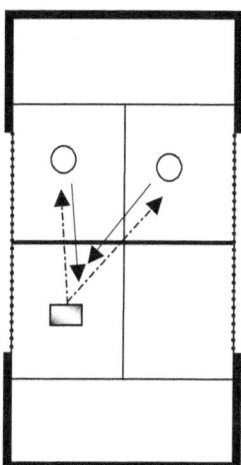

Ejercicio 0164   Golpes: V

Objetivo: Perfeccionamiento técnico de los lanzamientos, fuerza, habilidad y resistencia.
Secuencia de golpes: VD – VR

Descripción:
Ubicado un jugador en el fondo de la pista, alternará las voleas de derecha y las voleas de revés con el objetivo de las marcas situadas en el fondo de la pista. Después de cada golpe, rodeará el poste más cercano a su posición para recuperar la posición y seguir el ejercicio.
Después de 10 bolas se cambia de jugador.

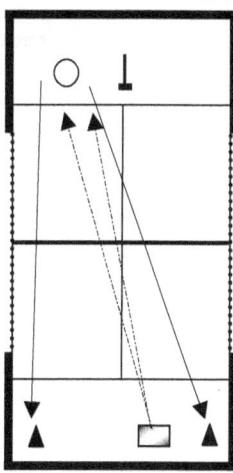

Ejercicio 0165   Golpes: V

Objetivo: Velocidad de reacción.
Secuencia de golpes: VD// - VR//

Descripción:
Ubicado un jugador cerca de la red, realizará voleas de derecha paralelas y voleas de revés paralelas con el objetivo de las marcas situadas en el fondo de la pista. Después de cada golpe, girará en el sentido que va a golpear.
Después de 10 bolas se cambia de jugador.

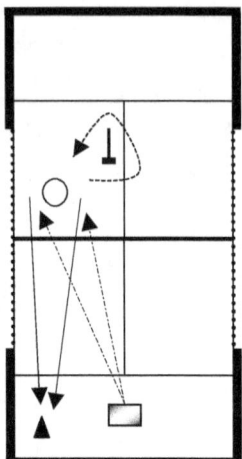

Ejercicio 0166   Golpes: VD – VR

Objetivo: Rapidez en la ejecución con rapidez en el movimiento y resistencia a la velocidad en largos periodos de tiempo.
Secuencia de golpes: VDX - VRX

Descripción:
Ubicado un jugador en el fondo de la pista junto al poste situado sobre la línea, ejecutará una volea de derecha cruzada, rodeará el poste y golperá una volea de revés cruzada con el objetivo de las marcas situadas en el fondo de la pista.
Después de 10 bolas se cambia de jugador.

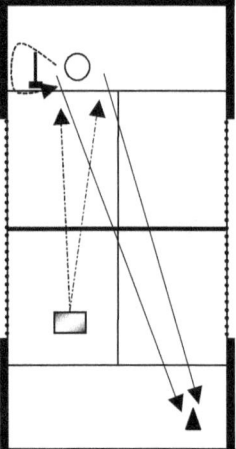

Ejercicio 0167   Golpes: V

Objetivo: Velocidad de reacción.
Secuencia de golpes: VDX - VRX

Descripción:
Ubicados los jugadores en fila sobre la línea del medio y cerca de la red, alternarán las voleas de derecha cruzadas y las voleas de revés cruzadas con el objetivo de las marcas situadas en el fondo de la pista.
Después de cada golpeo volverán a la fila.

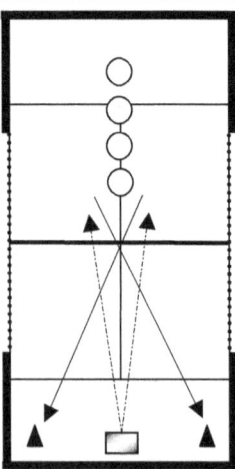

Ejercicio 0168   Golpes: V

Objetivo: Esfuerzo, habilidad y resistencia.
Secuencia de golpes: VDX - VR//

Descripción:
Ubicado el jugador cerca de la red, alternará las voleas de derecha cruzadas y las voles de revés paralelas, con el objetivo de las marcas situadas en el fondo de la pista.
Después de cada volea, el jugador se retrasará hasta la línea de saque para rodear el poste situado en ella.
Después de 10 bolas se cambia de jugador.

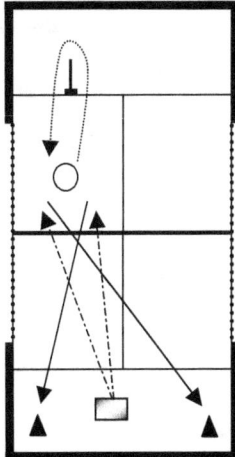

Ejercicio 0169   Golpes: V

Objetivo: Perfeccionamiento del golpe, elevación, fuerza y rapidez.
Secuencia de golpes: VR// - VRX

Descripción:
Ubicado el jugador en media pista, realizará voleas de revés paralelas o voleas de revés cruzadas con el objetivo de las marcas situadas en el fondo de la pista. Después de cada golpe, rodeará el poste situado en medio de la pista para encontrarse siempre la volea en el lado.
Deespués de 10 bolas se cambia de jugador.

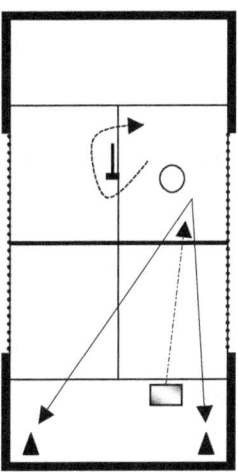

Ejercicio 0170   Golpes: V

Objetivo: Perfeccionamiento técnico de la volea en movimiento, resistencia y habilidad.
Secuencia de golpes: VR (x3)

Descripción:
Ubicado el jugador cerca de la red, realizará tres voleas de revés sucesivas con el objetivo de las distintas marcas situadas en el fondo de la pista. Después del último golpe, se retrasará para rodear el poste situado al lado suyo y volver a realizar el ejercicio.
Después de 12 bolas se cambia de jugador.

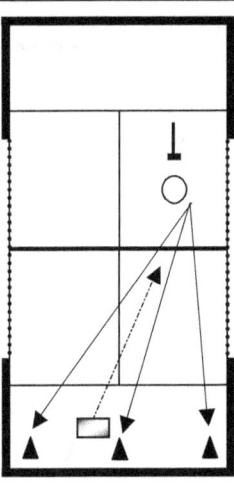

Ejercicio 0171   Golpes: V

Objetivo: Perfeccionamiento técnico de la volea realizada en movimiento y tiempo de ejecución.
Secuencia de golpes: VD//- VR//

Descripción:
Ubicado un jugador cerca de la red, realizará voleas de derecha paralelas y voleas de revés paralelas con el objetivo de las marcas situadas en el fondo de la pista. Después de cada golpe rodeará el poste situado detrás suyo para así atacar todas las voleas.
Después de 10 bolas se cambia de jugador.

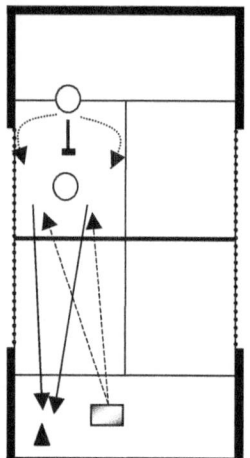

Ejercicio 0172   Golpes: V

Objetivo: Velocidad y coordinación del movimiento técnico, habilidad y resistencia a la velocidad en largos períodos de tiempo.
Secuencia de golpes: VD// - VR//

Descripción:
Ubicado un jugador cerca de la red, realizará una volea de derecha paralela, saltará un pequeño obstáculo situado al lado suyo y realizará otra volea de revés paralela. Después de este golpe volverá a saltar el obstáculo e iniciará de nuevo el ejercicio.
Después de 10 bolas se cambia de jugador.

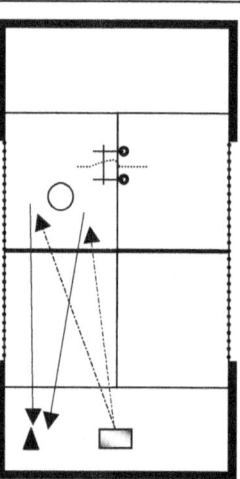

Ejercicio 0173   Golpes: V

Objetivo: Coordinación del movimiento técnico mediante rápidos cambios de dirección.
Secuencia de golpes: VRX medio – VD//

Descripción:
Ubicado el jugador cerca de la red, realizará una volea de revés al medio, se retrasará para rodear el poste situado al lado suyo y subirá de nuevo a la red para realizar una dejada de derecha con el objetivo de las marcas situadas en el fondo de la pista. Después del último golpe, volverá a la posición inicial para volver a realizar el ejercicio.
Después de 10 bolas se cambia de jugador.

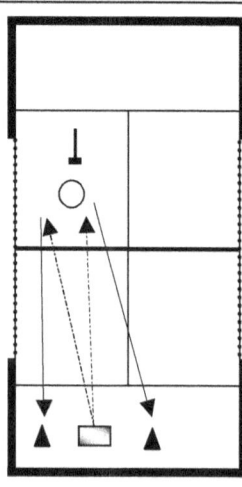

Ejercicio 0174   Golpes: V

Objetivo: Perfeccionamiento técnico de la volea en movimiento, resistencia y habilidad.

Secuencia de golpes: VD (x3)

Descripción:
Ubicado el jugador cerca de la red, realizará tres voleas de derecha sucesivas con el objetivo de las distintas marcas situadas en el fondo de la pista. Después del último golpe, se retrasará para rodear el poste situado al lado suyo y volver a realizar el ejercicio.
Después de 12 bolas se cambia de jugador.

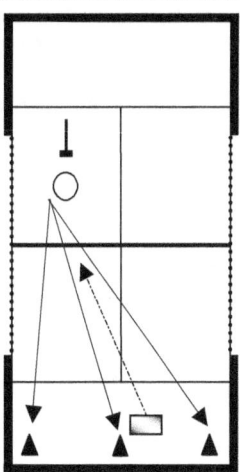

Ejercicio 0175   Golpes: V

Objetivo: Rapidez en el movimiento, tiempo de ejecución y habilidad.

Secuencia de golpes: VR// - VRX

Descripción:
Ubicado un jugador cerca de la red realizará una volea de revés paralela y una volea de revés cruzada con el objetivo de las marcas situadas en el fondo de la pista. Después del último golpe se retrasará y tocará el poste situado a su espalda para volver a subir a la red e iniciar de nuevo el ejercicio.
Después de 10 bolas se cambia de jugador.

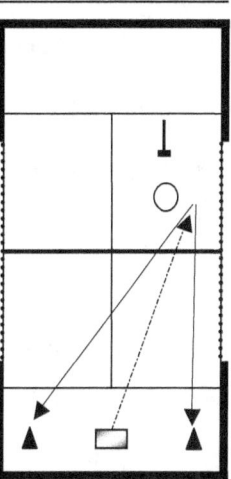

Ejercicio 0176   Golpes: V

Objetivo: Desarrollo de la volea en condiciones de esfuerzo físico, habilidad y tiempo de ejecución.

Secuencia de golpes: VRX - VRX

Descripción:
Ubicado un jugador en el fondo de la pista, se desplazará en diagonal hacia la red, saltando un pequeño obstáculo para realizar dos voleas de revés cruzadas con el objetivo de la marca situada en el fondo de la pista. Después del último golpe se retrasará a la posición inicial para volver a realizar el ejercicio.
Después de 10 bolas se cambia de jugador.

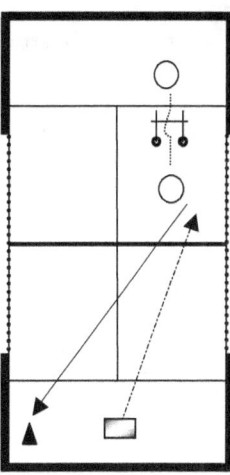

Ejercicio 0177   Golpes: V

Objetivo: Perfeccionamiento de la técnica de la volea con cambios de dirección, tiempo de ejecución y habilidad.
Secuencia de golpes: VR// - VRX

Descripción:
Ubicado el jugador en el fondo de la pista, correrá en paralelo hasta tocar la red, se retrasará lo suficiente para rodear el poste y realizará una volea de revés paralela y una volea de revés cruzada con el objetivo de la marca situada en el fondo de la pista.
Después de 10 bolas se cambia de jugador.

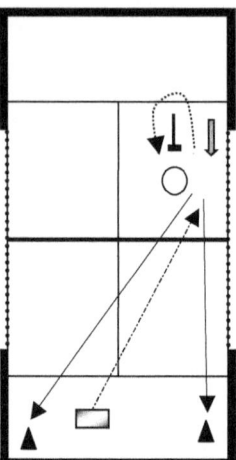

Ejercicio 0178   Golpes: V

Objetivo: Rapidez en el movimiento, tiempo de ejecución y habilidad.
Secuencia de golpes: VD// - VDX

Descripción:
Ubicado un jugador cerca de la red realizará una volea de derecha paralela y una volea de derecha cruzada con el objetivo de las marcas situadas en el fondo de la pista. Después del último golpe se retrasará y tocará el poste situado a su espalda para volver a subir a la red e iniciar de nuevo el ejercicio.
Después de 10 bolas se cambia de jugador.

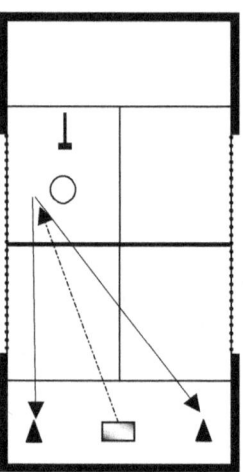

Ejercicio 0179   Golpes: V

Objetivo: Desarrollo de la volea en condiciones de esfuerzo físico, habilidad y tiempo de ejecución.
Secuencia de golpes: VDX - VDX

Descripción:
Ubicado un jugador en el fondo de la pista, se desplazará en diagonal hacia la red, saltando un pequeño obstáculo para realizar dos voleas de derecha cruzadas con el objetivo de la marca situada en el fondo de la pista. Después del último golpe se retrasará a la posición inicial para volver a realizar el ejercicio.
Después de 10 bolas se cambia de jugador.

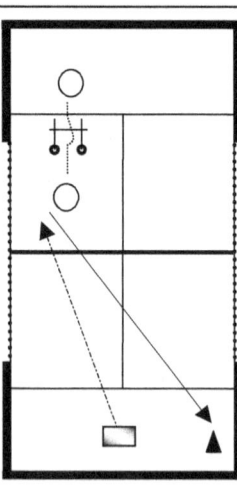

Ejercicio 0180   Golpes: V

Objetivo: Resistencia, rapidez en el movimiento y habilidad.
Secuencia de golpes: VRX – VR//

Descripción:
Ubicado el jugador cerca de la red, alternará las voleas de revés paralelas y las voleas de revés cruzadas con el objetivo de las marcas situadas en el fondo de la pista. Después de cada golpe realizará un 8 entre los postes situados en el medio de la pista.
Después de 10 bolas se cambia de jugador.

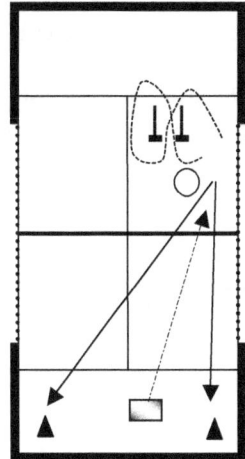

Ejercicio 0181   Golpes: V

Objetivo: Coordinación y precisión en la ejecución, tiempo de ejecución y habilidad.
Secuencia de golpes: VR// (x2) - VD// (x3)

Descripción:
Ubicado un jugador cerca de la red, realizará dos voleas de revés paralelas con el objetivo de la marca situada en el fondo de la pista, se retrasará para rodear el poste situado en el fondo de la pista y subirá a la red realizando 3 voleas de derecha paralelas progresivas para ganar la red.

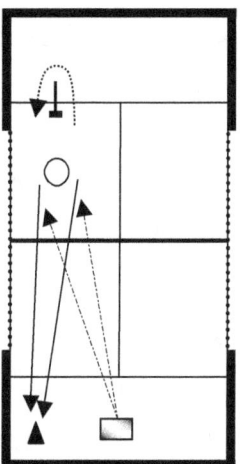

Ejercicio 0182   Golpes: V

Objetivo: Habilidad y tiempo de ejecución.
Secuencia de golpes: VR// o VD//

Descripción:
Ubicado los dos jugadores cerca de la red, realizarán voleas de revés paralelas o voleas de derecha paralelas, con el objetivo de las marcas situadas en la pista.
Después de cada golpe, el jugador rodeará el poste situado junto a el.
Después de 10 bolas se alterna la posición de los jugadores.

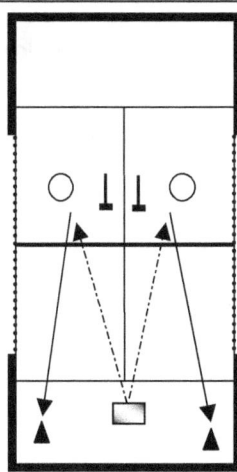

Ejercicio 0183   Golpes: V

Objetivo: Velocidad de reacción y rapidez en la ejecución.
Secuencia de golpes: VR// - VDX

Descripción:
Ubicados dos jugadores en la línea de saque, realizarán voleas entre ellos. A la señal del monitor, los jugadores subirán a la red para hacer una volea de revés paralela y una volea de derecha cruzada con el objetivo de las marcas situadas en el fondo de la pista.
Después de 10 bolas se alterna la posición de los jugadores.

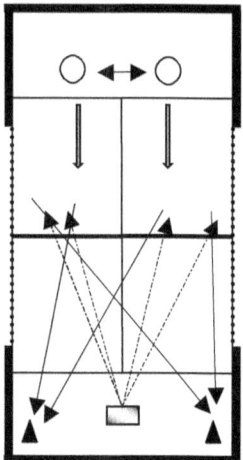

Ejercicio 0184   Golpes: V

Objetivo: Rapidez en la ejecución con rapidez en el movimiento y resistencia a la velocidad en largos periodos de tiempo.
Secuencia de golpes: VD//

Descripción:
Ubicados dos jugadores cerca de la red, realizarán voleas de derecha paralelas con el objetivo de la marca situada en el fondo de la pista. Después de cada golpe, el jugador se moverá lateralmente hacia su izquierda para dejar hueco a su compañero y se pondrá detrás de él para estar preparado para el siguiente golpe.

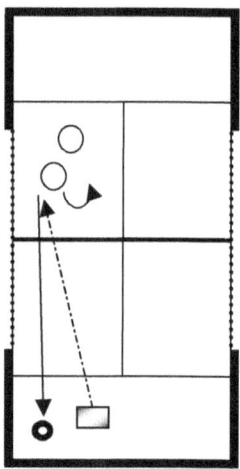

Ejercicio 0185   Golpes: V

Objetivo: Rapidez en la ejecución con rapidez en el movimiento y resistencia a la velocidad en largos periodos de tiempo.
Secuencia de golpes: VD// - VR//

Descripción:
Ubicado un jugador en el fondo de la pista junto al poste situado sobre la línea, ejecutará una volea de derecha paralela, rodeará el poste y golpeará una volea de revés paralela con el objetivo de las marcas situadas en el fondo de la pista.
Después de 10 bolas se cambia de jugador.

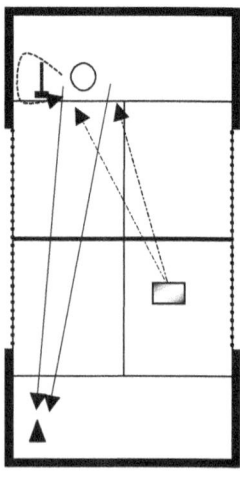

Ejercicio 0186   Golpes: V

Objetivo: Perfeccionamiento de la técnica de la volea con cambios de dirección, tiempo de ejecución y habilidad.
Secuencia de golpes: VD// - VDX

Descripción:
Ubicado el jugador en el fondo de la pista, correrá en paralelo hasta tocar la red, se retrasará lo suficiente para rodear el poste y realizará una volea de derecha paralela y una volea de derecha cruzada con el objetivo de las marcas situadas en el fondo de la pista.
Después de 10 bolas se cambia de jugador.

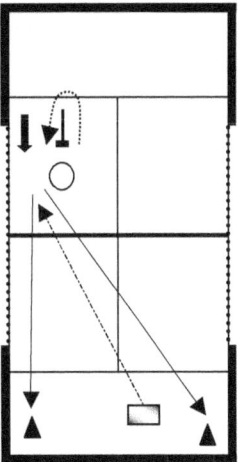

Ejercicio 0187   Golpes: V

Objetivo: Desarrollo de técnicas rápidas y tiempo de ejecución.
Secuencia de golpes: VR// - VDX

Descripción:
Ubicado un jugador cerca de la red realizará una volea de revés con dejada como respuesta a un lanzamiento fuerte del monitor, rodeará el poste situado en el medio de la pista para subir de nuevo a la red y realizar una volea de derecha cruzada con el objetivo de la marca situada en el fondo de la pista.
Después de 10 bolas se cambia de jugador.

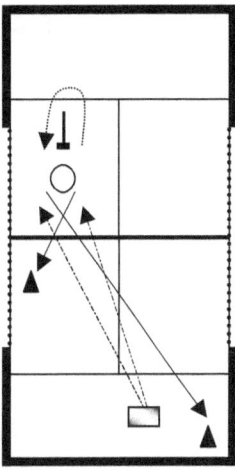

Ejercicio 0188   Golpes: V

Objetivo: Concentración en todas las áreas de la pista y tiempo de ejecución.
Secuencia de golpes: VR// - VRX

Descripción:
Ubicado el jugador en media pista, realizará una volea de revés paralela, rodeará el poste situado al lado suyo y subirá a la red para realizar una volea de revés cruzada, con el objetivo de las marcas situadas en el fondo de la pista. Después del segundo golpe, jugará el punto contra el monitor respetando la zona actual de juego. Al terminar el punto se retrasará a la posición inicial para volver a realizar el ejercicio.

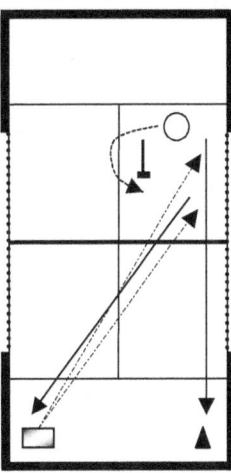

Ejercicio 0189   Golpes: V

Objetivo: Resistencia, tiempo de ejecución y habilidad.
Secuencia de golpes: VX - VX – V// – V//

Descripción:
Ubicados dos jugadores sobre la línea de saque y otro jugador cerca de la red, el juagador que se encuentra solo realizará una volea cruzada contra el jugador que se encuentra en el otro fondo que devolverá una volea cruzada. El jugador que está solo realizará una volea paralela y continuarán el punto respetando la zona del jugador que se encuentra solo. Después de 11 puntos se rota la posición de los jugadores.

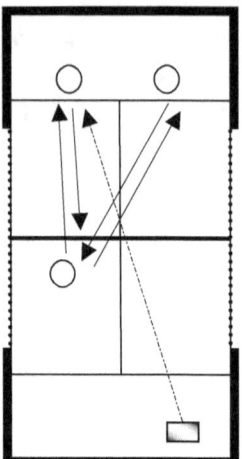

Ejercicio 0190   Golpes: V

Objetivo: Resistencia, perfeccionamiento de la volea en condiciones de esfuerzo físico, habilidad y tiempo de ejecución.
Secuencia de golpes: VD// - VDX

Descripción:
Ubicado un jugador cerca de la red, realizará una volea de derecha paralela y una volea de derecha cruzada, con el objetivo de las marcas situadas en el fondo de la pista. Después del segundo golpe rodeará el poste situado sobre la línea central y volverá a ejecutar los golpes.
Después de 10 bolas, se cambia de jugador.

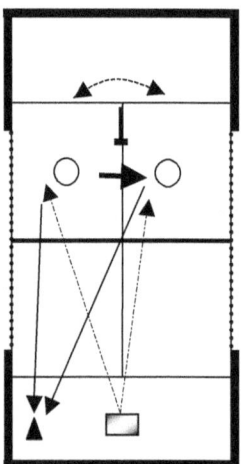

Ejercicio 0191   Golpes: V

Objetivo: Desarrollo de la técnica en movimiento, habilidad y resistencia.
Secuencia de golpes: VR// - VRX

Descripción:
Ubicado el jugador en el fondo de la pista, subirá a la red para realizar una volea de revés paralela y una volea de revés cruzada con el objetivo de las marcas situadas en el fondo de la pista. Después de hacer las dos voleas, se retrasará al fondo de la pista para realizar un 8 con los postes ahí situados.
Después de 10 bolas se cambia de jugador.

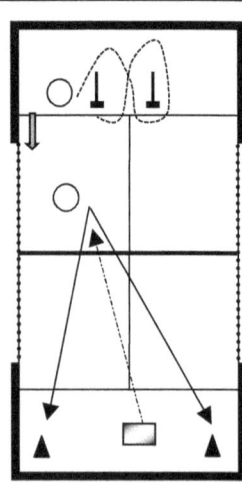

Ejercicio 0192   Golpes: V

Objetivo: Perfeccionamiento técnico de la volea realizada en movimiento y tiempo de ejecución.
Secuencia de golpes: VDX- VRX

Descripción:
Ubicado un jugador cerca de la red, realizará voleas de derecha cruzadas y voleas de revés cruzadas con el objetivo de la marca situada en el fondo de la pista. Después de cada golpe rodeará el poste situado detrás suyo para así atacar todas las voleas.
Después de 10 bolas se cambia de jugador.

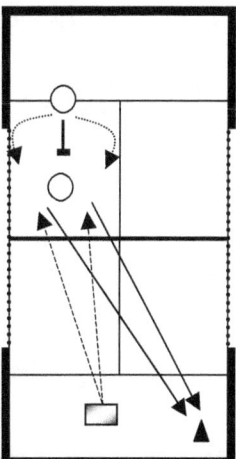

Ejercicio 0193   Golpes: V

Objetivo: Resistencia, tiempo de ejecución y habilidad.
Secuencia de golpes: V// - V// - VX – VX

Descripción:
Ubicados dos jugadores sobre la línea de saque y otro jugador cerca de la red, el jugador que se encuentra solo realizará una volea paralela que devolverá una volea paralela. El jugador que está solo realizará una volea cruzada y continuarán el punto respetando la zona del jugador que se encuentra solo.
Después de 11 puntos se rota la posición de los jugadores.

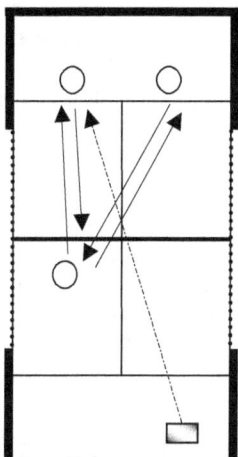

Ejercicio 0194   Golpes: V

Objetivo: Desarrollo de técnicas complejas, tiempo de ejecución, rapidez en el movimiento y habilidad.
Secuencia de golpes: VD// o VDX

Descripción:
Ubicado el jugador cerca de la red realizará dejadas de derecha paralelas o dejadas de derecha cruzadas con el objetivo de las marcas situadas en los laterales de la pista. Después de dos golpes rodeará el poste situado al lado suyo para iniciar de nuevo el ejercicio.
Después de 10 bolas se cambia de jugador.

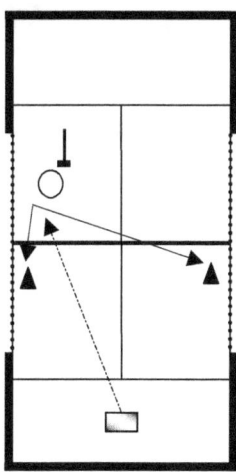

Ejercicio 0195   Golpes: V

Objetivo: Perfeccionamiento de la coordinación técnica en la ejecución, resistencia, habilidad y velocidad.
Secuencia de golpes: VR (x3)

Descripción:
Ubicado un jugador en el fondo de la pista, rodeará un par de postes situados en la pista para llegar a la red y ejecutar una serie de tres voleas de revés dirigidas a varias zonas de la pista. Después volverá a la zona inicial para volver a realizar el ejercicio. Después de 12 bolas se cambia de jugador.
El monitor regulará el ritmo del ejercicio con series de potentes, rápidos y difíciles lanzamientos.

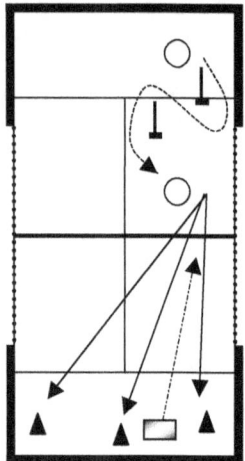

Ejercicio 0196   Golpes: V

Objetivo: Resistencia, perfeccionamiento de la volea en condiciones de esfuerzo físico, habilidad y tiempo de ejecución.
Secuencia de golpes: VR// - VRX

Descripción:
Ubicado un jugador cerca de la red, realizará una volea de revés paralela y una volea de revés cruzada, con el objetivo de las marcas situadas en el fondo de la pista.
Después del segundo golpe continuará el punto contra el monitor respetando la zona actual de juego. Al terminar este punto rodeará los postes situados sobre la línea central y volverá a ejecutar los golpes.

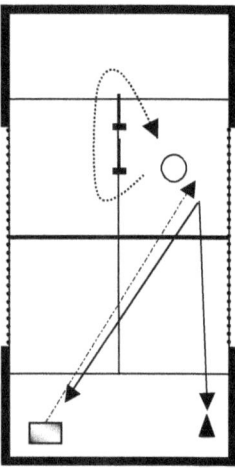

Ejercicio 0197   Golpes: V

Objetivo: Concentración en todas las áreas de la pista y tiempo de ejecución.
Secuencia de golpes: VD// - VDX

Descripción:
Ubicado el jugador en media pista, realizará una volea de derecha paralela, rodeará el poste situado al lado suyo y subirá a la red para realizar una volea de derecha cruzada, con el objetivo de las marcas situadas en el fondo de la pista. Después del segundo golpe, se retrasará a la posición inicial para volver a realizar el ejercicio. Después de 10 bolas se cambia de jugador.

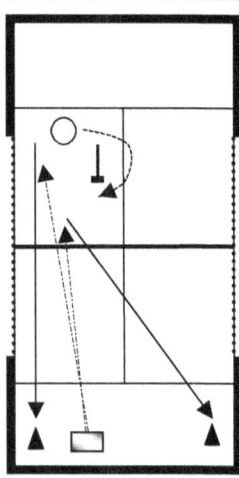

Ejercicio 0198   Golpes: V

Objetivo: Habilidad, rapidez en el movimiento y desplazamiento.
Secuencia de golpes: VDX - VRX

Descripción:
Ubicados dos jugadores cerca de la red, realizarán en cada zona una volea de derecha cruzada o una volea de revés cruzada. Después de cada golpe se desplazarán a la otra zona sorteando el poste colocado en media pista y evitando el choque con su compañero.
Después de 10 bolas se cambia de jugadores.

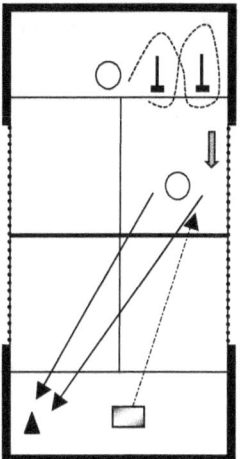

Ejercicio 0199   Golpes: V

Objetivo: Resistencia, rapidez en el movimiento y habilidad.
Secuencia de golpes: VDX – VD//

Descripción:
Ubicado el jugador cerca de la red, alternará las voleas de derecha paralelas y las voleas de derecha cruzadas con el objetivo de las marcas situadas en el fondo de la pista. Después de dos golpes realizará un 8 entre los postes situados en el medio de la pista.
Después de 10 bolas se cambia de jugador.

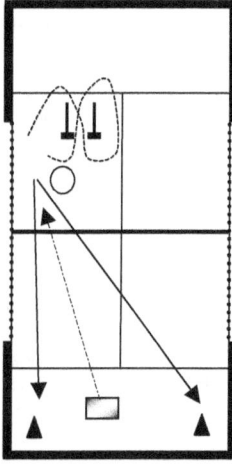

Ejercicio 0200   Golpes: V

Objetivo: Perfeccionamiento de la coordinación técnica en la ejecución, resistencia, habilidad y velocidad.
Secuencia de golpes: VD (x3)

Descripción:
Ubicado un jugador en el fondo de la pista, rodeará un par de postes situados en la pista para llegar a la red y ejecutar una serie de tres voleas de derecha dirigidas a varias zonas de la pista. Después volverá a la zona inicial para volver a realizar el ejercicio. Después de 12 bolas, se cambia de jugador. El monitor regulará el ritmo del ejercicio con series de potentes, rápidos y difíciles lanzamientos.

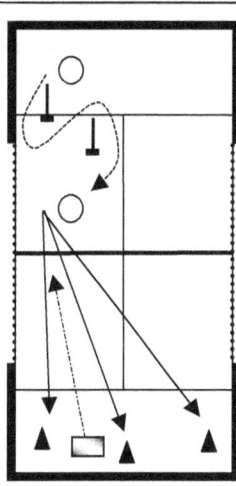

Ejercicio 0201   Golpes: V

Objetivo: Concentración en todas las áreas de la pista y tiempo de ejecución.
Secuencia de golpes: VR// - VRX

Descripción:
Ubicado el jugador en media pista, realizará una volea de revés paralela, rodeará el poste situado al lado suyo y subirá a la red para realizar una volea de revés cruzada, con el objetivo de las marcas situadas en el fondo de la pista. Después del segundo golpe, se retrasará a la posición inicial para volver a realizar el ejercicio. Después de 10 bolas se cambia de jugador.

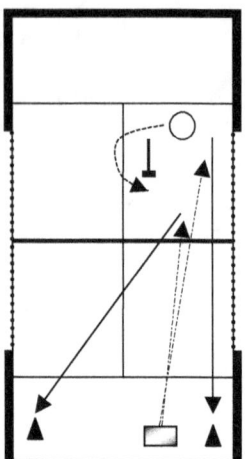

Ejercicio 0202   Golpes: V

Objetivo: Resistencia, perfeccionamiento de la volea en condiciones de esfuerzo físico, habilidad y tiempo de ejecución.
Secuencia de golpes: VD// - VDX

Descripción:
Ubicado un jugador cerca de la red, realizará una volea de derecha paralela y una volea de derecha cruzada, con el objetivo de las marcas situadas en el fondo de la pista.
Después del segundo golpe continuará el punto contra el monitor respetando la zona actual de juego. Al terminar este punto rodeará los postes situados sobre la línea central y volverá a ejecutar los golpes.

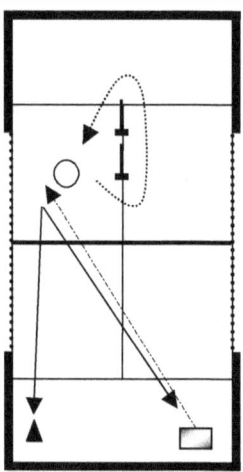

Ejercicio 0203   Golpes: V

Objetivo: Habilidad, rapidez en el movimiento y desplazamiento.
Secuencia de golpes: VD// - VR//

Descripción:
Ubicados dos jugadores cerca de la red, realizarán en cada zona una volea de derecha paralela o una volea de revés paralela. Después de cada golpe se desplazarán a la otra zona sorteando el poste colocado en media pista y evitando el choque con su compañero.
Después de 10 bolas se cambia de jugadores.

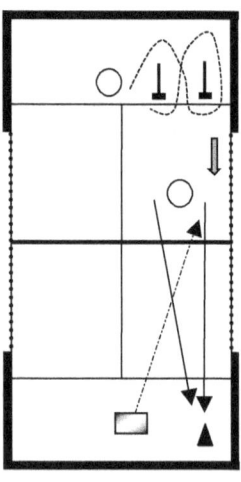

Ejercicio 0204   Golpes: V

Objetivo: Resistencia, tiempo de ejecución, habilidad y rapidez en el movimiento.
Secuencia de golpes: VDX – VR//

Descripción:
Ubicado un jugador en el fondo de la pista junto a un poste, saltará el obstáculo que tiene delante suyo para llegar a la red y realizar una volea de derecha cruzada y una volea de revés paralela, con el objetivo de las marcas situada en el fondo de la pista. Después del último golpe se retrasará para rodear el poste y volver a realizar el ejercicio. Después de 10 bolas se cambia de jugador.

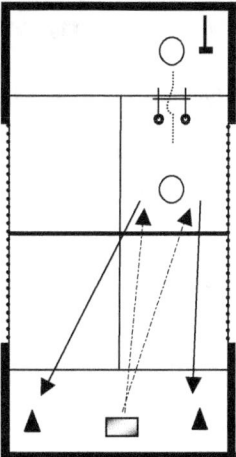

Ejercicio 0205   Golpes: V

Objetivo: Concentración en todas las áreas de la pista y tiempo de ejecución.
Secuencia de golpes: VD// - VDX

Descripción:
Ubicado el jugador en media pista, realizará una volea de derecha paralela, rodeará el poste situado al lado suyo y subirá a la red para realizar una volea de derecha cruzada, con el objetivo de las marcas situadas en el fondo de la pista. Después del segundo golpe, jugará el punto contra el monitor respetando la zona actual de juego. Al terminar el punto se retrasará a la posición inicial para volver a realizar el ejercicio.

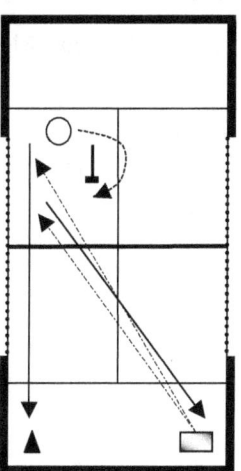

Ejercicio 0206   Golpes: V

Objetivo: Resistencia, perfeccionamiento de la volea en condiciones de esfuerzo físico, habilidad y tiempo de ejecución.
Secuencia de golpes: VR// - VRX

Descripción:
Ubicado un jugador cerca de la red, realizará una volea de revés paralela y una volea de revés cruzada, con el objetivo de la marca situada en el fondo de la pista. Después del segundo golpe rodeará los postes situados sobre la línea central y volverá a ejecutar los golpes.
Después de 10 bolas, se cambia de jugador.

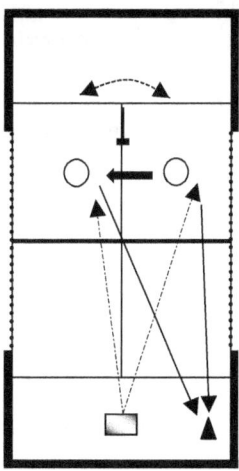

Ejercicio 0207   Golpes: V

Objetivo: Desarrollo de la técnica en movimiento, habilidad y resistencia.
Secuencia de golpes: VD// - VDX

Descripción:
Ubicado el jugador en el fondo de la pista, subirá a la red para realizar una volea de derecha paralela y una volea de derecha cruzada con el objetivo de las marcas situadas en el fondo de la pista. Después de hacer las dos voleas, se retrasará al fondo de la pista para realizar un 8 con los postes ahí situados.
Después de 10 bolas se cambia de jugador.

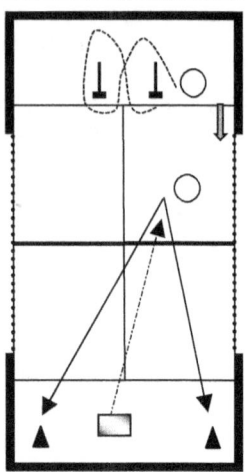

Ejercicio 0208   Golpes: V

Objetivo: Coordinación y precisión en la ejecución, tiempo de ejecución y habilidad.
Secuencia de golpes: VRX (x2) - VDX (x3)

Descripción:
Ubicado un jugador cerca de la red, realizará dos voleas de revés cruzadas con el objetivo de la marca situada en el fondo de la pista, se retrasará para rodear el poste situado en el fondo de la pista y subirá a la red realizando 3 voleas de derecha paralelas progresivas para ganar la red.

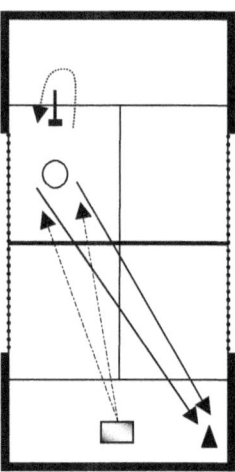

Ejercicio 0209   Golpes: V

Objetivo: Perfeccionamiento de la volea en movimiento, resistencia, tiempo de ejecución y habilidad.
Secuencia de golpes: VR// – VRX

Descripción:
Ubicado el jugador en media pista y atado a la cintura con una * cinta elástica de resistencia, realizará voleas de revés paralelas y voleas de revés cruzadas, con el objetivo de las marcas situadas en el fondo de la pista. El monitor irá modificando la resistencia de la cinta elástica para trabajar la resistencia.

- * www.technologysport.com

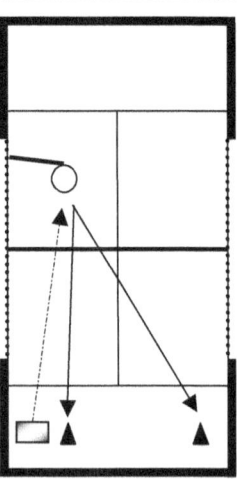

Ejercicio 0210   Golpes: V

Objetivo: Velocidad de reacción.
Secuencia de golpes: VD// - VR//

Descripción:
Ubicados los jugadores en fila sobre la línea del medio y cerca de la red, alternarán las voleas de derecha paralelas y las voleas de revés paralelas con el objetivo de la marca situada en el fondo de la pista.
Después de cada golpeo volverán a la fila.

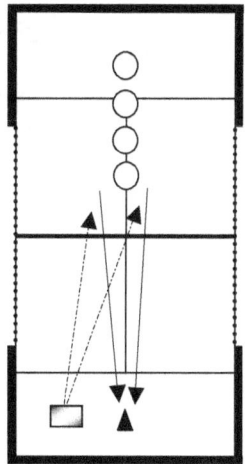

Ejercicio 0211   Golpes: V

Objetivo: Rapidez en el movimiento, desarrollo de la precisión en la ejecución, tiempo de ejecución, velocidad de reacción.
Secuencia de golpes: VD// - VDX

Descripción:
Ubicado el jugador en media pista, alternará las voleas de derecha paralelas y las voleas de derecha cruzadas, con el objetivo de las marcas situadas en el fondo de la pista. Después de cada golpe, rodeará el poste situado en el lateral de la pista. Una vez haya ejecutado cuatro golpes, continuará el punto en cruzado contra el monitor, respetando la zona actual de juego.

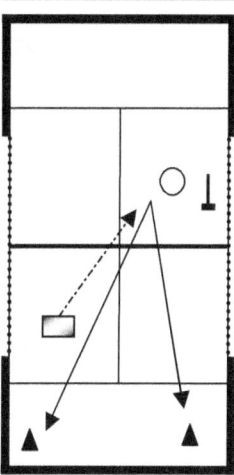

Ejercicio 0212   Golpes: V

Objetivo: Rapidez en el movimiento, desarrollo de la precisión en la ejecución, tiempo de ejecución, velocidad de reacción.
Secuencia de golpes: VR// - VRX

Descripción:
Ubicado el jugador en media pista, alternará las voleas de revés paralelas y las voleas de revés cruzadas, con el objetivo de las marcas situadas en el fondo de la pista. Después de cada golpe, rodeará el poste situado a un metro de la red.

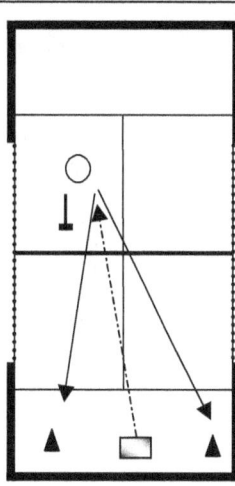

Ejercicio 0213   Golpes: V

Objetivo: Rapidez en el movimiento, desarrollo de la precisión en la ejecución, tiempo de ejecución, velocidad de reacción.
Secuencia de golpes: (VD//) x3 - VDX

Descripción:
Ubicado el jugador en media pista, realizará tres voleas de derecha paralelas contra el monitor, y a la cuarta bola, realizará una volea de derecha cruzada de potencia, con el objetivo de la marca situada en el fondo de la pista.

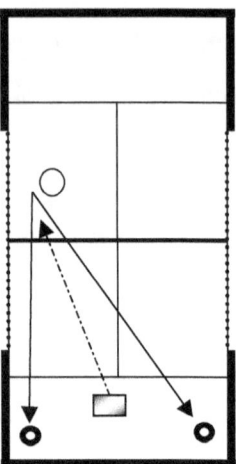

Ejercicio 0214   Golpes: V

Objetivo: Salida de la reja. Coordinación.
Secuencia de golpes: VR

Descripción:
Ubicado el jugador a la altura del cono situado sobre la línea de saque, correrá en cruzado a una bola lanzada por el monitor contra el suelo y con rebote en la reja, para realizar un golpeo antes de que la bola caiga al suelo. Después del golpe, rodeará el cono y volverá a realizar el ejercicio.
Después de 6 golpes, se cambia de jugador.

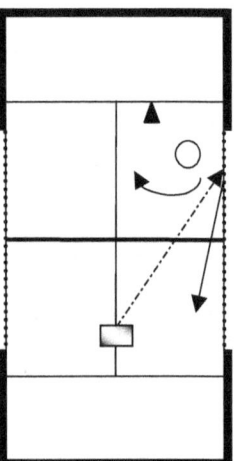

Ejercicio 0215   Golpes: V

Objetivo: Rapidez en el movimiento, desarrollo de la precisión en la ejecución, tiempo de ejecución, velocidad de reacción.
Secuencia de golpes: VDX – VD//

Descripción:
Ubicado el jugador en media pista, cogerá bolas del carro que tendrá al lado suyo y realizará lanzamientos paralelos y cruzados con la mano a la altura de la volea. Una vez se perfeccione, el monitor le lanzará bolas para ejecutar ambos golpes con la pala.

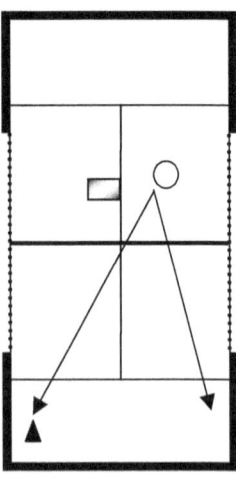

Ejercicio 0216   Golpes: V

Objetivo: Salida de la reja. Coordinación.
Secuencia de golpes: VD

Descripción:
Ubicado el jugador a la altura del cono situado sobre la línea de saque, correrá en cruzado a una bola lanzada por el monitor contra el suelo y con rebote en la reja, para realizar un golpeo antes de que la bola caiga al suelo. Después del golpe, rodeará el cono y volverá a realizar el ejercicio.
Después de 6 golpes, se cambia de jugador.

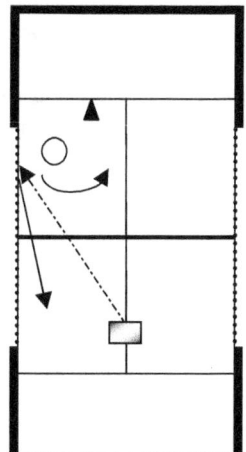

Ejercicio 0217   Golpes: V

Objetivo: Progresión de voleas.
Secuencia de golpes: VR// - VDX

Descripción:
Ubicado el jugador en el fondo de la pista sobre la línea de saque, realizará una volea de revés paralela y una volea de derecha cruzada, con el objetivo de las marcas situadas en el fondo de la pista. Si los golpes están bien ejecutados, progresará hasta el siguiente cono con el objetivo de llegar a los conos situados junto a la red.

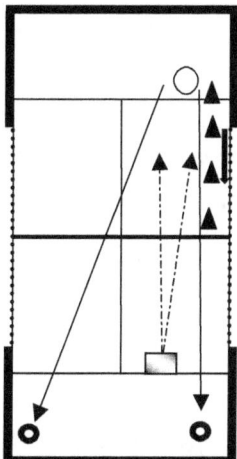

Ejercicio 0218   Golpes: V

Objetivo: Control de voleas.
Secuencia de golpes: V

Descripción:
Ubicados cuatro jugadores en un solo campo y separados por la línea de medio, realizarán voleas libres entre las dos parejas. Cuando un jugador realice una volea, cambiará inmediatamente de lado para golpear cuando le toque. Cuando se domine el ejercicio, se puede realizar separados por la red, e intercambio de campo por la puerta.

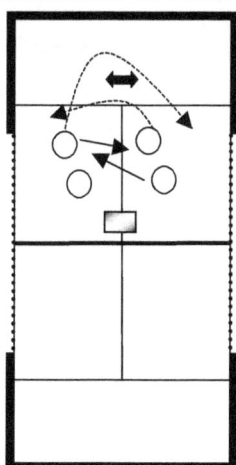

Ejercicio 0219   Golpes: V

Objetivo: Progresión de voleas.
Secuencia de golpes: VD// - VRX

Descripción:
Ubicado el jugador en el fondo de la pista sobre la línea de saque, realizará una volea de derecha paralela y una volea de revés cruzada, con el objetivo de las marcas situadas en el fondo de la pista. Si los golpes están bien ejecutados, progresará hasta el siguiente cono con el objetivo de llegar a los conos situados junto a la red.

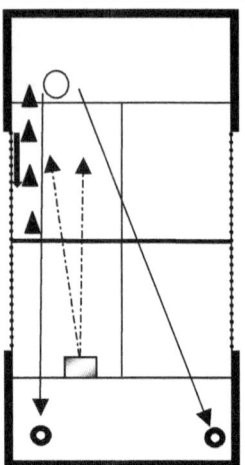

Ejercicio 0220   Golpes: V

Objetivo: Rapidez en el movimiento, desarrollo de la precisión en la ejecución, tiempo de ejecución, velocidad de reacción.
Secuencia de golpes: VR// - VRX

Descripción:
Ubicado el jugador en media pista, alternará una volea de revés paralela o una volea de revés cruzada, con el objetivo de las marcas situadas en el fondo de la pista. Después de cada golpe, rodeará por el lado contrario los conos situados en media pista.

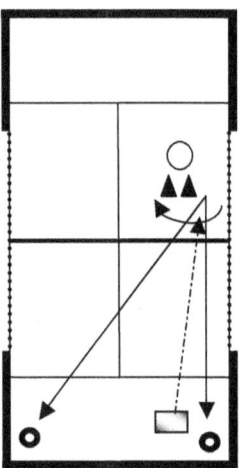

Ejercicio 0221   Golpes: V

Objetivo: Rapidez en el movimiento y en la ejecución, resistencia.
Secuencia de golpes: VD// - VR//

Descripción:
Ubicado un jugador cerca de la red, realizará una volea de derecha paralela y se retrasará lo suficiente para rodear el poste situado en mitad de pista y volverá a subir a la otra zona para hacer una volea de revés paralela, con el objetivo de las marcas situadas en el fondo de la pista.
Después de 10 bolas se cambia de jugador.

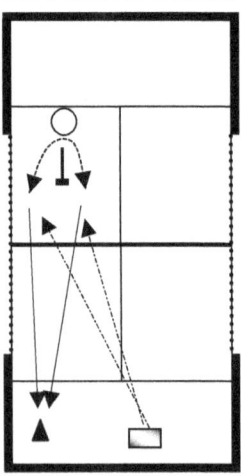

Ejercicio 0222   Golpes: V

Objetivo: Perfeccionamiento de la coordinación técnica en la ejecución, resistencia, habilidad y velocidad.
Secuencia de golpes: VR// y jugar

Descripción:
Ubicado un jugador en el fondo y otro cerca de la red, uno de los jugadores realizará una volea de revés paralela y continuará el punto hasta terminarlo respetando la zona actual de juego. El punto sólo será válido a partir de que ese jugador haya tocado la red previamente. El que no toque la red no podrá ganar el punto. Llegados a 11 puntos se alterna la posición de los jugadores.

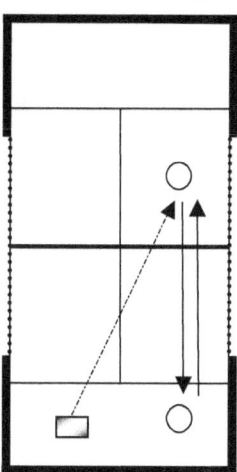

Ejercicio 0223   Golpes: V

Objetivo: Rapidez en el movimiento, desarrollo de la precisión en la ejecución, tiempo de ejecución, velocidad de reacción.
Secuencia de golpes: VD// - VDX

Descripción:
Ubicado el jugador en media pista, alternará las voleas de derecha paralelas y las voleas de derecha cruzadas, con el objetivo de las marcas situadas en el fondo de la pista. Después de cada golpe, rodeará el poste situado a un metro de la red. Una vez haya ejecutado cuatro golpes, continuará el punto en cruzado contra el monitor, respetando la zona actual de juego.

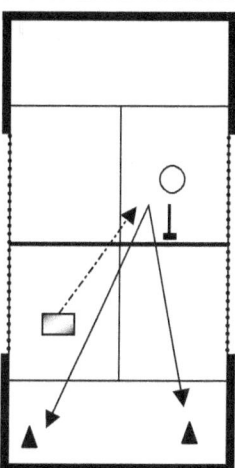

Ejercicio 0224   Golpes: V

Objetivo: Rapidez en el movimiento, desarrollo de la precisión en la ejecución, tiempo de ejecución, velocidad de reacción.
Secuencia de golpes: VRX

Descripción:
Ubicados dos jugadores cerca de la red, realizarán voleas de revés cruzadas con el objetivo de la marca situada en el fondo de la pista. Después de cada golpe, el jugador se moverá lateralmente hacia su derecha para dejar hueco a su compañero y se pondrá detrás de él para estar preparado para el siguiente golpe.

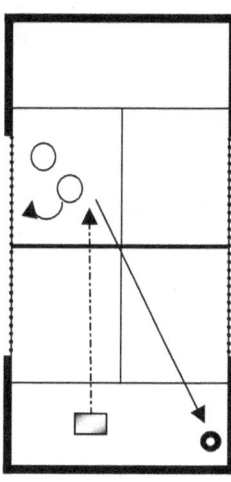

Ejercicio 0225   Golpes: V

Objetivo: Rapidez en el movimiento, desarrollo de la precisión en la ejecución, tiempo de ejecución, velocidad de reacción.
Secuencia de golpes: VD// - VRX

Descripción:
Ubicado el jugador en la posición de defensa en el fondo de la pista, saltará el obstáculo y realizará una volea de derecha paralela y una volea de revés cruzada, con el objetivo de las marcas situadas en el fondo de la pista.

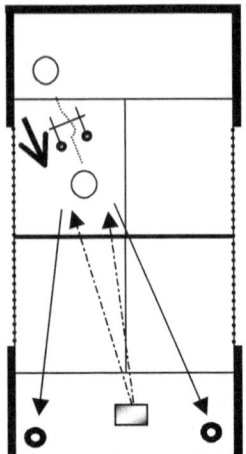

Ejercicio 0226   Golpes: V

Objetivo: Control de golpe en movimiento
Secuencia de golpes: Salto – VDX – VR//

Descripción:
Ubicado el jugador en la posición de defensa en el fondo de la pista, saltará el obstáculo y realizará una volea de derecha cruzada y una volea de revés paralela, con el objetivo de las marcas situadas en el fondo de la pista.

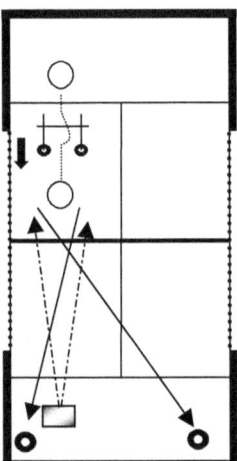

Ejercicio 0227   Golpes: V

Objetivo: Perfeccionamiento técnico de los lanzamientos mediante un ritmo correcto de ejecución.
Secuencia de golpes: VD// o VDX – VR// o VRX

Descripción:
Ubicados dos jugadores cerca de la red junto a un poste, alternarán las voleas paralelas o cruzadas. Cada jugador trabajará o la volea de derecha o la volea de revés según corresponda.
Después de cada golpe rodearán el poste situado junto a ellos.
Después de 10 bolas se cambia la posición de los jugadores.

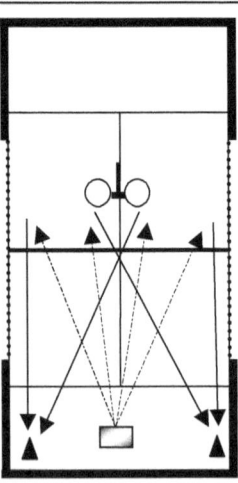

Ejercicio 0228   Golpes: V

Objetivo: Desarrollo del ritmo y ejecución del golpe.
Secuencia de golpes: VD// – VR//

Descripción:
Ubicados dos jugadores en media pista, realizarán una volea de derecha paralela y una volea de revés paralela con el objetivo de las marcas situadas en el fondo de la pista.
Después de los dos golpes, los jugadores rodearán el poste situado junto al pico de la pista y volverá a la zona anterior.
Después de 12 bolas los jugadores alternarán la posición.

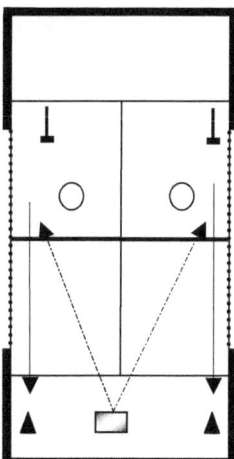

Ejercicio 0229   Golpes: V

Objetivo: Precisión de los lanzamientos gracias a la rapidez en el movimiento, habilidad y fuerzas.
Secuencia de golpes: VD – VR

Descripción:
Ubicado el jugador pegado al poste situado en media pista, lo rodeará y subirá a la red para realizar dejadas con volea de derecha y volea de revés, con el objetivo de las marcas situadas en el lateral de la pista.
Después del segundo golpe volverá a rodear el poste para continuar el ejercicio.
Después de 10 bolas se cambia de jugador.

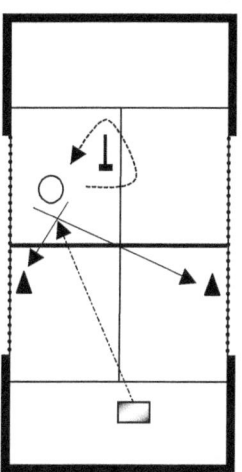

Ejercicio 0230   Golpes: V

Objetivo: Velocidad de reacción.
Secuencia de golpes: VDX - VRX

Descripción:
Ubicado un jugador cerca de la red, realizará voleas de derecha cruzadas y voleas de revés cruzadas con el objetivo de las marcas situadas en el fondo de la pista. Después de cada golpe, girará en el sentido que va a golpear.
Después de 6 bolas se cambia de jugador.

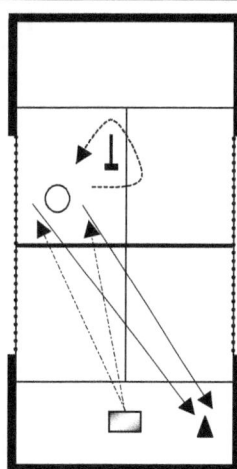

Ejercicio 0231   Golpes: V

Objetivo: Perfeccionamiento de la ejecución del movimiento, habilidad, fuerza y rapidez.
Secuencia de golpes: VR// - VRX

Descripción:
Ubicado un jugador en media pista, ejecutará voleas de revés paralelas o voleas de revés cruzadas con el objetivo de las marcas situadas en el fondo de la pista. Al rodear el poste y subir a la red, nos encontraremos siempre la bola por delante. Después de 10 bolas se cambia de jugador.

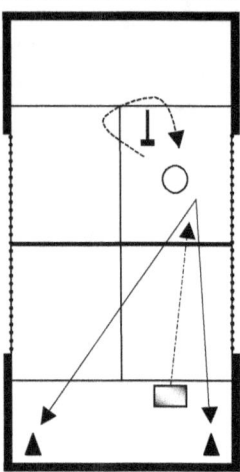

Ejercicio 0232   VOLEA DE DERECHA con PadelBoing.

Explicación.

Es uno de los golpes ofensivos del pádel en el que la colocación es de apenas 1 o 2 pasos de la red y la bola se golpea antes de que bote.

Preparación: Los pies se preparan igual que en el golpe de derecha, es decir, pierna izquierda delante (en caso de diestros), colocados de lado mirando la malla de la derecha. La pala se lleva a la altura de la cabeza con el codo abajo, formando un ángulo aproximado de 90º, la mano izquierda se queda delante del cuerpo señalando la pared de fondo de los adversarios. La pala se prepara a esa altura abriéndose hasta la línea del hombro, no más atrás para tener mayor capacidad de reacción.

Impacto: Cuando se haya calculado la distancia de la bola mediante el ajuste de pasos, buscar el punto de impacto siempre delante del cuerpo y pasando el peso del cuerpo al pie adelantado. Al ser impactada la bola, el recorrido de la pala es de hacia delante, siempre por la línea de la cabeza hacia la izquierda.

Terminación: Terminar el golpe encontrándose la pala con la mano izquierda.

Recreación del golpe (ver imagen 10)

1. Coloca tu "PadelBoing" en el campo contrario a media pista y ajusta un ángulo de 70º.
2. Sitúate próximo a la red de pista, frente a tu "PadelBoing" aunque ligeramente hacia la izquierda. Levantando la pala a modo de saque de tenis golpea bolas hacia la red imprimiendo fuerza a la bola.
3. Recibirás bolas a la altura correcta para poder practicar los golpes de:
   - **Volea de Derecha o de Revés.**

   - **Dejada de Derecha o de Revés** (imprimiendo menos fuerza al atacar a tu PadelBoing).

Foto 10.

Recreación de globo para entrenar la volea de derecha

(Ubicación-Situación, Inclinación y Ataque)

Ejercicio 0233   VOLEA DE REVÉS con PadelBoing.

Explicación.

Tal y como se comentó en la explicación de la volea de derecha, la volea de revés es uno de los golpes ofensivos del pádel, en el que la colocación es de apenas 1 o 2 pasos de la red y la bola se golpea antes de que bote.

Preparación: Los pies se preparan igual que en el golpe de revés, es decir, pierna derecha delante (en el caso de diestros), colocados de lado mirando nuestra malla de revés. La pala se lleva a la altura de la cabeza con el codo abajo, formando unos 90º. La mano libre sujeta la pala por el cuello. La pala se prepara a esa altura abriéndose hasta la línea del hombro, nunca más allá de éste, no más atrás para tener mayor capacidad de reacción.

Impacto: Cuando se haya calculado la distancia de la bola mediante el ajuste de pasos, buscar el punto de impacto siempre delante del cuerpo y pasando el peso al pie adelantado.

Terminación: Al ser impactada la bola, el recorrido de la pala es hacia delante, siempre por la línea de la cabeza hasta terminar con el brazo extendido, la pala a la altura de la cara y el brazo libre totalmente extendido atrás para equilibrar.

Recreación del golpe (ver imagen 11)

1. Coloca tu "PadelBoing" en el campo contrario a media pista y ajusta un ángulo de 70º.
2. Sitúate próximo a la red de pista frente a tu "PadelBoing" aunque ligeramente hacia la izquierda. Levantando la pala a modo de saque de tenis golpea bolas hacia la red imprimiendo fuerza a la bola.
3. Recibirás bolas a la altura correcta para poder practicar los golpes de:

-Volea de derecha o de revés.

-Dejada de derecha o de revés (imprimiendo menos fuerza al atacar a tu PadelBoing)

Foto 11

Recreación de globo para entrenar la Volea de revés (Ubicación-Situación, Inclinación y Ataque)

EJERCICIOS DE GLOBO

Ejercicio 0234   Golpes: Gb

Objetivo: Coordinación, rapidez en la ejecución.
Secuencia de golpes: GbX

Descripción:
Ubicado un jugador en el fondo de la pista, realizará un globo cruzado contra el jugador que está en el otro lado. Este jugador rodeará el poste situado en medio de la pista, en el momento en que el monitor lance la bola a su compañero, para realizar un golpeo cruzado y continuar el punto respetando la zona actual de juego.
Después de 12 bolas se cambia de jugador.

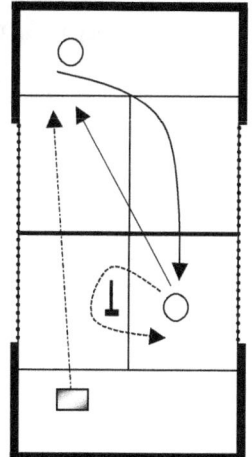

Ejercicio 0235   Golpes: Gb

Objetivo: Coordinación, rapidez en la ejecución.
Secuencia de golpes: GbD// - GbDX o GbR// - GbRX

Descripción:
Ubicados los jugadores en el fondo de la pista separados en dos filas, realilzarán un globo de derecha paralelo y un globo de derecha cruzado o un globo de revés paralelo y un globo de revés cruzado, con el objetivo de las marcas situadas en el fondo de la pista. Después de cada golpe, correrán para sortear el poste situado en media pista y cambiarán de fila.

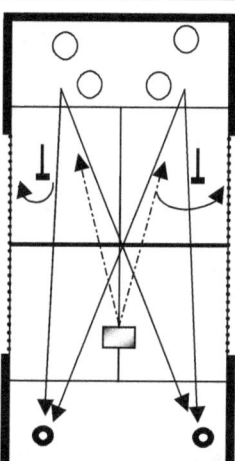

EJERCICIOS SAQUE

Ejercicio 0236   Golpes: Sq

Objetivo: Saque australiana y jugar.
Secuencia de golpes: Sq – Resto //

Descripción:
Ubicado dos jugadores en un lado y otro arriba solo, la pareja de abajo realizará un saque en australiana y el jugador que está solo restará contra el jugador que estaba solo. Después de ésta devolución se continúa el juego contra el jugador que está solo manteniendo el punto y respetando la zona del jugador que está solo.
A los 11 puntos se cambia la posición de los jugadores.

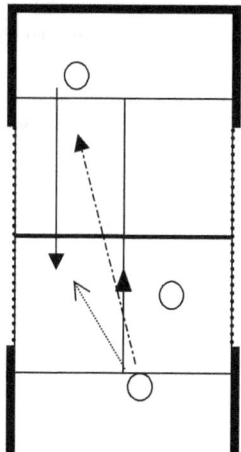

Ejercicio 0237   Golpes: Sq

Objetivo: Saque australiana y jugar.
Secuencia de golpes: Sq – Resto X

Descripción:
Ubicado dos jugadores en un lado y otro arriba solo, la pareja de abajo realizará un saque en australiana y el jugador que está solo restará contra el jugador que está en la red. Después de ésta devolución se continúa el juego contra el jugador que está solo manteniendo el punto y respetando la zona del jugador que está solo.
A los 11 puntos se cambia la posición de los jugadores.

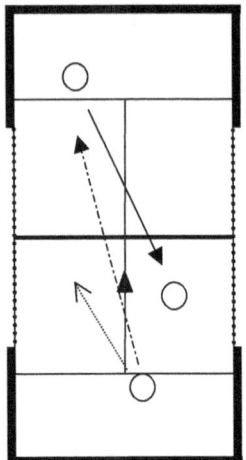

Ejercicio 0238   Golpes: Sq

Objetivo: Desarrollo de capacidades técnicas.
Secuencia de golpes: Sq en australiana y jugar.

Descripción:
Ubicado el jugador en el fondo de la pista, realizará un saque en australiana y continuará el punto contra el monitor respetando la zona de juego actual.
Después de 10 bolas se cambia el lado de saque.

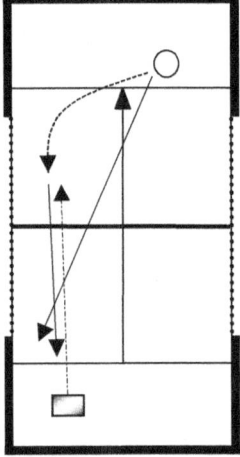

Ejercicio 0239   Golpes: Sq

Objetivo: Coordinación del movimiento técnico del lanzamiento cruzado y del tiempo de ejecución.
Secuencia de golpes: Saque

Descripción:
Ubicado un jugador sacando y el otro restando, el jugador que saca lo hará todo el rato al revés del restador. El cual alternará las devoluciones paralelas, al medio y cruzadas.
Después de 20 bolas se alterna la posición de los jugadores.

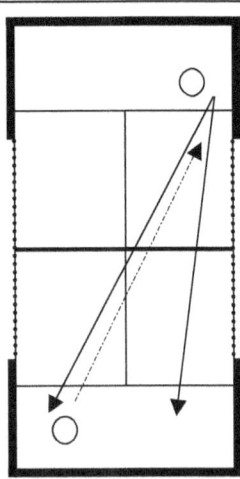

Ejercicio 0240   Golpes: Sq

Objetivo: Velocidad de reacción, habilidad y tiempo de ejecución.
Secuencia de golpes: Sq y jugar.

Descripción:
Ubicados tres jugadores en un lado de la pista y uno en la contraria, uno de los jugadores sacará y subirá a la red donde ya se encuentran sus dos compañeros. Se jugará un partido de 3 contra 1, en el que no podrá repetir golpe el mismo jugador salvo el que está solo.
Después de 11 puntos se rota la posición de los jugadores.

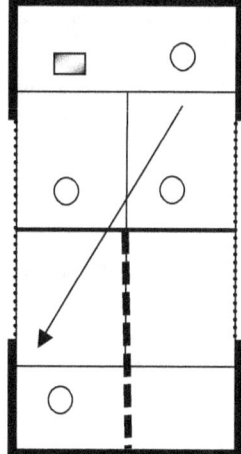

Ejercicio 0241   Golpes: Sq

Objetivo: Subida a la red después de saque.
Secuencia de golpes: Sq

Descripción:
Ubicado el jugador en la línea de fondo, realizará saques en ambos lados de la pista. Después de cada saque tendrá que subir hasta el cono y rodearlo, así se acostumbrará a subir a la red después del saque.

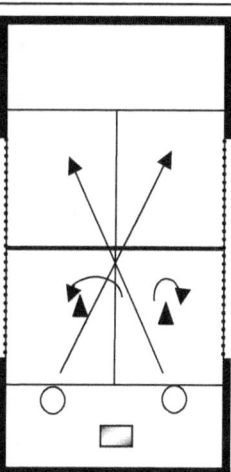

EJERCICIOS DE BANDEJA

Ejercicio 0242   Golpes: Bd

Objetivo: Habilidad y tiempo de ejecución.
Secuencia de golpes: Bd// o Bd//

Descripción:
Ubicados dos jugadores en media pista, realizarán bandejas paralelas, con el objetivo de las marcas situadas en el fondo de la pista.
Después de cada golpe, el jugador rodeará el poste situado junto a el.
Después de 10 bolas se alterna la posición de los jugadores.

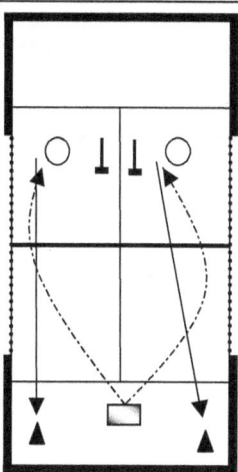

Ejercicio 0243   Golpes: Bd

Objetivo: Rapidez y habilidad.
Secuencia de golpes: Bd//

Descripción:
Enfrentados dos jugadores en paralelo y situados en el fondo de la pista, rodearán el poste situado en medio de la pista tras lo cual uno de ellos realizará una bandeja paralela y continuarán el punto respetando la zona actual de juego.
Después de 12 bolas se alterna la posición de los jugadores.

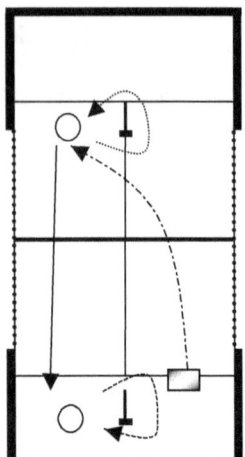

Ejercicio 0244   Golpes: Bd

Objetivo: Desarrollo de capacidades técnicas, habilidad, fuerza y rapidez.
Secuencia de golpes: BdX – poste – BdX

Descripción:
Ubicado un jugador en media pista, realizará una bandeja cruzada, rodeará el poste situado en medio de la pista y se desplazará para realizar otra bandeja cruzada con el objetivo de la marca situada en el fondo de la pista.

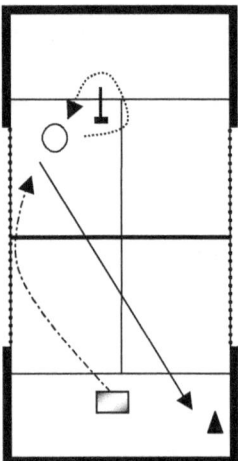

Ejercicio 0245   Golpes: Bd

Objetivo: Rapidez en el movimiento, habilidad, resistencia a la velocidad en larogos periodos de tiempo.
Secuencia de golpes: BdX - giro en 8 – BdX

Descripción:
Ubicado el jugador en media pista, realizará una bandeja cruzada, hará un 8 entre los postes situados en media pista y luego otra bandeja cruzada. Después de 10 bolas se cambia de jugador.

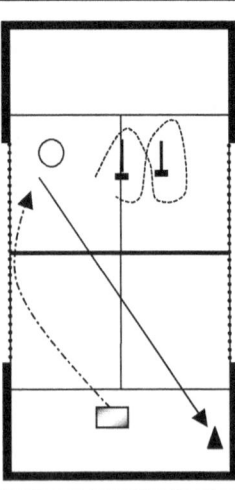

Ejercicio 0246   Golpes: Bd

Objetivo: Perfeccionamiento de la bandeja en condiciones de esfuerzo físico y velocidad de reacción.
Secuencia de golpes: BdX o Bd// - poste – BdX o Bd//

Descripción:
Ubicado el jugador en media pista, realizará una bandeja paralela o una bandeja cruzada, rodeará el poste situado en medio de la pista y realizará otra bandeja paralela o cruzada con el objetivo de las marcas situadas en el fondo de la pista.

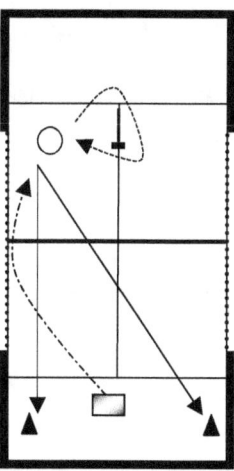

Ejercicio 0247   Golpes: Bd

Objetivo: Coordinación, tiempo de ejecución, fuerza y rapidez.
Secuencia de golpes: Bd – poste – Bd – poste – Bd

Descripción:
Ubicado un jugador en media pista, alternará las bandejas a las marcas situadas en el fondo de la pista y el rodeo del poste situado en media de la pista, para desplazarse de un lateral a otro. Una vez llegado a un lado, hará el recorrido inverso.

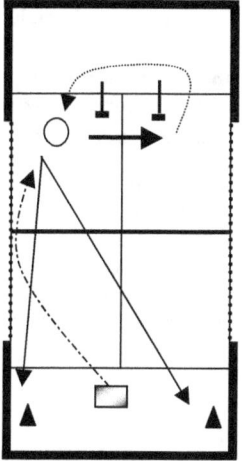

Ejercicio 0248   Golpes: Bd

Objetivo: Rapidez en el movimiento, habilidad, resistencia a la velocidad en larogos periodos de tiempo.
Secuencia de golpes: Bd// - giro en 8 – Bd//

Descripción:
Ubicado el jugador en media pista, realizará una bandeja paralela, hará un 8 entre los postes situados en media pista y luego otra bandeja paralela con el objetivo de la marca situada en el fondo de la pista. Después de 10 bolas se cambia de jugador.

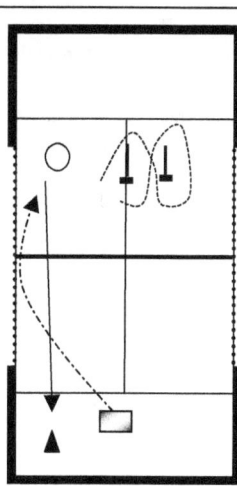

Ejercicio 0249   Golpes: Bd

Objetivo: Coordinación, tiempo de ejecución, fuerza y rapidez.
Secuencia de golpes: BdX – Bd//

Descripción:
Ubicado el jugador en media pista, realizará una bandeja cruzada, rodeará el poste situado al lado suyo y volverá a colocarse para hacer una bandeja paralela, con el objetivo de las marcas situadas en el fondo de la pista.

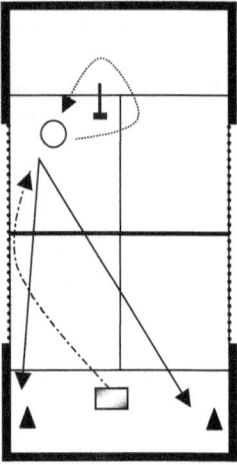

Ejercicio 0250   Golpes: Bd

Objetivo: Perfeccionamiento de la ejecución del movimiento, habilidad, fuerza y rapidez.
Secuencia de golpes: Bd y jugar

Descripción:
Ubicados los cuatro jugadores pegados en la red, una vez lanzada la bola por el monitor se retrasarán para adoptar una buena posición de juego y continuar el punto comenzando con una bandeja libre.
Después de 10 bolas se rota la posición de los jugadores.

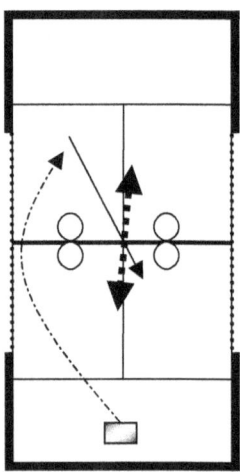

Ejercicio 0251   Golpes: Bd

Objetivo: Coordinación, tiempo de ejecución, fuerza y rapidez.
Secuencia de golpes: BdX – Bd//

Descripción:
Ubicado el jugador en media pista, realizará una bandeja cruzada, rodeará el poste situado al lado suyo y volverá a colocarse para hacer una bandeja paralela, con el objetivo de las marcas situadas en el fondo de la pista.

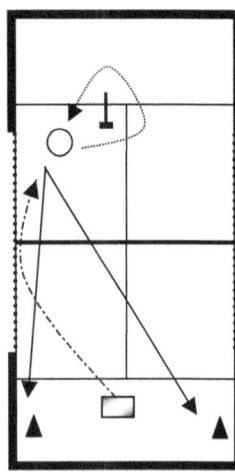

Ejercicio 0252   Golpes: Bd

Objetivo: Desarrollo de capacidades técnicas, habilidad, fuerza y rapidez.
Secuencia de golpes: Bd// – poste – Bd//

Descripción:
Ubicado un jugador en media pista, realizará una bandeja paralela, rodeará el poste situado en medio de la pista y se desplazará para realizar otra bandeja paralela con el objetivo de la marca situada en el fondo de la pista.

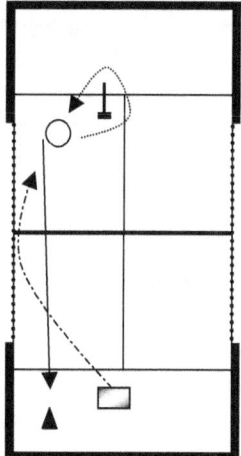

Ejercicio 0253   Golpes: Bd

Objetivo: Coordinación, tiempo de ejecución, fuerza y rapidez.
Secuencia de golpes: BdX – Bd//

Descripción:
Ubicado el jugador en media pista, realizará una bandeja cruzada, rodeará el poste situado al lado suyo y volverá a colocarse para hacer una bandeja paralela, con el objetivo de las marcas situadas en el fondo de la pista.

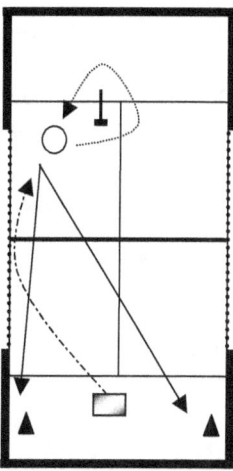

Ejercicio 0254   Golpes: Bd

Objetivo: Rapidez en el movimiento y ejecución.
Secuencia de golpes: BdX - GbX y jugar.

Descripción:
Ubicados dos jugadores en media pista y uno en el fondo del lado contrario, uno de los jugadores de media pista avanzará hasta rodear la marca situada en media pista y se retrasará para ejecutar una bandeja cruzada que será contestada con un globo cruzado. A partir de ese momento continuarán el punto incluso contra el monitor.
Después de 10 puntos se rota la posición de los jugadores.

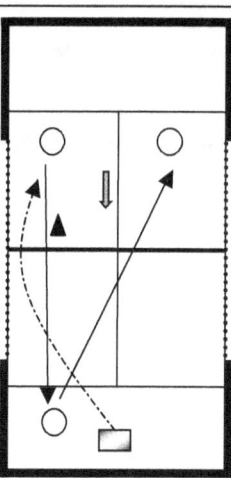

Ejercicio 0255   Golpes: Bd

Objetivo: Rapidez en el movimiento y ejecución.
Secuencia de golpes: Bd//

Descripción:
Ubicado un jugador en media pista y otro defendiendo en el lado contrario en paralelo, el monitor lanzará bolas altas desde fuera de la pista para que el jugador de media pista ejecute bandejas paralelas contra su oponente. Continuarán el punto respetando la zona actual de juego.
Después de 10 bolas se alterna la posición de los jugadores.

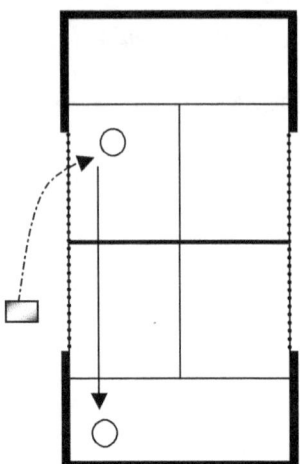

Ejercicio 0256   Golpes: Bd

Objetivo: Habilidad y tiempo de ejecución.
Secuencia de golpes: BdX - BdX

Descripción:
Ubicado los dos jugadores en media pista, realizarán bandejas cruzadas, con el objetivo de las marcas situadas en el fondo de la pista.
Después de cada golpe, el jugador rodeará el poste situado junto a el.
Después de 10 bolas se alterna la posición de los jugadores.

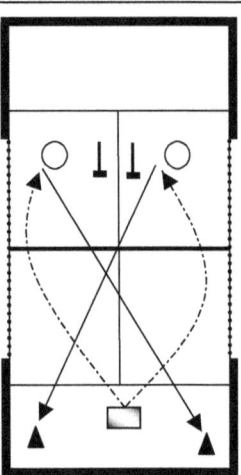

Ejercicio 0257   Golpes: Bd

Objetivo: Rapidez en el movimiento y ejecución.
Secuencia de golpes: Bd// - BdX y jugar.

Descripción:
Ubicados dos jugadores en media pista y uno en el fondo del lado contrario, uno de los jugadores de media pista avanzará hasta rodear la marca situada en media pista y se retrasará para ejecutar una bandeja paralela que será contestada en cruzado por abajo. A partir de ese momento continuarán el punto incluso contra el monitor.
Después de 10 puntos se rota la posición de los jugadores.

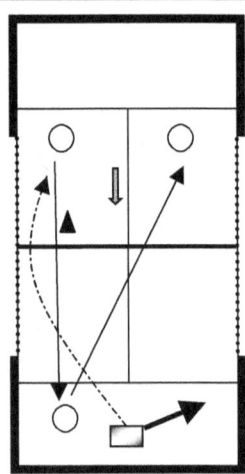

Ejercicio 0258   Golpes: Bd

Objetivo: Rapidez en el movimiento, coordinación del movimiento técnico, fuerza y rapidez.
Secuencia de golpes: BdX – Bd//

Descripción:
Estando el monitor fuera de la pista y dos jugadores en media pista, alternarán las bandejas paralelas y las bandejas cruzadas con el objetivo de las marcas situadas en el fondo de la pista.

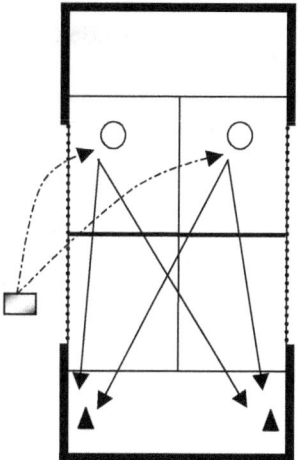

Ejercicio 0259   Golpes: Bd

Objetivo: Perfeccionamiento de la bandeja, tiempo de ejecución y resistencia a la velocidad en largos periodos de tiempo.
Secuencia de golpes: Bd// - poste – BdX

Descripción:
Ubicado el jugador en media pista, realizará una bandeja cruzada o una bandeja paralela, rodeará el poste situado en el medio de la pista y realizará una bandeja cruzada o una bandeja paralela con el objetivo de las marcas situadas en el fondo de la pista.

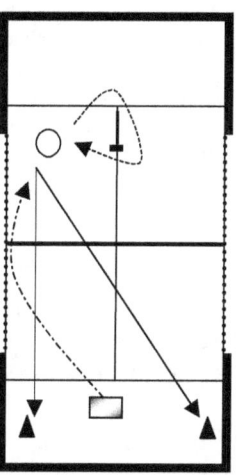

Ejercicio 0260   Golpes: Bd

Objetivo: Perfeccionamiento de la bandeja en condiciones de esfuerzo físico y velocidad de reacción.
Secuencia de golpes: BdX o Bd// - valla – BdX o Bd//

Descripción:
Ubicado el jugador en media pista, alternará las bandejas paralelas y las bandejas cruzadas con el objetivo de las marcas situadas en el fondo de la pista. Después de cada golpe, saltará la valla situada en el medio de la pista.
Después de 10 golpes se cambia de jugador.

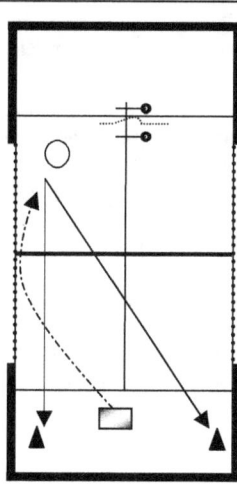

Ejercicio 0261   Golpes: Bd

Objetivo: Rapidez en el movimiento, coordinación del movimiento técnico, fuerza y rapidez.
Secuencia de golpes: BdX – Bd//

Descripción:
Ubicado el jugador en mitad de la pista, alternará las bandejas paralelas y las bandejas cruzadas con el objetivo de las marcas situadas en el fondo de la pista. Después de cada golpe rodeará el poste situado al lado suyo.

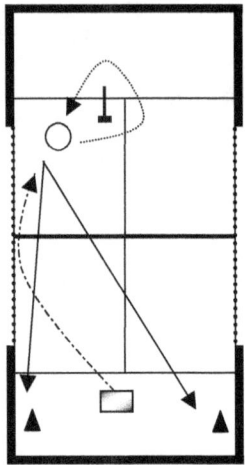

Ejercicio 0262   Golpes: Bd

Objetivo: Velocidad y coordinación del movimiento técnico, habilidad y resistencia a la velocidad en largos períodos de tiempo.
Secuencia de golpes: BdX – Bd//

Descripción:
Ubicado el jugador en media pista, realizará una bandeja cruzada, rodeará el poste situado en media pista para volver a coger una buena posición y realizar una bandeja paralela con el objetivo de las marcas situadas en el fondo de la pista. Después de 10 bolas se cambia de jugador.

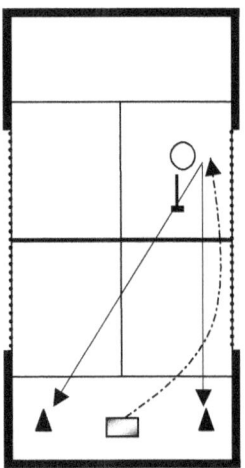

Ejercicio 0263   Golpes: Bd

Objetivo: Perfeccionamiento de la coordinación técnica en la ejecución, resistencia, habilidad y velocidad de reacción con rapidez en el movimiento.
Secuencia de golpes: Bd// y jugar.

Descripción:
Ubicado un jugador en el fondo y otro cerca de la red, uno de los jugadores realizará una bandeja paralela y continuará el punto hasta terminarlo respetando la zona actual de juego. El punto sólo será válido a partir de que ese jugador haya tocado la red previamente. El que no toque la red no podrá ganar el punto. Llegados a 11 puntos se alterna la posición de los jugadores.

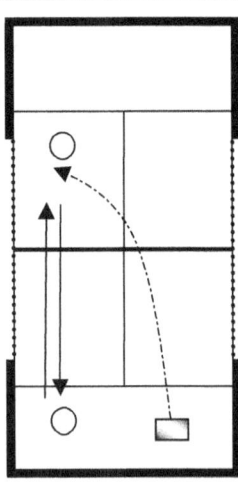

Ejercicio 0264   Golpes: Bd – Gb

Objetivo: Rapidez en el movimiento y ejecución.
Secuencia de golpes: BdX - Gb// y jugar.

Descripción:
Ubicados dos jugadores en media pista y uno en el fondo del lado contrario, uno de los jugadores de media pista avanzará hasta rodear la marca situada en media pista y se retrasará para ejecutar una bandeja cruzada que será contestada con un globo paralelo. A partir de ese momento continuarán el punto incluso contra el monitor.
Después de 10 puntos se rota la posición de los jugadores.

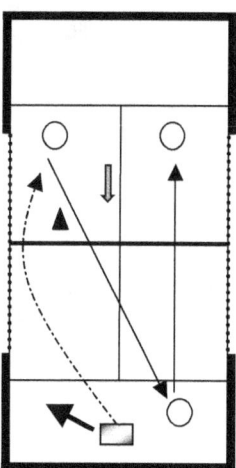

Ejercicio 0265   Golpes: Bd

Objetivo: Rapidez en el movimiento y ejecución.
Secuencia de golpes: BdX

Descripción:
Ubicado un jugador en media pista y otro defendiendo en el lado contrario en cruzado, el monitor lanzará bolas altas desde fuera de la pista para que el jugador de media pista ejecute bandejas cruzadas contra su oponente. Continuarán el punto respetando la zona actual de juego.
Después de 10 bolas se alterna la posición de los jugadores.

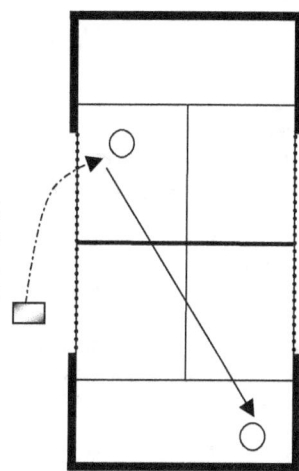

Ejercicio 0266   Golpes: Bd

Objetivo: Velocidad y coordinación del movimiento técnico, habilidad y resistencia a la velocidad en largos periodos de tiempo.
Secuencia de golpes: BdX – Bd//

Descripción:
Ubicado el jugador en media pista, realizará una bandeja cruzada, rodeará el poste situado en media pista para volver a coger una buena posición y realizar una bandeja paralela con el objetivo de las marcas situadas en el fondo de la pista.
Después de 10 bolas se cambia de jugador.

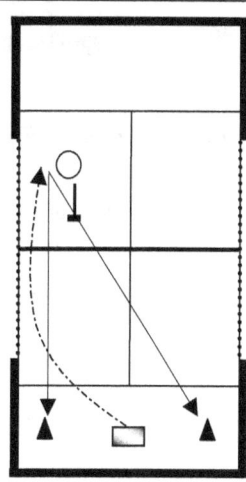

Ejercicio 0267   Golpes: Bd

Objetivo: Rapidez en el movimiento, habilidad, resistencia a la velocidad en largos periodos de tiempo.
Secuencia de golpes: Bd// o BdX

Descripción:
Ubicado el jugador en media pista, alternará las bandejas paralelas y las bandejas cruzadas con el objetivo de las marcas situadas en el fondo de la pista. Después de cada golpe rodeará los postes situados en media pista.
Después de 10 golpes se cambia de jugador.

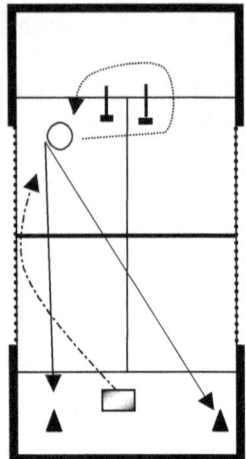

Ejercicio 0268   Golpes: Bd

Objetivo: Perfeccionamiento de la coordinación técnica en la ejecución, resistencia, habilidad y velocidad de reacción con rapidez en el movimiento.
Secuencia de golpes: BdX y jugar.

Descripción:
Ubicado un jugador en el fondo y otro cerca de la red, uno de los jugadores realizará una bandeja cruzada y continuará el punto hasta terminarlo respetando la zona actual de juego. El punto sólo será válido a partir de que ese jugador haya tocado la red previamente. El que no toque la red no podrá ganar el punto. Llegados a 11 puntos se alterna la posición de los jugadores.

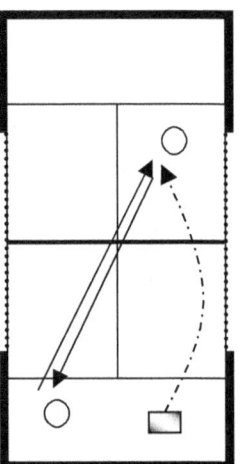

Ejercicio 0269   Golpes: Bd

Objetivo: Mecanización de la bandeja.
Secuencia de golpes: Saque – Bd//

Descripción:
Ubicado el jugador en la línea de saque en el lado del revés, realizará saque y subirá a la altura del monitor para realizar una bandeja paralela a la bola lanzada con la mano con el monitor. Después de realizar el golpe, el monitor le dará una bola y volverá a la fila para volver a realizar el ejercicio.

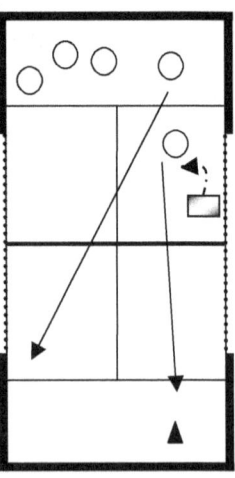

Ejercicio 0270   Golpes: Bd

Objetivo: Rapidez en el movimiento, desarrollo de la precisión en la ejecución, tiempo de ejecución, velocidad de reacción.
Secuencia de golpes: Bd// - BdX

Descripción:
Ubicado el jugador en media pista, alternará las bandejas paralelas y las bandejas cruzadas, con el objetivo de las marcas situadas en el fondo de la pista. Después de cada golpe, rodeará el poste situado a un metro de la red.

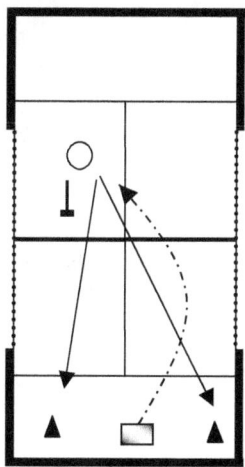

Ejercicio 0271   Golpes: Bd

Objetivo: Coordinación, rapidez en el movimiento, habilidad.
Secuencia de golpes: Bd// – BdX

Descripción:
Ubicado un jugador en el fondo de la pista y otro jugador cerca de la red, el jugador de la red ejecutará una bandeja paralela a la zona donde no hay jugador y una bandeja cruzada contra el contrario y continuarán el punto, respetando la zona de juego actual. Después de 11 puntos, se alterna la posición de los jugadores.

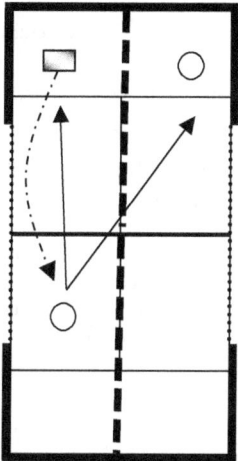

Ejercicio 0272   Golpes: Bd

Objetivo: Mecanización de la bandeja.
Secuencia de golpes: Saque - BdX

Descripción:
Ubicado el jugador en la línea de saque en el lado del revés, realizará un saque y subirá a la altura del monitor para realizar una bandeja cruzada a la bola lanzada con la mano por el monitor. Después de realizar el golpe, el monitor le dará una bola y volverá a la fila para volver a realizar el ejercicio.

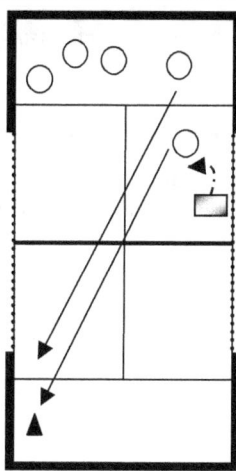

Ejercicio 0273   Golpes: Bd

Objetivo: Rapidez en el movimiento, desarrollo de la precisión en la ejecución, tiempo de ejecución, velocidad de reacción.
Secuencia de golpes: Bd// - BdX

Descripción:
Ubicado el jugador en media pista, alternará las bandejas paralelas y las bandejas cruzadas, con el objetivo de las marcas situadas en el fondo de la pista. Después de cada golpe, rodeará el poste situado en el lateral de la pista.

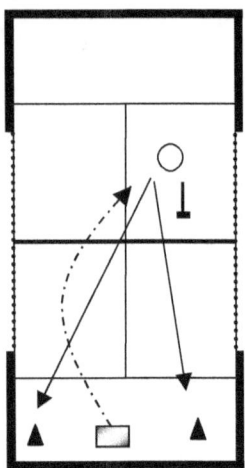

Ejercicio 0274   Golpes: Bd

Objetivo: Coordinación, rapidez en el movimiento, habilidad.
Secuencia de golpes: BdX – Bd//

Descripción:
Ubicado un jugador en el fondo de la pista y otro jugador cerca de la red, el jugador de la red ejecutará una bandeja cruzada a la zona donde no hay jugador y una bandeja paralela contra el contrario y continuarán el punto, respetando la zona de juego actual. Después de 11 puntos, se alterna la posición de los jugadores.

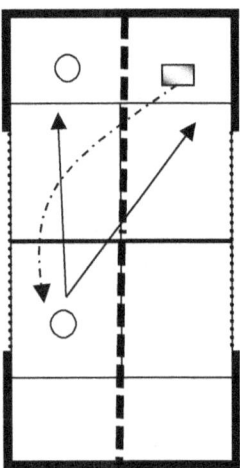

Ejercicio 0275   Golpes: Bd

Objetivo: Mecanización de la bandeja.
Secuencia de golpes: Saque - BdX

Descripción:
Ubicado el jugador en la línea de saque en el lado del drive, realizará un un saque y subirá a la altura del monitor para realizar una bandeja cruzada a la bola lanzada con la mano por el monitor. Después de realizar el golpe, el monitor le dará una bola y volverá a la fila para volver a realizar el ejercicio.

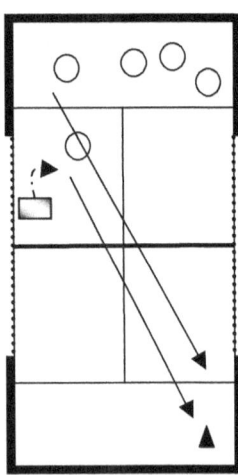

Ejercicio 0276   Golpes: Bd

Objetivo: Mecanización de la bandeja.
Secuencia de golpes: Saque – Bd//

Descripción:
Ubicado el jugador en la línea de saque en el lado del drive, realizará un saque y subirá a la altura del monitor para realizar una bandeja paralela a la bola lanzada con la mano por el monitor. Después de realizar el golpe, el monitor le dará una bola y volverá a la fila para volver a realizar el ejercicio.

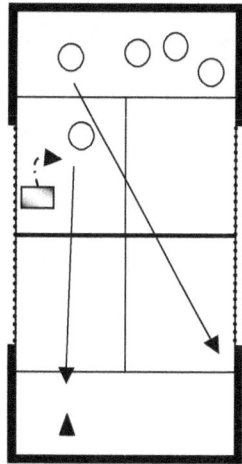

Ejercicio 0277   Golpes: Bd

Objetivo: Mecanización de la bandeja.
Secuencia de golpes: Bd// simulada – Bd//

Descripción:
Ubicado el jugador en la línea de saque en el lado del revés, realizará una simulación de bandeja paralela y subirá a la altura del monitor para realizar una bandeja paralela a la bola lanzada con la mano por el monitor. Después de realizar el golpe, volverá a la fila para volver a realizar el ejercicio.

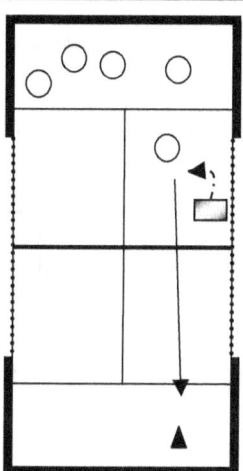

Ejercicio 0278   Golpes: Bd

Objetivo: Coordinación, rapidez en el movimiento, habilidad.
Secuencia de golpes: Bd// - BdX

Descripción:
Ubicados los jugadores en el fondo de la pista separados en dos filas, realilzarán una bandeja paralela y una bandeja cruzada, con el objetivo de las marcas situadas en el fondo de la pista. Después de cada golpe, correrán para sortear el poste situado junto a la red y cambiarán de fila.

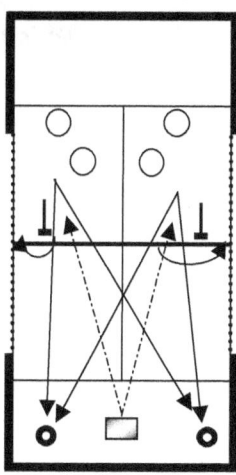

Ejercicio 0279   Golpes: Bd

Objetivo: Recuperación de la zona.
Secuencia de golpes: Bd libre.

Descripción:
Ubicados dos jugadores en media pista, realizarán bandejas libres, con el objetivo de las marcas situadas en el fondo de la pista. Después de cada golpe tocarán el cono más cercano y volverán a su zona para volver a ejercutar otro golpe. El monitor intentará mover de la zona al jugador para que se acostumbre a recuperar la zona correcta.

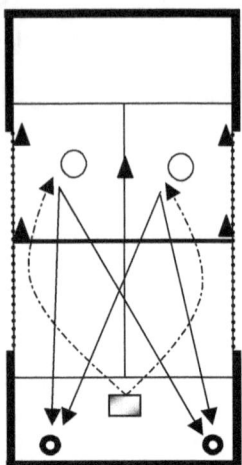

Ejercicio 0280   Golpes: Bd

Objetivo: Coordinación, rapidez en el movimiento, habilidad.
Secuencia de golpes: Bd// - Bd//

Descripción:
Ubicados los jugadores en media pista, realizarán dos bandejas paralelas y cambiarán de fila, con el objetivo de las marcas situadas en el fondo de la pista y siempre por debajo de la goma delimitadora de altura* que une los dos picos de la pista contraria.
Altura recomendada: 0,5 metros.
- * www.technologysport.com

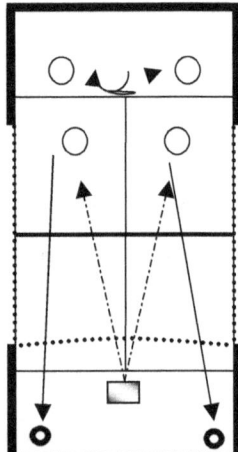

Ejercicio 0281   Golpes: Bd

Objetivo: Rapidez y habilidad.
Secuencia de golpes: BdX

Descripción:
Enfrentados dos jugadores en cruzado y situados en el fondo de la pista, rodearán el poste situado en medio de la pista tras lo cual uno de ellos realizará una bandeja paralela y continuarán el punto respetando la zona actual de juego.
Después de 12 bolas se alterna la posición de los jugadores.

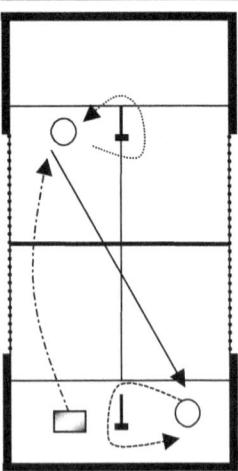

Ejercicio 0282   Golpes: Bd

Objetivo: Perfeccionamiento técnico de los lanzamientos mediante un ritmo correcto de ejecución.
Secuencia de golpes: Bd// o BdX

Descripción:
Ubicados dos jugadores en media pista, alternarán las bandejas paralelas o cruzadas.
Después de cada golpe rodearán el poste situado en media pista y retrocederán para continuar el ejercicio.
Después de 10 bolas se cambia la posición de los jugadores.

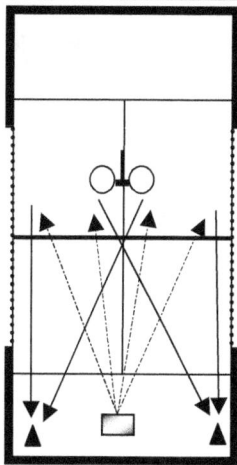

Ejercicio 0283   Golpes: Bd

Objetivo: Desarrollo de capacidades técnicas complejas, habilidad y rapidez de ejecución.
Secuencia de golpes: Golpe hacia arriba - Bd

Descripción:
Ubicado un jugador en media pista, el monitor le lanzará una bola lenta con bote. El jugador golpeará hacia arriba sobre su posición para al caer ejecutar una bandeja con el objetivo de las marcas situadas en el fondo de la pista.
Después de 10 bolas se cambia de jugador.

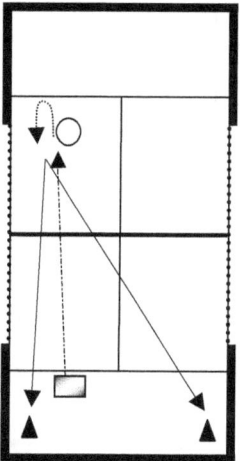

Ejercicio 0284   Golpes: Bd

Objetivo: Desarrollo del ritmo y ejecución del golpe.
Secuencia de golpes: Bd// – Bd//

Descripción:
Ubicado un jugador en media pista, alternará las bandejas paralelas en cada lado de la pista, con el objetivo de las marcas situadas en el fondo de la pista.
Después de cada golpe, el jugador rodeará el poste situado cerca de la red.
Después de 12 bolas, se cambia de jugador.

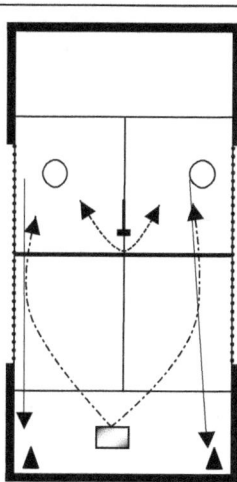

Ejercicio 0285   Golpes: Bd

Objetivo: Perfeccionamiento técnico de los lanzamientos mediante un ritmo correcto de ejecución.
Secuencia de golpes: BdX - BdX

Descripción:
Ubicados los jugadores en media pista, realizarán dos bandejas cruzadas y cambiarán de fila, con el objetivo de las marcas situadas en el fondo de la pista y siempre por debajo de la cadena que une los dos picos de la pista contraria.
Altura recomendada: 0,5 metros.

* www.technologysport.com

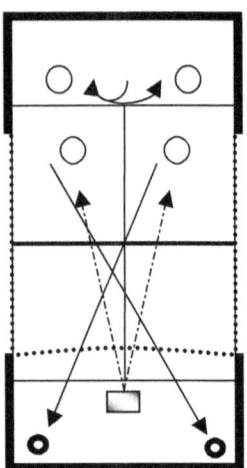

Ejercicio 0286   Golpes: Bd

Objetivo: Mecanización de la bandeja.
Secuencia de golpes: Bd// simulada – Bd//

Descripción:
Ubicado el jugador en la línea de saque en el lado del drive, realizará una simulación de bandeja paralela y subirá a la altura del monitor para realizar una bandeja paralela a la bola lanzada con la mano por el monitor. Después de realizar el golpe, volverá a la fila para volver a realizar el ejercicio.

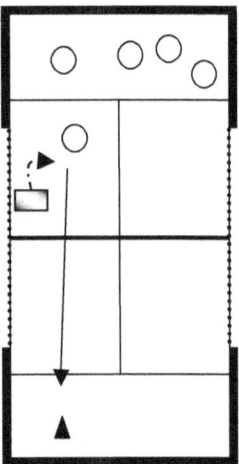

Ejercicio 0287   Golpes: Bd

Objetivo: Desarrollo de capacidades técnicas complejas, rapidez en el movimiento y habilidad.
Secuencia de golpes: Bd// o BdX

Descripción:
Ubicado el jugador junto al monitor, rodeará el poste situado en media pista y volverá junto al monitor que le lanzará una bola con la mano. El jugador la golpeará hacia arriba contra sí mismo y ejecutará una bandeja paralela o una bandeja cruzada con el objetivo de las marcas situadas en el fondo de la pista. Después del golpeo volverá a rodear el poste para continuar el ejercicio. Después de 10 bolas se cambia de jugador.

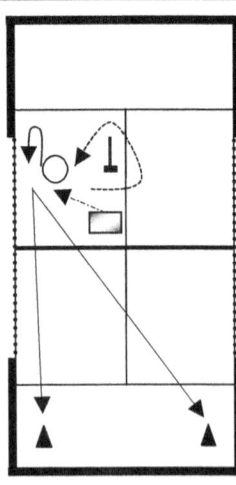

Ejercicio 0288   Golpes: Bd

Objetivo: Perfeccionamiento de lanzamiento de bandeja, fuerza y rapidez.
Secuencia de golpes: Bd// - BdX

Descripción:
Ubicado un jugador en media pista, realizará una bandeja con el objetivo de las marcas situadas en el fondo de la pista. Tras el golpeo, rodeará el poste situado en el fondo de la pista, saltará la valla y volverá a ejecutar el ejercicio.
Después de 6 bolas se cambia de jugador.

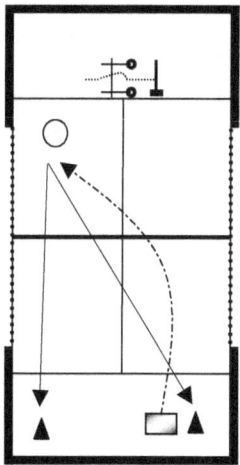

Ejercicio 0289   Golpes: Bd

Objetivo: Perfeccionamiento del golpeo en condiciones de esfuerzo físico.
Secuencia de golpes: Bdx – Bd//

Descripción:
Series de bandejas libres con el objetivo de las marcas situadas en el fondo de la pista, ejecutadas después de rodear alguno de los postes situados cerca de la red.
Después de 10 bolas se cambia de jugador.

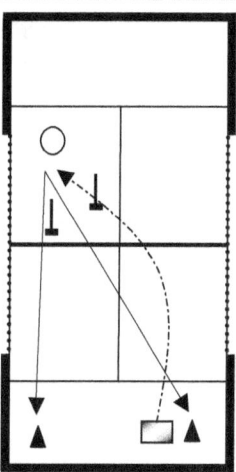

Ejercicio 0290   Golpes: Bd

Objetivo: Desarrollo del ritmo y ejecución del golpe.
Secuencia de golpes: BdX – BdX

Descripción:
Ubicado un jugador en media pista, alternará las bandejas cruzadas en cada lado de la pista, con el objetivo de las marcas situadas en el fondo de la pista.
Después de cada golpe, el jugador rodeará el poste situado cerca de la red.
Después de 12 bolas, se cambia de jugador.

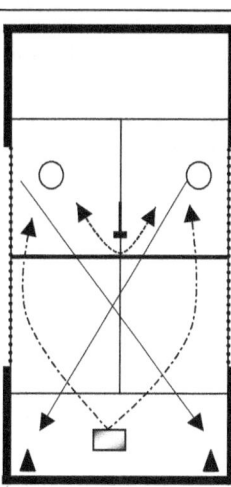

Ejercicio 0291   Golpes: Bd

Objetivo: Desarrollo de la precisión en la ejecución a través de la coordinación y la rapidez en el movimiento.
Secuencia de golpes: Bd – Bd – Bd

Descripción:
Ubicado el jugador sobre la línea de saque, subirá hasta uno de los conos situados cerca de la red para tocarlo y retrasarse lo suficiente para realizar una bandeja con el objetivo de las marcas situadas en el fondo de la pista, volviendo a ejecutar el ejercicio tocando previamente el cono.

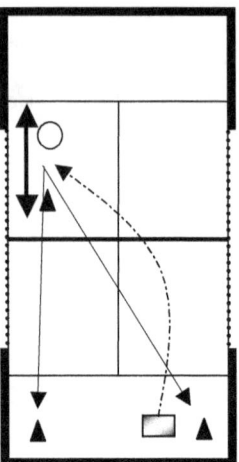

Ejercicio 0292   Golpes: Bd

Objetivo: Perfeccionamiento de la ejecución del movimiento, habilidad, fuerza y rapidez.
Secuencia de golpes: BdX o Bd//

Descripción:
Ubicado un jugador cerca de la red, correrá rápidamente a tocar la red y se retrasará lo suficiente para ejecutar una bandeja cruzada o una bandeja paralela con el objetivo de las marcas situadas en el fondo de la pista.
Después de 10 bolas se cambia de jugador.

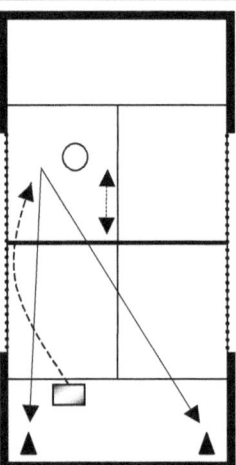

Ejercicio 0293   Golpes: Bd

Objetivo: Rapidez en el movimiento y tiempo de ejecución.
Secuencia de golpes: BdX – Bd//

Descripción:
Ubicado el jugador en media pista en la posición inicial de espaldas al monitor, a la señal de este se desplazará hasta la posición de golpeo para alternar una bandeja cruzada y una bandeja paralela con el objetivo de las marcas situadas en el fondo de la pista.
Después de 10 bolas se cambia de jugador.

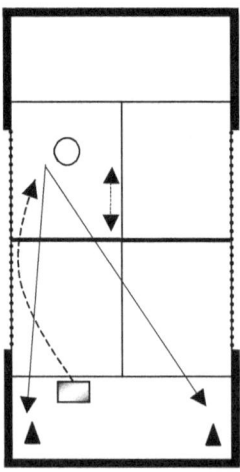

Ejercicio 0294   Golpes: Bd

Objetivo: Perfeccionamiento de la ejecución del movimiento, habilidad, fuerza y rapidez.
Secuencia de golpes: BdX o Bd//

Descripción:
Ubicado un jugador en media pista, ejecutará una bandeja cruzada o una bandeja paralela con el objetivo de las marcas situadas en el fondo de la pista. Al rodear el poste y subir a la red, nos encontraremos siempre la bola por delante.
Después de 10 bolas se cambia de jugador.

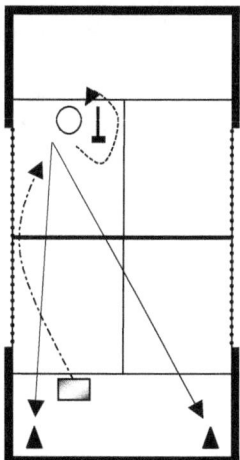

Ejercicio 0295   Golpes: Bd

Objetivo: Perfeccionamiento del golpe, elevación, fuerza y rapidez.
Secuencia de golpes: BdX o Bd//

Descripción:
Ubicado el jugador en media pista, realizará bandejas paralelas o bandejas cruzadas con el objetivo de las marcas situadas en el fondo de la pista. Después de cada golpe, rodeará el poste situado en medio de la pista para encontrarse siempre la bandeja en el lado.
Deespués de 10 bolas se cambia de jugador.

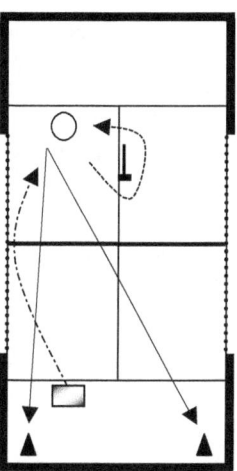

Ejercicio 0296   Golpes: Bd

Objetivo: Perfeccionamiento de la ejecución del movimiento, habilidad, fuerza y rapidez.
Secuencia de golpes: Bd//

Descripción:
Ubicados dos jugadores pegados a la red, una vez lanzada la bola por el monitor hacia uno de los jugadores, se retrasará para realizar una bandeja paralela y el otro la bloqueará tras lo cual continuarán el punto respetando la zona actual de juego.
Después de 10 bolas se alterna la posición de los jugadores.

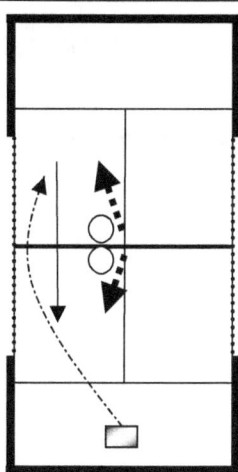

Ejercicio 0297   Golpes: Bd

Objetivo: Rapidez en el movimiento, coordinación en el movimiento, fuerza y rapidez.
Secuencia de golpes: BdX o Bd//

Descripción:
Ubicado el jugador en media pista, realizará una bandeja cruzada o una bandeja paralela, con el objetivo de las marcas situadas en el fondo de la pista, en cada una de las posiciones marcadas. El paso de la posición 2 a 3 se debe realizar con rápidos cambios de dirección tras rodear un poste situado en sobre la línea de saque.

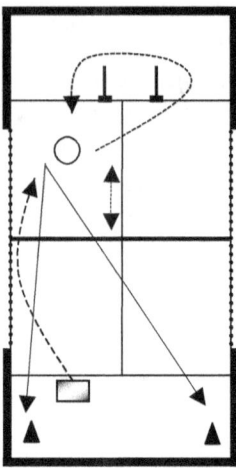

Ejercicio 0298   Golpes: Bd

Objetivo: Perfeccionamiento de la ejecución del movimiento, habilidad, fuerza y rapidez.
Secuencia de golpes: BdX

Descripción:
Ubicados dos jugadores pegados a la red, una vez lanzada la bola por el monitor hacia uno de los jugadores, se retrasará para realizar una bandeja cruzada y el otro la bloqueará tras lo cual continuarán el punto respetando la zona actual de juego.
Después de 10 bolas se alterna la posición de los jugadores.

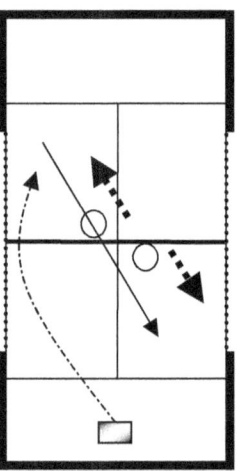

Ejercicio 0299   Golpes: Bd

Objetivo: Rapidez en el movimiento y ejecución.
Secuencia de golpes: BdX - // y jugar

Descripción:
Ubicados dos jugadores en media pista y uno en el fondo del lado contrario, uno de los jugadores de media pista avanzará hasta rodear la marca situada en media pista y se retrasará para ejecutar una bandeja cruzada que será contestada en paralelo por abajo. A partir de ese momento continuarán el punto incluso contra el monitor.
Después de 10 puntos se rota la posición de los jugadores.

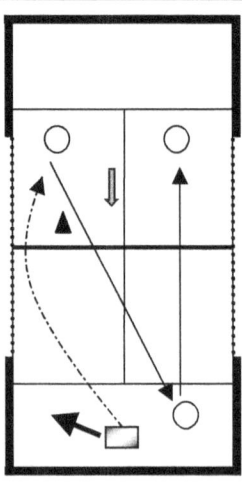

Ejercicio 0300   Golpes: Bd - Rm

Objetivo: Perfeccionamiento de la ejecución del movimiento, habilidad, fuerza y rapidez.
Secuencia de golpes: Bd o Rm

Descripción:
Ubicado un jugador cerca de la red, el monitor lanzará un globo alto que se queda con mucho rebote y sin avanzar a lo que el jugador dejará botar la bola para ejecutar una bandeja o un remate con el objetivo de las marcas situadas en el fondo de la pista.
Después de 10 bolas se cambia de jugador.

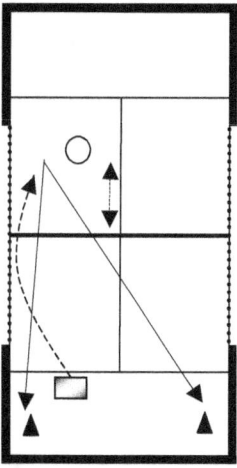

Ejercicio 0301   Golpes: Bd

Objetivo: Perfeccionamiento de la técnica de la bandeja con cambios de dirección, tiempo de ejecución y habilidad.
Secuencia de golpes: Bd// - BdX

Descripción:
Ubicado el jugador en media pista, realizará una bandeja paralela, rodeará el poste situado delante de el y con cambio de dirección realizará una bandeja cruzada con el objetivo de las marcas situadas en el fondo de la pista.
Después de 10 bolas se cambia de jugador.

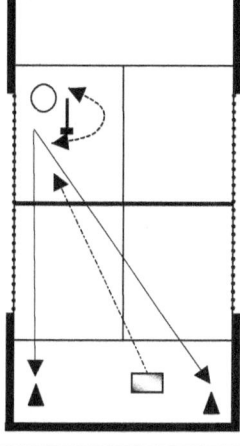

Ejercicio 0302   Golpes: Bd

Objetivo: Resistencia, perfeccionamiento de la bandeja en condiciones de esfuerzo físico, habilidad y tiempo de ejecución.
Secuencia de golpes: Bd// - BdX

Descripción:
Ubicado un jugador cerca de la red, realizará una bandeja paralela y una bandeja cruzada, con el objetivo de las marcas situadas en el fondo de la pista.
Después del segundo golpe continuará el punto contra el monitor respetando la zona actual de juego. Al terminar este punto rodeará los postes situados sobre la línea central y volverá a ejecutar los golpes.

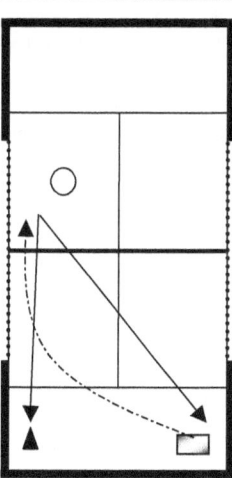

Ejercicio 0303 Golpes: Bd

Objetivo: Habilidad, rapidez en el movimiento y desplazamiento.
Secuencia de golpes: BdX - BdX

Descripción:
Ubicados dos jugadores en media pista, realizarán en cada zona una bandeja cruzada. Después de cada golpe se desplazarán a la otra zona sorteando el poste colocado en media pista y evitando el choque con su compañero.
Después de 10 bolas se cambia de jugadores.

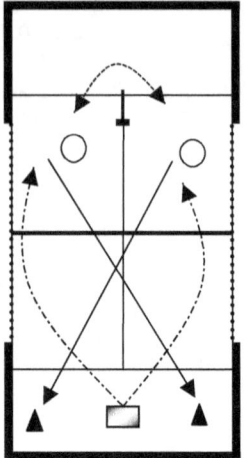

Ejercicio 0304 Golpes: Bd

Objetivo: Concentración en todas las áreas de la pista y tiempo de ejecución.
Secuencia de golpes: Bd// - BdX

Descripción:
Ubicado el jugador en media pista, realizará una bandeja paralela, rodeará el poste situado al lado suyo y subirá a la red para realizar una bandeja cruzada, con el objetivo de las marcas situadas en el fondo de la pista. Después del segundo golpe, se retrasará a la posición inicial para volver a realizar el ejercicio. Después de 10 bolas se cambia de jugador.

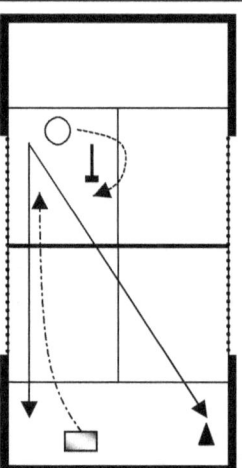

Ejercicio 0305 Golpes: Bd

Objetivo: Resistencia, perfeccionamiento de la bandeja en condiciones de esfuerzo físico, habilidad y tiempo de ejecución.
Secuencia de golpes: Bd// - BdX

Descripción:
Ubicado un jugador cerca de la red, realizará una bandeja paralela y una bandeja cruzada, con el objetivo de las marcas situadas en el fondo de la pista. Después del segundo golpe rodeará los postes situados sobre la línea central y volverá a ejecutar los golpes.
Después de 10 bolas, se cambia de jugador.

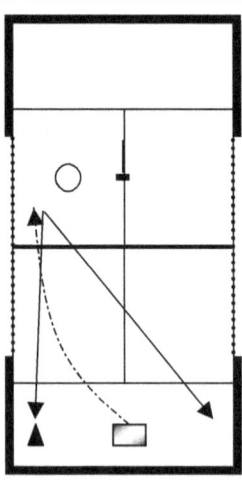

Ejercicio 0306   Golpes: Bd

Objetivo: Habilidad, rapidez en el movimiento y desplazamiento.
Secuencia de golpes: Bd// - Bd//

Descripción:
Ubicados dos jugadores en media pista, realizarán en cada zona una bandeja paralela. Después de cada golpe se desplazarán a la otra zona sorteando el poste colocado en media pista y evitando el choque con su compañero.
Después de 10 bolas se cambia de jugadores.

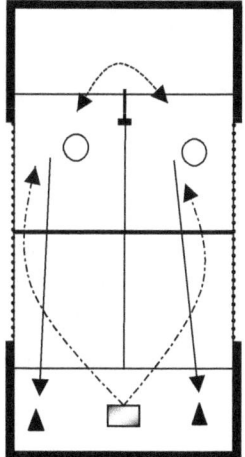

Ejercicio 0307   Golpes: Bd

Objetivo: Concentración en todas las áreas de la pista y tiempo de ejecución.
Secuencia de golpes: Bd// - BdX

Descripción:
Ubicado el jugador en media pista, realizará una bandeja paralela, rodeará el poste situado al lado suyo y subirá a la red para realizar una bandeja cruzada, con el objetivo de las marcas situadas en el fondo de la pista. Después del segundo golpe, jugará el punto contra el monitor respetando la zona actual de juego. Al terminar el punto se retrasará a la posición inicial para volver a realizar el ejercicio. Después de 10 bolas se cambia de jugador.

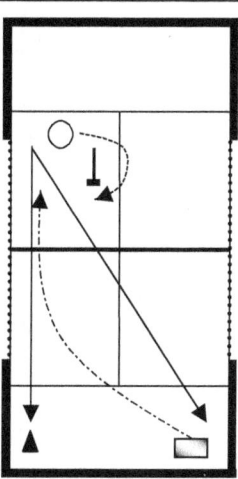

Ejercicio 0308   Golpes: Bd

Objetivo: Resistencia, rapidez en el movimiento y habilidad.
Secuencia de golpes: BdX – Bd //

Descripción:
Ubicado el jugador en media pista, alternará las bandejas paralelas y las bandejas cruzadas con el objetivo de las marcas situadas en el fondo de la pista. Después de cada golpe realizará un 8 entre los postes situados en el medio de la pista.
Después de 10 bolas se cambia de jugador.

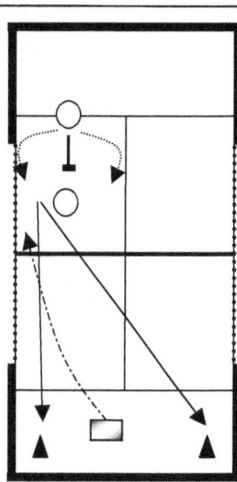

Ejercicio 0309   Golpes: Bd

Objetivo: Rapidez en el movimiento, desarrollo de la precisión en la ejecución, tiempo de ejecución, velocidad de reacción.
Secuencia de golpes: Bd// - BdX

Descripción:
Ubicado el jugador en media pista, alternará las bandejas paralelas y las bandejas cruzadas, con el objetivo de las marcas situadas en el fondo de la pista. Después de cada golpe, rodeará el poste situado a un metro de la red. Una vez haya ejecutado cuatro golpes, continuará el punto en cruzado contra el monitor, respetando la zona actual de juego.

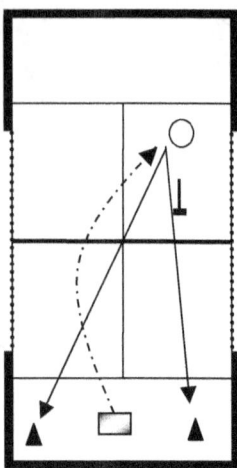

Ejercicio 0310   Golpes: Bd

Objetivo: Mecanización de la bandeja.
Secuencia de golpes: BdX simulada - BdX

Descripción:
Ubicado el jugador en la línea de saque en el lado del revés, realizará una simulación de bandeja cruzada y subirá a la altura del monitor para realizar una bandeja cruzada a la bola lanzada con la mano con el monitor. Después de realizar el golpe, volverá a la fila para volver a realizar el ejercicio.

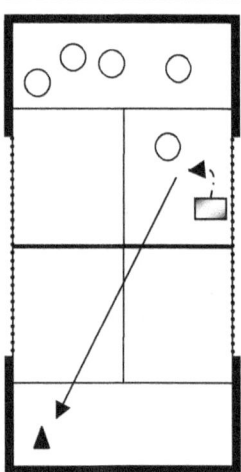

Ejercicio 0311   Golpes: Bd

Objetivo: Rapidez en el movimiento, desarrollo de la precisión en la ejecución, tiempo de ejecución, velocidad de reacción.
Secuencia de golpes: Bd// - BdX

Descripción:
Ubicado el jugador en media pista, alternará una bandeja paralela o una bandeja cruzada, con el objetivo de las marcas situadas en el fondo de la pista. Después de cada golpe, rodeará, por el lado contrario, los conos situados en media pista.

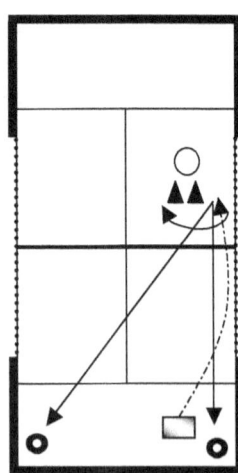

Ejercicio 0312   Golpes: Bd

Objetivo: Rapidez en el movimiento, desarrollo de la precisión en la ejecución, tiempo de ejecución, velocidad de reacción.
Secuencia de golpes: Bd// - BdX

Descripción:
Ubicado el jugador en media pista, alternará las bandejas paralelas y las bandejas cruzadas, con el objetivo de las marcas situadas en el fondo de la pista. Después de cada golpe, rodeará el poste situado en el lateral de la pista. Una vez haya ejecutado cuatro golpes, continuará el punto en cruzado contra el monitor, respetando la zona actual de juego.

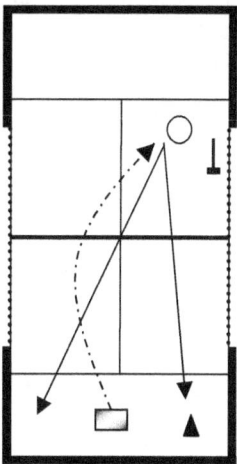

Ejercicio 0313   Golpes: Bd

Objetivo: Rapidez en el movimiento, desarrollo de la precisión en la ejecución, tiempo de ejecución, velocidad de reacción.
Secuencia de golpes: Bd// - BdX

Descripción:
Ubicado el jugador en media pista, alternará una bandeja paralela o una bandeja cruzada, con el objetivo de las marcas situadas en el fondo de la pista. Después de cada golpe, rodeará, por el lado contrario, los conos situados en media pista.

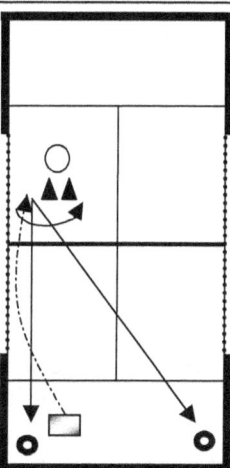

Ejercicio 0314   Golpes: Bd

Objetivo: Mecanización de la bandeja.
Secuencia de golpes: BdX simulada - BdX

Descripción:
Ubicado el jugador en la línea de saque en el lado del drive, realizará una simulación de bandeja cruzada y subirá a la altura del monitor para realizar una bandeja cruzada a la bola lanzada con la mano por el monitor. Después de realizar el golpe, volverá a la fila para volver a realizar el ejercicio.

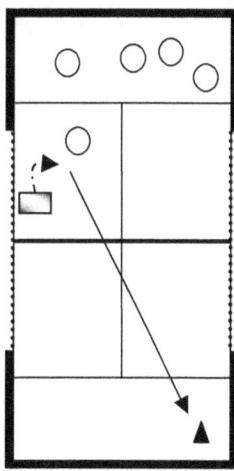

Ejercicio 0315   BANDEJA con PadelBoing.

Explicación.

Es uno de los golpes más conocidos del pádel, es un golpe de mantenimiento para no perder nuestra posición en la red, no se considera ofensivo ya que no se le imprime demasiada velocidad a la bola aunque si dificulta un poco su devolución.

Preparación: La preparación debemos hacerla en cuanto observemos que se acerca un globo contrario, y consiste en situarnos de lado con el cuerpo mirando hacia la valla. Con nuestra mirada puesta en la bola y ajustando los pasos hacia atrás, debemos flexionar ligeramente las piernas y mover el brazo semi-extendido, con la pala hacia atrás abriéndola de forma que ésta casi mire al cielo. La mano izquierda debe señalar a la bola. El peso del cuerpo estará en la pierna más atrasada, para luego pasarlo a la pierna adelantada.

Impacto: El punto de impacto se sitúa a la altura de nuestra cabeza. Desplazado hacia la derecha, hay que estirar la pierna más atrasada impulsando el cuerpo hacia delante y haciendo un movimiento con la pala de arriba abajo, pero trazando una diagonal y realizando un pequeño giro de hombros hacia la izquierda. Con ello se consigue imprimir un pequeño efecto de cortado, con lo que se obtiene menos rebote y tomar así la iniciativa.

Terminación: Su terminación tiene lugar más en la parte izquierda del cuerpo altura del hombro contrario.

Recreación del golpe (ver imagen 12)
1. Coloca tu "PadelBoing" próxima a la red de la pista y ajusta el ángulo a 45º.
2. Sitúate a 2 pasos frente a tu PadelBoing. Con la cabeza de la pala hacia abajo y debajo de tu cintura, golpea bolas hacia la red de forma plana o ligeramente liftada.
3. Recibirás bolas en forma de globos para poder practicar todos los siguientes golpes:
    - **Smash x3 (sacar x lateral)**
    - **Smash x4 (sacar sin rebote)**
    - **Smash plano (traer a tu campo)**
    - **Bandeja**
    - **Víbora**

Foto 12. Recreación de globo para entrenar Bandeja (Ubicación-Situación, Inclinación y Ataque)

Ejercicio 0316   VÍBORA con PadelBoing.

Explicación.

Es un golpe ofensivo y uno de los más técnicos del pádel, hay quien puede llegar a confundirla con el golpe de bandeja, es similar, pero tiene diferencias significantes.

Preparación: La preparación debemos hacerla en cuanto observemos que se nos lanzan una bola de globo o medio-globo y consiste en situarnos de lado con el cuerpo mirando hacia la valla. Con nuestra mirada puesta en la bola y ajustando los pasos hacia atrás, debemos elevar la pala moviéndola hacia atrás de forma que el canto de la pala casi toque nuestra espalda. La mano izquierda debe señalar a la bola. Es importante que los pies estén flexionados y separados un poco más que el ancho de los hombros para estar bien afirmados.

Impacto: El punto de impacto está al costado y ligeramente hacia adelante a la altura de la cabeza. El objetivo es golpear a la bola como si lanzásemos una piedra, hay que soltar el brazo rápidamente imprimiendo toda la energía en la bola. La idea es hacer rotar a la bola para provocar muy poco rebote y conseguir que la bola salga de pared al ras del suelo.

Terminación: Algo importante es que la pelota debería salir girando casi como si hiciésemos un liftado vertical y no girando hacia atrás. La trayectoria de la pala va de arriba a bajo en diagonal, por tanto en la terminación del golpe la pala quedará hacia abajo entre el cuerpo y el brazo libre.

Recreación del golpe adversario (ver imagen 13)
1. Coloca tu "PadelBoing" próxima a la red de la pista y ajusta el ángulo a 45º.
2. Sitúate a 2 pasos frente a tu PadelBoing. Con la cabeza de la pala hacia abajo y debajo de tu cintura, golpea bolas hacia la red de forma plana o ligeramente liftada.
3. Recibirás bolas en forma de globos para poder practicar todos los siguientes golpes:
    - **Smash x3 (sacar x lateral)**
    - **Smash x4 (sacar sin rebote).**
    - **Smash plano (traer a tu campo)**
    - **Bandeja**
    - **Víbora**

Foto 13.
Recreación de globo para entrenar la Víbora
(Ubicación-Situación, Inclinación y Ataque)

EJERCICIOS DE REMATE

Ejercicio 0317   Golpes: Rm

Objetivo: Perfeccionamiento de la coordinación y habilidad.
Secuencia de golpes: RmX

Descripción:
Ubicado un jugador en media pista, realizará remates cruzados contra el jugador que tiene enfrente, el cual intentará bloquear los remates antes de que toquen pared. Después de 10 bolas se alterna la posición de los jugadores.

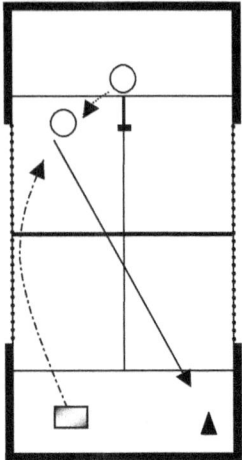

Ejercicio 0318   Golpes: Rm

Objetivo: Perfeccionamiento de la coordinación y habilidad.
Secuencia de golpes: Rm//

Descripción:
Ubicado un jugador en media pista, realizará remates paralelos contra el jugador que tiene enfrente, el cual intentará bloquear los remates antes de que toquen pared. Después de 10 bolas se alterna la posición de los jugadores.

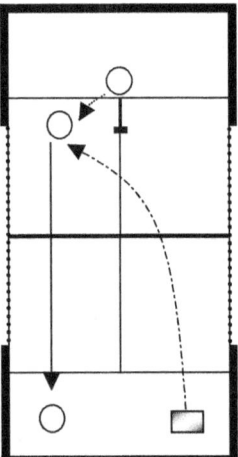

Ejercicio 0319   Golpes: Rm

Objetivo: Perfeccionamiento de la bandeja en condiciones de esfuerzo físico y velocidad de reacción.
Secuencia de golpes: RmX o Rm// - poste – RmX o Rm//

Descripción:
Ubicado el jugador en media pista, realizará un remate paralelo o un remate cruzado, rodeará el poste situado en medio de la pista y realizará otro remate paralelo o un remate cruzado con el objetivo de las marcas situadas en el fondo de la pista.

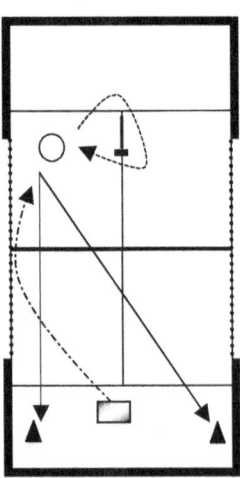

Ejercicio 0320   Golpes: Rm

Objetivo: Desarrollo de capacidades técnicas, habilidad, fuerza y rapidez.
Secuencia de golpes: Rm// – poste – Rm//

Descripción:
Ubicado un jugador en media pista, realizará un remate paralelo, rodeará el poste situado en medio de la pista y se desplazará para realizar otro remate paralelo con el objetivo de la marca situada en el fondo de la pista.

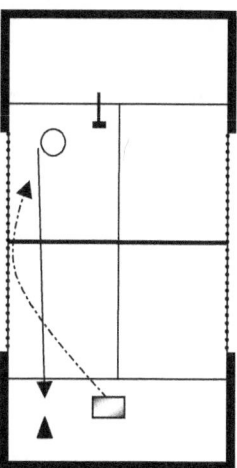

Ejercicio 0321   Golpes: Rm

Objetivo: Coordinación, tiempo de ejecución, fuerza y rapidez.
Secuencia de golpes: RmX – Rm//

Descripción:
Ubicado el jugador en media pista, realizará un remate cruzado, rodeará el poste situado al lado suyo y volverá a colocarse para hacer un remate paralelelo, con el objetivo de las marcas situadas en el fondo de la pista.

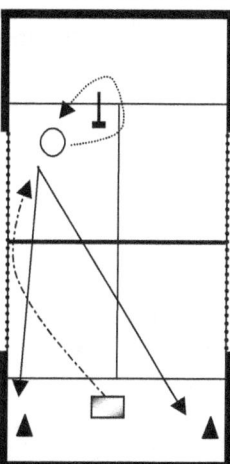

Ejercicio 0322   Golpes: Rm

Objetivo: Perfeccionamiento de la ejecución del movimiento, habilidad, fuerza y rapidez.
Secuencia de golpes: Rm y jugar.

Descripción:
Ubicados los cuatro jugadores pegados en la red, una vez lanzada la bola por el monitor se retrasarán para adoptar una buena posición de juego y continuar el punto comenzando con un remate libre.
Después de 10 bolas se rota la posición de los jugadores

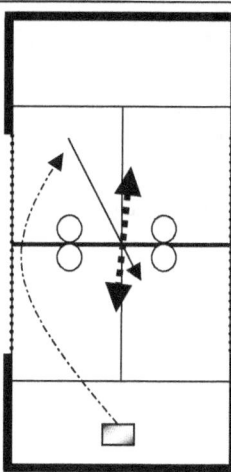

Ejercicio 0323   Golpes: Rm

Objetivo: Desarrollo de capacidades técnicas, habilidad, fuerza y rapidez.
Secuencia de golpes: RmX – poste – RmX

Descripción:
Ubicado un jugador en media pista, realizará un remate cruzado, rodeará el poste situado en medio de la pista y se desplazará para realizar otro remate cruzado con el objetivo de la marca situada en el fondo de la pista.

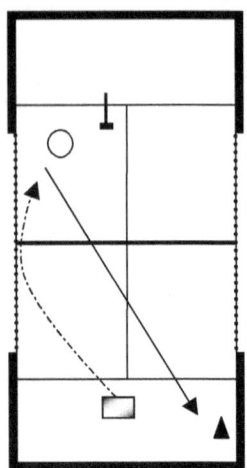

Ejercicio 0324   Golpes: Rm

Objetivo: Perfeccionamiento del remate en condiciones de esfuerzo físico y velocidad de reacción.
Secuencia de golpes: RmX o Rm// - valla – RmX o Rm//

Descripción:
Ubicado el jugador en media pista, alternará los remates paralelos y los remates cruzados con el objetivo de las marcas situadas en el fondo de la pista. Después de cada golpe, saltará la valla situada en el medio de la pista.
Después de 10 golpes se cambia de jugador.

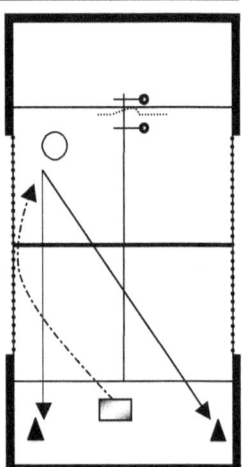

Ejercicio 0325   Golpes: Rm

Objetivo: Rapidez en el movimiento, habilidad, resistencia a la velocidad en largos periodos de tiempo.
Secuencia de golpes: Rm// - giro en 8 – Rm//

Descripción:
Ubicado el jugador en media pista, realizará un remate paralelo, hará un 8 entre los postes situados en media pista y luego otro remate paralelo con el objetivo de las marcas situadas en el fondo de la pista. Después de 10 bolas se cambia de jugador.

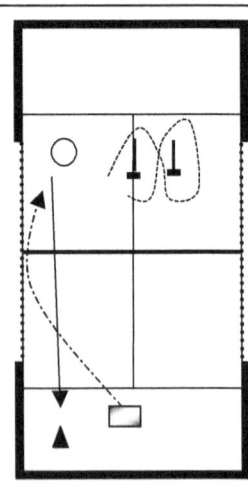

Ejercicio 0326   Golpes: Rm

Objetivo: Rapidez en el movimiento, coordinación del movimiento técnico, fuerza y rapidez.
Secuencia de golpes: RmX – Rm//

Descripción:
Ubicado el jugador en mitad de la pista, alternará los remates cruzados y los remates paralelos con el objetivo de las marcas situadas en el fondo de la pista. Después de cada golpe rodeará el poste situado al lado suyo.

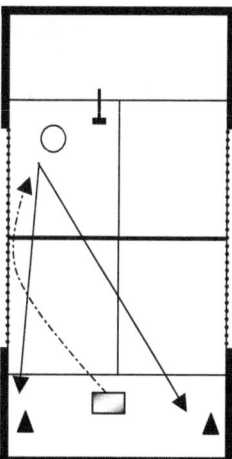

Ejercicio 0327   Golpes: Rm

Objetivo: Rapidez en el movimiento, coordinación del movimiento técnico, fuerza y rapidez.
Secuencia de golpes: RmX – Rm//

Descripción:
Estando el monitor fuera de la pista y dos jugadores en media pista, alternarán los remates cruzados y los remates paralelos con el objetivo de las marcas situadas en el fondo de la pista.

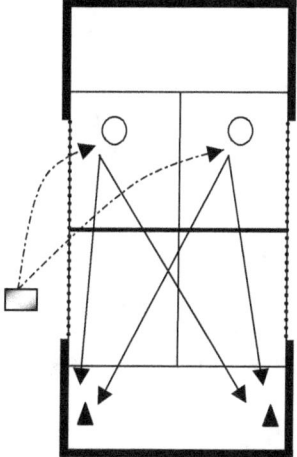

Ejercicio 0328   Golpes: Rm

Objetivo: Perfeccionamiento de la coordinación técnica en la ejecución, resistencia, habilidad y velocidad de reacción con rapidez en el movimiento.
Secuencia de golpes: Rm// y jugar.

Descripción:
Ubicado un jugador en el fondo y otro cerca de la red, uno de los jugadores realizará un remate paralelo y continuará el punto hasta terminarlo respetando la zona actual de juego. El punto sólo será válido a partir de que ese jugador haya tocado la red previamente. El que no toque la red no podrá ganar el punto. Llegados a 11 puntos se alterna la posición de los jugadores.

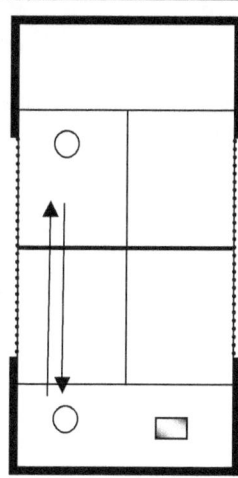

Ejercicio 0329   Golpes: Rm

Objetivo: Perfeccionamiento de la coordinación técnica en la ejecución, resistencia, habilidad y velocidad de reacción con rapidez en el movimiento.
Secuencia de golpes: RmX y jugar.

Descripción:
Ubicado un jugador en el fondo y otro cerca de la red, uno de los jugadores realizará un remate cruzado y continuará el punto hasta terminarlo respetando la zona actual de juego. El punto sólo será válido a partir de que ese jugador haya tocado la red previamente. El que no toque la red no podrá ganar el punto. Llegados a 11 puntos se alterna la posición de los jugadores.

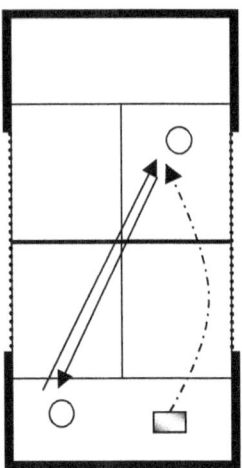

Ejercicio 0330   Golpes: Rm

Objetivo: Rapidez en el movimiento, desarrollo de la precisión en la ejecución, tiempo de ejecución, velocidad de reacción.
Secuencia de golpes: Rm// - RmX

Descripción:
Ubicado el jugador en media pista, alternará los remates paralelos y los remates cruzados, con el objetivo de las marcas situadas en el fondo de la pista. Después de cada golpe, rodeará el poste situado a un metro de la red. Una vez haya ejecutado cuatro golpes, continuará el punto en cruzado contra el monitor, respetando la zona actual de juego.

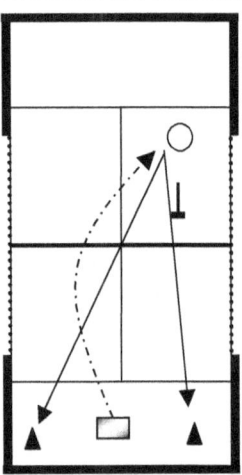

Ejercicio 0331   Golpes: Rm

Objetivo: Rapidez en el movimiento, desarrollo de la precisión en la ejecución, tiempo de ejecución, velocidad de reacción.
Secuencia de golpes: Rm// - RmX

Descripción:
Ubicado el jugador en media pista, alternará los remates paralelos y los remates cruzados, con el objetivo de las marcas situadas en el fondo de la pista. Después de cada golpe, rodeará el poste situado en el lateral de la pista.

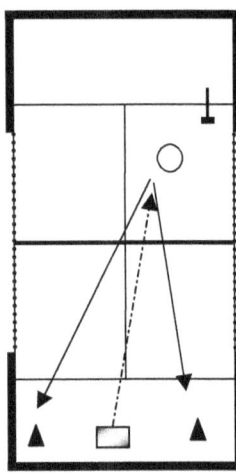

Ejercicio 0332   Golpes: Rm

Objetivo: Rapidez en el movimiento, desarrollo de la precisión en la ejecución, tiempo de ejecución, velocidad de reacción.
Secuencia de golpes: Rm// - RmX

Descripción:
Ubicados los jugadores en el fondo de la pista separados en dos filas, realilzarán un remate paralelo y un remate cruzado, con el objetivo de las marcas situadas en el fondo de la pista. Después de cada golpe, correrán para sortear el poste situado junto a la red y cambiarán de fila.

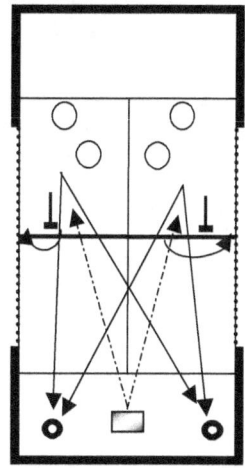

Ejercicio 0333   Golpes: Rm

Objetivo: Rapidez en el movimiento, desarrollo de la precisión en la ejecución, tiempo de ejecución, velocidad de reacción.
Secuencia de golpes: Rm// - RmX

Descripción:
Ubicado el jugador en media pista, alternará un remate paralelo o un remate cruzado, con el objetivo de las marcas situadas en el fondo de la pista. Después de cada golpe, rodeará, por el lado contrario, los conos situados en media pista.

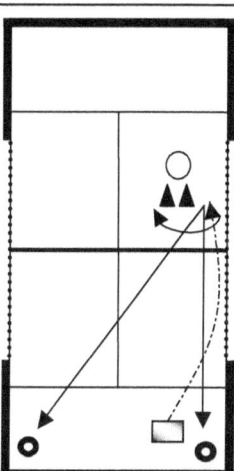

Ejercicio 0334   Golpes: Rm

Objetivo: Rapidez y habilidad.
Secuencia de golpes: Rm //

Descripción:
Enfrentados dos jugadores en paralelo, rodearán el poste situado en medio de la pista tras lo cual uno de ellos realizará un remate paralelo y continuarán el punto respetando la zona actual de juego.
Después de 12 bolas se alterna la posición de los jugadores.

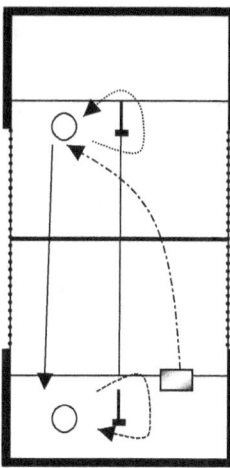

Ejercicio 0335 Golpes: Rm

Objetivo: Rapidez en el movimiento, desarrollo de la precisión en la ejecución, tiempo de ejecución, velocidad de reacción.
Secuencia de golpes: Rm// - RmX

Descripción:
Ubicado el jugador en media pista, alternará un remate paralelo o un remate cruzado, con el objetivo de las marcas situadas en el fondo de la pista. Después de cada golpe, rodeará, por el lado contrario, los conos situados en media pista.

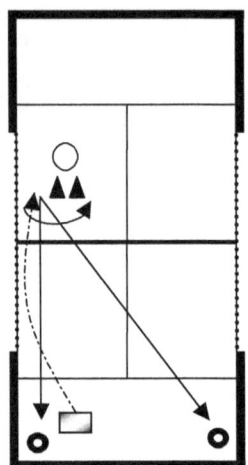

Ejercicio 0336 Golpes: Rm

Objetivo: Coordinación, habilidad y fuerza.
Secuencia de golpes: Rm//

Descripción:
Enfrentados dos jugadores en paralelo, realizarán un peloteo sin intentar ganar el punto, mientras el otro jugador realiza remates paralelos.
Después de 10 bolas se alterna la posición de los jugadores.

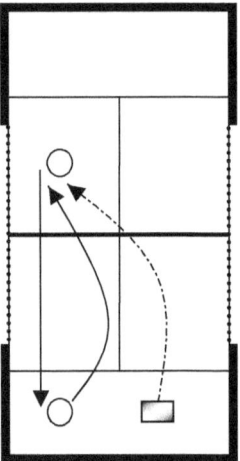

Ejercicio 0337 Golpes: Rm

Objetivo: Rapidez y habilidad.
Secuencia de golpes: Rm X

Descripción:
Enfrentados dos jugadores en cruzado y situados en el fondo de la pista, rodearán el poste situado en medio de la pista tras lo cual uno de ellos realizará un remate cruzado y continuarán el punto respetando la zona actual de juego.
Después de 12 bolas se alterna la posición de los jugadores.

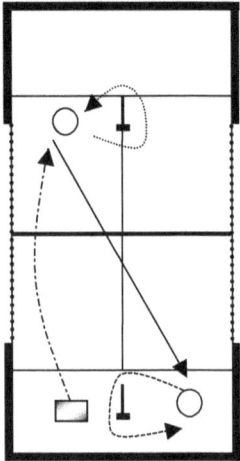

Ejercicio 0338   Golpes: Rm

Objetivo: Coordinación, habilidad y fuerza.
Secuencia de golpes: RmX

Descripción:
Enfrentados dos jugadores en cruzado, realizarán un peloteo sin intentar ganar el punto, mientras uno de los jugadores realiza remates cruzados.
Después de 10 bolas se alterna la posición de los jugadores.

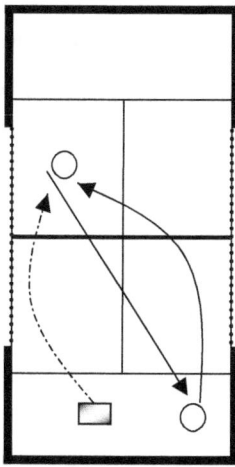

Ejercicio 0339   Golpes: Rm

Objetivo: Perfeccionamiento técnico de los lanzamientos mediante un ritmo correcto de ejecución.
Secuencia de golpes: Rm// o RmX

Descripción:
Ubicados dos jugadores en media pista, alternarán los remates paralelos o cruzados.
Después de cada golpe rodearán el poste situado en media pista y retrocederán para continuar el ejercicio.
Después de 10 bolas se cambia la posición de los jugadores.

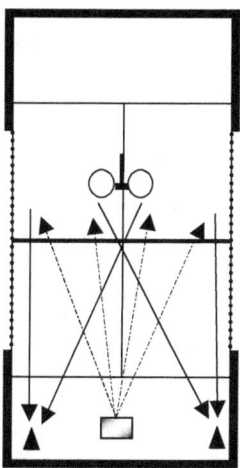

Ejercicio 0340   Golpes: Rm

Objetivo: Elevación, habilidad, fuerza y rapidez.
Secuencia de golpes: RmX

Descripción:
Ubicado un jugador junto al pico, se desplazará lateralmente hasta rodear el poste situado en el medio de la pista para llegar a la red y realizar un remate cruzado con el objetivo de la marca situada en el fondo de la pista.

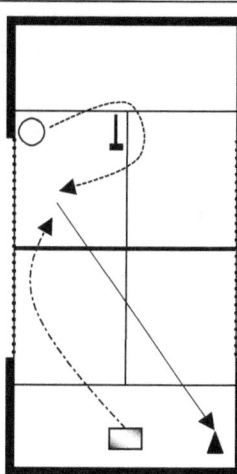

Ejercicio 0341   Golpes: Rm

Objetivo: Coordinación, fuerza, rapidez y habilidad.
Secuencia de golpes: RmX

Descripción:
Ubicado un jugador cerca de la red, peloteará contra el monitor el cual, al azar, enviará un globo alto que se quedará corto, para lo cual el jugador dejará que bote para realizar un remate cruzado y continuará el punto contra el contrario respetando la zona de juego.

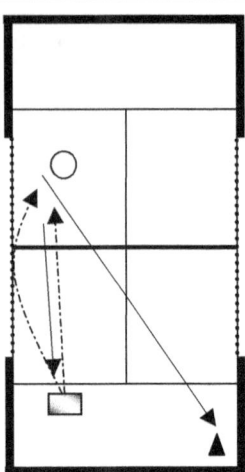

Ejercicio 0342   Golpes: Rm

Objetivo: Perfeccionamiento de lanzamiento de remate, fuerza y rapidez.
Secuencia de golpes: Rm// - RmX

Descripción:
Ubicado un jugador en media pista, realizará un remate con el objetivo de las marcas situadas en el fondo de la pista. Tras el golpeo, rodeará el poste situado en el fondo de la pista, saltará la valla y volverá a ejecutar el ejercicio.
Después de 6 bolas se cambia de jugador.

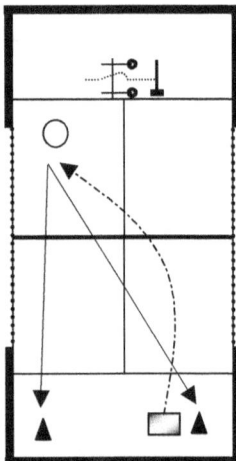

Ejercicio 0343   Golpes: Rm

Objetivo: Perfeccionamiento del golpeo en condiciones de esfuerzo físico.
Secuencia de golpes: Rm// - RmX

Descripción:
Series de remates libres con el objetivo de las marcas situadas en el fondo de la pista, ejecutadas después de rodear alguno de los postes situados cerca de la red.
Después de 10 bolas se cambia de jugador.

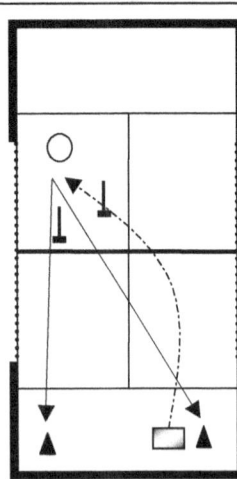

Ejercicio 0344   Golpes: Rm

Objetivo: Coordinación, fuerza, rapidez y habilidad.
Secuencia de golpes: Rm//

Descripción:
Ubicado un jugador cerca de la red, peloteará contra el monitor el cual, al azar, enviará un globo alto que se quedará corto, para lo cual el jugador dejará que bote para realizar un remate paralelo con el objetivo de la marca situada en el fondo de la pista.

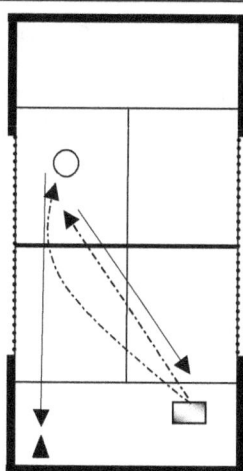

Ejercicio 0345   Golpes: Rm

Objetivo: Elevación, habilidad, fuerza y rapidez.
Secuencia de golpes: Rm//

Descripción:
Ubicado un jugador junto al pico, se desplazará lateralmente hasta rodear el poste situado en el medio de la pista para llegar a la red y realizar un remate paralelo con el objetivo de la marca situada en el fondo de la pista.

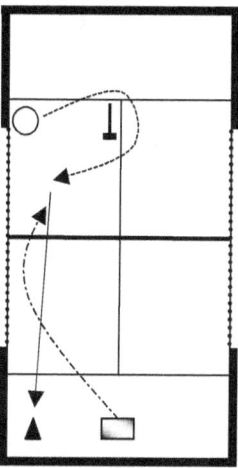

Ejercicio 0346   Golpes: Rm

Objetivo: Rapidez en la ejecución con rapidez en el movimiento, habilidad y fuerza.
Secuencia de golpes: Poste – RmX – Poste – Rm//

Descripción:
Ubicado el jugador en la posición inicial cerca de la red, rodeará el poste situado en medio de la pista para hacer un remate cruzado, rodeará el siguiente poste y realizará otro remate paralelo con el objetivo de las marcas situadas en el fondo de la pista.

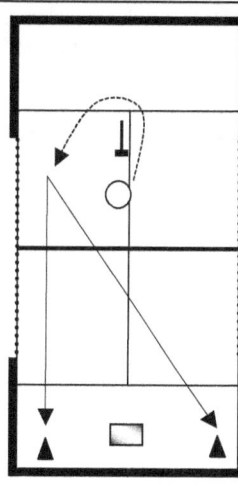

Ejercicio 0347   Golpes: Rm

Objetivo: Perfeccionamiento de la ejecución del movimiento, habilidad, fuerza y rapidez.
Secuencia de golpes: Rm// - RmX

Descripción:
Ubicado un jugador en media pista, ejecutará un remate paralelo o un remate cruzado con el objetivo de las marcas situadas en el fondo de la pista. Al rodear el poste y subir a la red, nos encontraremos siempre la bola por delante.
Después de 10 bolas se cambia de jugador.

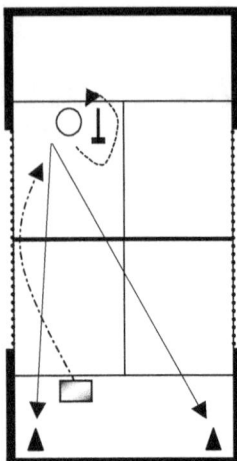

Ejercicio 0348   Golpes: Rm

Objetivo: Perfeccionamiento de la ejecución del movimiento, habilidad, fuerza y rapidez.
Secuencia de golpes: Rm// - RmX

Descripción:
Ubicado un jugador cerca de la red, correrá rápidamente a tocar la red y se retrasará lo suficiente para ejecutar un remate paralelo o un remate cruzado con el objetivo de las marcas situadas en el fondo de la pista.
Después de 10 bolas se cambia de jugador.

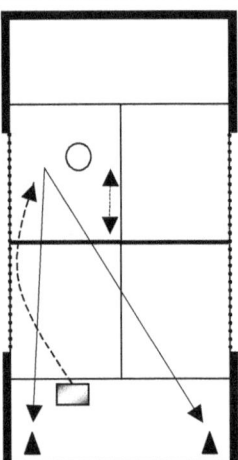

Ejercicio 0349   Golpes: Rm

Objetivo: Rapidez en el movimiento y ejecución.
Secuencia de golpes: Rm//

Descripción:
Ubicado un jugador en media pista y otro defendiendo en el lado contrario en paralelo, el monitor lanzará bolas altas desde fuera de la pista para que el jugador de media pista ejecute remates paralelos contra su oponente. Continuarán el punto respetando la zona actual de juego.
Después de 10 bolas se alterna la posición de los jugadores.

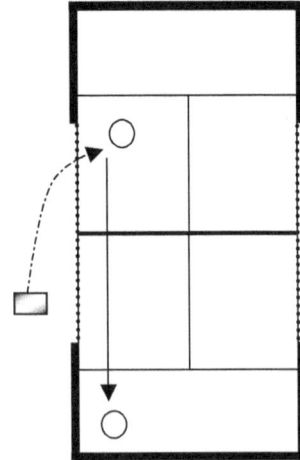

Ejercicio 0350   Golpes: Rm

Objetivo: Rapidez en el movimiento y tiempo de ejecución.
Secuencia de golpes: RmX – Rm//

Descripción:
Ubicado el jugador cerca de la red en la posición inicial de espaldas al monitor, a la señal de este se desplazará hasta la posición de golpeo para alternar un remate cruzado y un remate paralelo con el objetivo de las marcas situadas en el fondo de la pista.
Después de 10 bolas se cambia de jugador.

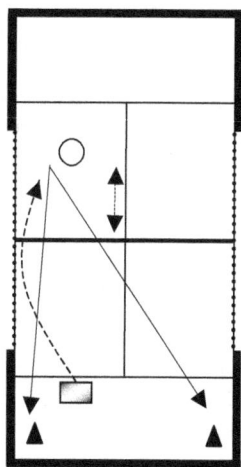

Ejercicio 0351   Golpes: Rm

Objetivo: Rapidez en el movimiento y ejecución.
Secuencia de golpes: RmX

Descripción:
Ubicado un jugador en media pista y otro defendiendo en el lado contrario en cruzado, el monitor lanzará bolas altas desde fuera de la pista para que el jugador de media pista ejecute remates cruzados contra su oponente. Continuarán el punto respetando la zona actual de juego.
Después de 10 bolas se alerna la posición de los jugadores.

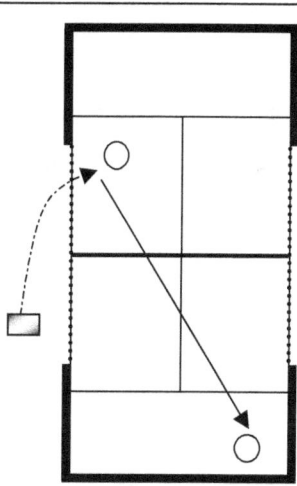

Ejercicio 0352   Golpes: Rm

Objetivo: Rapidez en el movimiento, coordinación en el movimiento, fuerza y rapidez.
Secuencia de golpes: RmX o Rm//

Descripción:
Ubicado el jugador en media pista, realizará un remate cruzado o un remate paralelo, con el objetivo de las marcas situadas en el fondo de la pista, en cada una de las posiciones marcadas. El paso de la posición 2 a 3 se debe realizar con rápidos cambios de dirección tras rodear un poste situado en sobre la línea de saque.

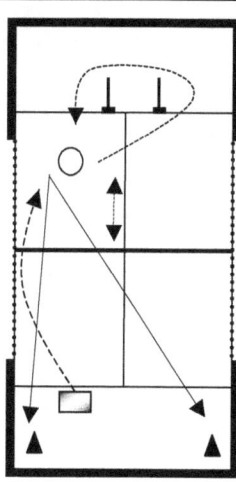

Ejercicio 0353   Golpes: Rm

Objetivo: Resistencia, perfeccionamiento del remate en condiciones de esfuerzo físico, habilidad y tiempo de ejecución.
Secuencia de golpes: Rm// - RmX

Descripción:
Ubicado un jugador cerca de la red, realizará un remate paralelo y un remate cruzado, con el objetivo de las marcas situadas en el fondo de la pista. Después del segundo golpe rodeará los postes situados sobre la línea central y volverá a ejecutar los golpes.
Después de 10 bolas, se cambia de jugador.

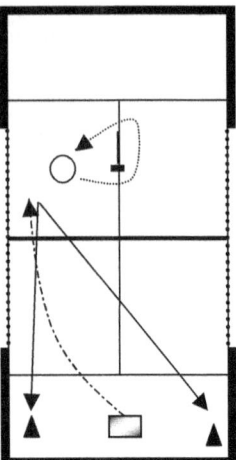

Ejercicio 0354   Golpes: Rm

Objetivo: Habilidad, rapidez en el movimiento y desplazamiento.
Secuencia de golpes: Rm// - Rm//

Descripción:
Ubicados dos jugadores en media pista, realizarán en cada zona un remate paralelo. Después de cada golpe se desplazarán a la otra zona sorteando el poste colocado en media pista y evitando el choque con su compañero.
Después de 10 bolas se cambia de jugadores.

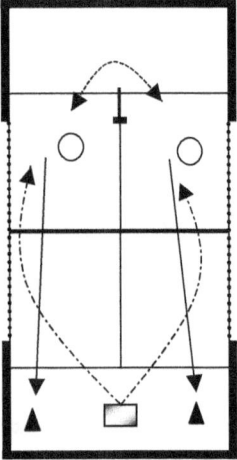

Ejercicio 0355   Golpes: Rm

Objetivo: Concentración en todas las áreas de la pista y tiempo de ejecución.
Secuencia de golpes: Rm// - RmX

Descripción:
Ubicado el jugador en media pista, realizará un remate paralelo, rodeará el poste situado al lado suyo y subirá a la red para realizar un remate cruzado, con el objetivo de las marcas situadas en el fondo de la pista. Después del segundo golpe, se retrasará a la posición inicial para volver a realizar el ejercicio. Después de 10 bolas se cambia de jugador.

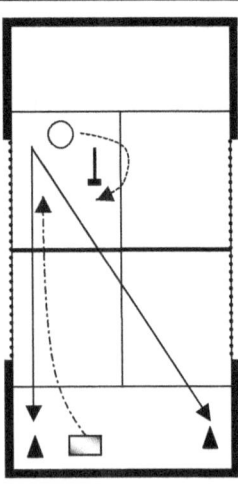

Ejercicio 0356   Golpes: Rm

Objetivo: Concentración en todas las áreas de la pista y tiempo de ejecución.
Secuencia de golpes: Rm// - RmX

Descripción:
Ubicado el jugador en media pista, realizará un remate paralelo, rodeará el poste situado al lado suyo y subirá a la red para realizar un remate cruzado, con el objetivo de las marcas situadas en el fondo de la pista. Después del segundo golpe, jugará el punto contra el monitor respetando la zona actual de juego. Al terminar el punto se retrasará a la posición inicial para volver a realizar el ejercicio. Después de 10 bolas se cambia de jugador.

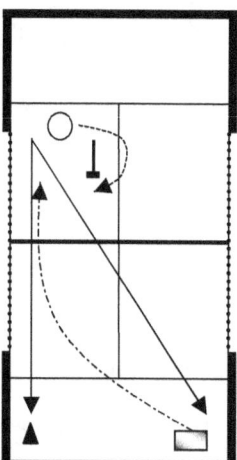

Ejercicio 0357   Golpes: Rm

Objetivo: Rapidez en el movimiento, desarrollo de la precisión en la ejecución, tiempo de ejecución, velocidad de reacción.
Secuencia de golpes: Rm// - RmX

Descripción:
Ubicado el jugador en media pista, alternará los remates paralelos y los remates cruzados, con el objetivo de las marcas situadas en el fondo de la pista. Después de cada golpe, rodeará el poste situado a un metro de la red.

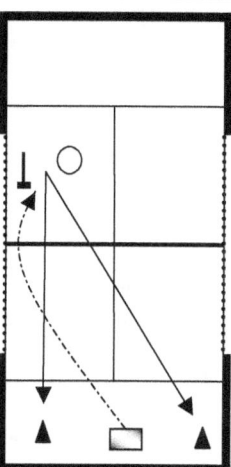

Ejercicio 0358   Golpes: Rm

Objetivo: Resistencia, rapidez en el movimiento y habilidad.
Secuencia de golpes: RmX – Rm //

Descripción:
Ubicado el jugador en media pista, alternará los remates paralelos y los remates cruzados con el objetivo de las marcas situadas en el fondo de la pista. Después de cada golpe rodeará el poste situado en el medio de la pista.
Después de 10 bolas se cambia de jugador.

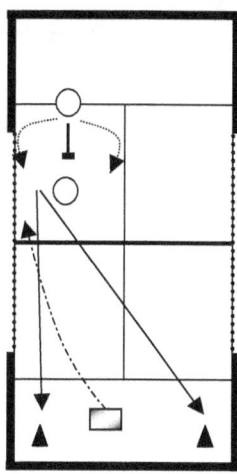

Ejercicio 0359   Golpes: Rm

Objetivo: Resistencia, perfeccionamiento del remate en condiciones de esfuerzo físico, habilidad y tiempo de ejecución.
Secuencia de golpes: Rm// - RmX

Descripción:
Ubicado un jugador cerca de la red, realizará un remate paralelo y un remate cruzado, con el objetivo de las marcas situadas en el fondo de la pista.
Después del segundo golpe continuará el punto contra el monitor respetando la zona actual de juego. Al terminar este punto rodeará los postes situados sobre la línea central y volverá a ejecutar los golpes.

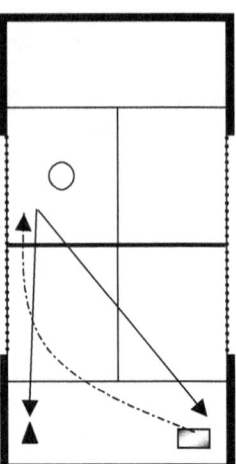

Ejercicio 0360   Golpes: Rm

Objetivo: Habilidad, rapidez en el movimiento y desplazamiento.
Secuencia de golpes: RmX - RmX

Descripción:
Ubicados dos jugadores en media pista, realizarán en cada zona un remate cruzado. Después de cada golpe se desplazarán a la otra zona sorteando el poste colocado en media pista y evitando el choque con su compañero.
Después de 10 bolas se cambia de jugadores.

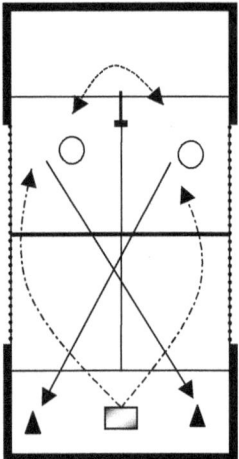

Ejercicio 0361   Golpes: Rm

Objetivo: Coordinación, fuerza, rapidez y habilidad.
Secuencia de golpes: RmX

Descripción:
Ubicado un jugador cerca de la red, peloteará contra el monitor el cual, al azar, enviará un globo alto que se quedará corto, para lo cual el jugador dejará que bote para realizar un remate cruzado con el objetivo de la marca situada en el fondo de la pista.

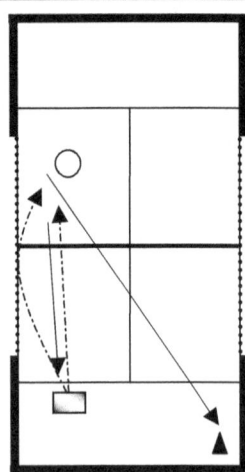

Ejercicio 0362   Golpes: Rm

Objetivo: Rapidez en el movimiento, desarrollo de la precisión en la ejecución, tiempo de ejecución, velocidad de reacción.
Secuencia de golpes: Rm// - RmX

Descripción:
Ubicado el jugador en media pista, alternará los remates paralelos y los remates cruzados, con el objetivo de las marcas situadas en el fondo de la pista. Después de cada golpe, rodeará el poste situado en el lateral de la pista. Una vez haya ejecutado cuatro golpes, continuará el punto en cruzado contra el monitor, respetando la zona actual de juego.

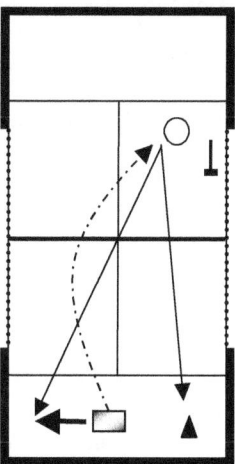

Ejercicio 0363   Golpes: Rm

Objetivo: Recuperación de la zona.
Secuencia de golpes: Rm libre.

Descripción:
Ubicados dos jugadores en media pista, realizarán remates libres, con el objetivo de las marcas situadas en el fondo de la pista. Después de cada golpe tocarán el cono más cercano y volverán a su zona para volver a ejercutar otro golpe. El monitor intentará mover de la zona al jugador para que se acostumbre a recuperar la zona correcta.

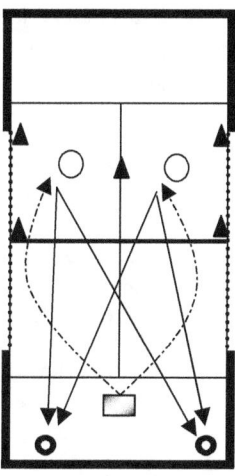

Ejercicio 0364   REMATE con PadelBoing.

Explicación.

5.16. SMASH.- Explicación

Es el golpe más ofensivo en el pádel. Consiste en golpear la bola por encima de la cabeza y delante del cuerpo, llevando la pala de atrás a arriba y de arriba hacia abajo. El smash presenta distintas variantes, cada una con sus diferencias técnicas. La bandeja y la víbora se han explicado anteriormente como golpes independientes, aunque pueden englobarse dentro del smash igualmente. En este punto vamos a explicar brevemente los golpes de:

- **Smash x3:** El objetivo es hacer salir la bola por el lateral después de rebotar en la pared de fondo. Lleva potencia y un ligero liftado. Para el jugador en la derecha, el primer punto de referencia es que la bola debe botar 1,5 metros antes de la línea de servicio, así rebotará en lo más alto de la pared de fondo para salir por el lateral. Para el jugador del revés que rematará cruzada, el primer punto de referencia es que la bola debe botar en el centro de la pista y a unos 2 metros de la pared lateral para salir igualmente por el lateral.

- **Smash plano para traer a tu campo:** El objetivo es que la bola rebote en la pared de fondo y vuelve hacia tu propio campo. Lleva mucha potencia y aceleración y se ataca de forma frontal. El punto de referencia es que la bola debe botar a 1 metro de la línea de servicio, así rebotará en la parte más alta de la pared de fondo y volverá a nuestro campo a una altura suficiente para evitar un remate rival.

- **Smash liftado:** Se le imprime potencia pero cortando a la bola de forma vertical por el lado derecho, se busca que el rebote en las paredes contrarias lleve efecto y sea difícil de devolver por los adversarios.

- **Smash x4:** para sacar sin rebote en paredes, hay que rematar hacia abajo con potencia, la bola se eleva después de botar en terreno contrario y sale de la pista sin haber rebotado en ninguna pared. Es un golpe enérgico que a veces hay que hacerlo rápido y en muchos casos sin necesidad de una preparación o terminación determinada.

En cualquiera de los casos anteriores, su ejecución es parecida, pero la forma de atacar a la bola en cada uno de ellos será determinante para lograr el smash deseado.

Preparación: Se puede tomar como posición colocarse de lado con las piernas ligeramente flexionadas, pero con muy poca separación entre ellas. La pala se lleva detrás de la nuca con el brazo flexionado. Cuando se vea venir la bola, ajustar los pasos necesarios, para meternos debajo de ella, apuntaremos a la bola con el brazo libre y nos curvaremos de forma similar a un arco de flechas, manteniendo en tensión el abdomen y los músculos de las piernas, almacenando esa tensión en los músculos para soltarla en el momento de buscar el impacto.

Impacto: Debemos acelerar el brazo con la pala hacia arriba para buscar el punto de impacto que será el punto más alto al que podamos llegar una vez la bola comience a bajar. Debemos golpearla ligeramente delante del cuerpo y continuaremos con ese movimiento de arriba hacia abajo.

Terminación: Terminaremos con la pala entre el brazo izquierdo y el cuerpo.

Recreación del golpe (Ver imagen 14)

1. Coloca tu "PadelBoing" próxima a la red de la pista y ajusta el ángulo a 45º.
2. Sitúate a 2 pasos frente a tu PadelBoing. Con la cabeza de la pala hacia abajo y debajo de tu cintura, golpea bolas hacia la red de forma plana o ligeramente liftada.
3. Recibirás bolas en forma de globos para poder practicar todos los siguientes golpes:
    - **Smash x3 (sacar x lateral)**
    - **Smash x4 (sacar sin rebote)**
    - **Smash plano (traer a tu campo)**
    - **Bandeja**
    - **Víbora**

Foto 14.
Recreación de globo para entrenar el Smash
(Ubicación-Situación, Inclinación y Ataque)

EJERCICIOS DE DERECHA, REVÉS Y SALIDA DE FONDO

Ejercicio 0365   Golpes: D - R – SF

Objetivo: Mecanización de movimientos.
Secuencia de golpes: D// o R// - SFRGX o SFDGX

Descripción:
Ubicados dos jugadores en el fondo de la pista, según la posición en la que están realizarán una derecha paralela o un revés paralelo, y una salida de fondo de revés cruzada con globo o una salida de fondo de derecha cruzada con globo con el objetivo de las marcas situadas en el fondo de la pista, a las bolas tiradas con la mano por el monitor.

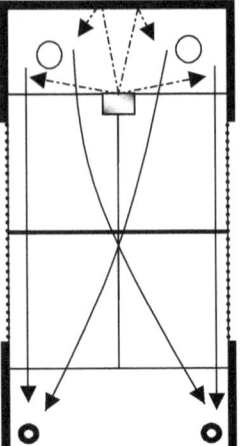

Ejercicio 0366   Golpes: D - SF

Objetivo: Mecanización de movimientos.
Secuencia de golpes: D// - SFD//

Descripción:
Ubicado el jugador en el fondo de la pista junto a los conos, realizará un 8 y subirá a la red para realizar una derecha paralela a una bola corta y se retrasará lo suficiente para realizar una salida de fondo de derecha paralela, con el objetivo de la marca situada en el fondo de la pista.

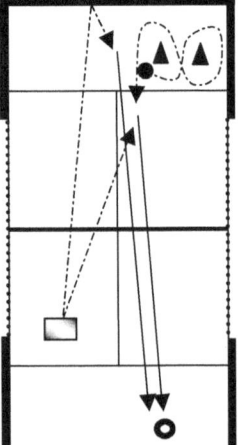

Ejercicio 0367   Golpes: R - SF

Objetivo: Mecanización de movimientos.
Secuencia de golpes: R// - SFR//

Descripción:
Ubicado el jugador en el fondo de la pista junto a los conos, realizará un 8 y subirá a la red para realizar un revés paralelo a una bola corta y se retrasará lo suficiente para realizar una salida de fondo de revés paralela, con el objetivo de la marca situada en el fondo de la pista.

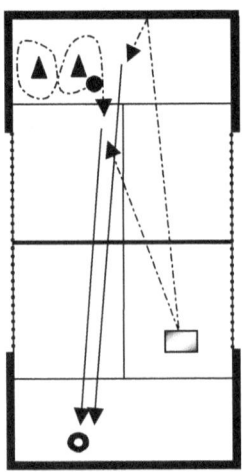

Ejercicio 0368   Golpes: D – R – SF

Objetivo: Control de bola.
Secuencia de golpes: Libre cruzado desde el fondo.

Descripción:
Ubicados dos jugadores en el fondo de la pista, cada uno en un lado, realizarán golpeos libres cruzados desde esa zona siendo obligatorio que la bola golpee siempre detrás de la línea. Buscamos control de bola, no ganar el punto.

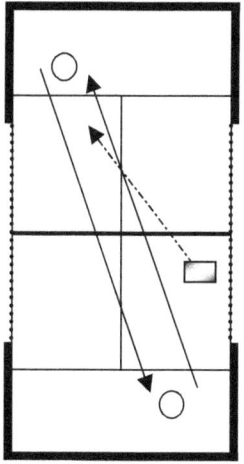

Ejercicio 0369   Golpes: D – R – SF

Objetivo: Control de bola.
Secuencia de golpes: Libre paralelo desde el fondo.

Descripción:
Ubicados dos jugadores en el fondo de la pista, cada uno en un lado, realizarán golpeos libres paralelos desde esa zona siendo obligatorio que la bola golpee siempre detrás de la línea. Buscamos control de bola, no ganar el punto.

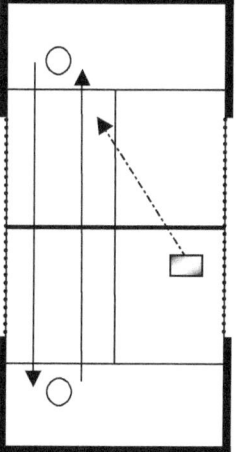

Ejercicio 0370   Golpes: D - SF

Objetivo: Golpes en movimiento con obstáculo.
Secuencia de golpes: D// - SFRX

Descripción:
Ubicado el jugador en el fondo de la pista, realizará golpes de derecha paralelo y de salida de fondo de revés cruzado, evitando después de cada golpe el obstáculo que tiene sobre la línea, con el objetivo de las marcas situadas en el fondo de la pista.

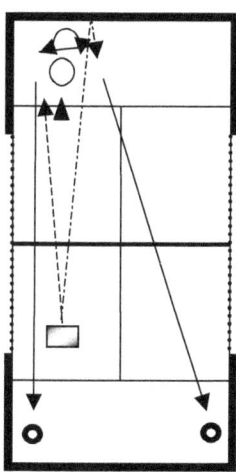

Ejercicio 0371   Golpes: R - SF

Objetivo: Golpes en movimiento con obstáculo.
Secuencia de golpes: R// - SFDX

Descripción:
Ubicado el jugador en el fondo de la pista, realizará golpes de revés paralelo y de salida de fondo de derecha cruzado, evitando después de cada golpe el obstáculo que tiene sobre la línea, con el objetivo de las marcas situadas en el fondo de la pista.

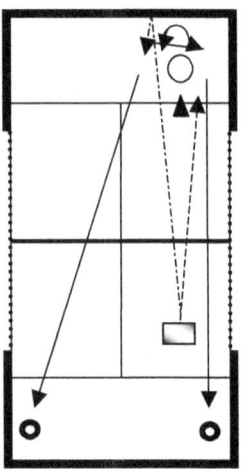

EJERCICIOS DE DERECHA, REVÉS Y VOLEA

Ejercicio 0372   Golpes: D – V

Objetivo: Coordinación, habilidad y rapidez.
Secuencia de golpes: DX – VDX – movimiento.

Descripción:
Ubicado el jugador en el fondo de la pista, realizará un golpe de derecha cruzado con el que subirá a la red para realizar una volea de derecha cruzada, con el objetivo de la marca situada en el fondo de la pista. Después del último golpe, realizará movimiento lateral entre los conos blancos y movimiento lateral hacia atrás entre los conos negros.

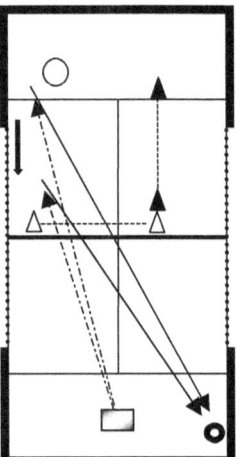

Ejercicio 0373   Golpes: R – V

Objetivo: Coordinación, habilidad y rapidez.
Secuencia de golpes: Rx3 – VDx3

Descripción:
Ubicado un jugador en el fondo de la pista, realizará tres reveses libres en distintas posiciones y subirá a la red para rodear el poste y realizar tres voleas de derecha libres.
Después de la última volea, volverá a realizar el ejercicio.
Después de 12 bolas se cambia de jugador.

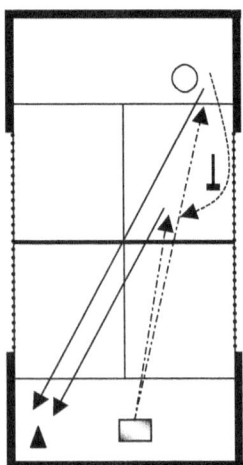

Ejercicio 0374   Golpes: D – V

Objetivo: Coordinación, habilidad y rapidez.
Secuencia de golpes: Dx3 – VRx3

Descripción:
Ubicado un jugador en el fondo de la pista, realizará tres derechas libres en distintas posiciones y subirá a la red para rodear el poste y realizar tres voleas de revés libres.
Después de la última volea, volverá a realizar el ejercicio.
Después de 12 bolas se cambia de jugador.

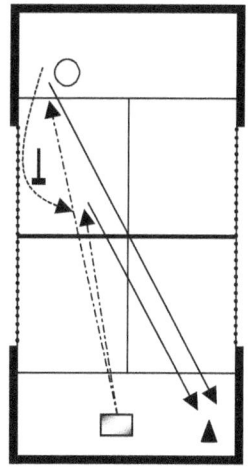

Ejercicio 0375   Golpes: D – R – V

Objetivo: Perfeccionamiento de la técnica y rapidez en la ejecución.
Secuencia de golpes: DX - RX - VX

Descripción:
Ubicados dos jugadores, uno en el fondo y otro en la red, intercambiarán golpes cruzados.
Después de cada golpe, el jugador del fondo tendrá que rodear el poste situado sobre la línea de saque.

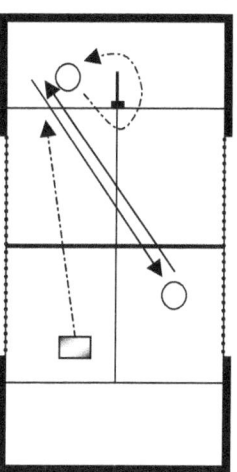

Ejercicio 0376   Golpes: D – R – V

Objetivo: Coordinación y percepción de los espacios. Control de la precisión.
Secuencia de golpes: D – R – V

Descripción:
Enfrentados dos jugadores en paralelo, realizarán golpes a la zona libre sin saltarse dos posiciones.
Después de 10 bolas, uno de los jugadores subirá a la red para realizar el mismo ejercicio, y tras 10 bolas alternarán la posición.

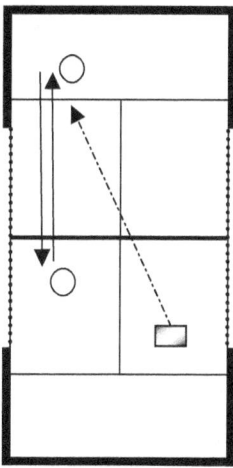

Ejercicio 0377   Golpes: D – R – V

Objetivo: Perfeccionamiento de la técnica y rapidez en la ejecución.
Secuencia de golpes: D// - R// - V//

Descripción:
Ubicados dos jugadores, uno en el fondo y otro en la red, intercambiarán golpes paralelos.
Después de cada golpe, el jugador del fondo tendrá que rodear el poste situado sobre la línea de saque.

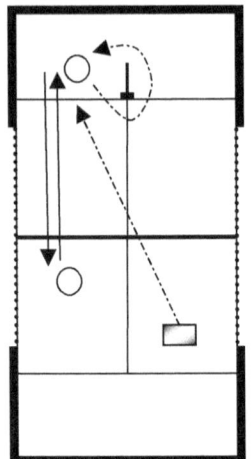

Ejercicio 0378   Golpes: D – R- V

Objetivo: Coordinación y calentamiento.
Secuencia de golpes: D// O R// – VD// o VR//

Descripción:
Enfrentados dos jugadores en paralelo, uno en el fondo de la pista y el otro cerca de la red, el jugador del fondo de la pista realizará derecha o revés, el otro estará en la red para hacer voleas. Después de cada golpe alternarán la posición, uno subirá y el otro bajará.

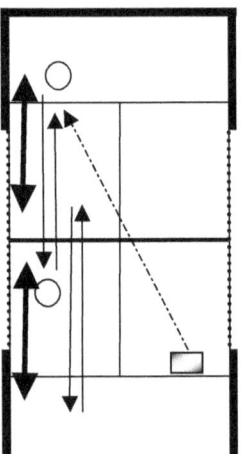

Ejercicio 0379   Golpes: R – V

Objetivo: Rapidez en el movimiento, habilidad y tiempo de ejecución.
Secuencia de golpes: R// - VRX

Descripción:
Ubicado un jugador en el fondo de la pista en la zona central, correrá en cruzado para hacer un revés paralelo, rodeará el poste situado al lado suyo y subirá a la red para hace una volea de revés cruzada contra el monitor hasta acabar el punto. Después del último golpe volverá a la posición inicial para comenzar de nuevo el ejercicio.
Después de 10 bolas se cambia de jugador.

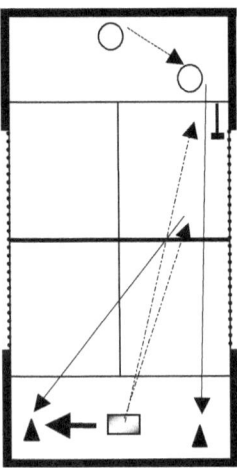

Ejercicio 0380   Golpes: D – V

Objetivo: Rapidez en el movimiento, habilidad y tiempo de ejecución.
Secuencia de golpes: D// - VDX

Descripción:
Ubicado un jugador en el fondo de la pista en la zona central, correrá en cruzado para hacer una derecha paralela, rodeará el poste sitado al lado suyo y subirá a la red para hace una volea de derecha cruzada contra el monitor hasta acabar el punto. Después del último golpe volverá a la posición inicial para comenzar de nuevo el ejercicio.
Después de 10 bolas se cambia de jugador.

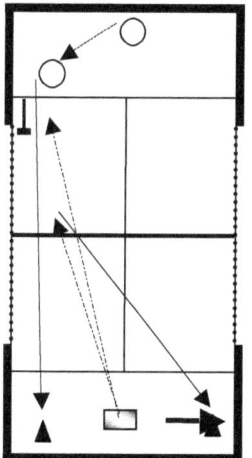

Ejercicio 0381   Golpes: D – R – V

Objetivo: Perfeccionamiento de la volea en condiciones de esfuerzo físico, resistencia, tiempo de ejecución y habilidad.
Secuencia de golpes: DX o RX - VX

Descripción:
Ubicado dos jugadores en el fondo de la pista alternarán los golpes de derecha cruzado y de revés cruzado, siempre por abajo, para que los contrarios situados cerca de la red puedan realizar voleas cruzadas. Los jugadores situados en la red, después de cada golpe, se retrasarán y rodearán los postes situados al lado suyo.
Despues de 10 bolas se rota la posición de los jugadores.

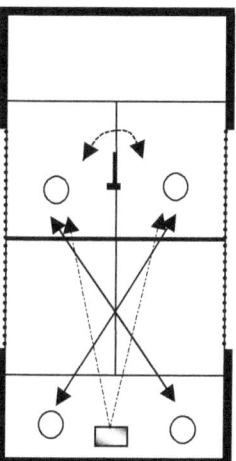

Ejercicio 0382   Golpes: D – R – V

Objetivo: Perfeccionamiento de la volea en condiciones de esfuerzo físico, resistencia, tiempo de ejecución y habilidad.
Secuencia de golpes: D// o R// - V//

Descripción:
Ubicado dos jugadores en el fondo de la pista alternarán los golpes de derecha paralelo y de revés paralelo, siempre por abajo, para que los contrarios situados cerca de la red puedan realizar voleas paralelas. Los jugadores situados en la red, después de cada golpe, se retrasarán y rodearán los postes situados al lado suyo.
Despues de 10 bolas se rota la posición de los jugadores.

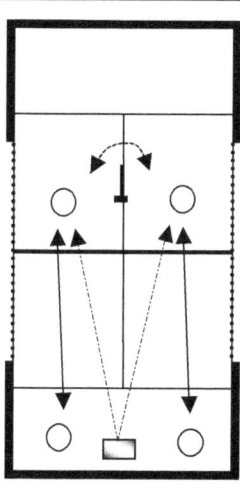

Ejercicio 0383   Golpes: D – R - V

Objetivo: Desarrollo de la habilidad en las técnicas, habilidad y tiempo de ejecución.
Secuencia de golpes: VX – D// o R//

Descripción:
Ubicado un jugador cerca de la red, realizará voleas cruzadas hacia su contrario que se defendará con golpes paralelos.
Después de 10 bolas se alterna la posición de los jugadores.

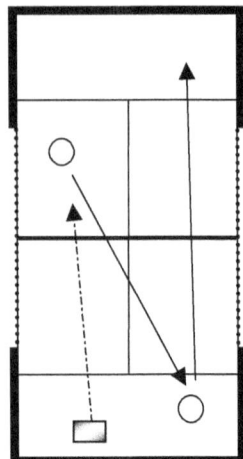

Ejercicio 0384   Golpes: D - V

Objetivo: Desarrollo de la habilidad en las técnicas, habilidad y tiempo de ejecución.
Secuencia de golpes: VD// - VRX

Descripción:
Moviéndose desde la posición inicial hasta la red después de rodear el poste, el jugador cambia rápidamente de dirección para defender la red del golpe paralelo realizado por el jugador contrario. Después de 10 bolas se alterna la posición de los jugadores.

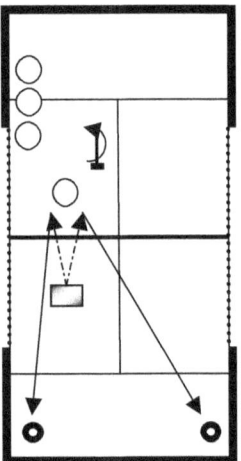

Ejercicio 0385   Golpes: R - V

Objetivo: Desarrollo de la habilidad en las técnicas, habilidad y tiempo de ejecución.
Secuencia de golpes: DX - VRX

Descripción:
Ubicado en el fondo de la pista, después de realizar un ocho sobre los conos, realizará una derecha cruzada con el que subirá a la red para realizar una volea de revés cruzada, con el objetivo de la marca situada en el fondo de la pista.

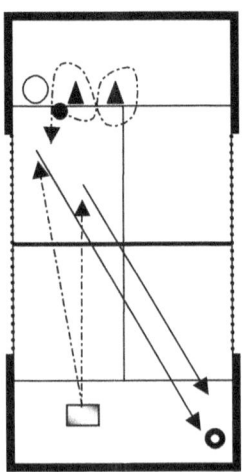

Ejercicio 0386   Golpes: D – R - V

Objetivo: Precisión de los lanzamiento y rapidez de movimiento.
Secuencia de golpes: D// - R// - VD// - VR//

Descripción:
Control de golpeo paralelo entre dos jugadores que avanzarán lateralmente en tres golpes hasta el otro lado. Una vez llegado al lateral, se darán la vuelta y repetirán el ejercicio.

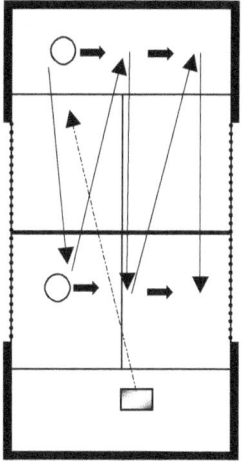

Ejercicio 0387   Golpes: R - V

Objetivo: Desarrollo de la habilidad en las técnicas, habilidad y tiempo de ejecución.
Secuencia de golpes: RX - VDX

Descripción:
Ubicado en el fondo de la pista, después de realizar un ocho sobre los conos, realizará un revés cruzado con el que subirá a la red para realizar una volea de derecha cruzada, con el objetivo de la marca situada en el fondo de la pista.

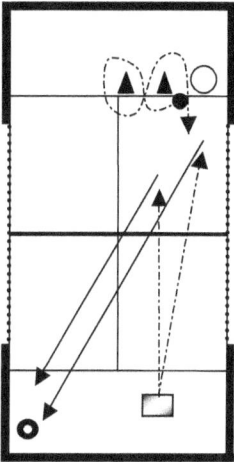

Ejercicio 0388   Golpes: R - V

Objetivo: Desarrollo de la habilidad en las técnicas, habilidad y tiempo de ejecución.
Secuencia de golpes: D// - VR//

Descripción:
Ubicado en el fondo de la pista, después de realizar un ocho sobre los conos, realizará una derecha paralela con el que subirá a la red para realizar una volea de revés paralela, con el objetivo de la marca situada en el fondo de la pista.

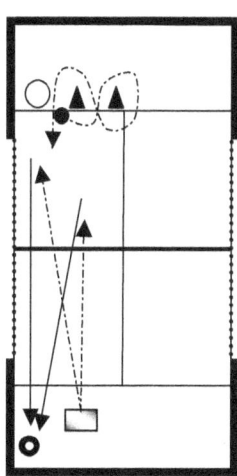

Ejercicio 0389   Golpes: D – R – V

Objetivo: Tiempo de ejecución, habilidad y coordinación.
Secuencia de golpes: DX o RX – DX o RX – VDX

Descripción:
Ubicados dos jugadores en cruzado en los fondos de la pista, jugarán bolas cruzadas con y sin rebote de pared, manteniendo la posición. Mientras, otro jugador rodea los postes situados en media pista hasta que, a una señal del monitor, entra en juego en intercepta con una volea de revés cruzada el golpe cruzado del contrario.
Después de 10 bolas se rota la posición de los jugadores.

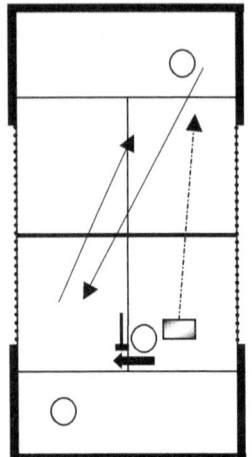

Ejercicio 0390   Golpes: D – R – V

Objetivo: Coordinación y precisión en los lanzamientos en movimiento.
Secuencia de golpes: // - V// - X – V//

Descripción:
Trabajando con tres jugadores, dos estarán en la red y uno en el fondo de la pista. El jugador del fondo de la pista realizará derecha paralela contra el jugador de la red que devolverá voleas paralelas que serán devueltas con golpe cruzado para que el otro jugador de la red realice volea paralela. A partir de ésta volea se continuará el punto jugando incluso con el monitor.

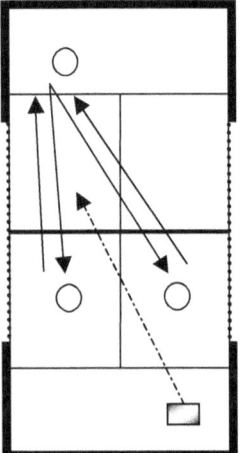

Ejercicio 0391   Golpes: D – R – V

Objetivo: Coordinación y precisión en los lanzamientos en movimiento.
Secuencia de golpes: D// o R// - VX - VX

Descripción:
Trabajando con tres jugadores, dos estarán en la red y uno en el fondo de la pista. El jugador del fondo de la pista realizará derecha paralela o revés paralelo contra el jugador de la red que devolverá voleas cruzadas para que su contrario vuelva a realizar una volea cruzada. A partir de esta volea se continuará el punto jugando incluso con el monitor.

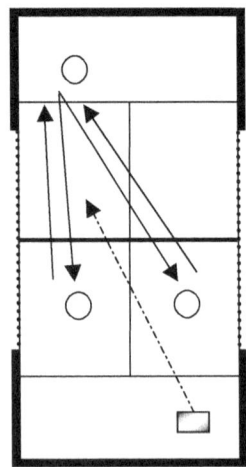

Ejercicio 0392   Golpes: R - V

Objetivo: Control de diferentes tipos de golpe.
Secuencia de golpes: RX – RX - VRX

Descripción:
Ubicado el jugador en la posición de defensa en el fondo de la pista, realizará un golpe de revés liftado cruzado, en media pista, después de botar, realizará un golpe de revés cortado cruzado y ya en la red, realizará una volea de revés plana cruzada, con el objetivo de la marca situada en el fondo de la pista.

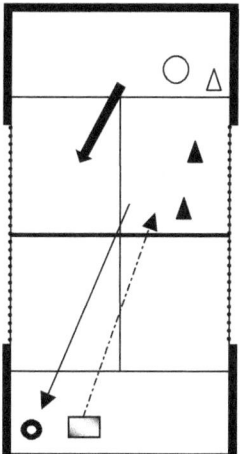

Ejercicio 0393   Golpes: D – R - V

Objetivo: Desarrollo de la habilidad en las técnicas, habilidad y tiempo de ejecución.
Secuencia de golpes: VX – D// o R//

Descripción:
Ubicado un jugador cerca de la red, realizará voleas paralelas hacia su contrario que se defenderá con golpes cruzados.
Después de 10 bolas se alterna la posición de los jugadores.

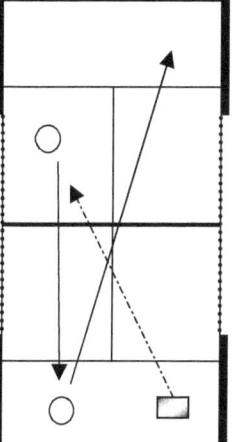

Ejercicio 0394   Golpes: D - V

Objetivo: Control de diferentes tipos de golpe.
Secuencia de golpes: D// – D// - VD//

Descripción:
Ubicado el jugador en la posición de defensa en el fondo de la pista, realizará un golpe de derecha liftado paralelo, en media pista, después de botar, realizará un golpe de derecha cortado paralelo y ya en la red, realizará una volea de derecha plana paralela.

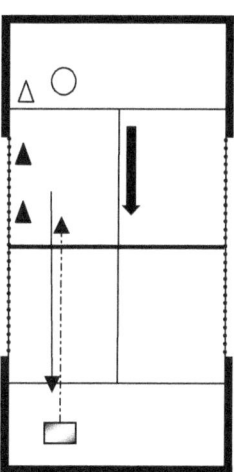

Ejercicio 0395   Golpes: D - V

Objetivo: Control de diferentes tipos de golpe.
Secuencia de golpes: DX – DX - VDX

Descripción:
Ubicado el jugador en la posición de defensa en el fondo de la pista, realizará un golpe de derecha liftado cruzado, en media pista, después de botar, realizará un golpe de derecha cortado cruzado y ya en la red, realizará una volea de derecha plana cruzada, con el objetivo de la marca situada en el fondo de la pista.

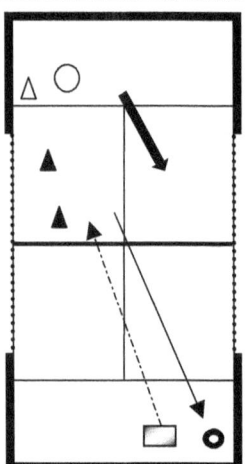

Ejercicio 0396   Golpes: R - V

Objetivo: Control de diferentes tipos de golpe.
Secuencia de golpes: R// – R// - VR//

Descripción:
Ubicado el jugador en la posición de defensa en el fondo de la pista, realizará un golpe de revés liftado paralelo, en media pista, después de botar, realizará un golpe de revés cortado paralelo y ya en la red, realizará una volea de revés plana paralela.

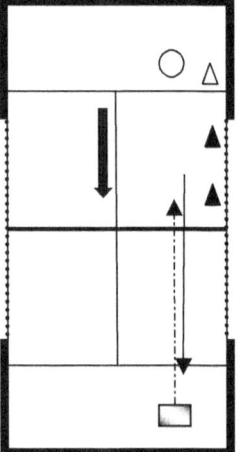

Ejercicio 0397   Golpes: D – R – V

Objetivo: Control de la precisión y habilidad.
Secuencia de golpes: D// – R// – V//

Descripción:
Enfrentados los cuatro jugadores, estando dos en el fondo y dos en la red, intercambiarán golpes paralelos de derecha y de revés, manteniendo la posición inicial.
Después de 10 golpes de cada jugador, alternarán la posición inicial.

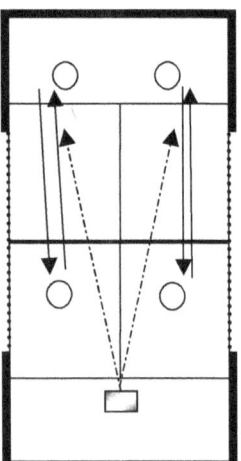

Ejercicio 0398   Golpes: D – R – V

Objetivo: Control de la precisión y habilidad.
Secuencia de golpes: DX – RX – VX

Descripción:
Enfrentados los cuatro jugadores, estando dos en el fondo y dos en la red, intercambiarán golpes cruzados de derecha y de revés, manteniendo la posición inicial.
Después de 10 golpes de cada jugador, alternarán la posición inicial.

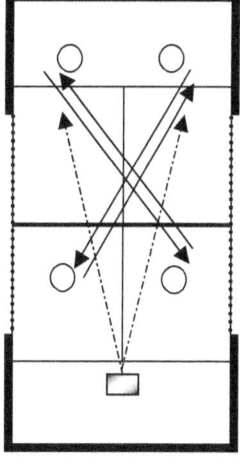

Ejercicio 0399   Golpes: R – V

Objetivo: Desarrollo del ritmo del movimiento para conseguir una adecuada capacidad técnica.
Secuencia de golpes: RX – VD//

Descripción:
Ubicado un jugador en el fondo de la pista, realizará un revés cruzado, rodeará el poste situado en media pista y subirá a la red para ejecutar una volea de derecha paralela con el objetivo de las marcas situadas en el fondo de la pista.
Después de 10 bolas se cambiará de jugador.

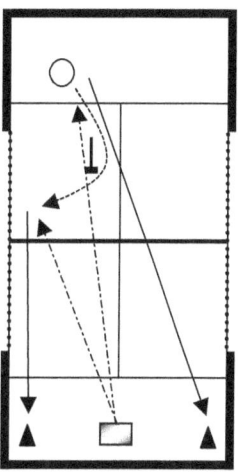

Ejercicio 0400   Golpes: R o V

Objetivo: Coordinación del movimiento para desarrollar ritmo.
Secuencia de golpes: R// o VD//

Descripción:
Ubicado un jugador en el fondo de la pista el cual realizará golpes de revés paralelos y otro jugador cerca de la red el cual realizará voleas de derecha paralelas, rodearán el poste después de cada golpeo.
Después de 10 bolas se alterna la posición de los jugadores.

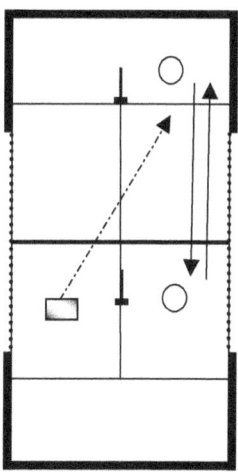

Ejercicio 0401   Golpes: R – V

Objetivo: Regular el ritmo de ejecución mediante el perfeccionamiento técnico.
Secuencia de golpes: R// - VR// - VD// - VDX

Descripción:
Ubicado un jugador en el fondo de la pista cerca de un poste, realizará movimiento lateral entre los postes para hacer un revés paralelo con la que subirá a la red para hacer una volea de revés paralela, una volea de derecha paralela y una volea de derecha cruzada.
Una vez terminado, volverá a la posición inicial.
Después de 12 bolas se cambia de jugador.

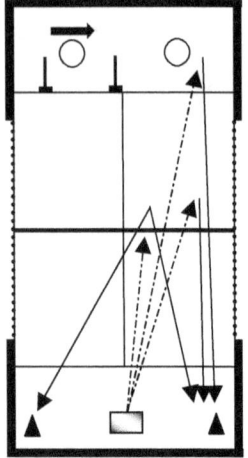

Ejercicio 0402   Golpes: D – V

Objetivo: Regular el ritmo de ejecución mediante el perfeccionamiento técnico.
Secuencia de golpes: D// - VD// - VR// - VRX

Descripción:
Ubicado un jugador en el fondo de la pista cerca de un poste, realizará movimiento lateral entre los postes para hacer una derecha paralela con la que subirá a la red para hacer una volea de derecha paralela, una volea de revés paralela y una volea de revés cruzada.
Una vez terminado, volverá a la posición inicial.
Después de 12 bolas se cambia de jugador.

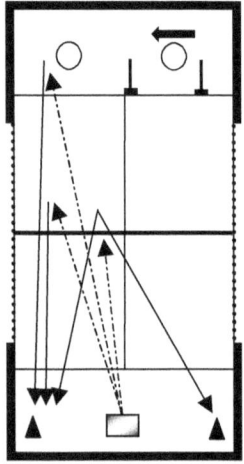

Ejercicio 0403   Golpes: D - V

Objetivo: Regular el ritmo de ejecución mediante el perfeccionamiento técnico.
Secuencia de golpes: DX - VX

Descripción:
Movíendose desde la posición inicial hasta la red después de rodear el poste, el jugador cambia rápidamente de dirección para defender la red del golpe cruzado realizado por el jugador contrario. Después de 10 bolas se alterna la posición de los jugadores. Intentamos que el jugador que defiende sólo pueda realizar golpeos por abajo evitando los globos.

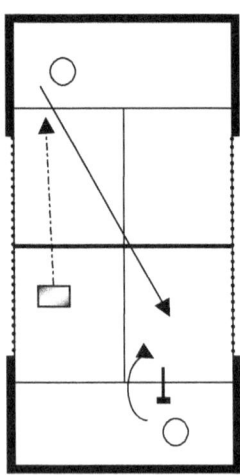

Ejercicio 0404   Golpes: D - V

Objetivo: Coordinación del movimiento para desarrollar ritmo.
Secuencia de golpes: D// o VR//

Descripción:
Ubicado un jugador en el fondo de la pista el cual realizará golpes de derecha paralelos y otro jugador cerca de la red el cual realizará voleas de revés paralelas, rodearán el poste después de cada golpeo.
Después de 10 bolas se alterna la posición de los jugadores.

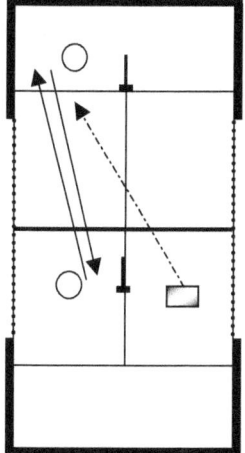

Ejercicio 0405   Golpes: D – V

Objetivo: Desarrollo del ritmo del movimiento para conseguir una adecuada capacidad técnica.
Secuencia de golpes: DX – VR//

Descripción:
Ubicado un jugador en el fondo de la pista, realizará una derecha cruzada, rodeará el poste situado en media pista y subirá a la red para ejecutar una volea de revés paralela con el objetivo de las marcas situadas en el fondo de la pista.
Después de 10 bolas se cambiará de jugador.

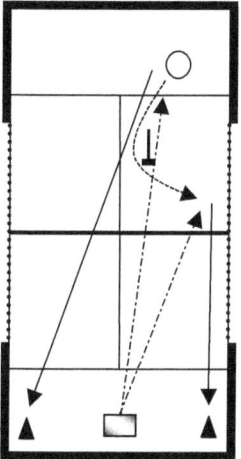

Ejercicio 0406   Golpes: D – R – V

Objetivo: Perfeccionamiento de los golpes mediante rápidos procedimientos técnicos y resistencia a la velocidad.
Secuencia de golpes: DX – R// -VR//- VD medio - VDX

Descripción:
Ubicado el jugador en el fondo de la pista, realizará una derecha cruzada y un revés paralelo con la que subirá a la red para hacer una volea de revés paralela, una volea de derecha al medio y una volea de derecha cruzada con el objtivo de las marcas situadas en el fondo de la pista.

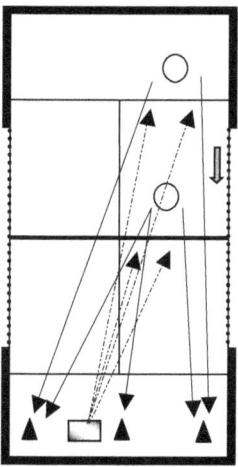

Ejercicio 0407   Golpes: R – V

Objetivo: Desarrollo de la rapidez en el movimiento y de la precisión técnica.
Secuencia de golpes: RX – VDX – VDRX –VR//

Descripción:
Ubicado un jugador en la posición inicial junto al pico, se desplazará para rodear el poste situado sobre la T y realizar un revés cruzado con la que subirá a la red para realizar dos voleas de derecha cruzadas y una volea de revés paralela con el objetivo de las marcas situadas en el fondo de la pista.

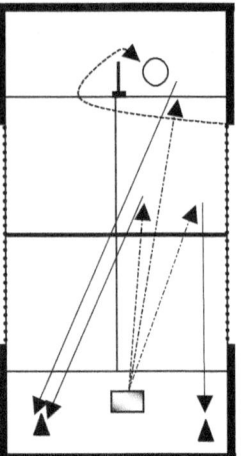

Ejercicio 0408   Golpes: D – R – V

Objetivo: Rapidez y precisión en los lanzamientos con control constante del ritmo y tiempo de ejecución.
Secuencia de golpes: D// y R// Vs VDX y VRX

Descripción:
Ubicados dos jugadores en el fondo de la pista y uno en la red, los del fondo de la pista ejecutarán derechas paralelas y revés paralelas contra el jugador que está en la red que devolverá con voleas de derecha cruzadas y voleas de revés cruzadas. El jugador de la red rodeará el poste situado en media pista después de cada golpeo.
Después de 12 golpes se alterna la posición de los jugadores.

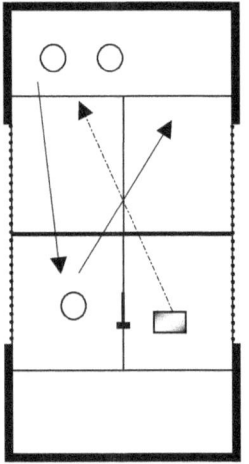

Ejercicio 0409   Golpes: D – R – V

Objetivo: Perfeccionamiento de los golpes mediante rápidos procedimientos técnicos y resistencia a la velocidad.
Secuencia de golpes: RX – D// -VD//- VR medio - VRX

Descripción:
Ubicado el jugador en el fondo de la pista, realizará un revés cruzado y una derecha paralela con la que subirá a la red para hacer una volea de derecha paralela, una volea de revés al medio y una volea de revés cruzada con el objtivo de las marcas situadas en el fondo de la pista.

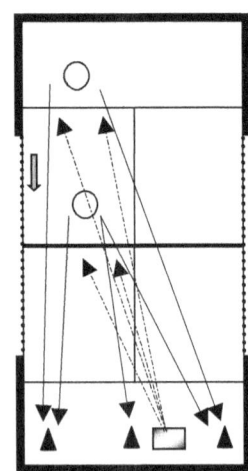

Ejercicio 0410   Golpes: D – V

Objetivo: Desarrollo de la rapidez en el movimiento y de la precisión técnica

Secuencia de golpes: DX – VRX – VRX –VD//

Descripción:
Ubicado un jugador en la posición inicial junto al pico, se desplazará para rodear el poste situado sobre la T y realizar una derecha cruzada con la que subirá a la red para realizar dos voleas de revés cruzadas y una volea de derecha paralela con el objetivo de las marcas situadas en el fondo de la pista.

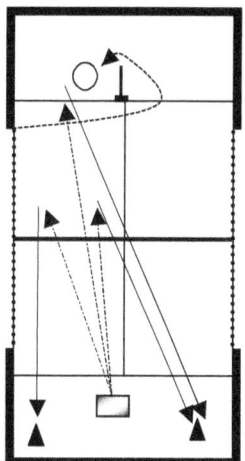

Ejercicio 0411   Golpes: D – R – V

Objetivo: Rapidez y precisión en los lanzamientos con control constante del ritmo y tiempo de ejecución.

Secuencia de golpes: DX y RX Vs VD// y VR//

Descripción:
Ubicados dos jugadores en el fondo de la pista y uno en la red, los del fondo de la pista ejecutarán derechas cruzadas y revés cruzados contra el jugador que está en la red que devolverá con voleas de derecha paralelas y voleas de revés paralelas. El jugador de la red rodeará el poste situado en media pista después de cada golpeo.
Después de 12 golpes se alterna la posición de los jugadores.

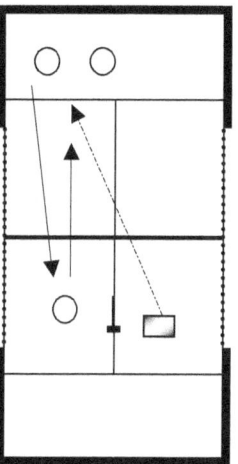

Ejercicio 0412   Golpes: D – R – V

Objetivo: Tiempo de ejecución, habilidad y coordinación.

Secuencia de golpes: DX o RX – DX o RX – VDX

Descripción:
Ubicados dos jugadores en cruzado en los fondos de la pista, jugarán bolas cruzadas con y sin rebote de pared, manteniendo la posición. Mientras, otro jugador rodea los postes situados en media pista hasta que, a una señal del monitor, entra en juego en intercepta con una volea de derecha cruzada el golpe cruzado del contrario.
Después de 10 bolas se rota la posición de los jugadores.

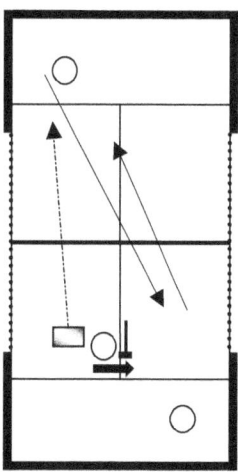

Ejercicio 0413   Golpes: R – V

Objetivo: Rapidez en el movimiento, habilidad y tiempo de ejecución.
Secuencia de golpes: R// - VR//

Descripción:
Ubicado un jugador en el fondo de la pista en la zona central, correrá en cruzado para hacer un revés paralelo, rodeará el poste situado al lado suyo y subirá a la red para hacer una volea de revés paralela con el objetivo de la marca situada en el fondo de la pista. Después del último golpe volverá a la posición inicial para comenzar de nuevo el ejercicio.
Después de 10 bolas se cambia de jugador.

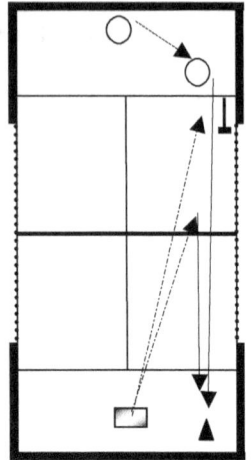

Ejercicio 0414   Golpes: D – R - V

Objetivo: Rapidez en el movimiento y tiempo de ejecución.
Secuencia de golpes: DX o RX - VX

Descripción:
Ubicado un jugador en el fondo de la pista realizará golpes de derecha cruzado o de revés cruzado. En el momento en el que el monitor lanza la bola al jugador del fondo, un jugador que está situado detrás del monitor saldrá para cubrir el cruzado y continuar el punto respetando la zona actual de juego.
Después de 10 bolas se alterna la posición de los jugadores.

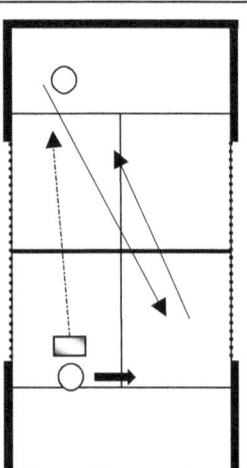

Ejercicio 0415   Golpes: D - V

Objetivo: Rapidez en el movimiento, habilidad y tiempo de ejecución.
Secuencia de golpes: D// - VD//

Descripción:
Ubicado un jugador en el fondo de la pista en la zona central, correrá en cruzado para hacer una derecha paralela, rodeará el poste sitado al lado suyo y subirá a la red para hace una volea de derecha paralela con el objetivo de la marca situada en el fondo de la pista. Después del último golpe volverá a la posición inicial para comenzar de nuevo el ejercicio.
Después de 10 bolas se cambia de jugador.

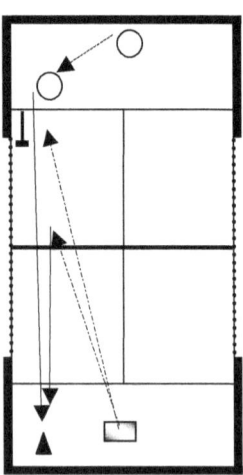

Ejercicio 0416   Golpes: D – R - V

Objetivo: Rapidez en el movimiento y tiempo de ejecución.
Secuencia de golpes: D// o R// - V//

Descripción:
Ubicado un jugador en el fondo de la pista realizará golpes de derecha paralelo o de revés paralelo. En el momento en el que el monitor lanza la bola al jugador del fondo, un jugador que está situado detrás del monitor saldrá para cubrir el paralelo y continuar el punto respetando la zona actual de juego.
Después de 10 bolas se alterna la posición de los jugadores.

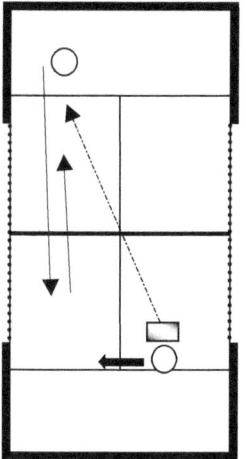

Ejercicio 0417   Golpes: D - V

Objetivo: Perfeccionamiento técnico de la volea realizada en movimiento y tiempo de ejecución.
Secuencia de golpes: RX- VRX

Descripción:
Ubicado un jugador en el fondo de la pista realizará un revés cruzado, rodeará el poste situada al lado suyo y realizará una volea de revés cruzada, con el objetivo de las marcas situadas en el fondo de la pista.
Después de 10 bolas se cambia de jugador.

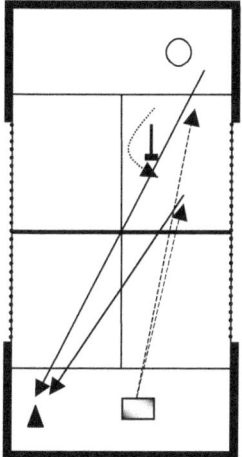

Ejercicio 0418   Golpes: D - V

Objetivo: Perfeccionamiento técnico de la volea realizada en movimiento y tiempo de ejecución.
Secuencia de golpes: R// - VR//

Descripción:
Ubicado un jugador en el fondo de la pista realizará un revés paralelo, rodeará el poste situado al lado suyo y realizará una volea de revés paralela, con el objetivo de la marca situada en el fondo de la pista.
Después de 10 bolas se cambia de jugador.

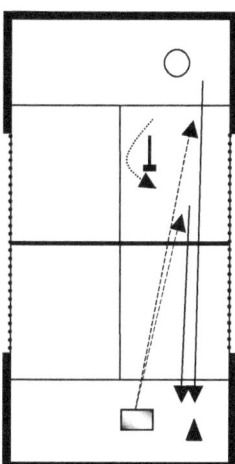

Ejercicio 0419   Golpes: D - V

Objetivo: Perfeccionamiento técnico de la volea realizada en movimiento y tiempo de ejecución.
Secuencia de golpes: DX - VDX

Descripción:
Ubicado un jugador en el fondo de la pista realizará una derecha cruzada, rodeará el poste situado al lado suyo y realizará una volea de derecha cruzada, con el objetivo de la marca situada en el fondo de la pista.
Después de 10 bolas se cambia de jugador.

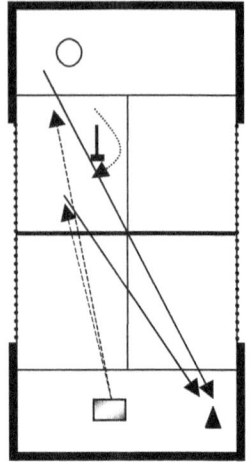

Ejercicio 0420   Golpes: D - V

Objetivo: Perfeccionamiento técnico de la volea realizada en movimiento y tiempo de ejecución.
Secuencia de golpes: D// - VD//

Descripción:
Ubicado un jugador en el fondo de la pista realizará una derecha paralela, rodeará el poste situado al lado suyo y realizará una volea de derecha paralela, con el objetivo de la marca situada en el fondo de la pista.
Después de 10 bolas se cambia de jugador.

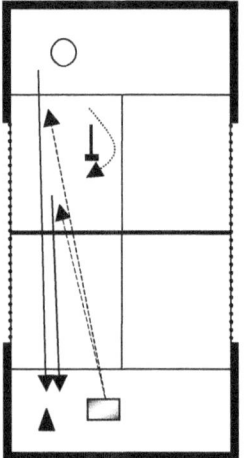

Ejercicio 0421   Golpes: R – V

Objetivo: Rapidez en el movimiento, desarrollo de la precisión en la ejecución, tiempo de ejecución, velocidad de reacción.
Secuencia de golpes: RX – VX –RX – V//

Descripción:
Ubicado un jugador en el fondo de la pista, realizará revés cruzados contra el jugador que se encuentra en la red, el cual alternará las voleas cruzadas y las voleas paralelas. Después de 10 golpes, se alternará la posición de los jugadores.

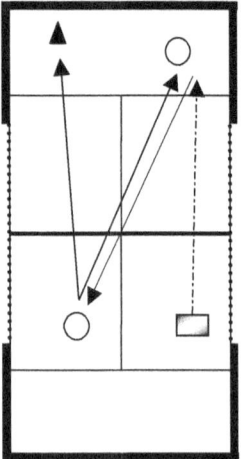

Ejercicio 0422 Golpes: D – V

Objetivo: Rapidez en el movimiento, desarrollo de la precisión en la ejecución, tiempo de ejecución, velocidad de reacción.
Secuencia de golpes: DX – VX –DX – V//

Descripción:
Ubicado un jugador en el fondo de la pista, realizará derechas cruzadas contra el jugador que se encuentra en la red, el cual alternará las voleas cruzadas y las voleas paralelas. Después de 10 golpes, se alternará la posición de los jugadores.

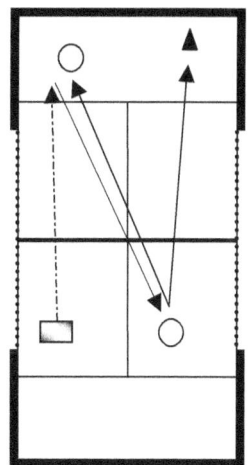

Ejercicio 0423 Golpes: D – V

Objetivo: Rapidez en el movimiento, desarrollo de la precisión en la ejecución, tiempo de ejecución, velocidad de reacción.
Secuencia de golpes: DX - VX

Descripción:
Moviéndose desde la posición inicial hasta la red después de rodear el poste, el jugador cambia rápidamente de dirección para defender la red del golpe cruzado realizado por el jugador contrario. Después de 10 bolas se alterna la posición de los jugadores. Intentamos que el jugador que defiende sólo pueda realizar golpeos por abajo evitando los globos.

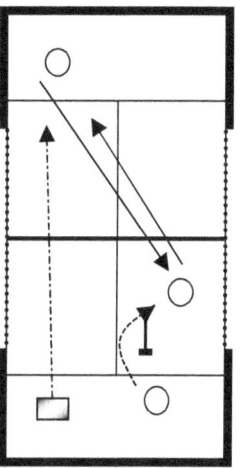

Ejercicio 0424 Golpes: R – V

Objetivo: Rapidez en el movimiento, desarrollo de la precisión en la ejecución, tiempo de ejecución, velocidad de reacción.
Secuencia de golpes: R// - VD//

Descripción:
Ubicado en el fondo de la pista, después de realizar un ocho sobre los conos, realizará un revés paralelo con el que subirá a la red para realizar una volea de derecha paralela, con el objetivo de la marca situada en el fondo de la pista.

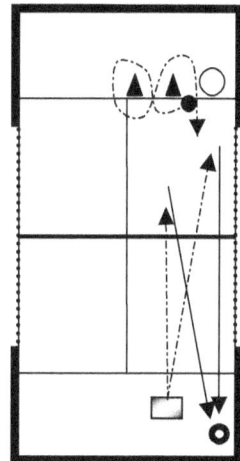

Ejercicio 0425   Golpes: R – V

Objetivo: Rapidez en el movimiento, resistencia, fuerza y rapidez.
Secuencia de golpes: BdX - VRX - BdX

Descripción:
Ubicado el jugador en media pista, realizará una bandeja cruzada con la que subirá a la red para hacer una volea de revés cruzada, y se retrasará lo suficiente para hacer otra bandeja cruzada con el objetivo de la marca situada en el fondo de la pista.

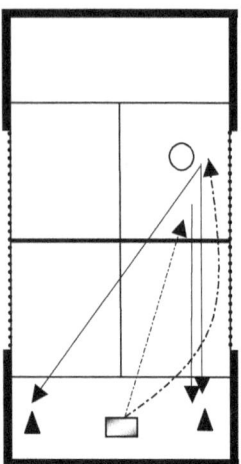

Ejercicio 0426   Golpes: R – V

Objetivo: Rapidez en el movimiento, resistencia, fuerza y rapidez.
Secuencia de golpes: Bd// - VD// - Bd//

Descripción:
Ubicado el jugador en media pista, realizará una bandeja paralela con la que subirá a la red para hacer una volea de derecha paralela, y se retrasará lo suficiente para hacer otra bandeja paralela con el objetivo de la marca situada en el fondo de la pista.

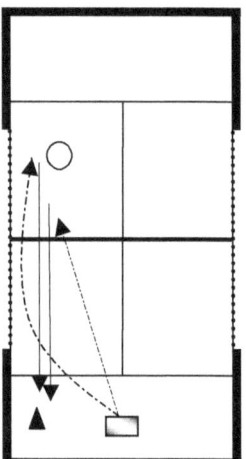

Ejercicio 0427   Golpes: R – V

Objetivo: Rapidez en el movimiento, desarrollo de la precisión en la ejecución, tiempo de ejecución, velocidad de reacción.
Secuencia de golpes: RX – VRX – movimiento

Descripción:
Ubicado el jugador en el fondo de la pista, realizará un golpe de revés cruzado con el que subirá a la red para realizar una volea de revés cruzada, con el objetivo de la marca situada en el fondo de la pista. Después del último golpe, realizará movimiento lateral entre los conos blancos y movimiento lateral hacia atrás entre los conos negros.

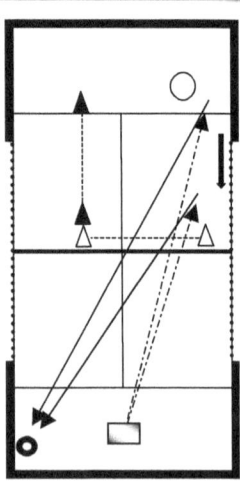

EJERCICIOS DE DERECHA, REVÉS Y BANDEJA

Ejercicio 0428 Golpes: D – R – Bd

Objetivo: Cambios de dirección.
Secuencia de golpes: DX - RX - BdX

Descripción:
Ubicado el jugador en el fondo de la pista, realizará una derecha cruzada y un revés cruzado con el que subirá a rodear el poste y retrasarse lo suficiente para realizar una bandeja cruzada con el objetivo de la marca situada en el fondo de la pista.
Después de 12 bolas se cambia de jugador.

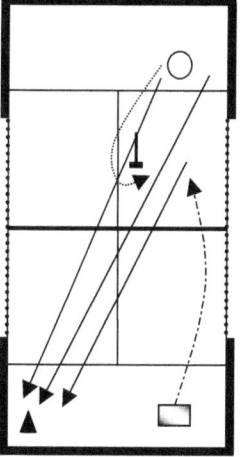

Ejercicio 0429 Golpes: D – R – Bd

Objetivo: Cambios de dirección.
Secuencia de golpes: DX - RX - BdX

Descripción:
Ubicado el jugador en el fondo de la pista, realizará una derecha cruzada y un revés cruzado con el que subirá a rodear el poste y retrasarse lo suficiente para realizar una bandeja cruzada con el objetivo de la marca situada en el fondo de la pista.
Después de 12 bolas se cambia de jugador.

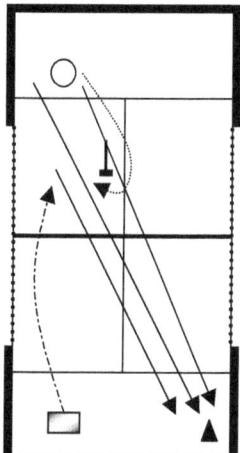

Ejercicio 0430 Golpes: D – R – Bd

Objetivo: Cambios de dirección.
Secuencia de golpes: D// - R// - Bd//

Descripción:
Ubicado el jugador en el fondo de la pista, realizará una derecha paralela y un revés paralelo con el que subirá a rodear el poste y retrasarse lo suficiente para realizar una bandeja paralela con el objetivo de la marca situada en el fondo de la pista.
Después de 12 bolas se cambia de jugador.

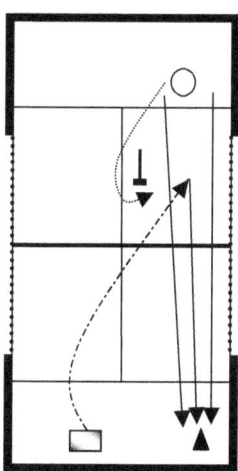

Ejercicio 0431   Golpes: D – R – Bd

Objetivo: Cambios de dirección.
Secuencia de golpes: D// - R// - Bd//

Descripción:
Ubicado el jugador en el fondo de la pista, realizará una derecha paralela y un revés paralelo con el que subirá a rodear el poste y retrasarse lo suficiente para realizar una bandeja paralela con el objetivo de la marca situada en el fondo de la pista.
Después de 12 bolas se cambia de jugador.

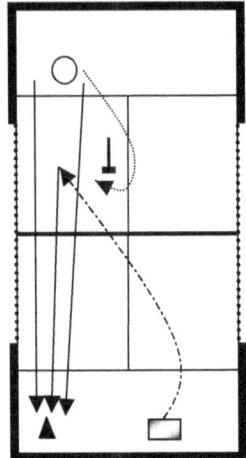

Ejercicio 0432   Golpes: V – Gb - Bd

Objetivo: Rapidez en el movimiento. Perfeccionamiento del golpe.
Secuencia de golpes: VRX – GbX – Bd// y jugar.

Descripción:
Ubicados dos jugadores en el fondo de la pista y otro solo en el otro fondo, este jugador rodeará el poste situado a su lado y subirá a la red para realizar una volea de revés cruzada, que será contestada con un globo cruzado. El jugador de la red se retrasará lo suficiente para realizar una bandeja cruzada y continuar el punto respetando la zona del jugador que se encuentra solo. Después de 11 puntos se rota.

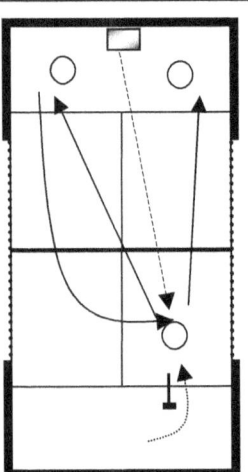

Ejercicio 0433   Golpes: V – Gb – Bd

Objetivo: Rapidez en el movimiento. Perfeccionamiento del golpe.
Secuencia de golpes: VDX – GbX – Bd// y jugar.

Descripción:
Ubicados dos jugadores en el fondo de la pista y otro solo en el otro fondo, este jugador rodeará el poste situado a su lado y subirá a la red para realizar una volea de derecha cruzada, que será contestada con un globo cruzado. El jugador de la red se retrasará lo suficiente para realizar una bandeja cruzada y continuar el punto respetando la zona del jugador que se encuentra solo. Después de 11 puntos se rota.

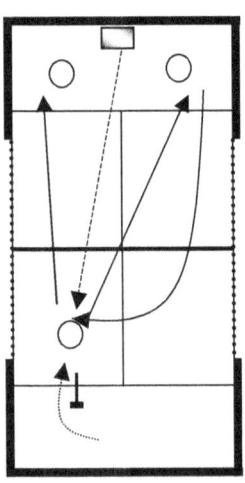

EJERCICIOS DE DERECHA, REVÉS Y REMATE

Ejercicio 0434   Golpes: D – R – Rm

Objetivo: Rapidez y fuerza.
Secuencia de golpes: Rm// - R// - Rm// - D//

Descripción:
Ubicado un jugador en media pista, realizará un remate paralelo y se retrasará para rodear el poste y realizar un revés paralelo. A continuación, cambiará de zona para realizar otro remate paralelo y se retrasará para rodear el poste y realizar una derecha paralela, con el objetivo de las marcas situadas en el fondo de la pista.

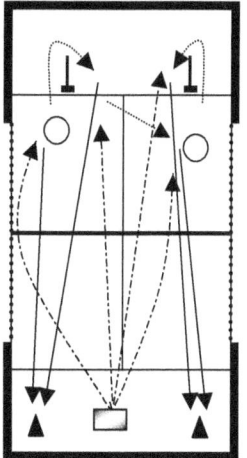

Ejercicio 0435   Golpes: R – Rm

Objetivo: Coordinación, fuerza y habilidad.
Secuencia de golpes: R// - RmX

Descripción:
Ubicado el jugador en el fondo de la pista junto a uno de los postes, realizará una derecha paralela con la que subirá al siguiente poste para rodearlo y realizar un remate cruzado, tras el cual continuará el ejercicio.
Después de 12 bolas se cambia de jugador.

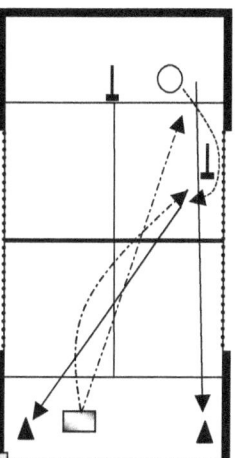

EJERCICIOS DE DERECHA, REVÉS, VOLEA Y SALIDA DE FONDO

Ejercicio 0436   Golpes: D – R- SF – V

Objetivo: Rapidez en el movimiento, desarrollo de la precisión en la ejecución, tiempo de ejecución, velocidad de reacción.
Secuencia de golpes: DX – RX- SFDX - VRX

Descripción:
Ubicado el jugador en la posición de defensa en el fondo de la pista, realizará una derecha cruzada, un revés cruzado y una salida de fondo de derecha con la que subirá a la red para realizar una volea de revés cruzada con el objetivo de la marca situada en el fondo de la pista.

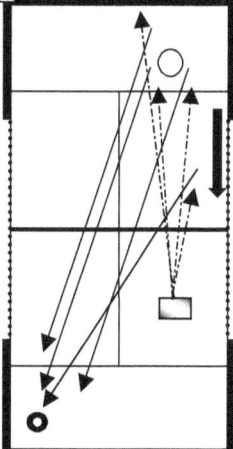

EJERCICIOS DE SALIDA DE FONDO Y VOLEA

Ejercicio 0437   Golpes: SF – V

Objetivo: Relevo y juego a la misma zona.
Secuencia de golpes: VR – SFD - VR

Descripción:
Ubicados dos jugadore cerca de la red, el jugador del drive realizará una volea de derecha y una volea de revés y cerrará el medio. El jugador del revés se retrasará para realizar una salida de fondo de derecha a la marca y subirá a la red. El jugador del drive hará una volea de revés cruzada y el jugador del revés realizará una volea de derecha a la marca situada en el fondo de la pista.

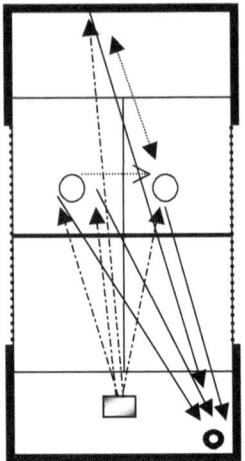

Ejercicio 0438   Golpes: SF – V

Objetivo: Relevo y juego a la misma zona.
Secuencia de golpes: VD – SFR - VD

Descripción:
Ubicados dos jugadore cerca de la red, el jugador del revés realizará una volea de derecha y una volea de revés y cerrará el medio. El jugador del drive se retrasará para realizar una salida de fondo de revés a la marca y subirá a la red. El jugador del drive hará una volea de derecha cruzada y el jugador del revés realizará una volea de revés a la marca situada en el fondo de la pista.

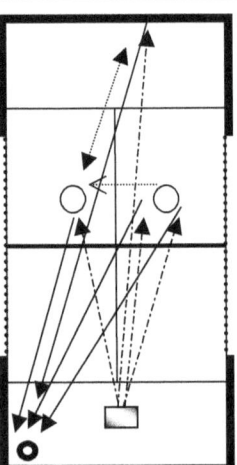

Ejercicio 0439   Golpes: SF – V

Objetivo: Rapidez en el movimiento, desarrollo de la precisión en la ejecución, tiempo de ejecución, velocidad de reacción.
Secuencia de golpes: SFDX – Escalera – VD//

Descripción:
Ubicado el jugador en el fondo de la pista, realizará una salida de fondo de derecha cruzada, realizará la escalera de coordinación para llegar a la red y realizar una volea de derecha paralela, con el objetivo de la marca situada en el fondo de la pista.

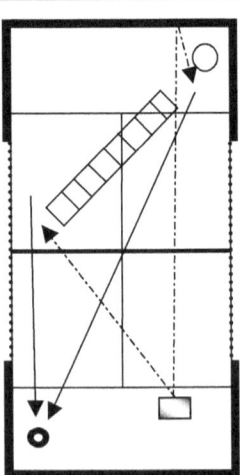

Ejercicio 0440   Golpes: SF – V

Objetivo: Coordinación, habilidad y rapidez.
Secuencia de golpes: SFRx3 – VDx3

Descripción:
Ubicado un jugador en el fondo de la pista, realizará tres salidas de fondo de revés libres en distintas posiciones y subirá a la red para rodear el poste y realizar tres voleas de derecha libres.
Después de la última volea, volverá a realizar el ejercicio.
Después de 12 bolas se cambia de jugador.

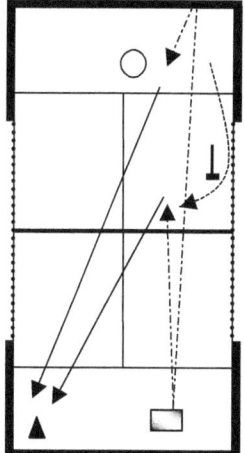

Ejercicio 0441   Golpes: SF – V

Objetivo: Coordinación, habilidad y rapidez.
Secuencia de golpes: SFDx3 – VRx3

Descripción:
Ubicado un jugador en el fondo de la pista, realizará tres salidas de fondo de derecha libres en distintas posiciones y subirá a la red para rodear el poste y realizar tres voleas de revés libres.
Después de la última volea, volverá a realizar el ejercicio.
Después de 12 bolas se cambia de jugador.

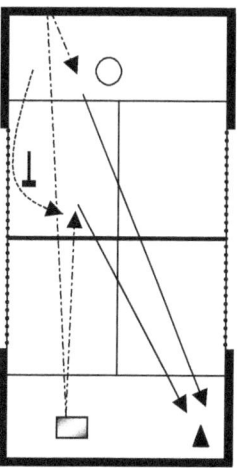

Ejercicio 0442   Golpes: SDP – V

Objetivo: Rapidez en el movimiento, desarrollo de la precisión en la ejecución, tiempo de ejecución, velocidad de reacción.
Secuencia de golpes: SDPR - VR

Descripción:
Ubicado el jugador en el fondo de la pista, realizará una salida de doble pared de revés con giro y subirá para realizar una volea de revés de aproximación, con el objetivo de la marca situada en el fondo de la pista. Después del último golpe, retrocederá a la posición inicial para reiniciar el ejercicio.

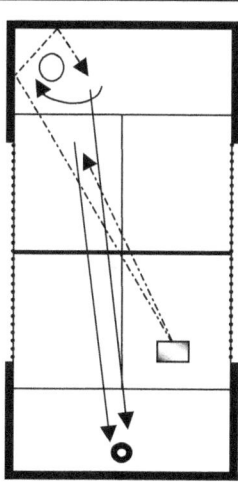

Ejercicio 0443   Golpes: SF – V

Objetivo: Rapidez en el movimiento, desarrollo de la precisión en la ejecución, tiempo de ejecución, velocidad de reacción.
Secuencia de golpes: SFRX – Escalera – VR//

Descripción:
Ubicado el jugador en el fondo de la pista, realizará una salida de fondo de revés cruzada, realizará la escalera de coordinación* para llegar a la red y realizar una volea de revés paralela, con el objetivo de la marca situada en el fondo de la pista.

- * www. technologysport.com

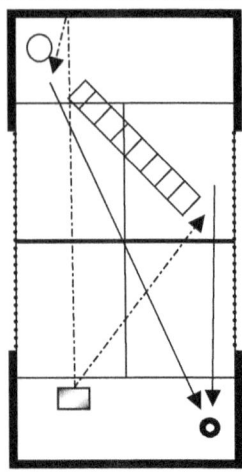

Ejercicio 0444   Golpes: SDP - V

Objetivo: Rapidez en el movimiento, desarrollo de la precisión en la ejecución, tiempo de ejecución, velocidad de reacción.
Secuencia de golpes: SDPD medio – VD medio

Descripción:
Ubicado el jugador en el fondo de la pista, realizará una salida de doble pared de derecha con giro y subirá para realizar una volea de derecha de aproximación, con el objetivo de la marca situada en el fondo de la pista. Después del último golpe, retrocederá a la posición inicial para reiniciar el ejercicio.

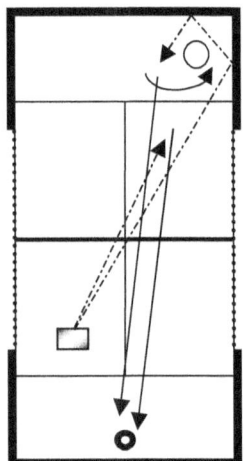

Ejercicio 0445   Golpes: SF – V

Objetivo: Recuperación de la red.
Secuencia de golpes: VRX - SFDX con giro – VDX

Descripción:
Ubicado el jugador a la altura del cono situado en el pico de la pista, subirá a la red para realizar una volea de revés cruzada, se retrasará al fondo de la pista para realizar una salida de fondo de derecha cruzada con giro con la que subirá de nuevo a la red para realizar una volea de derecha cruzada de potencia, con el objetivo de la marca situada en el fondo de la pista.

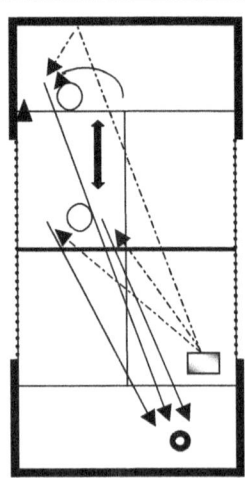

Ejercicio 0446   Golpes: SF – V

Objetivo: Recuperación de la red.
Secuencia de golpes: VDX - SFRX con giro – VRX

Descripción:
Ubicado el jugador a la altura del cono situado en el pico de la pista, subirá a la red para realizar una volea de derecha cruzada, se retrasará al fondo de la pista para realizar una salida de fondo de revés cruzada con giro con la que subirá de nuevo a la red para realizar una volea de revés cruzada de potencia, con el objetivo de la marca situada en el fondo de la pista.

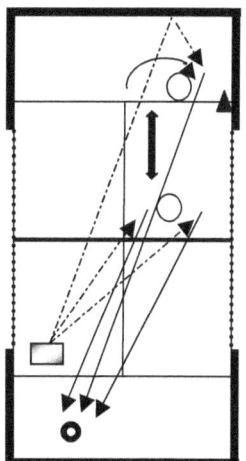

Ejercicio 0447   Golpes: SF – V

Objetivo: Recuperación de la red.
Secuencia de golpes: VR// - SFD// con giro – VD//

Descripción:
Ubicado el jugador a la altura del cono situado en el pico de la pista, subirá a la red para realizar una volea de revés paralela, se retrasará al fondo de la pista para realizar una salida de fondo de derecha paralela con giro con la que subirá de nuevo a la red para realizar una volea de derecha paralela de potencia, con el objetivo de la marca situada en el fondo de la pista.

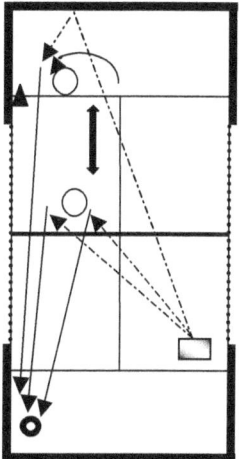

Ejercicio 0448   Golpes: SF – V

Objetivo: Recuperación de la red.
Secuencia de golpes: VD// - SFR// con giro – VR//

Descripción:
Ubicado el jugador a la altura del cono situado en el pico de la pista, subirá a la red para realizar una volea de derecha paralela, se retrasará al fondo de la pista para realizar una salida de fondo de revés paralela con giro con la que subirá de nuevo a la red para realizar una volea de revés paralela de potencia, con el objetivo de la marca situada en el fondo de la pista.

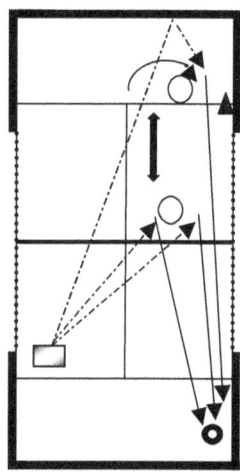

Ejercicio 0449   Golpes: SF - V

Objetivo: Entrada en calor.
Secuencia de golpes: SFDX – VDX

Descripción:
Ejercicio para entrada en calor. Ubicado el jugador en el fondo de la pista, realizará una salida de fondo de derecha cruzada con la que subirá en la red para realizar una volea de derecha cruzada, con el objetivo de la marca situada en el fondo de la pista. Después de la volea, se retrasará lo suficiente para volver a empezar el ejercicio. Después de 10 bolas, se cambia de jugador.

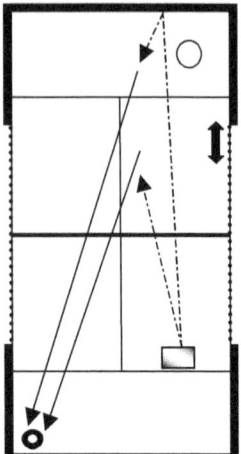

Ejercicio 0450   Golpes: SF - V

Objetivo: Entrada en calor.
Secuencia de golpes: SFRX – VRX

Descripción:
Ejercicio para entrada en calor. Ubicado el jugador en el fondo de la pista, realizará una salida de fondo de revés cruzada con la que subirá en la red para realizar una volea de revés cruzada, con el objetivo de la marca situada en el fondo de la pista. Después de la volea, se retrasará lo suficiente para volver a empezar el ejercicio. Después de 10 bolas, se cambia de jugador.

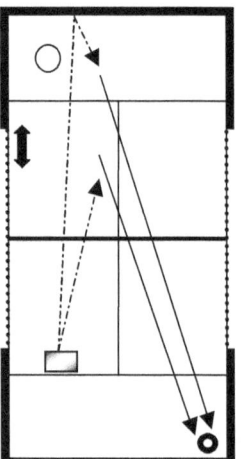

Ejercicio 0451   Golpes: SF – V

Objetivo: Rapidez en el movimiento, desarrollo de la precisión en la ejecución, tiempo de ejecución, velocidad de reacción.
Secuencia de golpes: SFRX con giro – VRX

Descripción:
Ubicado el jugador en el fondo de la pista, realizará una salida de fondo de revés cruzada con giro con la que subirá a la red para realizar una volea de revés cruzada, con el objetivo de la marca situada en el fondo de la pista.

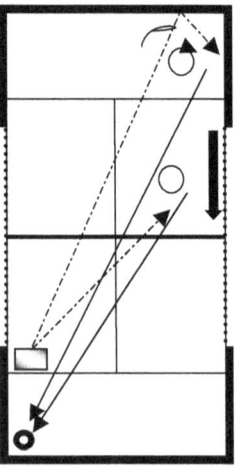

Ejercicio 0452 Golpes: SF – V

Objetivo: Rapidez en el movimiento, desarrollo de la precisión en la ejecución, tiempo de ejecución, velocidad de reacción.
Secuencia de golpes: SFDX con giro – VDX

Descripción:
Ubicado el jugador en el fondo de la pista, realizará una salida de fondo de derecha cruzada con giro con la que subirá a la red para realizar una volea de derecha cruzada, con el objetivo de la marca situada en el fondo de la pista.

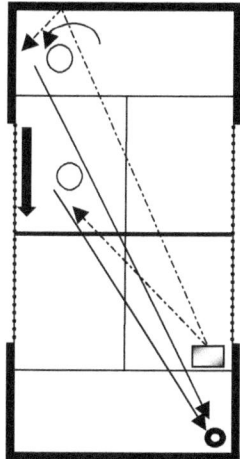

Ejercicio 0453 Golpes: SF – V

Objetivo: Rapidez en el movimiento, desarrollo de la precisión en la ejecución, tiempo de ejecución, velocidad de reacción.
Secuencia de golpes: (VDX – VRX) x6 - SF

Descripción:
Ubicado el jugador cerca de la red sobre la línea media, realizará voleas de derecha cruzada y voleas de revés cruzadas, con el objetivo de las marcas situadas en el fondo de la pista, a las bolas bajas lanzadas con la mano por el monitor. Una vez realizadas 6 voleas de cada lado, el jugador se retrasará hasta el fondo de la pista para realizar una salida de fondo.

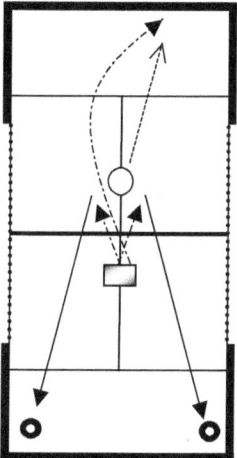

Ejercicio 0454 Golpes: SF - V

Objetivo: Rapidez en el movimiento, desarrollo de la precisión en la ejecución, tiempo de ejecución, velocidad de reacción.
Secuencia de golpes: SFDP // con giro – Rm//

Descripción:
Ubicado el jugador en el fondo de la pista, realizará una salida de doble pared de revés paralela con giro y otras de derecha con la que subirá a la red para realizar un remate paralelo, con el objetivo de la marca situada en el fondo de la pista.

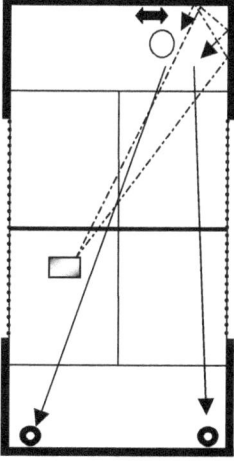

Ejercicio 0455   Golpes: SF - V

Objetivo: Rapidez en el movimiento, desarrollo de la precisión en la ejecución, tiempo de ejecución, velocidad de reacción.
Secuencia de golpes: SF Doble pared // con giro – Rm//

Descripción:
Ubicado el jugador en el fondo de la pista, realizará una salida de doble pared de derecha paralela con giro con la que subirá a la red para realizar un remate paralelo, con el objetivo de la marca situada en el fondo de la pista.

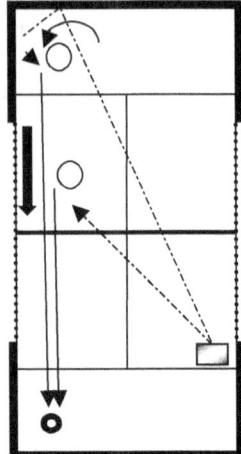

Ejercicio 0456   Golpes: SF - V

Objetivo: Rapidez en el movimiento, desarrollo de la precisión en la ejecución, tiempo de ejecución, velocidad de reacción.
Secuencia de golpes: SFDX – VDX (x3)

Descripción:
Ubicado el jugador en el fondo de la pista, realizará una salida de fondo de derecha cruzada con la que subirá a la red para realizar 3 voleas de derecha cruzadas. A la tercera bola, continuará el punto contra el monitor, manteniendo el punto en cruzado y respetando la zona donde juegan.

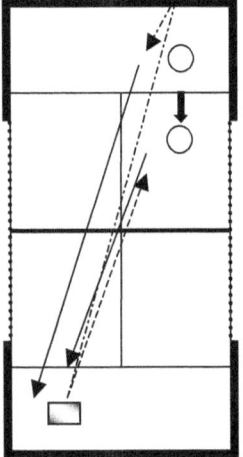

Ejercicio 0457   Golpes: SF – V

Objetivo: Rapidez en el movimiento, desarrollo de la precisión en la ejecución, tiempo de ejecución, velocidad de reacción.
Secuencia de golpes: SFRX – SFDX – (VDX – VRX) x 6

Descripción:
Ubicado el jugador en la posición de defensa en el fondo de la pista, realizará una salida de fondo de revés cruzada y una salida de fondo de derecha cruzada con la que subirá en la red para alternar 6 voleas de derecha cruzadas y 6 voleas de revés cruzadas, con el objetivo de la marca situada en el fondo de la pista.

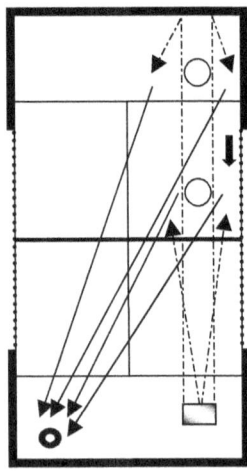

Ejercicio 0458   Golpes: SF – V

Objetivo: Rapidez en el movimiento, desarrollo de la precisión en la ejecución, tiempo de ejecución, velocidad de reacción.
Secuencia de golpes: SFRX – VRX (x3)

Descripción:
Ubicado el jugador en el fondo de la pista, realizará una salida de fondo de revés cruzada con la que subirá a la red para realizar 3 voleas de revés cruzadas. A la tercera bola, continuará el punto contra el monitor, manteniendo el punto en cruzado y respetando la zona donde juegan.

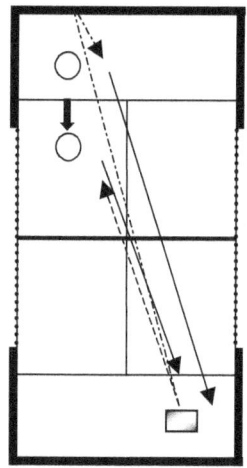

Ejercicio 0459   Golpes: SF – V

Objetivo: Rapidez en el movimiento, desarrollo de la precisión en la ejecución, tiempo de ejecución, velocidad de reacción.
Secuencia de golpes: SFDX – SFRX – (VDX – VRX) x 6

Descripción:
Ubicado el jugador en la posición de defensa en el fondo de la pista, realizará una salida de fondo de derecha cruzada y una salida de fondo de revés cruzada con la que subirá en la red para alternar 6 voleas de derecha cruzadas y 6 voleas de revés cruzadas, con el objetivo de la marca situada en el fondo de la pista.

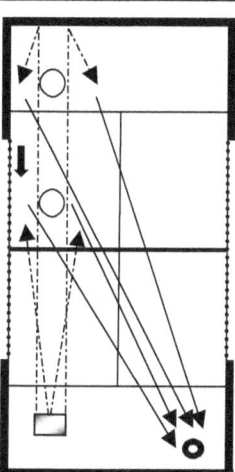

Ejercicio 0460   Golpes: SF – V

Objetivo: Precisión en los lanzamientos mediante rápidos cambios de posición.
Secuencia de golpes: VD// - SFRX

Descripción:
Ubicado un jugador cerca de la red, realizará una volea de derecha paralela, se retrasará lo suficiente para rodear el poste situado sobre la línea de saque y realizará una salida de fondo de revés cruzada con el objetivo de las marcas situadas en el fondo de la pista.
Después de 10 bolas se cambia de jugador.

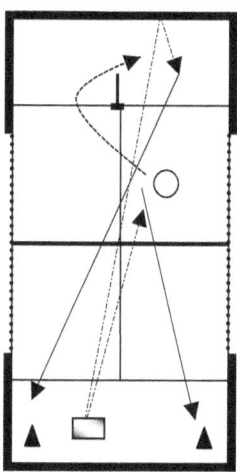

Ejercicio 0461   Golpes: SF – V

Objetivo: Precisión en los lanzamientos mediante rápidos cambios de posición.
Secuencia de golpes: VDX – SFR//

Descripción:
Ubicado un jugador cerca de la red, realizará una volea de derecha cruzada, se retrasará lo suficiente para rodear el poste situado sobre la línea de saque y realizará una salida de fondo de revés paralela con el objetivo de las marcas situadas en el fondo de la pista.
Después de 10 bolas se cambia de jugador.

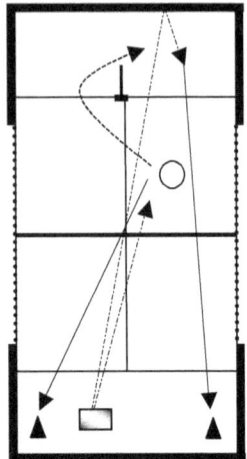

Ejercicio 0462   Golpes: SF – V

Objetivo: Precisión en los lanzamientos mediante rápidos cambios de posición.
Secuencia de golpes: VR// - SFDX

Descripción:
Ubicado un jugador cerca de la red, realizará una volea de revés paralela, se retrasará lo suficiente para rodear el poste situado sobre la línea de saque y realizará una salida de fondo de derecha cruzada con el objetivo de las marcas situadas en el fondo de la pista.
Después de 10 bolas se cambia de jugador.

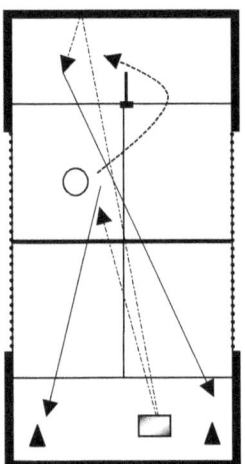

Ejercicio 0463   Golpes: SF – V

Objetivo: Precisión en los lanzamientos mediante rápidos cambios de posición.
Secuencia de golpes: VRX – SFD//

Descripción:
Ubicado un jugador cerca de la red, realizará una volea de revés cruzada, se retrasará lo suficiente para rodear el poste situado sobre la línea de saque y realizará una salida de fondo de derecha paralela con el objetivo de las marcas situadas en el fondo de la pista.
Después de 10 bolas se cambia de jugador.

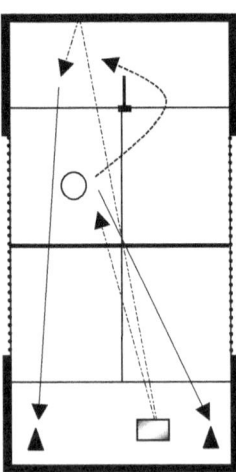

Ejercicio 0464   Golpes: SF – V

Objetivo: Desarrollo de la rapidez en el movimiento y de la precisión técnica.
Secuencia de golpes: SFRX – VDX – VDX –VR//

Descripción:
Ubicado un jugador en la posición inicial junto a la pared, se desplazará para rodear el poste situado sobre la T y realizar una salida de fondo de revés cruzada con la que subirá a la red para realizar dos voleas de derecha cruzadas y una volea de revés paralela con el objetivo de las marcas situadas en el fondo de la pista.

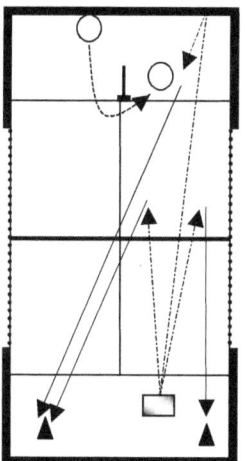

Ejercicio 0465   Golpes: SF - V

Objetivo: Desarrollo de la rapidez en el movimiento y de la precisión técnica.
Secuencia de golpes: SFD// con giro – VD//

Descripción:
Ubicado el jugador en el fondo de la pista, realizará una salida de fondo de derecha paralela con giro con la que subirá a la red para realizar una volea de derecha paralela, con el objetivo de la marca situada en el fondo de la pista.

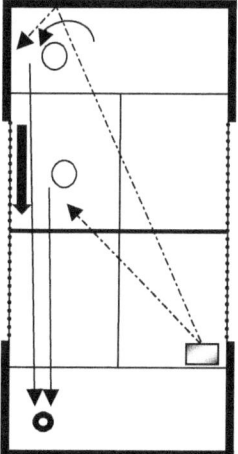

Ejercicio 0466   Golpes: SF – V

Objetivo: Desarrollo de la rapidez en el movimiento y de la precisión técnica.
Secuencia de golpes: VRX – SFD// - VD// - VRX

Descripción:
Ubicado el jugador en media pista, realizará una volea de revés cruzada y se retrasará hasta la zona defensiva para realizar una salida de fondo de derecha paralela con la que subirá para realizar una volea de derecha paralela y una volea de revés cruzada, con el objetivo de las marcas situadas en el fondo de la pista.

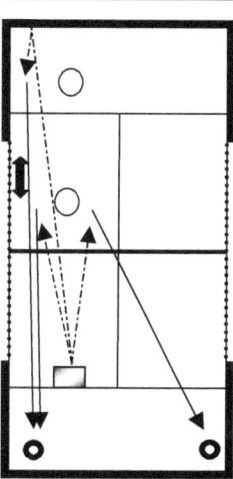

Ejercicio 0467   Golpes: SF – V

Objetivo: Desarrollo de la rapidez en el movimiento y de la precisión técnica.
Secuencia de golpes: SFDX - VDX

Descripción:
Ubicado el jugador en la posición de defensa en el fondo de la pista, realizará una salida de fondo de derecha cruzada y una volea de derecha cruzada en cada uno de los conos. Después de cada salida de fondo, progresará al siguiente cono. Todos los golpes se realizarán con el objetivo de la marca situada en el fondo de la pista.

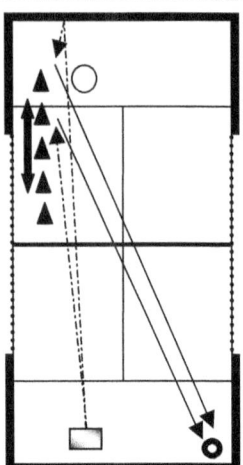

Ejercicio 0468   Golpes: V - SF

Objetivo: Desarrollo de la rapidez en el movimiento y de la precisión técnica.
Secuencia de golpes: VDX – SFR// - VD// - VRX

Descripción:
Ubicado el jugador en media pista, realizará una volea de derecha cruzada tras la que retrocederá hasta la zona defensiva para realizar una salida de fondo de revés paralela al monitor que le devolverá la bola para realizar una volea de derecha paralela al monitor que de nuevo le devolverá la bola para que haga una volea de revés cruzada, con el objetivo de la marca situada en el fondo de la pista.

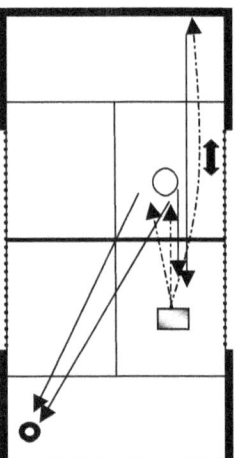

Ejercicio 0469   Golpes: SF - V

Objetivo: Desarrollo de la rapidez en el movimiento y de la precisión técnica.
Secuencia de golpes: SFR// con giro – VR//

Descripción:
Ubicado el jugador en el fondo de la pista, realizará una salida de fondo de revés paralela con giro con la que subirá a la red para realizar una volea de revés paralela, con el objetivo de la marca situada en el fondo de la pista.

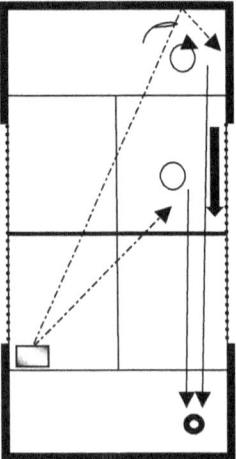

Ejercicio 0470 Golpes: V - SF

Objetivo: Desarrollo de la rapidez en el movimiento y de la precisión técnica.

Secuencia de golpes: VDX – SFR// - VR// - VDX

Descripción:
Ubicado el jugador en media pista, realizará una volea de derecha cruzada y se retrasará hasta la zona defensiva para realizar una salida de fondo de revés paralela con la que subirá para realizar una volea de revés paralela y una volea de derecha cruzada, con el objetivo de las marcas situadas en el fondo de la pista.

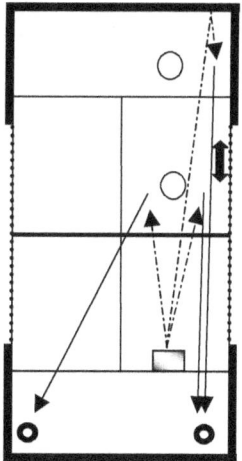

Ejercicio 0471 Golpes: SF – V

Objetivo: Desarrollo de la rapidez en el movimiento y de la precisión técnica.

Secuencia de golpes: SFDX – VRX – VRX –VD//

Descripción:
Ubicado un jugador en la posición inicial junto a la pared, se desplazará para rodear el poste situado sobre la T y realizar una salida de fondo de derecha cruzada con la que subirá a la red para realizar dos voleas de revés cruzadas y una volea de derecha paralela con el objetivo de las marcas situadas en el fondo de la pista.

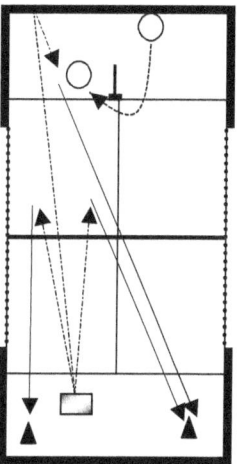

Ejercicio 0472 Golpes: SF – V

Objetivo: Desarrollo de la rapidez en el movimiento y de la precisión técnica.

Secuencia de golpes: SFDX – (VDX – VRX) x3

Descripción:
Ubicado el jugador en la posición de defensa en el fondo de la pista, realizará una salida de fondo de derecha cruzada, una volea de derecha cruzada y una volea de revés cruzada en cada uno de los conos, progresando hacia la red. Todos los golpes se realizarán con el objetivo de la marca situada en el fondo de la pista.

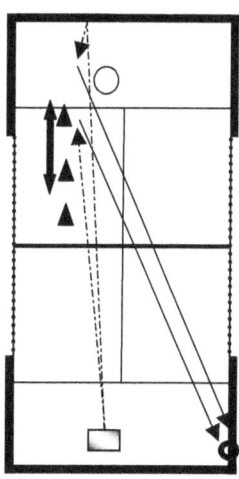

Ejercicio 0473   Golpes: SF – V

Objetivo: Desarrollo de la rapidez en el movimiento y de la precisión técnica.
Secuencia de golpes: SFRX – (VDX – VRX) x3

Descripción:
Ubicado el jugador en la posición de defensa en el fondo de la pista, realizará una salida de fondo de revés cruzada, una volea de derecha cruzada y una volea de revés cruzada en cada uno de los conos, progresarando hacia la red. Todos los golpes se realizarán con el objetivo de la marca situada en el fondo de la pista.

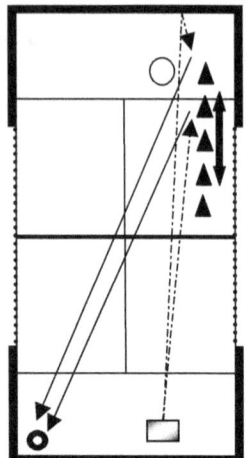

Ejercicio 0474   Golpes: SF – V

Objetivo: Desarrollo de la rapidez en el movimiento y de la precisión técnica.
Secuencia de golpes: SFRX - VRX

Descripción:
Ubicado el jugador en la posición de defensa en el fondo de la pista, realizará una salida de fondo de revés cruzada, una volea de revés cruzada en cada uno de los conos. Después de cada salida de fondo, progresará al siguiente cono. Todos los golpes se realizarán con el objetivo de la marca situada en el fondo de la pista.

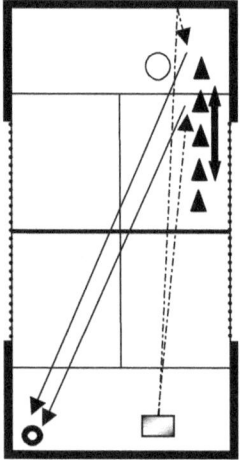

Ejercicio 0475   Golpes: SF – V

Objetivo: Desarrollo de la rapidez en el movimiento y de la precisión técnica.
Secuencia de golpes: VRX – SFD// - VR// - VDX

Descripción:
Ubicado el jugador en media pista, realizará una volea de revés cruzada tras la que retrocederá hasta la zona defensiva para realizar una salida de fondo de derecha paralela al monitor que le devolverá la bola para realizar una volea de revés paralela al monitor que de nuevo le devolverá la bola para que haga una volea de derecha cruzada, con el objetivo de la marca situada en el fondo de la pista.

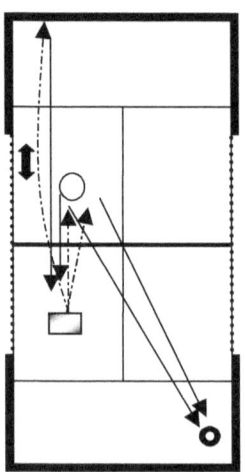

EJERCICIOS DE SALIDA DE FONDO Y REMATE

Ejercicio 0476   Golpes: SF - Rm

Objetivo: Desarrollo de la rapidez en el movimiento y de la precisión técnica.
Secuencia de golpes: SFRX - RmX

Descripción:
Ubicado el jugador junto al cono, se retrasará hasta el fondo de la pista para realizar una bajada de revés cruzada a una salida de fondo y subirá a la red para realizar un remate cruzado, con el objetivo de la marca situada en el fondo de la pista.

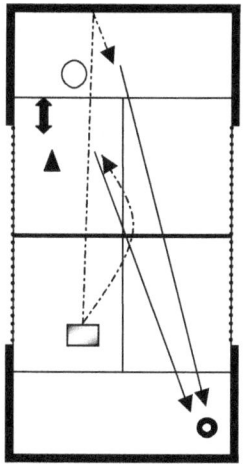

Ejercicio 0477   Golpes: SF - Rm

Objetivo: Desarrollo de la rapidez en el movimiento y de la precisión técnica.
Secuencia de golpes: SFDX - RmX

Descripción:
Ubicado el jugador junto al cono, se retrasará hasta el fondo de la pista para realizar una bajada de derecha cruzada a una salida de fondo y subirá a la red para realizar un remate cruzado, con el objetivo de la marca situada en el fondo de la pista.

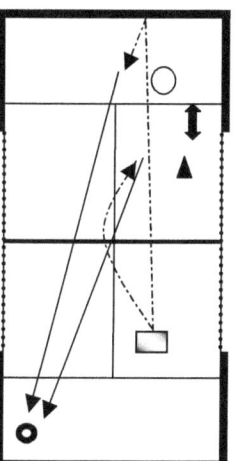

EJERCICIOS DE SALIDA DE FONDO, VOLEA Y REMATE

Ejercicio 0478   Golpes: SF – V – Rm

Objetivo: Desarrollo de la rapidez en el movimiento y de la precisión técnica.
Secuencia de golpes: VD// - SFD// - Rm//

Descripción:
Ubicado el jugador a la altura del pico, subirá a la red para realizar una volea de derecha paralela, se retrasará lo suficiente para realizar una salida de fondo de derecha paralela y subirá a la red para realizar un remate paralelo, con el objetivo de la marca situada en el fondo de la pista.

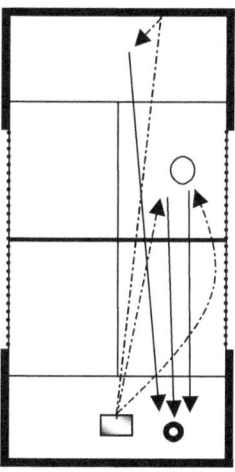

Ejercicio 0479   Golpes: SF – V – Rm

Objetivo: Fluidez técnica.
Secuencia de golpes: VD// (x3) – SFRX – RmX

Descripción:
Ubicado un jugador cerca de la red, realizará tres voleas de derecha paralelas y se retrasará lo suficiente para realizar una salida de fondo de revés cruzada con la que subirá para finalizar con un remate cruzado, con el objetivo de las marcas situadas en el fondo de la pista.

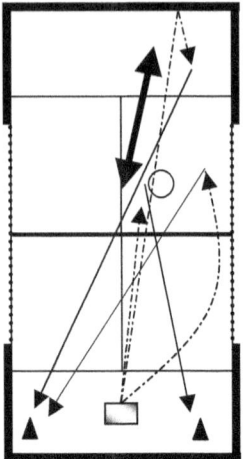

Ejercicio 0480   Golpes: SF – V – Rm

Objetivo: Desarrollo de la rapidez en el movimiento y de la precisión técnica.
Secuencia de golpes: VRX - SFRX - RmX

Descripción:
Ubicado el jugador a la altura del pico, subirá a la red para realizar una volea de revés cruzada, se retrasará lo suficiente para realizar una salida de fondo de revés cruzada y subirá a la red para realizar un remate cruzado, con el objetivo de la marca situada en el fondo de la pista.

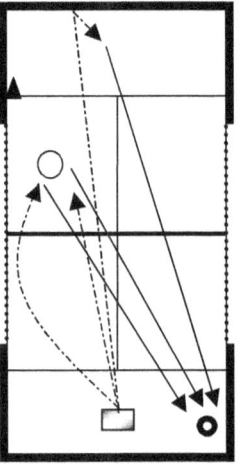

Ejercicio 0481   Golpes: SF – V – Rm

Objetivo: Desarrollo de la rapidez en el movimiento y de la precisión técnica.
Secuencia de golpes: VR// - SFR// - Rm//

Descripción:
Ubicado el jugador a la altura del pico, subirá a la red para realizar una volea de revés paralela, se retrasará lo suficiente para realizar una salida de fondo de revés paralela y subirá a la red para realizar un remate paralelo, con el objetivo de la marca situada en el fondo de la pista.

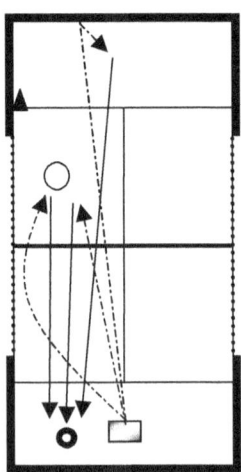

Ejercicio 0482   Golpes: SF – V – Rm

Objetivo: Fluidez técnica.
Secuencia de golpes: VR// (x3) – SFDX – RmX

Descripción:
Ubicado un jugador cerca de la red, realizará tres voleas de revés paralelas y se retrasará lo suficiente para realizar una salida de fondo de derecha cruzada con la que subirá para finalizar con un remate cruzado, con el objetivo de las marcas situadas en el fondo de la pista.

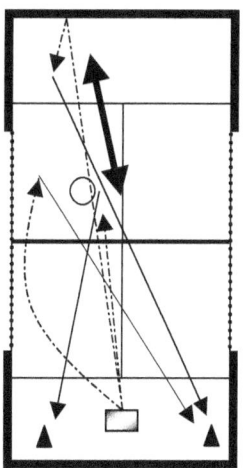

Ejercicio 0483   Golpes: SF – V – Rm

Objetivo: Desarrollo de la rapidez en el movimiento y de la precisión técnica.
Secuencia de golpes: VDX - SFDX - RmX

Descripción:
Ubicado el jugador a la altura del pico, subirá a la red para realizar una volea de derecha cruzada, se retrasará lo suficiente para realizar una salida de fondo de derecha cruzada y subirá a la red para realizar un remate cruzado, con el objetivo de la marca situada en el fondo de la pista.

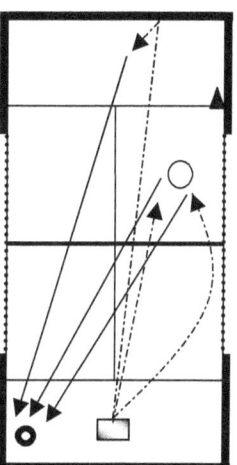

EJERCICIOS DE VOLEA Y REMATE

Ejercicio 0484   Golpes: V – Rm

Objetivo: Cambios de dirección y habilidad.
Secuencia de golpes: VRX - VDX - RmX

Descripción:
Ubicado el jugador en el fondo de la pista junto al poste, subirá a la red para hacer una volea de revés cruzada, se retrasará para rodear el poste y hacer una volea de derecha cruzada y terminará con un remate cruzado con el objetivo de la marca situada en el fondo de la pista.

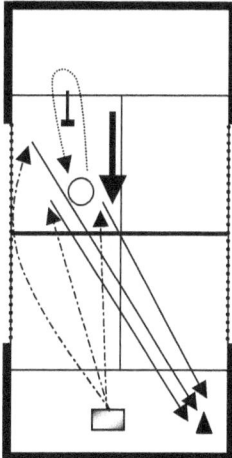

Ejercicio 0485   Golpes: V – Rm

Objetivo: Dinamismo y fuerza.
Secuencia de golpes: RmX – VRX – Rm// - VD//

Descripción:
Ubicado el jugador en media pista, realizará un remate cruzado y una volea de revés cruzada y se retrasará un poco para realizar un remate paralelo y una volea de derecha paralela, con el objetivo de las marcas situadas en el fondo de la pista.

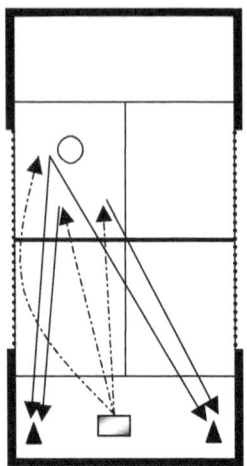

Ejercicio 0486   Golpes: V – Rm

Objetivo: Cambios de dirección y habilidad.
Secuencia de golpes: VDX - VRX - RmX

Descripción:
Ubicado el jugador en el fondo de la pista junto al poste, subirá a la red para hacer una volea de derecha cruzada, se retrasará para rodear el poste y hacer una volea de revés cruzada y terminará con un remate cruzado con el objetivo de las marcas situadas en el fondo de la pista.

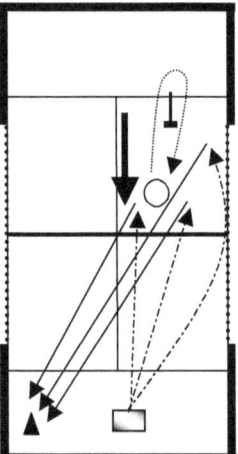

Ejercicio 0487   Golpes: V – Rm

Objetivo: Dinamismo motor y fuerza.
Secuencia de golpes: VRX – RmX – VDX – RmX

Descripción:
Ubicado el jugador en media pista, realizará una volea de revés cruzada y se retrasará para realizar un remate cruzado, volverá a cerrar con una volea de derecha cruzada y se volverá a retrasar para volver a realizar otro remate cruzado.

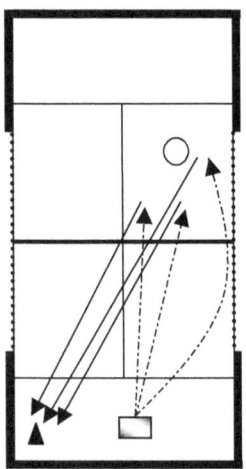

Ejercicio 0488   Golpes: V – Rm

Objetivo: Cambios de dirección y habilidad.
Secuencia de golpes: VR// - VD// - Rm//

Descripción:
Ubicado el jugador en el fondo de la pista junto al poste, subirá a la red para hacer una volea de revés paralela, se retrasará para rodear el poste y hacer una volea de derecha paralela y terminará con un remate paralelo con el objetivo de las marcas situadas en el fondo de la pista.

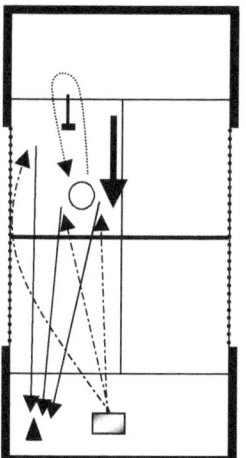

Ejercicio 0489   Golpes: V – Rm

Objetivo: Coordinación técnica, resistencia y rapidez.
Secuencia de golpes: VD// - RmX

Descripción:
Ubicado el jugador en media pista, realizará una volea de derecha paralela, rodeará los postes y se posicionará para realizar un remate cruzado, con el objetivo de las marcas situadas en el fondo de la pista.
Después del último golpe, continuará el circuito.
Después de 10 bolas se cambiará de jugador.

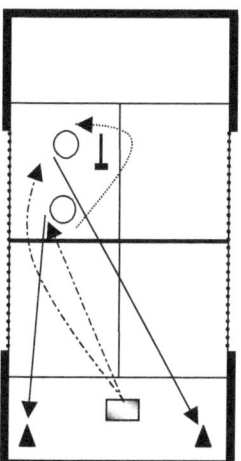

Ejercicio 0490   Golpes: V – Rm

Objetivo: Resistencia y dinamismo.
Secuencia de golpes: VDX – VDX – Rm//

Descripción:
Ubicado el jugador cerca de la red, realizará dos voleas de derecha cruzadas, rodeará el poste situado en medio de la pista y subirá de nuevo a la red para ejecutar un remate paralelo, con el objetivo de las marcas situadas en el fondo de la pista.
Después de 12 bolas se cambia de jugador.

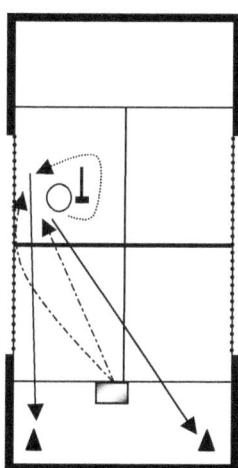

Ejercicio 0491   Golpes: V – Rm

Objetivo: Fluidez en el movimiento y habilidad.
Secuencia de golpes: Rm// - Rm// - Rm// - VDX – VDX

Descripción:
Ubicado el jugador en media pista, ejecutará tres remates paralelos y subirá a la red para ejecutar dos voleas de derecha cruzadas, con el objetivo de las marcas situadas en el fondo de la pista.

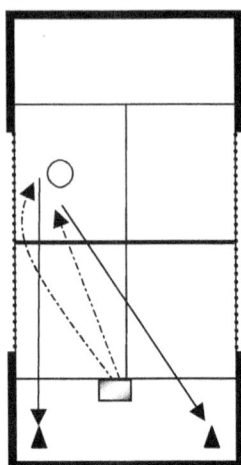

Ejercicio 0492   Golpes: V – Rm

Objetivo: Fluidez en el movimiento y habilidad.
Secuencia de golpes: RmX - RmX - RmX – VD// – VD//

Descripción:
Ubicado el jugador en media pista, ejecutará tres remates cruzados y subirá a la red para ejecutar dos voleas de derecha paralelas, con el objetivo de las marcas situadas en el fondo de la pista.

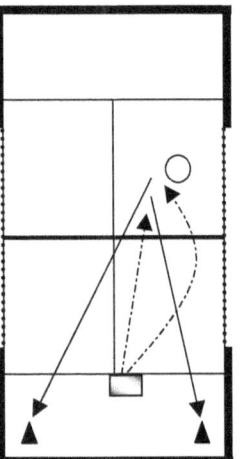

Ejercicio 0493   Golpes: V – Rm

Objetivo: Fluidez en el movimiento y habilidad.
Secuencia de golpes: RmX - RmX - RmX – VR// – VR//

Descripción:
Ubicado el jugador en media pista, ejecutará tres remates cruzados y subirá a la red para ejecutar dos voleas de revés paralelas, con el objetivo de las marcas situadas en el fondo de la pista.

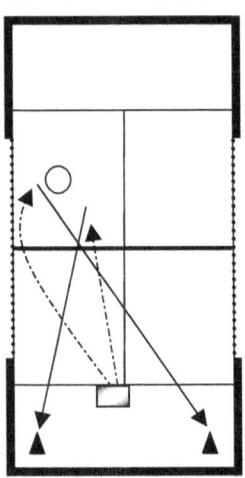

Ejercicio 0494   Golpes: V – Rm

Objetivo: Resistencia y dinamismo.
Secuencia de golpes: VRX – VRX – Rm//

Descripción:
Ubicado el jugador cerca de la red, realizará dos voleas de revés cruzadas, rodeará el poste situado en medio de la pista y subirá de nuevo a la red para ejecutar un remate paralelo, con el objetivo de las marcas situadas en el fondo de la pista.
Después de 12 bolas se cambia de jugador.

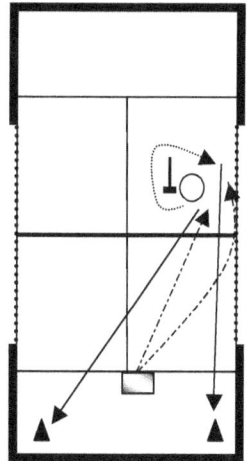

Ejercicio 0495   Golpes: V – Rm

Objetivo: Fluidez en el movimiento y habilidad.
Secuencia de golpes: Rm// - Rm// - Rm// - VRX – VRX

Descripción:
Ubicado el jugador en media pista, ejecutará tres remates paralelos y subirá a la red para ejecutar dos voleas de revés cruzadas, con el objetivo de las marcas situadas en el fondo de la pista.

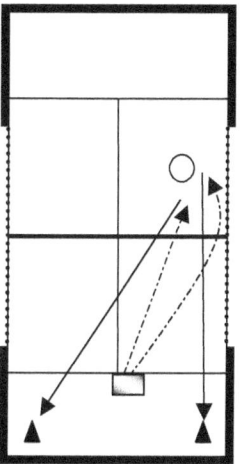

Ejercicio 0496   Golpes: V – Rm

Objetivo: Cambios de dirección, fuerza y ejecución.
Secuencia de golpes: VRX – RmX

Descripción:
Ubicado el jugador cerca de la red, realizará una volea de revés cruzada, rodeará el poste situado junto a el y subirá a la red para realizar un remate cruzado, con el objetivo de las marcas situadas en el fondo de la pista.
Después de 10 bolas se cambia de jugador.

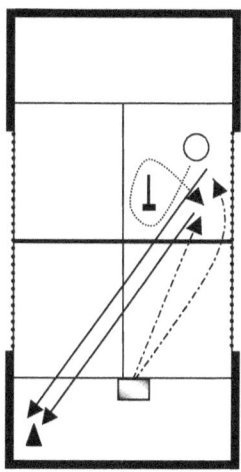

Ejercicio 0497   Golpes: V – Rm

Objetivo: Desarrollo de capacidades técnicas rápidas.
Secuencia de golpes: VDX - RmX - VRX - Rm//

Descripción:
Ubicado el jugador cerca de la red, realizará una volea de derecha cruzada, se retrasará para hacer un remate cruzado y cerrará el medio con una volea de revés cruzada y volverá a retrasarse para realizar un remate paralelo, todos con el objetivo de las marcas situadas en el fondo de la pista.
Después de 12 bolas se cambia de jugador.

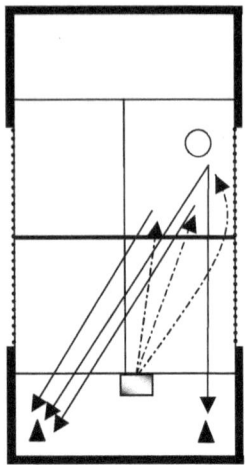

Ejercicio 0498   Golpes: V – Rm

Objetivo: Cambios de dirección, fuerza y ejecución.
Secuencia de golpes: VDX – RmX

Descripción:
Ubicado el jugador cerca de la red, realizará una volea de derecha cruzada, rodeará el poste situado junto a el y subirá a la red para realizar un remate cruzado, con el objetivo de la marca situada en el fondo de la pista.
Después de 10 bolas se cambia de jugador.

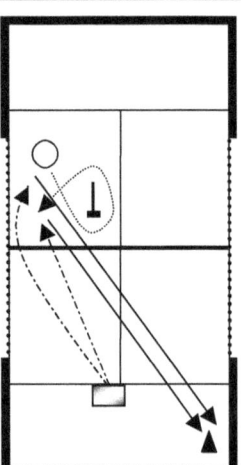

Ejercicio 0499   Golpes: V – Rm

Objetivo: Desarrollo de capacidades técnicas rápidas.
Secuencia de golpes: VDX - RmX - VRX - Rm//

Descripción:
Ubicado el jugador cerca de la red, realizará una volea de derecha cruzada, se retrasará para hacer un remate cruzado y cerrará el medio con una volea de revés cruzada y volverá a retrasarse para realizar un remate paralelo, todos con el objetivo de las marcas situadas en el fondo de la pista.
Después de 12 bolas se cambia de jugador.

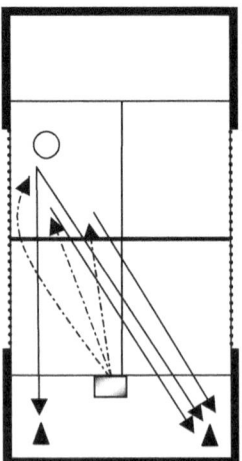

Ejercicio 0500   Golpes: V – Rm

Objetivo: Desarrollo de capacidades técnicas rápidas.
Secuencia de golpes: VD// - RmX - VRX – Rm//

Descripción:
Ubicado el jugador cerca de la red, realizará una volea de derecha paralela, se retrasará para hacer un remate cruzado y cerrará el medio con una volea de revés cruzada y volverá a retrasarse para realizar un remate paralelo, todos con el objetivo de las marcas situadas en el fondo de la pista.
Después de 12 bolas se cambia de jugador.

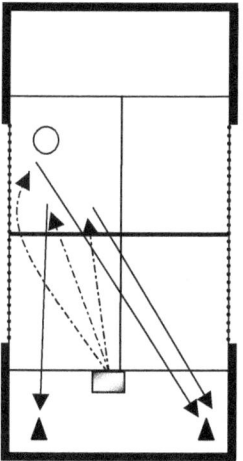

Ejercicio 0501   Golpes: V – Rm

Objetivo: Desarrollo técnico, habilidad y resistencia.
Secuencia de golpes: VDX – RmX

Descripción:
Ubicado el jugador en la posición inicial sobre la línea de saque, se desplazará hacia el poste para rodearlo y subir a la red para hacer una volea de derecha cruzada y un remate cruzado por el lateral con el objetivo de las marcas situadas en el fondo de la pista.
Después de la última bola, el jugador volverá a la posición inicial para comenzar de nuevo el ejercicio.
Después de 10 bolas se cambia de jugador.

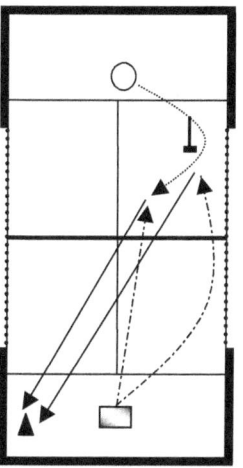

Ejercicio 0502   Golpes: V – Rm

Objetivo: Desarrollo técnico, habilidad y resistencia.
Secuencia de golpes: VRX – Rm//

Descripción:
Ubicado el jugador en la posición inicial sobre la línea de saque, se desplazará hacia el poste para rodearlo y subir a la red para hacer una volea de revés cruzada y un remate paralelo con el objetivo de las marcas situadas en el fondo de la pista.
Después de la última bola, el jugador volverá a la posición inicial para comenzar de nuevo el ejercicio.
Después de 10 bolas se cambia de jugador.

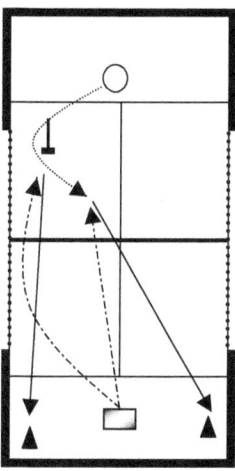

Ejercicio 0503   Golpes: V – Rm

Objetivo: Coordinación dinámica, habilidad y velocidad de reacción ante una situación.
Secuencia de golpes: RmX – VDX – VRX

Descripción:
Ubicado el jugador en media pista y de espaldas, a la voz del monitor se dará la vuelta y se colocará para realizar un remate cruzado con el que subirá a la red para realizar una volea de derecha cruzada y una volea de revés cruzada, con el objetivo de las marcas situadas en el fondo de la pista.

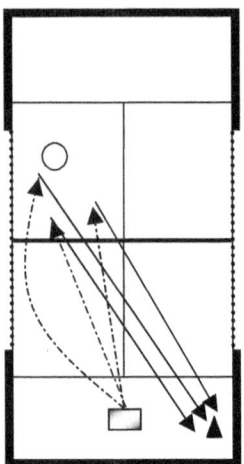

Ejercicio 0504   Golpes: V – Rm

Objetivo: Desarrollo técnico, habilidad y resistencia.
Secuencia de golpes: VRX – RmX

Descripción:
Ubicado el jugador en la posición inicial sobre la línea de saque, se desplazará hacia el poste para rodearlo y subir a la red para hacer una volea de revés cruzada y un remate cruzado con el objetivo de la marca situada en el fondo de la pista.
Después de la última bola, el jugador volverá a la posición inicial para comenzar de nuevo el ejercicio.
Después de 10 bolas se cambia de jugador.

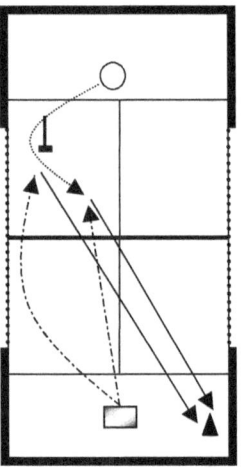

Ejercicio 0505   Golpes: V – Rm

Objetivo: Perfeccionamiento del ritmo, rapidez y fuerza.
Secuencia de golpes: RmX – VDX

Descripción:
Ubicado el jugador en media pista, realizará un remate cruzado, rodeará el poste situado en media pista y realizará una volea de derecha cruzada, con el objetivo de las marcas situadas en el fondo de la pista.
Después de la última bola, volverá a la posición inicial para comenzar de nuevo el ejercicio.
Después de 10 bolas se cambia de jugador.

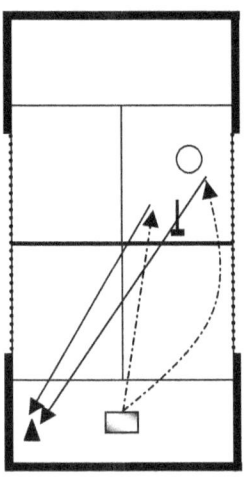

Ejercicio 0506   Golpes: V – Rm

Objetivo: Coordinación dinámica, habilidad y velocidad de reacción ante una situación.
Secuencia de golpes: RmX – VDX – VDX

Descripción:
Ubicado el jugador en media pista y de espaldas, a la voz del monitor se dará la vuelta y se colocará para realizar un remate cruzado con el que subirá a la red para realizar dos voleas de derecha cruzadas con el objetivo de las marcas situadas en el fondo de la pista.

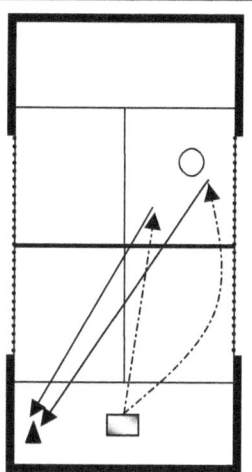

Ejercicio 0507   Golpes: V – Rm

Objetivo: Continuidad motora, habilidad, fuerza y rapidez.
Secuencia de golpes: RmX – VDX (x3)

Descripción:
Ubicado un jugador en media pista, realizará un remate cruzado, rodeará el poste situado cerca de la red y ejecutará tres voleas de derecha cruzadas, con el objetivo de las marcas situadas en el fondo de la pista.
Después de la última volea, volverá a realizar el ejercicio.
Después de 12 bolas se cambia el jugador.

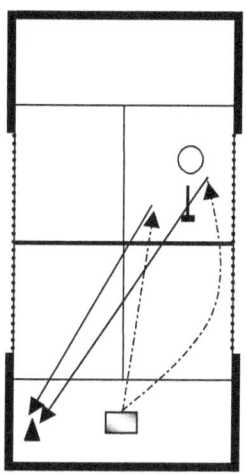

Ejercicio 0508   Golpes: V – Rm

Objetivo: Coordinación dinámica, habilidad y velocidad de reacción ante una situación.
Secuencia de golpes: RmX – VRX – VRX

Descripción:
Ubicado el jugador en media pista y de espaldas, a la voz del monitor se dará la vuelta y se colocará para realizar un remate cruzado con el que subirá a la red para realizar dos voleas de revés cruzadas con el objetivo de la marca situada en el fondo de la pista.

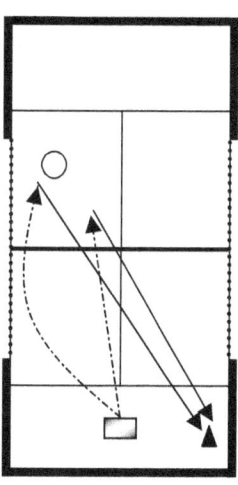

Ejercicio 0509   Golpes: V – Rm

Objetivo: Perfeccionamiento del ritmo, rapidez y fuerza.
Secuencia de golpes: RmX – VRX

Descripción:
Ubicado el jugador en media pista, realizará un remate cruzado, rodeará el poste situado en media pista y realizará una volea de revés cruzada, con el objetivo de la marca situada en el fondo de la pista.
Después de la última bola, volverá a la posición inicial para comenzar de nuevo el ejercicio.
Después de 10 bolas se cambia de jugador.

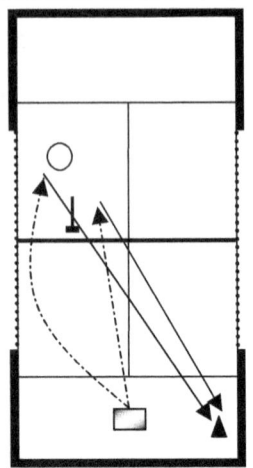

Ejercicio 0510   Golpes: V – Rm

Objetivo: Desarrollo técnico, habilidad y resistencia.
Secuencia de golpes: VDX – Rm//

Descripción:
Ubicado el jugador en la posición inicial sobre la línea de saque, se desplazará hacia el poste para rodearlo y subir a la red para hacer una volea de derecha y un remate paralelo con el objetivo de las marcas situadas en el fondo de la pista.
Después de la última bola, el jugador volverá a la posición inicial para comenzar de nuevo el ejercicio.
Después de 10 bolas se cambia de jugador.

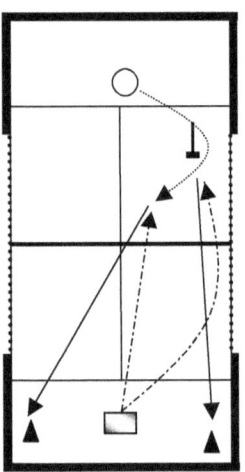

Ejercicio 0511   Golpes: V – Rm

Objetivo: Coordinación dinámica, habilidad y velocidad de reacción ante una situación.
Secuencia de golpes: RmX – VDX – VRX

Descripción:
Ubicado el jugador en media pista y de espaldas, a la voz del monitor se dará la vuelta y se colocará para realizar un remate cruzado con el que subirá a la red para realizar una volea de derecha cruzada y una volea de revés cruzada, con el objetivo de la marca situada en el fondo de la pista.

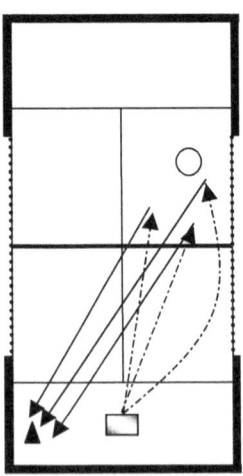

Ejercicio 0512   Golpes: V – Rm

Objetivo: Desarrollo de capacidades técnicas rápidas.
Secuencia de golpes: VD// - Rm// - VR// - Rm//

Descripción:
Ubicado el jugador cerca de la red, realizará una volea de derecha paralela, se retrasará para hacer un remate paralelo y cerrará el medio con una volea de revés paralela y volverá a retrasarse para realizar un remate paralelo, todos con el objetivo de la marca situada en el fondo de la pista.
Después de 12 bolas se cambia de jugador.

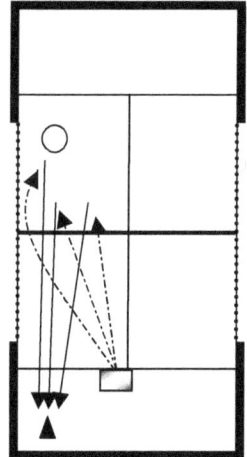

Ejercicio 0513   Golpes: V – Rm

Objetivo: Cambios de dirección y habilidad.
Secuencia de golpes: VD// - VR// - Rm//

Descripción:
Ubicado el jugador en el fondo de la pista junto al poste, subirá a la red para hacer una volea de derecha paralela, se retrasará para rodear el poste y hacer una volea de revés paralela y terminará con un remate paralelo con el objetivo de la marca situada en el fondo de la pista.

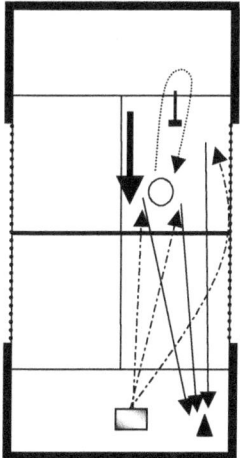

Ejercicio 0514   Golpes: V – Rm

Objetivo: Dinamismo y fuerza.
Secuencia de golpes: RmX – VDX – Rm// - VR//

Descripción:
Ubicado el jugador en media pista, realizará un remate cruzado y una volea de derecha cruzada y se retrasará un poco para realizar un remate paralelo y una volea de revés paralela, con el objetivo de las marcas situadas en el fondo de la pista.

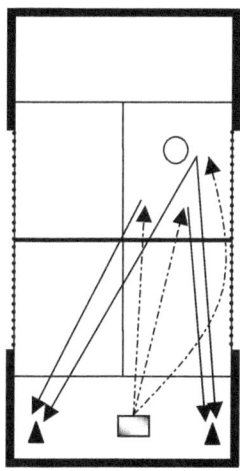

Ejercicio 0515   Golpes: V – Rm

Objetivo: Coordinación técnica, resistencia y rapidez.
Secuencia de golpes: VRX – Rm//

Descripción:
Ubicado el jugador en media pista, realizará una volea de revés cruzada, rodeará el poste y se posicionará para realizar un remate paralelo, con el objetivo de las marcas situadas en el fondo de la pista.
Después del último golpe, continuará el circuito.
Después de 10 bolas se cambiará de jugador.

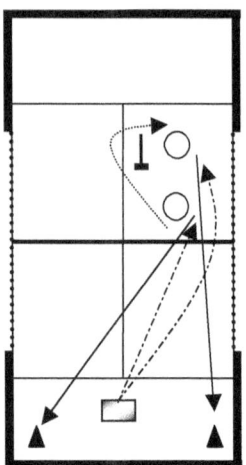

Ejercicio 0516   Golpes: V – Rm

Objetivo: Desarrollo de capacidades técnicas rápidas.
Secuencia de golpes: VR// - RmX - VDX – Rm//

Descripción:
Ubicado el jugador cerca de la red, realizará una volea de revés paralela, se retrasará para hacer un remate cruzado y cerrará el medio con una volea de derecha cruzada y volverá a retrasarse para realizar un remate paralelo, todos con el objetivo de las marcas situadas en el fondo de la pista.
Después de 12 bolas se cambia de jugador.

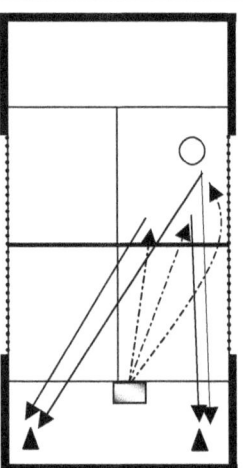

Ejercicio 0517   Golpes: V – Rm

Objetivo: Dinamismo motor y fuerza.
Secuencia de golpes: VRX – RmX – VDX – RmX

Descripción:
Ubicado el jugador en media pista, realizará una volea de revés cruzada y se retrasará para realizar un remate cruzado, volverá a cerrar con una volea de derecha cruzada y se volverá a retrasar para volver a realizar otro remate cruzado.

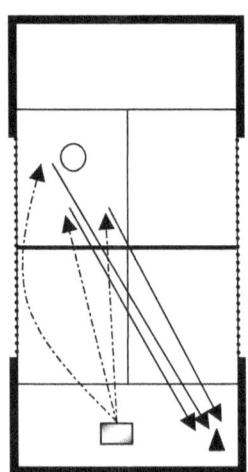

Ejercicio 0518   Golpes: V – Rm

Objetivo: Dinamismo, fuerza y rapidez
Secuencia de golpes: VD// - RmX

Descripción:
Ubicado el jugador cerca de la red, realizará una volea de derecha paralela y rodeará el poste situado al lado suyo para realizar un remate cruzado, con el objetivo de las marcas situadas en el fondo de la pista.
Después de 10 bolas se cambia de jugador.

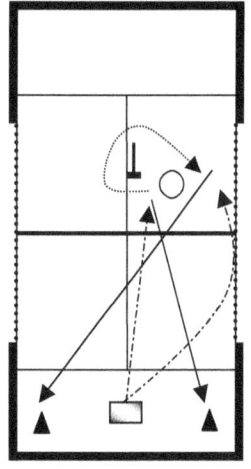

Ejercicio 0519   Golpes: V – Rm

Objetivo: Rapidez, habilidad y fuerza.
Secuencia de golpes: RmX - VDX

Descripción:
Ubicado el jugador cerca de la red, realizará un remate cruzado, rodeará el poste situado cerca de el y realizará una volea de derecha cruzada, con el objetivo de la marca situada en el fondo de la pista.
Después de 10 bolas se cambia de jugador.

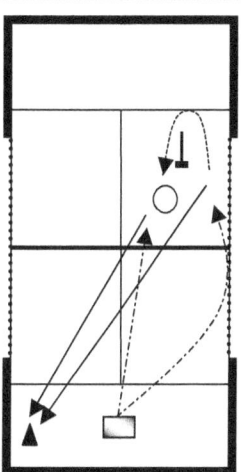

Ejercicio 0520   Golpes: V – Rm

Objetivo: Dinamismo, fuerza y rapidez.
Secuencia de golpes: VD// - Rm//

Descripción:
Ubicado el jugador cerca de la red, realizará una volea de derecha paralela y rodeará el poste situado al lado suyo para realizar un remate paralelo, con el objetivo de la marca situada en el fondo de la pista.
Después de 10 bolas se cambia de jugador.

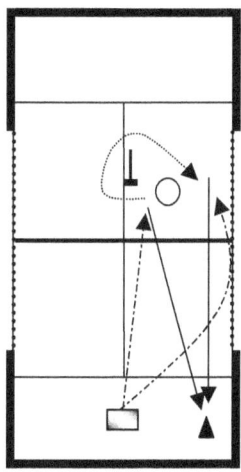

Ejercicio 0521   Golpes: V – Rm

Objetivo: Coordinación técnica, resistencia y rapidez.
Secuencia de golpes: VDX – Rm//

Descripción:
Ubicado el jugador en media pista, realizará una volea de derecha cruzada, rodeará los postes y se posicionará para realizar un remate paralelo, con el objetivo de las marcas situadas en el fondo de la pista.
Después del último golpe, continuará el circuito.
Después de 10 bolas se cambiará de jugador.

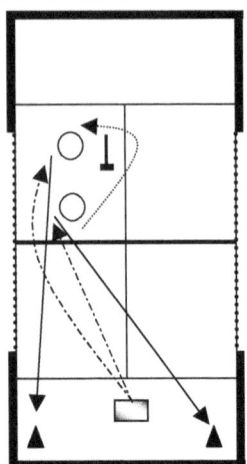

Ejercicio 0522   Golpes: V – Rm

Objetivo: Dinamismo, fuerza y rapidez.
Secuencia de golpes: VR// - RmX

Descripción:
Ubicado el jugador cerca de la red, realizará una volea de revés paralela y rodeará el poste situado al lado suyo para realizar un remate cruzado, con el objetivo de las marcas situadas en el fondo de la pista.
Después de 10 bolas se cambia de jugador.

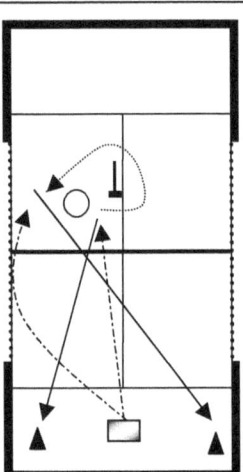

Ejercicio 0523   Golpes: V – Rm

Objetivo: Coordinación de la técnica.
Secuencia de golpes: VRX – RmX

Descripción:
Ubicado un jugador en media pista justo al poste situado sobre la línea, subirá a la red para realizar una volea de revés cruzada y un remate cruzado, con el objetivo de la marca situada en el fondo de la pista.
Después del remate, se retrasará para rodear el poste y continuar el ejercicio.
Después de 10 bolas se cambia de jugador.

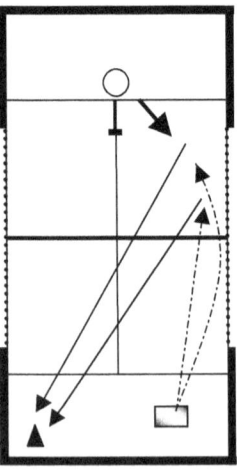

Ejercicio 0524   Golpes: V – Rm

Objetivo: Dinamismo, fuerza y rapidez.
Secuencia de golpes: VR// - Rm//

Descripción:
Ubicado el jugador cerca de la red, realizará una volea de revés paralela y rodeará el poste situado al lado suyo para realizar un remate paralelo, con el objetivo de las marcas situadas en el fondo de la pista.
Después de 10 bolas se cambia de jugador.

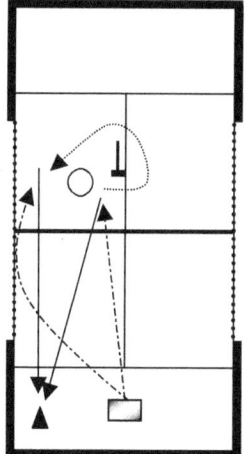

Ejercicio 0525   Golpes: V – Rm

Objetivo: Perfeccionamiento técnico, resistencia, fuerza y rapidez.
Secuencia de golpes: VR// - RmX

Descripción:
Ubicado el jugador en media pista, realizará un ocho entre los postes, realizando al lado de cada uno, una volea de revés paralela y un remate cruzado.
Después de 10 bolas se cambia de jugador.

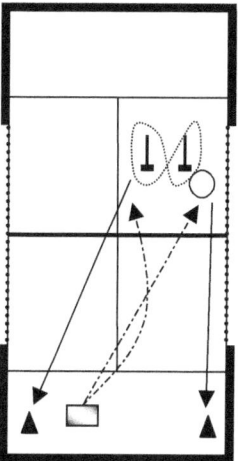

Ejercicio 0526   Golpes: V – Rm

Objetivo: Desarrollo del ritmo, resistencia, fuerza y rapidez.
Secuencia de golpes: VR// - RmX

Descripción:
Ubicado un jugador en media pista cerca del poste, realizará una volea de revés paralela, se retrasará lo suficiente, rodeando el poste, para realizar un remate cruzado y continuará repitiendo el ejercicio.
Después de 10 bolas se cambia de jugador.

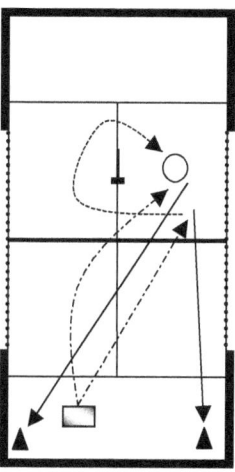

Ejercicio 0527   Golpes: V – Rm

Objetivo: Continuidad motora, habilidad, fuerza y rapidez.
Secuencia de golpes: RmX – VRX (x3)

Descripción:
Ubicados un jugador en media pista, realizará un remate cruzado, rodeará el poste situado cerca de la red y ejecutará tres voleas de revés cruzadas, con el objetivo de la marca situada en el fondo de la pista.
Después de la última volea, volverá a realizar el ejercicio.
Después de 12 bolas se cambia el jugador.

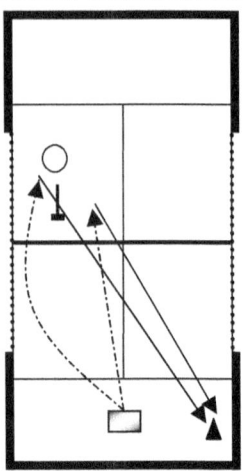

Ejercicio 0528   Golpes: V – Rm

Objetivo: Rapidez, habilidad y fuerza.
Secuencia de golpes: RmX - VRX

Descripción:
Ubicado el jugador cerca de la red, realizará un remate cruzado, rodeará el poste situado cerca de el y realizará una volea de revés cruzada, con el objetivo de la marca situada en el fondo de la pista.
Después de 10 bolas se cambia de jugador.

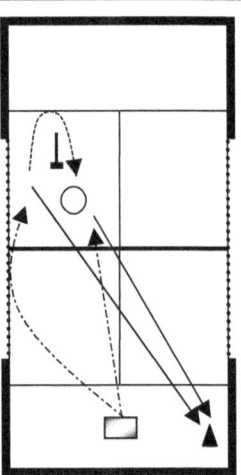

Ejercicio 0529   Golpes: V – Rm

Objetivo: Coordinación técnica, resistencia y rapidez.
Secuencia de golpes: VR// - RmX

Descripción:
Ubicado el jugador en media pista, realizará una volea de revés paralela, rodeará los postes y se posicionará para realizar un remate cruzado, con el objetivo de las marcas situadas en el fondo de la pista.
Después del último golpe, continuará el circuito.
Después de 10 bolas se cambiará de jugador.

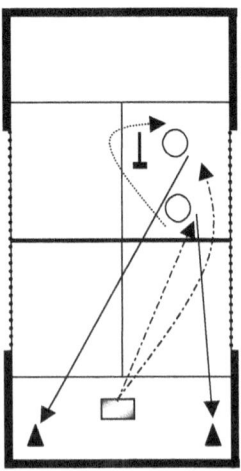

Ejercicio 0530   Golpes: V – Rm

Objetivo: Coordinación de la técnica
Secuencia de golpes: VDX – RmX

Descripción:
Ubicado un jugador en media pista justo al poste situado sobre la línea, subirá a la red para realizar una volea de derecha cruzada y un remate cruzado, con el objetivo de las marcas situadas en el fondo de la pista.
Después del remate, se retrasará para rodear el poste y continuar el ejercicio.
Después de 10 bolas se cambia de jugador.

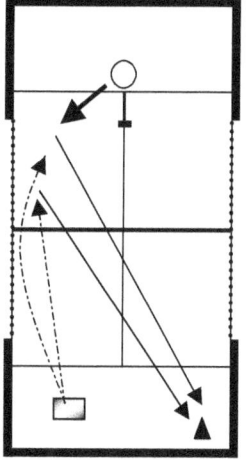

Ejercicio 0531   Golpes: V – Rm

Objetivo: Perfeccionamiento técnico, resistencia, fuerza y rapidez.
Secuencia de golpes: VD// - RmX

Descripción:
Ubicado el jugador en media pista, realizará un ocho entre los postes, realizando al lado de cada uno, una volea de derecha paralela y un remate cruzado.
Después de 10 bolas se cambia de jugador.

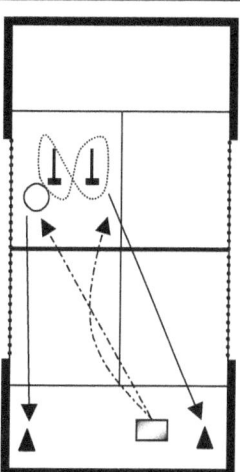

Ejercicio 0532   Golpes: V – Rm

Objetivo: Desarrollo del ritmo, resistencia, fuerza y rapidez.
Secuencia de golpes: VD// - RmX

Descripción:
Ubicado un jugador en media pista cerca del poste, realizará una volea de derecha paralela y se retrasará lo suficiente, rodeando el poste, para realizar un remate cruzado y continuará repitiendo el ejercicio.
Después de 10 bolas se cambia de jugador.

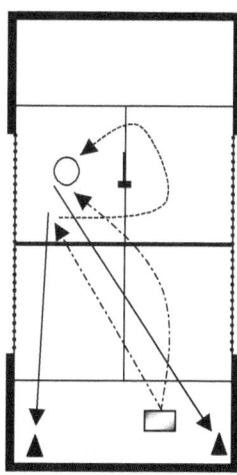

Ejercicio 0533   Golpes: V – Rm

Objetivo: Dinamismo y resistencia.
Secuencia de golpes: VDX – VDX – RmX – RmX

Descripción:
Ubicado el jugador sobre la línea de saque junto al poste, subirá a la red para realizar dos voleas cruzadas, rodear el siguiente poste y realizar dos remates cruzados, con el objetivo de la marca situada en el fondo de la pista.
Después de 12 bolas se cambia de jugador.

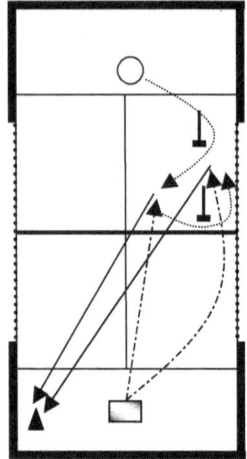

Ejercicio 0534   Golpes: V – Rm

Objetivo: Rapidez, habilidad y fuerza.
Secuencia de golpes: Rm// - VDX

Descripción:
Ubicado el jugador cerca de la red, realizará un remate paralelo, rodeará el poste situado cerca de el y realizará una volea de derecha cruzada, con el objetivo de las marcas situadas en el fondo de la pista.
Después de 10 bolas se cambia de jugador.

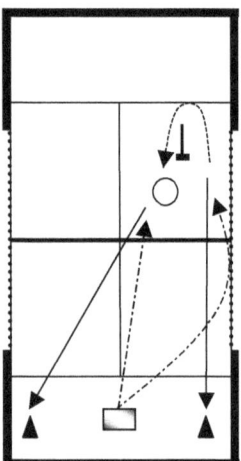

Ejercicio 0535   Golpes: V – Rm

Objetivo: Desarrollo del ritmo, resistencia, fuerza y rapidez.
Secuencia de golpes: RmX - VRX

Descripción:
Ubicado un jugador en media pista, realizará un remate cruzado y se pegará a la red para realizar una dejada cruzada.
Después de 10 bolas se cambia de jugador.

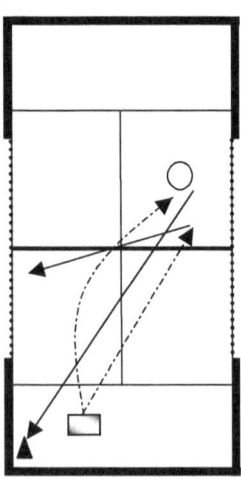

Ejercicio 0536   Golpes: V- Rm

Objetivo: Perfeccionamiento del remate, tiempo de ejecución y habilidad.
Secuencia de golpes: V// – Rm//

Descripción:
Ubicado un jugador cerca de la red, realizará una volea contra el monitor que le realizará un globo para que éste realice un remate paralelo continuando el punto respetando la zona actual de juego.

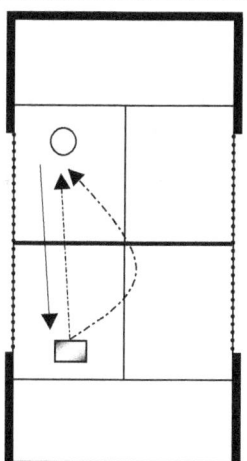

Ejercicio 0537   Golpes: R - Rm

Objetivo: Resto y remate.
Secuencia de golpes: Resto – Rm//

Descripción:
Ubicado en el fondo de la pista, en posición de recepcionar un resto, devolverá de revés plano paralelo el saque del monitor. Tras este golpe subirá a la red para realizar un remate paralelo.

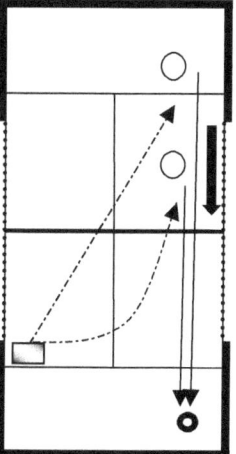

Ejercicio 0538   Golpes: D – Rm

Objetivo: Coordinación, fuerza y habilidad.
Secuencia de golpes: D// - RmX

Descripción:
Ubicado el jugador en el fondo de la pista junto a uno de los postes, realizará una derecha paralela con la que subirá al siguiente poste para rodearlo y realizar un remate cruzado, tras el cual continuará el ejercicio.
Después de 12 bolas se cambia de jugador.

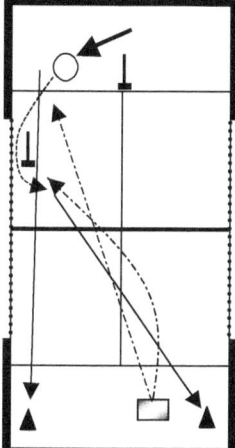

Ejercicio 0539   Golpes: V – Rm

Objetivo: Dinamismo y resistencia.
Secuencia de golpes: VRX – VRX – RmX – RmX

Descripción:
Ubicado el jugador sobre la línea de saque junto al poste, subirá a la red para realizar dos voleas de revés, rodear el siguiente poste y realizar dos remates, con el objetivo de la marca situada en el fondo de la pista.
Después de 12 bolas se cambia de jugador.

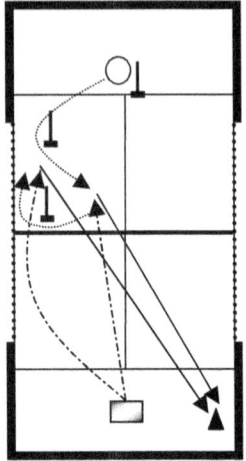

Ejercicio 0540   Golpes: V – Rm

Objetivo: Rapidez, habilidad y fuerza.
Secuencia de golpes: Rm// - VRX

Descripción:
Ubicado el jugador cerca de la red, realizará un remate paralelo, rodeará el poste situado cerca de él y realizará una volea de revés cruzada, con el objetivo de las marcas situadas en el fondo de la pista.
Después de 10 bolas se cambia de jugador.

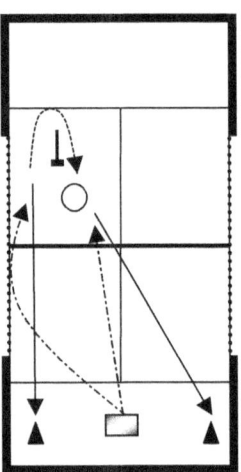

Ejercicio 0541   Golpes: V – Rm

Objetivo: Desarrollo del ritmo, resistencia, fuerza y rapidez.
Secuencia de golpes: RmX – VDX

Descripción:
Ubicado un jugador en media pista, realizará un remate cruzado y se pegará a la red para realizar una dejada cruzado.
Después de 10 bolas se cambia de jugador.

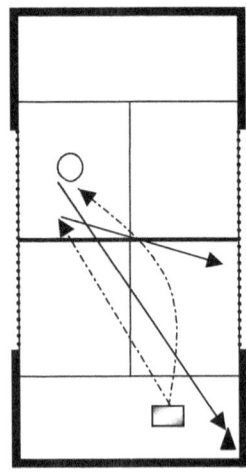

Ejercicio 0542   Golpes: V – Rm

Objetivo: Rapidez y coordinación del movimiento técnico y resistencia.
Secuencia de golpes: VDX – Giro – Rm//

Descripción:
Ubicado un jugador cerca de la red, realizará una volea de derecha cruzada con el objetivo de la marca situada en el fondo de la pista, rodeará el poste situado en media pista y volverá a subir a la red para hacer un remate paralelo.
Después de 10 bolas se cambia de jugador.

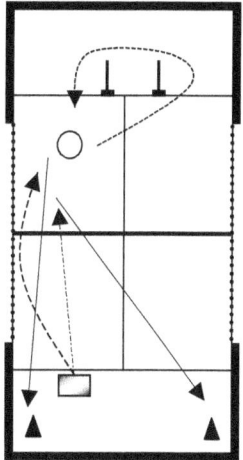

Ejercicio 0543   Golpes: D - Rm

Objetivo: Resto y remate.
Secuencia de golpes: Resto – Rm//

Descripción:
Ubicado en el fondo de la pista, en posición de recepcionar un resto, devolverá de derecha plana paralela el saque del monitor. Tras este golpe subirá a la red para realizar un remate paralelo.

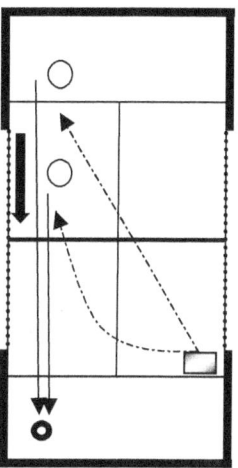

Ejercicio 0544   Golpes: V- Rm

Objetivo: Perfeccionamiento del remate, tiempo de ejecución y habilidad.
Secuencia de golpes: VX – RmX

Descripción:
Ubicado un jugador cerca de la red, realizará una volea contra el monitor que le realizará un globo para que éste realice un remate cruzado continuando el punto respetando la zona actual de juego.

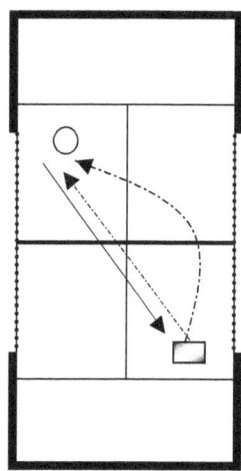

EJERCICIOS DE VOLEA Y BANDEJA

Ejercicio 0545   Golpes: V – Bd

Objetivo: Relevos.
Secuencia de golpes: VD// - Bd// - VD//

Descripción:
Ubicados dos jugadores cerca de la red, tendrán como objetivo mantener el juego en una zona de la pista, para la cual realizarán los relevos pertinentes para que el juego no cambie de orientación. El jugador del revés hará una volea de derecha paralela y mantendrá la zona, ya que su compañero realizará una bandeja paralela, y de nuevo, el jugador del revés realizará una volea de derecha paralela, con el objetivo de la marca situada en el fondo de la pista.

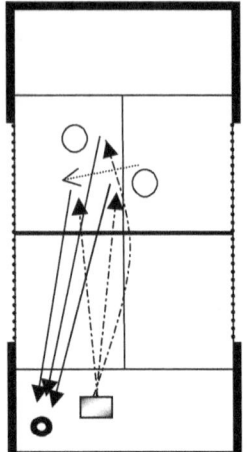

Ejercicio 0546   Golpes: V – Bd

Objetivo: Rapidez en el movimiento y en la ejecución.
Secuencia de golpes: Bd// – V// - Bd//

Descripción:
Ubicado un jugador en el fondo de la pista sobre la línea de saque, saltará un obstáculo y realizará una bandeja paralela con la que subirá a la red para realizar una volea paralela, para después retroceder lo suficiente para realizar una bandeja paralela, con el objetivo de la marca situada en el fondo de la pista. Después del último golpe, volverá a la posición inicial para comenzar de nuevo el ejercicio.
Después de 12 bolas se cambia de jugador.

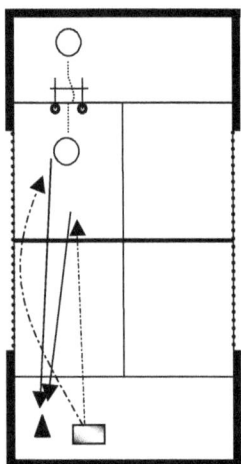

Ejercicio 0547   Golpes: V – Bd

Objetivo: Dinamismo motor y coordinación de movimientos.
Secuencia de golpes: Escalera – VRX - BdX

Descripción:
Ubicado el jugador junto a la escalera situada en paralelo a la red en medio de la pista, realizará la escalera de coordinación, y al llegar al final realizará una volea de revés cruzada y una bandeja cruzada, con el objetivo de la marca situada en el fondo de la pista.

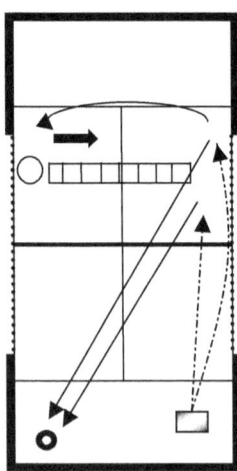

Ejercicio 0548   Golpes: V – Bd

Objetivo: Dinamismo motor y coordinación de movimientos.
Secuencia de golpes: SqBd// - VD// - Bd// - VR//

Descripción:
Ubicado un jugador sobre la línea de saque, realizará un saque bandeja paralelo con el que subirá a la red para cerrar el medio con una volea de derecha paralela, se retrasará lo suficiente para hacer otra bandeja paralela y concluirá con una volea de revés paralela con el objetivo de la marca situada en el fondo de la pista.

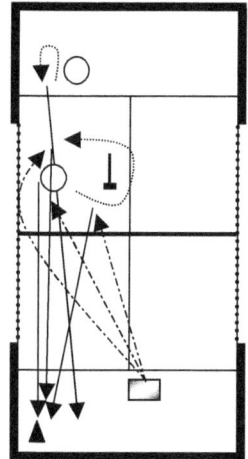

Ejercicio 0549   Golpes: V – Bd

Objetivo: Rapidez y coordinación.
Secuencia de golpes: BdX – BdX – VD// - VD//

Descripción:
Ubicado el jugador la posición inicial sobre la línea de saque, subirá a la red con dos bandejas cruzadas, se retrasará para rodear el poste y subir de nuevo para mantener la red con dos voleas de derecha paralelas, con el objetivo de las marcas situadas en la pista.
Después de 12 bolas se cambia de jugador.

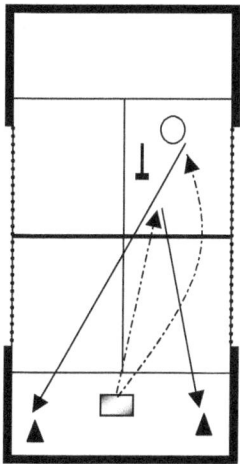

Ejercicio 0550   Golpes: V – Bd

Objetivo: Dinamismo motor y coordinación de movimientos.
Secuencia de golpes: SqBdX - VRX - BdX - VDX

Descripción:
Ubicado un jugador sobre la línea de saque, realizará un saque bandeja cruzado con el que subirá a la red para cerrar el medio con una volea de revés cruzada, se retrasará lo suficiente para hacer otra bandeja cruzada y concluirá con una volea de derecha cruzada con el objetivo de la marca situada en el fondo de la pista.

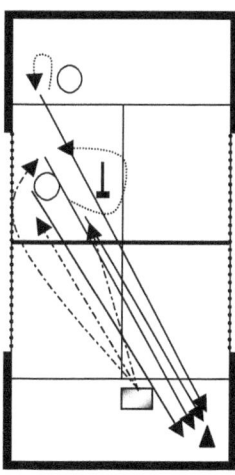

Ejercicio 0551   Golpes: V – Bd

Objetivo: Dinamismo motor, coordinación y habilidad.
Secuencia de golpes: VD// - Bd//

Descripción:
Ubicado un jugador cerca de la red, realizará dos voleas de derecha paralelas y se retrsará lo suficiente para realizar una bandeja paralela, con el objetivo de la marca situada en el fondo de la pista, y continuará a la posición inicial para comenzar de nuevo el ejercicio.
Después de 12 bolas se cambia de jugador.

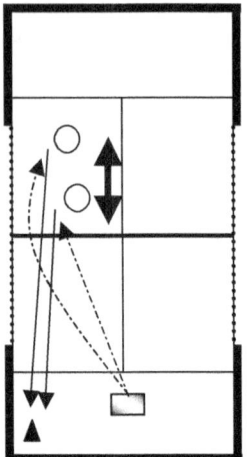

Ejercicio 0552   Golpes: V – Bd

Objetivo: Dinamismo motor y coordinación de movimientos.
Secuencia de golpes: SqBdX - VDX - BdX - VRX

Descripción:
Ubicado un jugador sobre la línea de saque, realizará un saque bandeja cruzado con el que subirá a la red para cerrar el medio con una volea de derecha cruzada, se retrasará lo suficiente para hacer otra bandeja cruzada y concluirá con una volea de revés cruzada con el objetivo de las marcas situadas en el fondo de la pista.

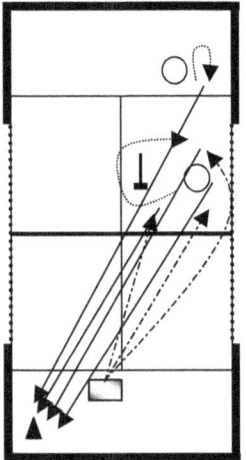

Ejercicio 0553   Golpes: V – Bd

Objetivo: Habilidad y tiempo de ejecución.
Secuencia de golpes: VD// o Bd//

Descripción:
Ubicado un jugador cerca de la red y el otro en media pista, el que está cerca de la red realizará voleas de derecha paralelas y el que está en media pista bandejas paralelas, con el objetivo de las marcas situadas en la pista.
Después de cada golpe, el jugador rodeará el poste situado junto a el.
Después de 10 bolas se alterna la posición de los jugadores.

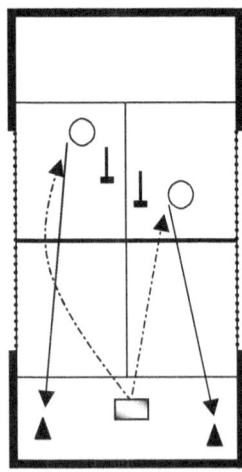

Ejercicio 0554   Golpes: V – Bd

Objetivo: Habilidad y tiempo de ejecución.
Secuencia de golpes: VDX - BdX

Descripción:
Ubicado un jugador cerca de la red y el otro en media pista, el que está cerca de la red realizará voleas de derecha cruzadas y el que está en media pista bandejas cruzadas, con el objetivo de las marcas situadas en la pista.
Después de cada golpe, el jugador rodeará el poste situado junto a el.
Después de 10 bolas se alterna la posición de los jugadores.

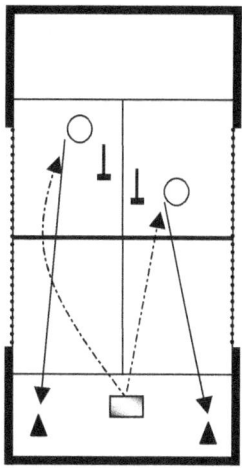

Ejercicio 0555   Golpes: V – Bd

Objetivo: Dinamismo motor, coordinación y habilidad.
Secuencia de golpes: VDX - BdX

Descripción:
Ubicado un jugador cerca de la red, realizará dos voleas de derecha cruzadas y se retrasará lo suficiente para realizar una bandeja cruzada, con el objetivo de la marca situada en el fondo de la pista, y continuará a la posición inicial para comenzar de nuevo el ejercicio.
Después de 12 bolas se cambia de jugador.

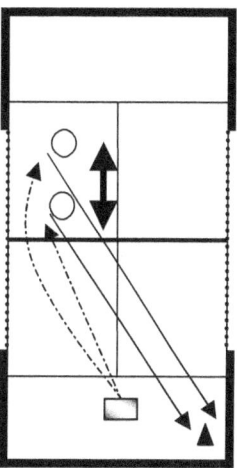

Ejercicio 0556   Golpes: V – Bd

Objetivo: Habilidad y tiempo de ejecución.
Secuencia de golpes: VDX o BdX

Descripción:
Ubicado un jugador cerca de la red y el otro en media pista, el que está cerca de la red realizará voleas de derecha cruzadas y el que está en media pista bandejas cruzadas, con el objetivo de las marcas situadas en la pista.
Después de cada golpe, el jugador rodeará el poste situado junto a el.
Después de 10 bolas se alterna la posición de los jugadores.

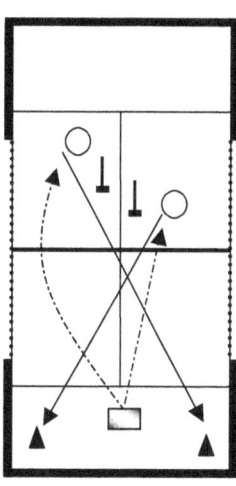

Ejercicio 0557   Golpes: V – Bd

Objetivo: Dinamismo, habilidad y resistencia.
Secuencia de golpes: SqBdX – VRX – VRX

Descripción:
Ubicado el jugador sobre la línea de saque, realizará un saque bandeja cruzado y subirá a la red para cerrar el medio con dos voleas de revés cruzadas, con el objetivo de la marca situada en el fondo de la pista.

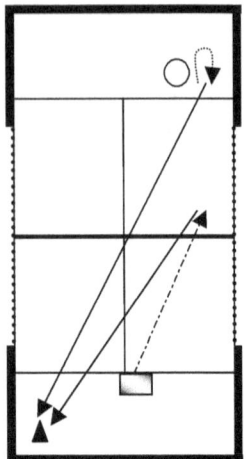

Ejercicio 0558   Golpes: V – Bd

Objetivo: Dinamismo, habilidad y resistencia.
Secuencia de golpes: SqBdX – VDX – VDX

Descripción:
Ubicado el jugador sobre la línea de saque, realizará un saque bandeja cruzado y subirá a la red para cerrar el medio con dos voleas de derecha cruzadas, con el objetivo de las marcas situadas en el fondo de la pista.

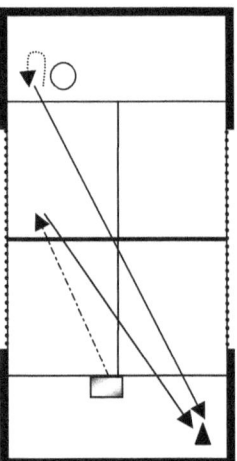

Ejercicio 0559   Golpes: V – Bd

Objetivo: Fuerza, rapidez y habilidad.
Secuencia de golpes: SqBdX – VD// - rodeo – BdX - VR//

Descripción:
Ubicado el jugador sobre la línea de saque, realizará un saque bandeja cruzado y subirá a la red para realizar una volea de derecha paralela, rodeará el poste situado en media pista y se retrasará para realizar una bandeja cruzada con la que subirá a la red para realizar una volea de revés paralela, con el objetivo de las marcas situadas en el fondo de la pista.

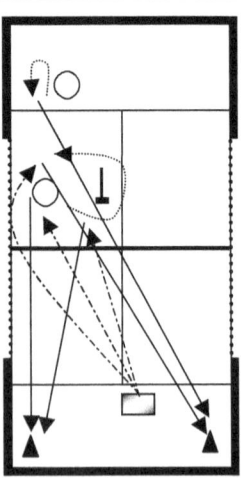

Ejercicio 0560   Golpes: V – Bd

Objetivo: Fluidez, fuerza y habilidad.
Secuencia de golpes: SqBdX – VR//

Descripción:
Ubicado el jugador sobre la línea de saque, realizará un saque bandeja con el que subirá a la red, rodeando el poste situado en medio de la pista, para realizar una volea de revés paralela.
Después de 10 bolas se cambia de jugador.

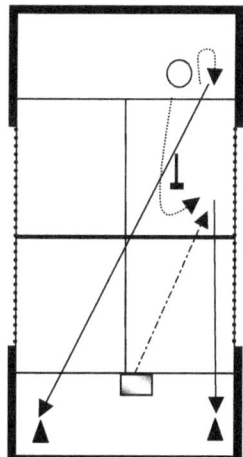

Ejercicio 0561   Golpes: V – Bd

Objetivo: Habilidad y tiempo de ejecución.
Secuencia de golpes: SqBdX – rodeo – salto – rodeo – VR//

Descripción:
Ubicado el jugador sobre la línea de saque, realizará un saque bandeja cruzado, rodeará un poste, saltará la valla, rodeará el otro poste y realizará una volea de revés paralela, con el objetivo de las marcas situadas en el fondo de la pista.
Después de 10 bolas se cambia de jugador.

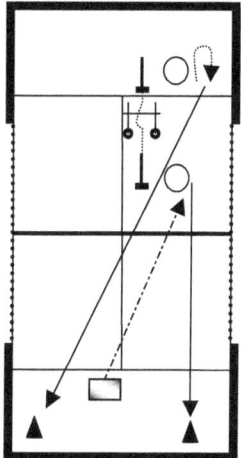

Ejercicio 0562   Golpes: V – Bd

Objetivo: Fluidez, fuerza y habilidad.
Secuencia de golpes: SqBdX – VD//

Descripción:
Ubicado el jugador sobre la línea de saque, realizará un saque bandeja con el que subirá a la red, rodeando el poste situado en medio de la pista, para realizar una volea de derecha paralela.
Después de 10 bolas se cambia de jugador.

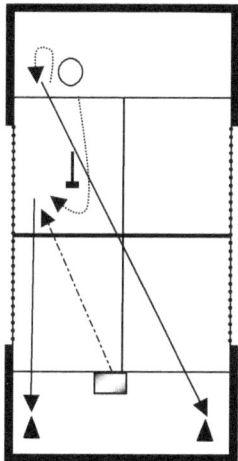

Ejercicio 0563   Golpes: V – Bd

Objetivo: Habilidad y tiempo de ejecución.
Secuencia de golpes: SqBdX – rodeo – salto – rodeo – VD//

Descripción:
Ubicado el jugador sobre la línea de saque, realizará un saque bandeja cruzado, rodeará un poste, saltará la valla, rodeará el otro poste y realizará una volea de derecha paralela, con el objetivo de las marcas situadas en el fondo de la pista.
Después de 10 bolas se cambia de jugador.

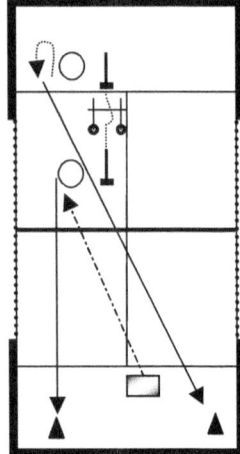

Ejercicio 0564   Golpes: V – Bd

Objetivo: Rapidez en el movimiento, resistencia, fuerza y rapidez.
Secuencia de golpes: BdX - VDX - BdX

Descripción:
Ubicado el jugador en media pista, realizará una bandeja cruzada con la que subirá a la red para hacer una volea de derecha cruzada, y se retrasará lo suficiente para hacer otra bandeja cruzada con el objetivo de las marcas situadas en el fondo de la pista.

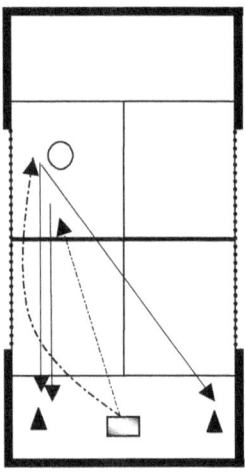

Ejercicio 0565   Golpes: V – Bd

Objetivo: Rapidez en la ejecución con rapidez en el movimiento, fuerza y habilidad.
Secuencia de golpes: VD// - BdX – VR// - Bd//

Descripción:
Ubicado el jugador cerca de la red, el jugador realizará una volea de derecha paralela y una bandeja cruzada, rodeará el poste situado en el fondo de la pista y subirá a la red para hacer una volea de revés paralela y una bandeja paralela, con el objetivo de las marcas situadas en el fondo de la pista.
Después de 12 bolas se cambia de jugador.

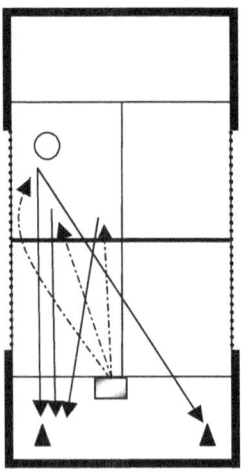

Ejercicio 0566   Golpes: V – Bd

Objetivo: Perfeccionamiento técnico, habilidad y resistencia.
Secuencia de golpes: VRX - BdX

Descripción:
Ubicado el jugador cerca de la red, realizará una volea de revés cruzada a la reja y se retrasará los suficiente para hacer una bandeja cruzada, con el objetivo de la marca situada en el rincón de la pista. Después de la bandeja, rodeará el poste situado cerca de la red para continuar el ejercicio.
Después de 10 bolas se cambia de jugador.

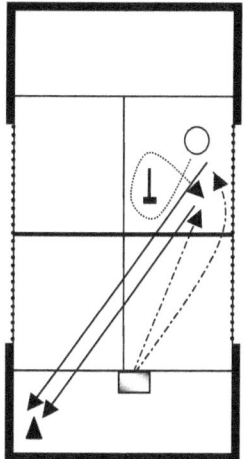

Ejercicio 0567   Golpes: V – Bd

Objetivo: Rapidez en el movimiento, resistencia, fuerza y rapidez.
Secuencia de golpes: BdX - VDX - BdX

Descripción:
Ubicado el jugador en media pista, realizará una bandeja cruzada con la que subirá a la red para hacer una volea de derecha cruzada, y se retrasará lo suficiente para hacer otra bandeja cruzada con el objetivo de las marcas situadas en el fondo de la pista.

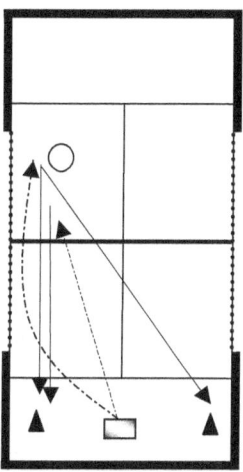

Ejercicio 0568   Golpes: V – Bd

Objetivo: Perfeccionamiento técnico, habilidad y resistencia.
Secuencia de golpes: VDX - BdX

Descripción:
Ubicado el jugador cerca de la red, realizará una volea de derecha cruzada a la reja y se retrasará lo suficiente para hacer una bandeja cruzada, con el objetivo de la marca situada en el rincón de la pista. Después de la bandeja, rodeará el poste situado cerca de la red para continuar el ejercicio.
Después de 10 bolas se cambia de jugador.

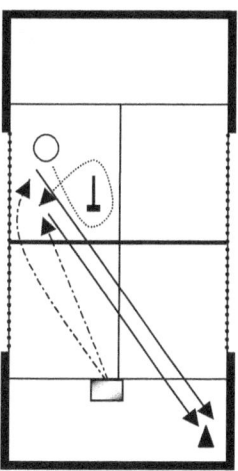

Ejercicio 0569   Golpes: V – Bd

Objetivo: Dinamismo motor, coordinación y habilidad.
Secuencia de golpes: VRX - BdX

Descripción:
Ubicado un jugador cerca de la red, realizará dos voleas de revés cruzadas y se retrasará lo suficiente para realizar una bandeja cruzada, con el objetivo de la marca situada en el fondo de la pista, y continuará a la posición inicial para comenzar de nuevo el ejercicio.
Después de 12 bolas se cambia de jugador.

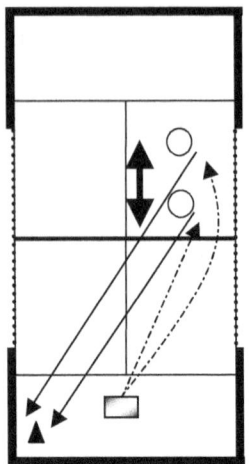

Ejercicio 0570   Golpes: V – Bd

Objetivo: Rapidez en el movimiento, habilidad y fuerza.
Secuencia de golpes: VDX - VDX - BdX - BdX

Descripción:
Ubicado el jugador en el fondo de la pista, subirá a la red con dos voleas de derecha cruzadas, rodeará el poste situado cerca de la red y se retrasará lo suficiente para realizar dos bandejas cruzadas con el objetivo de la marca situada en el fondo de la pista.
Después de 10 bolas se cambia de jugador.

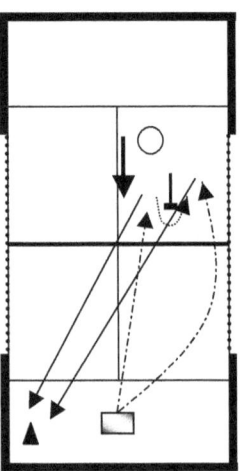

Ejercicio 0571   Golpes: V – Bd

Objetivo: Rapidez en el movimiento, habilidad y fuerza.
Secuencia de golpes: VRX - VRX - BdX - BdX

Descripción:
Ubicado el jugador en el fondo de la pista, subirá a la red con dos voleas de revés cruzadas, rodeará el poste situado cerca de la red y se retrasará lo suficiente para realizar dos bandejas cruzadas con el objetivo de la marca situada en el fondo de la pista.
Después de 10 bolas se cambia de jugador.

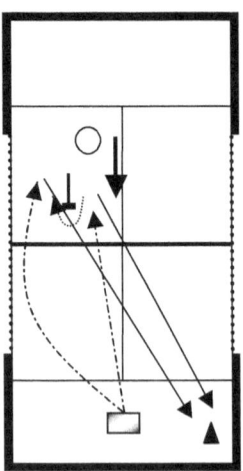

Ejercicio 0572   Golpes: V – Bd

Objetivo: Perfeccionamiento técnico, habilidad y resistencia.
Secuencia de golpes: Bd// - VDX

Descripción:
Ubicado el jugador en media pista, realizará una bandeja paralela y subirá a la red para hacer una volea de derecha cruzada, con el objetivo de la marca situada en el rincón de la pista. Después de la bandeja, rodeará el poste situado cerca de la red para continuar el ejercicio.
Después de 10 bolas se cambia de jugador.

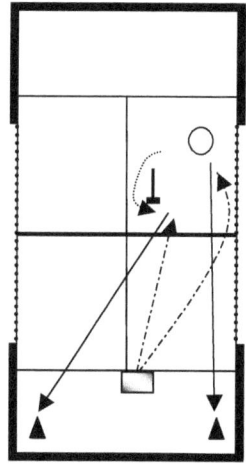

Ejercicio 0573   Golpes: V – Bd

Objetivo: Desarrollo de capacidades técnicas rápidas.
Secuencia de golpes: VDX – BdX – VR// - BdX

Descripción:
Ubicado el jugador cerca de la red, el jugador realizará una volea de derecha cruzada, una bandeja cruzada, una volea de revés paralela y una bandeja cruzada con el objetivo de las marcas situadas en el fondo de la pista.
Después de 12 bolas se cambia de jugador.

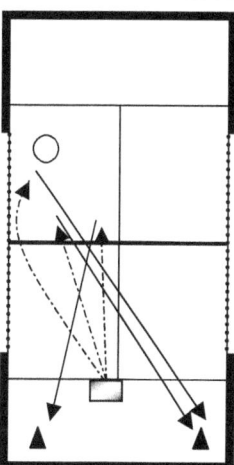

Ejercicio 0574   Golpes: V – Bd

Objetivo: Perfeccionamiento técnico, habilidad y resistencia.
Secuencia de golpes: VD// - BdX

Descripción:
Ubicado el jugador cerca de la red, realizará una volea de derecha paralela y se retrasará lo suficiente para hacer una bandeja cruzada, con el objetivo de la marca situada en el rincón de la pista. Después de la bandeja, rodeará el poste situado cerca de la red para continuar el ejercicio.
Después de 10 bolas se cambia de jugador.

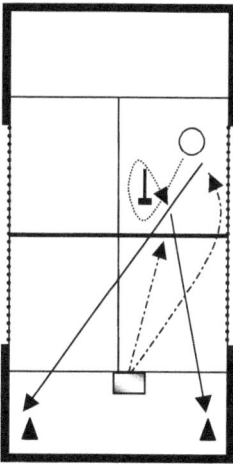

Ejercicio 0575   Golpes: V – Bd

Objetivo: Rapidez en el movimiento, habilidad y fuerza.
Secuencia de golpes: VD// - VD// - Bd// - Bd//

Descripción:
Ubicado el jugador en el fondo de la pista, subirá a la red con dos voleas de derecha paralelas, rodeará el poste situado cerca de la red y se retrasará lo suficiente para realizar dos bandejas paralelas con el objetivo de las marcas situadas en el fondo de la pista.
Después de 10 bolas se cambia de jugador.

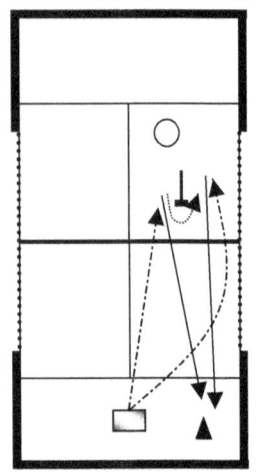

Ejercicio 0576   Golpes: V – Bd

Objetivo: Desarrollo de capacidades técnicas rápidas.
Secuencia de golpes: VRX – BdX – VD// - BdX

Descripción:
Ubicado el jugador cerca de la red, el jugador realizará una volea de revés cruzada, una bandeja cruzada, una volea de derecha paralela y una bandeja cruzada con el objetivo de las marcas situadas en el fondo de la pista.
Después de 12 bolas se cambia de jugador.

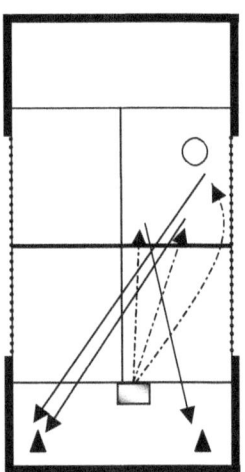

Ejercicio 0577   Golpes: V – Bd

Objetivo: Perfeccionamiento técnico, habilidad y resistencia.
Secuencia de golpes: Bd// - VRX

Descripción:
Ubicado el jugador en media pista, realizará una bandeja paralela y subirá a la red para hacer una volea de revés cruzada, con el objetivo de la marca situada en el rincón de la pista. Después de la bandeja, rodeará el poste situado cerca de la red para continuar el ejercicio.
Después de 10 bolas se cambia de jugador.

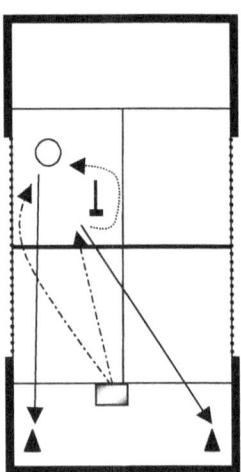

Ejercicio 0578   Golpes: V – Bd

Objetivo: Perfeccionamiento técnico, habilidad y resistencia.
Secuencia de golpes: VR// - BdX

Descripción:
Ubicado el jugador cerca de la red, realizará una volea de revés paralela y se retrasará lo suficiente para hacer una bandeja cruzada, con el objetivo de las marcas situadas en el rincón de la pista. Después de la bandeja, rodeará el poste situado cerca de la red para continuar el ejercicio.
Después de 10 bolas se cambia de jugador.

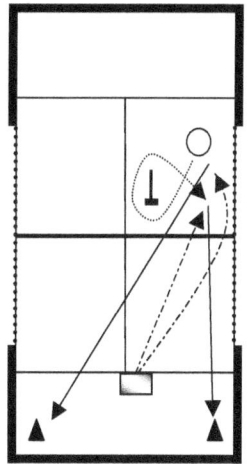

Ejercicio 0579   Golpes: V – Bd

Objetivo: Rapidez en el movimiento, habilidad y resistencia.
Secuencia de golpes: BdX – BdX – VDX – VDX

Descripción:
Ubicado el jugador en media pista, realizará dos bandejas cruzadas con las que subirá a la red para rodear un poste y realizar dos voleas de derecha, con el objetivo de la marca situada en el fondo de la pista.
Después de 12 bolas se cambia de jugador.

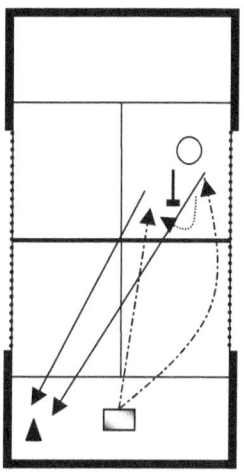

Ejercicio 0580   Golpes: V – Bd

Objetivo: Dinamismo del movimiento, fuerza y rapidez.
Secuencia de golpes: VRX – BdX – VDX – BdX

Descripción:
Ubicado el jugador en media pista, realizará una volea de revés cruzada, se retrasará lo suficiente para realizar una bandeja cruzada, subirá a la red para realizar una volea de derecha cruzada y se volverá a retrasar para realizar una bandeja cruzada, con el objetivo de la marca situada en el fondo de la pista.
Después de 12 bolas se cambia de jugador.

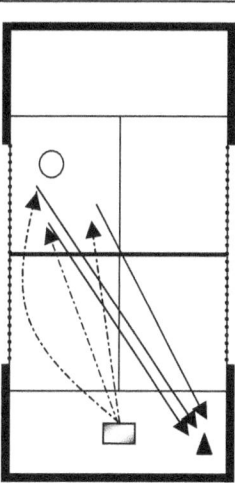

Ejercicio 0581   Golpes: V – Bd

Objetivo: Perfeccionamiento técnico, habilidad y resistencia.
Secuencia de golpes: VD// - BdX

Descripción:
Ubicado el jugador cerca de la red, realizará una volea de derecha paralela y se retrasará lo suficiente para hacer una bandeja cruzada, con el objetivo de las marcas situadas en el rincón de la pista. Después de la bandeja, rodeará el poste situado cerca de la red para continuar el ejercicio.
Después de 10 bolas se cambia de jugador.

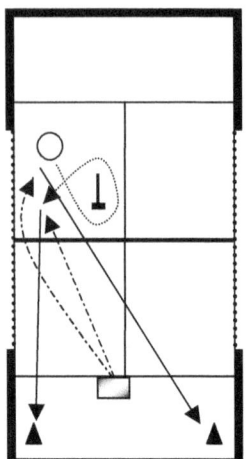

Ejercicio 0582   Golpes: V – Bd

Objetivo: Rapidez en el movimiento, habilidad y resistencia.
Secuencia de golpes: BdX – BdX – VRX – VRX

Descripción:
Ubicado el jugador en media pista, realizará dos bandejas cruzadas con las que subirá a la red para rodear un poste y realizar dos voleas de revés, con el objetivo de las marcas situadas en el fondo de la pista.
Después de 12 bolas se cambia de jugador.

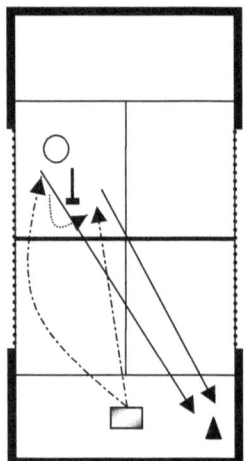

Ejercicio 0583   Golpes: V – Bd

Objetivo: Dinamismo del movimiento, fuerza y rapidez.
Secuencia de golpes: VR// – Bd// – VD// – Bd//

Descripción:
Ubicado el jugador en media pista, realizará una volea de revés paralela, se retrasará lo suficiente para realizar una bandeja paralela, subirá a la red para realizar una volea de derecha paralela y se volverá a retrasar para realizar una bandeja paralela, con el objetivo de las marcas situadas en el fondo de la pista.
Después de 12 bolas se cambia de jugador.

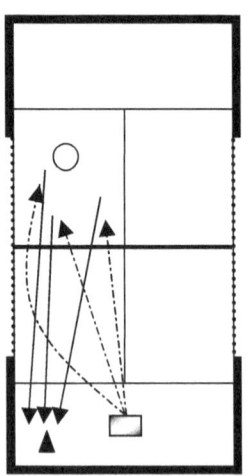

Ejercicio 0584   Golpes: V – Bd

Objetivo: Coordinación dinámica, habilidad y velocidad de reacción ante una situación.
Secuencia de golpes: BdX – VDX – VRX

Descripción:
Ubicado el jugador en media pista y de espaldas, a la voz del monitor se dará la vuelta y se colocará para realizar una bandeja cruzada con la que subirá a la red para realizar una volea de derecha cruzada y una volea de revés cruzada, con el objetivo de la marca situada en el fondo de la pista.

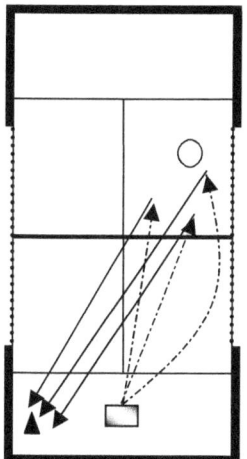

Ejercicio 0585   Golpes: V – Bd

Objetivo: Perfeccionamiento del ritmo, rapidez y fuerza.
Secuencia de golpes: BdX – VDX

Descripción:
Ubicado el jugador en media pista, realizará una bandeja cruzada, rodeará el poste situado en media pista y realizará una volea de derecha cruzada, con el objetivo de la marca situada en el fondo de la pista.
Después de la última bola, volverá a la posición inicial para comenzar de nuevo el ejercicio.
Después de 10 bolas se cambia de jugador.

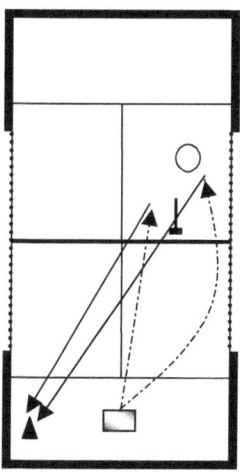

Ejercicio 0586   Golpes: V – Bd

Objetivo: Coordinación dinámica, habilidad y velocidad de reacción ante una situación.
Secuencia de golpes: BdX – VRX – VRX

Descripción:
Ubicado el jugador en media pista y de espaldas, a la voz del monitor se dará la vuelta y se colocará para realizar una bandeja cruzada con la que subirá a la red para realizar dos voleas de revés cruzadas con el objetivo de la marca situada en el fondo de la pista.

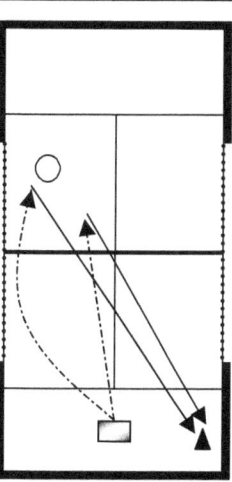

Ejercicio 0587   Golpes: V – Bd

Objetivo: Coordinación dinámica, habilidad y velocidad de reacción ante una situación.
Secuencia de golpes: BdX – VDX – VRX

Descripción:
Ubicado el jugador en media pista y de espaldas, a la voz del monitor se dará la vuelta y se colocará para realizar una bandeja cruzada con la que subirá a la red para realizar una volea de derecha cruzada y una volea de revés cruzada, con el objetivo de la marca situada en el fondo de la pista.

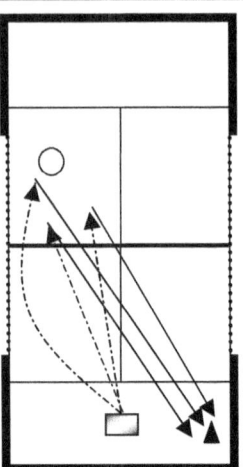

Ejercicio 0588   Golpes: V – Bd

Objetivo: Perfeccionamiento del ritmo, rapidez y fuerza.
Secuencia de golpes: BdX – VRX

Descripción:
Ubicado el jugador en media pista, realizará una bandeja cruzada, rodeará el poste situado en media pista y realizará una volea de revés cruzada, con el objetivo de la marca situada en el fondo de la pista.
Después de la última bola, volverá a la posición inicial para comenzar de nuevo el ejercicio.
Después de 10 bolas se cambia de jugador.

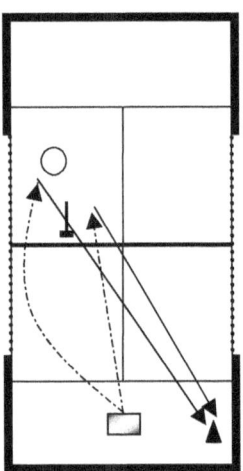

Ejercicio 0589   Golpes: V – Bd

Objetivo: Rapidez en el movimiento, habilidad y fuerza.
Secuencia de golpes: VR// - VR// - Bd// - Bd//

Descripción:
Ubicado el jugador en el fondo de la pista, subirá a la red con dos voleas de revés paralelas, rodeará el poste situado cerca de la red y se retrasará lo suficiente para realizar dos bandejas paralelas con el objetivo de la marca situada en el fondo de la pista.
Después de 10 bolas se cambia de jugador.

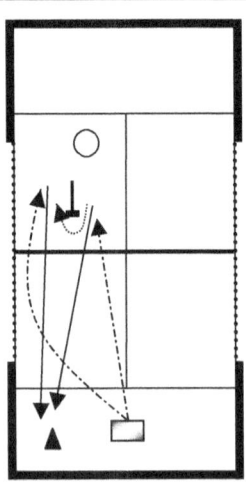

Ejercicio 0590   Golpes: V – Bd

Objetivo: Coordinación dinámica, habilidad y velocidad de reacción ante una situación.
Secuencia de golpes: BdX – VDX – VDX

Descripción:
Ubicado el jugador en media pista y de espaldas, a la voz del monitor se dará la vuelta y se colocará para realizar una bandeja cruzada con la que subirá a la red para realizar dos voleas de derecha cruzadas con el objetivo de la marca situada en el fondo de la pista.

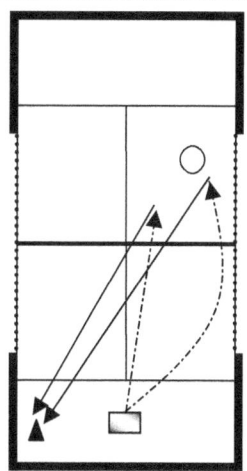

Ejercicio 0591   Golpes: V – Bd

Objetivo: Rapidez en la ejecución con rapidez en el movimiento, fuerza y habilidad.
Secuencia de golpes: VR// - BdX – VD// - Bd//

Descripción:
Ubicado el jugador cerca de la red, el jugador realizará una volea de revés paralela, una bandeja cruzada, rodeará el poste situado en el fondo de la pista y subirá a la red para hacer una volea de derecha paralela y una bandeja paralela, con el objetivo de las marcas situadas en el fondo de la pista.
Después de 12 bolas se cambia de jugador.

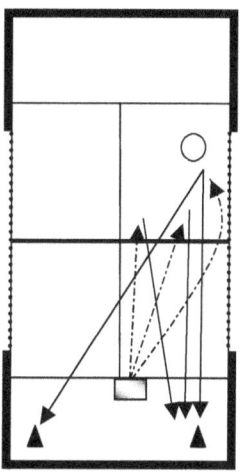

Ejercicio 0592   Golpes: V – Bd

Objetivo: Perfeccionamiento técnico, habilidad y resistencia.
Secuencia de golpes: VR// - BdX

Descripción:
Ubicado el jugador cerca de la red, realizará una volea de revés paralela y se retrasará lo suficiente para hacer una bandeja cruzada, con el objetivo de la marca situada en el rincón de la pista. Después de la bandeja, rodeará el poste situado cerca de la red para continuar el ejercicio.
Después de 10 bolas se cambia de jugador.

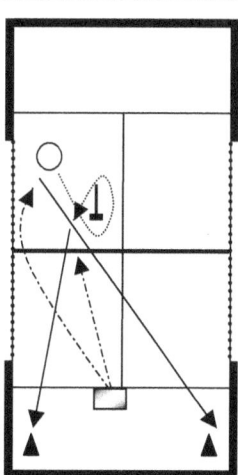

Ejercicio 0593   Golpes: V – Bd

Objetivo: Habilidad y tiempo de ejecución.
Secuencia de golpes: VR// o Bd//

Descripción:
Ubicado un jugador cerca de la red y el otro en media pista, el que está cerca de la red realizará voleas de revés paralelas y el que está en media pista bandejas paralelas, con el objetivo de las marcas situadas en la pista.
Después de cada golpe, el jugador rodeará el poste situado junto a el.
Después de 10 bolas se alterna la posición de los jugadores.

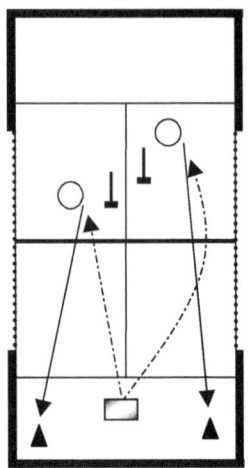

Ejercicio 0594   Golpes: V – Bd

Objetivo: Dinamismo motor, coordinación y habilidad.
Secuencia de golpes: VR// - Bd//

Descripción:
Ubicado un jugador cerca de la red, realizará dos voleas de revés paralelas y se retrasará lo suficiente para realizar una bandeja paralela, con el objetivo de la marca situada en el fondo de la pista, y continuará a la posición inicial para comenzar de nuevo el ejercicio.
Después de 12 bolas se cambia de jugador.

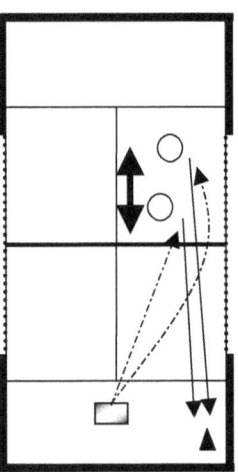

Ejercicio 0595   Golpes: V – Bd

Objetivo: Habilidad y tiempo de ejecución.
Secuencia de golpes: VRX o BdX

Descripción:
Ubicado un jugador cerca de la red y el otro en media pista, el que está cerca de la red realizará voleas de revés cruzadas y el que está en media pista bandejas cruzadas, con el objetivo de las marcas situadas en la pista.
Después de cada golpe, el jugador rodeará el poste situado junto a el.
Después de 10 bolas se alterna la posición de los jugadores.

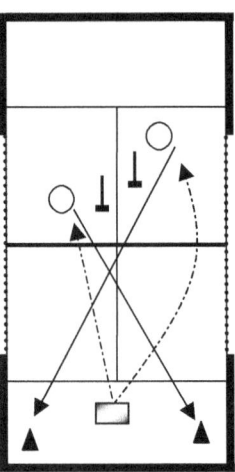

Ejercicio 0596   Golpes: V – Bd

Objetivo: Rapidez y coordinación.
Secuencia de golpes: BdX – BdX – VR// - VR//

Descripción:
Ubicado el jugador en la posición inicial sobre la línea de saque, subirá a la red con dos bandejas cruzadas, se retrasará para rodear el poste y subir de nuevo para mantener la red con dos voleas de revés paralelas, con el objetivo de las marcas situadas en la pista.
Después de 12 bolas se cambia de jugador.

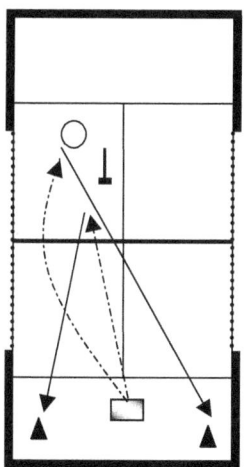

Ejercicio 0597   Golpes: V – Bd

Objetivo: Dinamismo y resistencia.
Secuencia de golpes: VDX – VDX – BdX – BdX

Descripción:
Ubicado el jugador sobre la línea de saque junto al poste, subirá a la red para realizar dos voleas de revés, rodear el siguiente poste y realizar dos bandejas, con el objetivo de las marcas situadas en el fondo de la pista.
Después de 12 bolas se cambia de jugador.

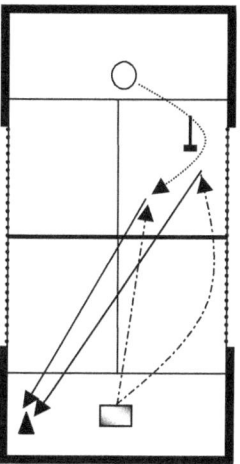

Ejercicio 0598   Golpes: V – Bd

Objetivo: Coordinación y rapidez en la ejecución.
Secuencia de golpes: VDX – BdX

Descripción:
Ubicado un jugador en media pista junto al poste, alternará las voleas de derecha cruzadas y las bandejas cruzadas, con el objetivo de la marca situada en el fondo de la pista.
Después de 10 bolas se cambia de jugador.

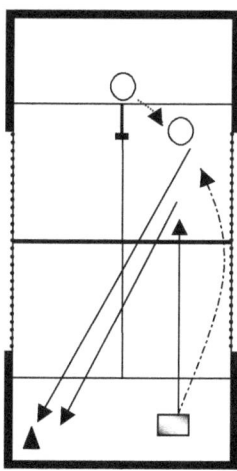

Ejercicio 0599 Golpes: V – Bd

Objetivo: Desarrollo del ritmo, tiempo de ejecución y resistencia.
Secuencia de golpes: BdX - VRX

Descripción:
Ubicado el jugador cerca de la red, se retrasará lo suficiente para realizar una bandeja paralela y subir para hacer una volea de revés cruzada. Después del último golpe rodeará el poste situado junto a la red para continuar el ejercicio.
Después de 12 bolas se cambia de jugador.

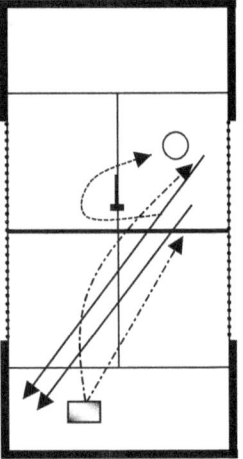

Ejercicio 0600 Golpes: V – Bd

Objetivo: Desarrollo del ritmo, tiempo de ejecución y resistencia.
Secuencia de golpes: Bd// - VR//

Descripción:
Ubicado el jugador cerca de la red, se retrasará lo suficiente para realizar una bandeja paralela y subir para hacer una volea de revés paralela. Después del último golpe rodeará el poste situado junto a la red para continuar el ejercicio.
Después de 12 bolas se cambia de jugador.

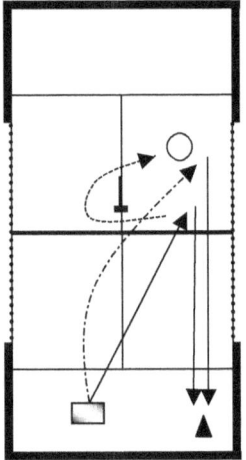

Ejercicio 0601 Golpes: V – Bd

Objetivo: Dinamismo y resistencia.
Secuencia de golpes: VRX – VRX – BdX – BdX

Descripción:
Ubicado el jugador sobre la línea de saque junto al poste, subirá a la red para realizar dos voleas de revés, rodear el siguiente poste y realizar dos bandejas, con el objetivo de la marca situada en el fondo de la pista.
Después de 12 bolas se cambia de jugador.

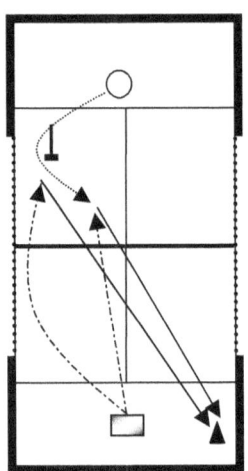

Ejercicio 0602   Golpes: V- Bd

Objetivo: Perfeccionamiento de la bandeja, tiempo de ejecución y habilidad.
Secuencia de golpes: V// – Bd//

Descripción:
Ubicados cuatro jugadores enfrentados cerca de la red, el monitor lanza una bola a un jugador que voleará haciendo globo paralelo que será respondido con una bandeja paralela. A partir de ahí continuarán el punto.
Después de 10 bolas se alterna la posición de los jugadores.

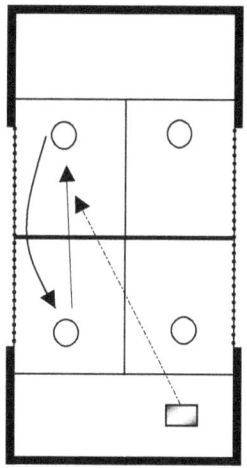

Ejercicio 0603   Golpes: V - Bd

Objetivo: Rapidez de la ejecución en movimiento.
Secuencia de golpes: BdX - VDX

Descripción:
Ubicado el jugador junto al poste de la red, se retrasará para realizar una bandeja cruzada y subirá a la red para hacer una volea de derecha cruzada con el objetivo de la marca situada en el fondo de la pista.
Después de 10 bolas se cambia de jugador.

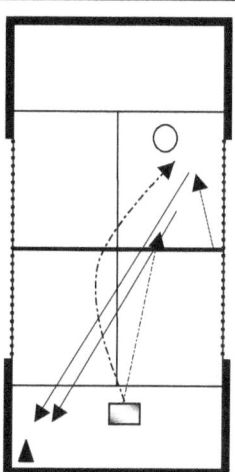

Ejercicio 0604   Golpes: V- Bd

Objetivo: Perfeccionamiento de la bandeja, tiempo de ejecución y habilidad.
Secuencia de golpes: V// – Bd//

Descripción:
Ubicados dos jugadores enfrentados cerca de la red, el monitor lanza una bola a un jugador que voleará haciendo globo paralelo que será respondido con una bandeja paralela. A partir de ahí continuarán el punto respetando la zona de juego.
Después de 10 bolas se alterna la posición de los jugadores.

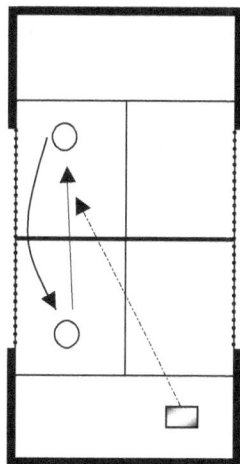

Ejercicio 0605   Golpes: V – Bd

Objetivo: Desarrollo del ritmo, tiempo de ejecución y resistencia.
Secuencia de golpes: BdX - VDX

Descripción:
Ubicado el jugador cerca de la red, se retrasará lo suficiente para realizar una bandeja paralela y subir para hacer una volea de derecha cruzada. Después del último golpe rodeará el poste situado junto a la red para continuar el ejercicio.
Después de 12 bolas se cambia de jugador.

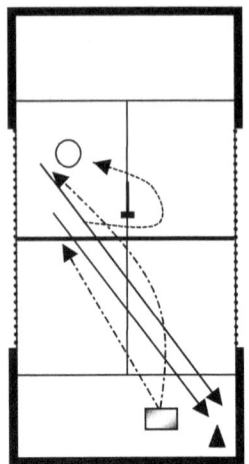

Ejercicio 0606   Golpes: V – Bd

Objetivo: Velocidad y coordinación del movimiento técnico, habilidad y resistencia a la velocidad en largos períodos de tiempo.
Secuencia de golpes: BdX - VRX – VD// y jugar.

Descripción:
Ubicado el jugador en media pista, realizará una bandeja cruzada con la que subirá a la red para realizar una volea de revés cruzada con el objetivo de la marca situada en el fondo de la pista. Luego cubrirá su lado de la pista y realizará una volea de derecha paralela contra el contrario situado en el lado opuesto y continuarán el punto. Después de 10 puntos se alterna la posición.

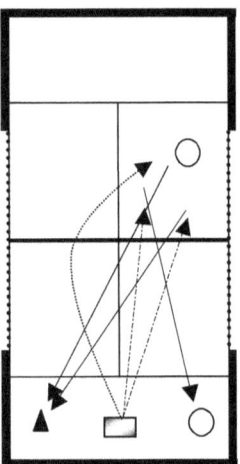

Ejercicio 0607   Golpes: V- Bd

Objetivo: Perfeccionamiento de la bandeja, tiempo de ejecución y habilidad.
Secuencia de golpes: VX – BdX

Descripción:
Ubicados cuatro jugadores enfrentados cerca de la red, el monitor lanza una bola a un jugador que voleará haciendo globo cruzado que será respondido con una bandeja cruzada. A partir de ahí continuarán el punto.
Después de 10 bolas se alterna la posición de los jugadores.

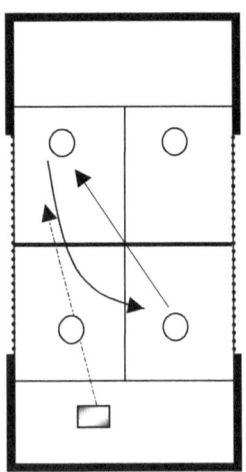

Ejercicio 0608   Golpes: V – Bd

Objetivo: Velocidad y coordinación del movimiento técnico, habilidad y resistencia a la velocidad en largos períodos de tiempo.
Secuencia de golpes: BdX – VD//

Descripción:
Ubicado el jugador en media pista, realizará una bandeja cruzada, rodeará el poste situado en media pista para subir a la red y realizar una volea de derecha paralela con el objetivo de las marcas situadas en el fondo de la pista.
Después de 10 bolas se cambia de jugador.

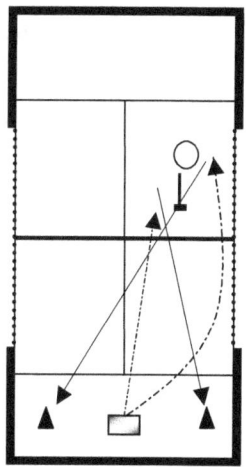

Ejercicio 0609   Golpes: V – Bd

Objetivo: Rapidez en el movimiento, coordinación del movimiento técnico, fuerza y rapidez.
Secuencia de golpes: VRX – BdX – VDX

Descripción:
Ubicado el jugador cerca de la red, realizará una volea de revés cruzada, se retrasará lo suficiente para realizar una bandeja cruzada y subirá a la red para terminar con una volea de derecha cruzada, con el objetivo de las marcas situadas en el fondo de la pista.

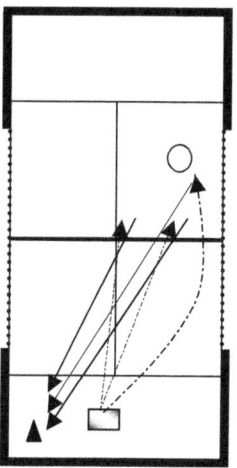

Ejercicio 0610   Golpes: V – Bd

Objetivo: Velocidad y coordinación del movimiento técnico, habilidad y resistencia a la velocidad en largos períodos de tiempo.
Secuencia de golpes: BdX - VDX – VR// y jugar.

Descripción:
Ubicado el jugador en media pista, realizará una bandeja cruzada con la que subirá a la red para realizar una volea de derecha cruzada con el objetivo de la marca situada en el fondo de la pista. Luego cubrirá su lado de la pista y realizará una volea de revés paralela contra el contrario situado en el lado opuesto y continuarán el punto. Después de 10 puntos se alterna la posición.

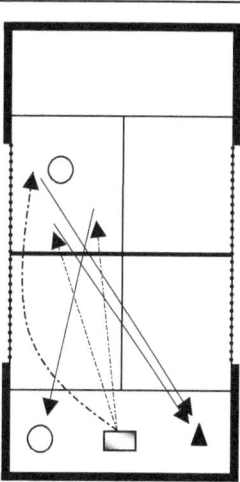

Ejercicio 0611   Golpes: V – Bd

Objetivo: Velocidad y coordinación del movimiento técnico, habilidad y resistencia a la velocidad en largos períodos de tiempo.
Secuencia de golpes: BdX – VR//

Descripción:
Ubicado el jugador en media pista, realizará una bandeja cruzada, rodeará el poste situado en media pista para subir a la red y realizar una volea de revés paralela con el objetivo de las marcas situadas en el fondo de la pista.
Después de 10 bolas se cambia de jugador.

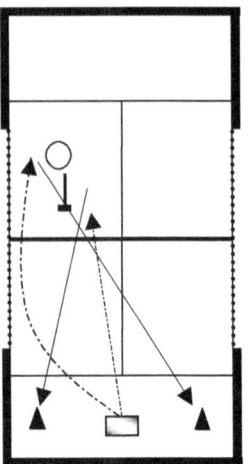

Ejercicio 0612   Golpes: V – Bd

Objetivo: Rapidez en el movimiento, coordinación del movimiento técnico, fuerza y rapidez.
Secuencia de golpes: VDX – BdX – VRX

Descripción:
Ubicado el jugador cerca de la red, realizará una volea de derecha cruzada, se retrasará lo suficiente para realizar una bandeja cruzada y subirá a la red para terminar con una volea de revés cruzada, con el objetivo de la marca situada en el fondo de la pista.

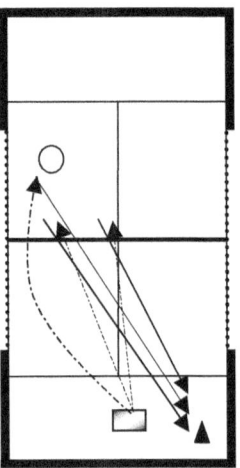

Ejercicio 0613   Golpes: V – Bd

Objetivo: Velocidad y coordinación del movimiento técnico, habilidad y resistencia a la velocidad en largos períodos de tiempo.
Secuencia de golpes: Bd// - VR// - VDX y jugar.

Descripción:
Ubicado el jugador en media pista, realizará una bandeja paralela con la que subirá a la red para realizar una volea de revés paralela con el objetivo de la marca situada en el fondo de la pista. Luego cubrirá el medio de su lado de la pista y realizará una volea de revés derecha contra el contrario situado en el lado opuesto y continuarán el punto. Después de 10 puntos se alterna la posición.

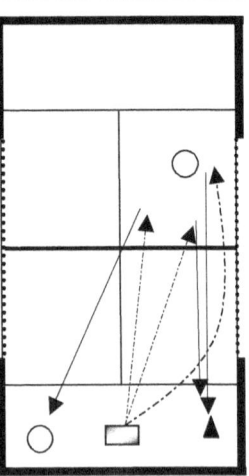

Ejercicio 0614 Golpes: V – Bd

Objetivo: Rapidez en el movimiento, resistencia, fuerza y rapidez.
Secuencia de golpes: BdX – VD// – Bd// – VD// – BdX

Descripción:
Ubicado el jugador en media pista, alternará las bandejas y las voleas y las bandejas con el objetivo de las marcas situadas en el fondo de la pista.

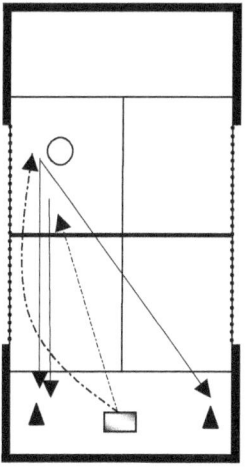

Ejercicio 0615 Golpes: V – Bd

Objetivo: Rapidez en el movimiento y en la ejecución.
Secuencia de golpes: VD// – BdX – VRX

Descripción:
Ubicado un jugador cerca de la red, realizará una volea de derecha paralela, se retrasará lo suficiente para realizar una bandeja cruzada y subirá a la red para cubrir el centro y realizar una volea de revés cruzada con el objetivo de las marcas situadas en el fondo de la pista.
Después de 10 bolas se cambia de jugador.

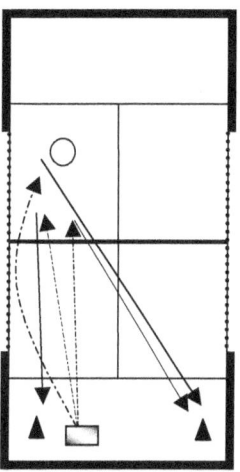

Ejercicio 0616 Golpes: V - Bd

Objetivo: Rapidez en el movimiento, velocidad de reacción y habilidad.
Secuencia de golpes: BdX - VX

Descripción:
Ubicado un jugador en el fondo de la pista, se lanzará una bola como un saque de tenis para realizar una bandeja cruzada contra el jugador situado en la red que bloqueará cruzado este golpe.
Después de 10 bolas se alterna la posición de los jugadores.

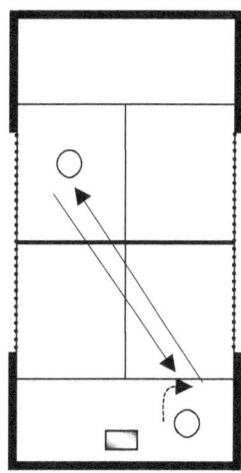

Ejercicio 0617   Golpes: V – Bd

Objetivo: Rapidez en el movimiento y en la ejecución.
Secuencia de golpes: BdX – VR// - BdX

Descripción:
Ubicado un jugador en el fondo de la pista sobre la línea de saque, saltará un obstáculo y realizará una bandeja cruzada con la que subirá a la red para realizar una volea de revés paralela, para después retroceder lo suficiente para realizar una bandeja cruzada, con el objetivo de las marcas situadas en el fondo de la pista. Después del último golpe, volverá a la posición inicial para comenzar de nuevo el ejercicio.
Después de 12 bolas se cambia de jugador.

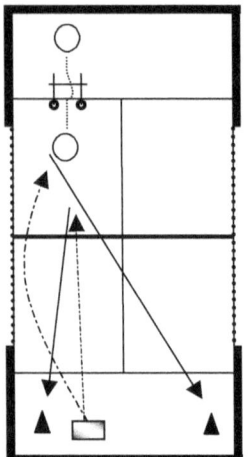

Ejercicio 0618   Golpes: V - Bd

Objetivo: Control de la volea y la bandeja en distintas posiciones. Coordinación de movimientos técnicos.
Secuencia de golpes: BdX – VD// - VRX y jugar.

Descripción:
Ubicado el jugador en media pista, realizará una bandeja cruzada y se desplazará en paralelo a la otra zona para realizar una volea de derecha paralela con el objetivo de la marca situada en el fondo de la pista. Luego hará una volea de revés cruzada y continuará el punto contra el monitor.

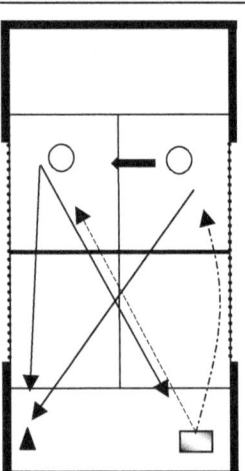

Ejercicio 0619   Golpes: V – Bd

Objetivo: Coordinación, rapidez en el movimiento y habilidad.
Secuencia de golpes: VD// - BdX

Descripción:
Ubicado el jugador en la posición inicial, se acercará a la red para realizar una volea de derecha paralela, tocará la red y se retrasará lo suficiente para realizar una bandeja cruzada con el objetivo de las marcas situadas en el fondo de la pista.

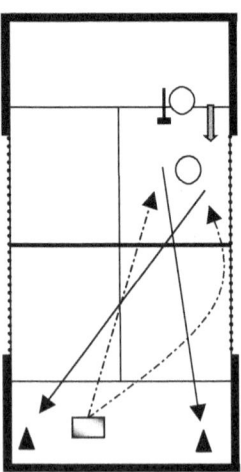

Ejercicio 0620   Golpes: V – Bd

Objetivo: Rapidez en el movimiento y en la ejecución.
Secuencia de golpes: VR// – BdX – VDX

Descripción:
Ubicado un jugador cerca de la red, realizará una volea de revés paralela, se retrasará lo suficiente para realizar una bandeja cruzada y subirá a la red para cubrir el centro y realizar una volea de derecha cruzada con el objetivo de las marcas situadas en el fondo de la pista.
Después de 10 bolas se cambia de jugador.

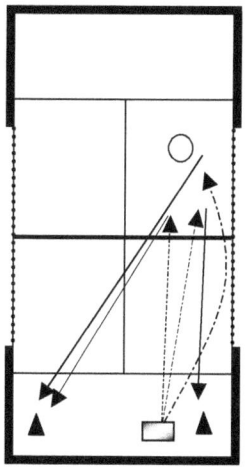

Ejercicio 0621   Golpes: V - Bd

Objetivo: Desarrollo de la habilidad en las técnicas, habilidad y tiempo de ejecución.
Secuencia de golpes: VR// - VDX - BdX

Descripción:
Ubicado un jugador cerca del poste situado en el fondo de la pista, lo rodeará y realizará una volea de revés paralela con la que subirá a la red para realizar una volea de derecha cruzada y se retrasará lo suficiente para realizar una bandeja cruzada, con el objetivo de las marcas situadas en el fondo de la pista.

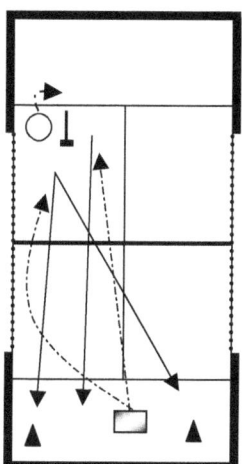

Ejercicio 0622   Golpes: V – Bd

Objetivo: Rapidez en el movimiento, desarrollo de la precisión en la ejecución, tiempo de ejecución, velocidad de reacción.
Secuencia de golpes: Bd// – V

Descripción:
Ubicado un jugador en media pista, realizará bandejas paralelas contra el jugador que subirá desde la línea de saque para bloquear las bandejas del contrario. Continuarán el punto respetando la posición de juego actual. Después de 10 bolas se alterna la posición de los jugadores.

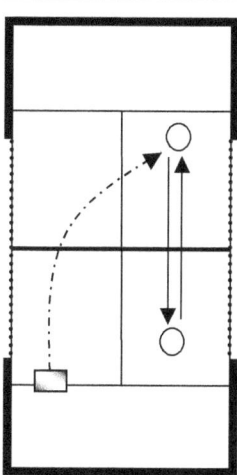

Ejercicio 0623   Golpes: V – Bd

Objetivo: Rapidez en el movimiento, desarrollo de la precisión en la ejecución, tiempo de ejecución, velocidad de reacción.
Secuencia de golpes: BdX – V

Descripción:
Ubicado un jugador en media pista, realizará bandejas cruzadas contra el jugador que subirá desde la línea de saque para bloquear las bandejas del contrario. Después de 10 bolas se alterna la posición de los jugadores.

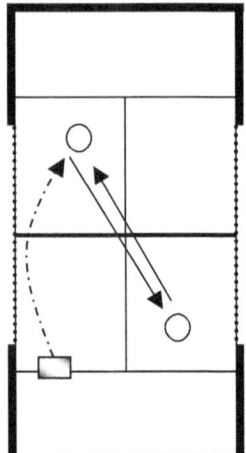

Ejercicio 0624   Golpes: V – Bd

Objetivo: Mecanización de la bandeja y volea de ataque.
Secuencia de golpes: BdX simulada – BdX – VDX

Descripción:
Ubicado el jugador en la línea de saque en el lado del drive, realizará una simulación de bandeja cruzada y subirá a la altura del monitor para realizar una bandeja cruzada a la bola lanzada con la mano con el monitor y posteriormente hacer una volea de derecha cruzada. Después de realizar el golpe, volverá a la fila para volver a realizar el ejercicio.

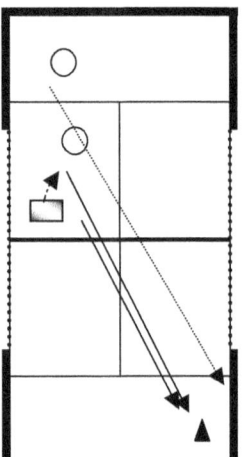

Ejercicio 0625   Golpes: V – Bd

Objetivo: Mecanización de la bandeja y volea de ataque.
Secuencia de golpes: Bd// simulada – Bd// – VRX

Descripción:
Ubicado el jugador en la línea de saque en el lado del drive, realizará una simulación de bandeja paralela y subirá a la altura del monitor para realizar una bandeja paralela a la bola lanzada con la mano con el monitor y posteriormente hacer una volea de revés cruzada. Después de realizar el golpe, volverá a la fila para volver a realizar el ejercicio.

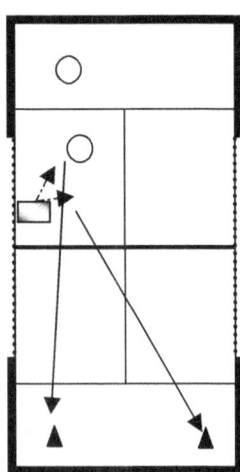

Ejercicio 0626   Golpes: V – Bd

Objetivo: Mecanización de la bandeja y volea de ataque.
Secuencia de golpes: Saque – BdX – VD//

Descripción:
Ubicado el jugador en la línea de saque en el lado del drive, realizará un saque y subirá a la altura del monitor para realizar una bandeja cruzada a la bola lanzada con la mano con el monitor y posteriormente hacer una volea de derecha paralela. Después de realizar el golpe, el monitor le dará una bola y volverá a la fila para volver a realizar el ejercicio.

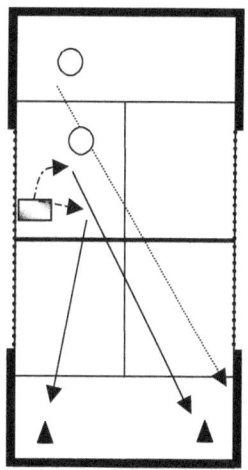

Ejercicio 0627   Golpes: V – Bd

Objetivo: Mecanización de la bandeja y volea de ataque.
Secuencia de golpes: BdX simulada – BdX – VD//

Descripción:
Ubicado el jugador en la línea de saque en el lado del revés, realizará una simulación de bandeja cruzada y subirá a la altura del monitor para realizar una bandeja cruzada a la bola lanzada con la mano con el monitor y posteriormente hacer una volea de derecha paralela. Después de realizar el golpe, volverá a la fila para volver a realizar el ejercicio.

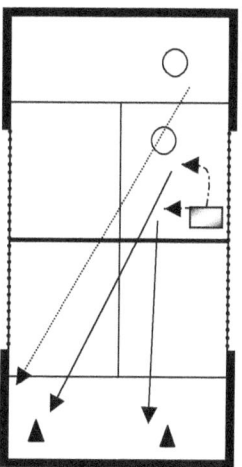

Ejercicio 0628   Golpes: V – Bd

Objetivo: Mecanización de la bandeja y volea de ataque
Secuencia de golpes: Bd// simulada – Bd// – VDX

Descripción:
Ubicado el jugador en la línea de saque en el lado del drive, realizará una simulación de bandeja paralela y subirá a la altura del monitor para realizar una bandeja paralela a la bola lanzada con la mano con el monitor y posteriormente hacer una volea de derecha cruzada. Después de realizar el golpe, volverá a la fila para volver a realizar el ejercicio.

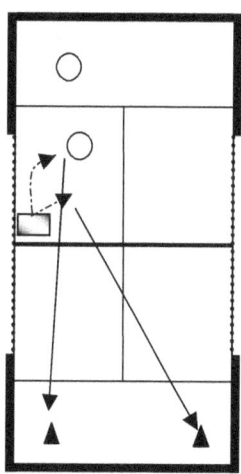

Ejercicio 0629   Golpes: V – Bd

Objetivo: Mecanización de la bandeja y volea de ataque
Secuencia de golpes: Saque – BdX – VR//

Descripción:
Ubicado el jugador en la línea de saque en el lado del drive, realizará un saque y subirá a la altura del monitor para realizar una bandeja cruzada a la bola lanzada con la mano con el monitor y posteriormente hacer una volea de revés paralela. Después de realizar el golpe, el monitor le dará una bola y volverá a la fila para volver a realizar el ejercicio.

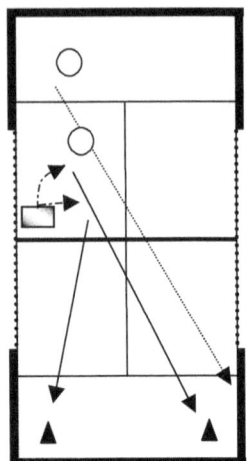

Ejercicio 0630   Golpes: V – Bd

Objetivo: Mecanización de la bandeja y volea de ataque.
Secuencia de golpes: BdX simulada – BdX – VR//

Descripción:
Ubicado el jugador en la línea de saque en el lado del drive, realizará una simulación de bandeja cruzada y subirá a la altura del monitor para realizar una bandeja cruzada a la bola lanzada con la mano con el monitor y posteriormente hacer una volea de revés paralela. Después de realizar el golpe, volverá a la fila para volver a realizar el ejercicio.

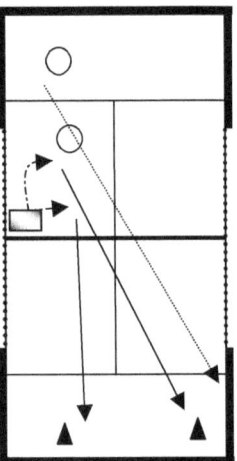

Ejercicio 0631   Golpes: V - Bd

Objetivo: Desarrollo de la habilidad en las técnicas, habilidad y tiempo de ejecución.
Secuencia de golpes: VD// - VRX - BdX

Descripción:
Ubicado un jugador cerca del poste situado en el fondo de la pista, lo rodeará y realizará una volea de derecha paralela con la que subirá a la red para realizar una volea de revés cruzada y se retrasará lo suficiente para realizar una bandeja cruzada, con el objetivo de las marcas situadas en el fondo de la pista.

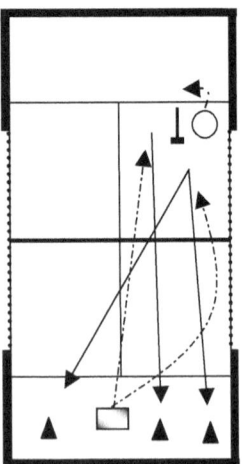

Ejercicio 0632   Golpes: V – Bd

Objetivo: Velocidad y coordinación del movimiento técnico, habilidad y resistencia a la velocidad en largos períodos de tiempo.
Secuencia de golpes: Bd// - VD// - VRX y jugar.

Descripción:
Ubicado el jugador en media pista, realizará una bandeja paralela con la que subirá a la red para realizar una volea de derecha con el objetivo de la marca situada en el fondo de la pista. Luego cubrirá el medio de su lado de la pista y realizará una volea de revés cruzada contra el contrario situado en el lado opuesto y continuarán el punto. Después de 10 puntos se alterna la posición.

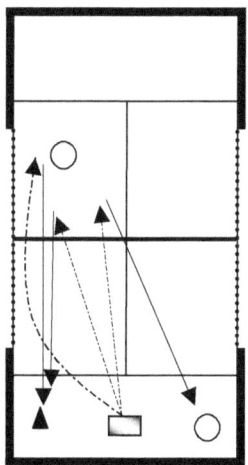

Ejercicio 0633   Golpes: V – Bd

Objetivo: Mecanización de la bandeja y volea de ataque.
Secuencia de golpes: Bd// simulada – Bd// – VD//

Descripción:
Ubicado el jugador en la línea de saque en el lado del revés, realizará una simulación de bandeja paralela y subirá a la altura del monitor para realizar una bandeja paralela a la bola lanzada con la mano con el monitor y posteriormente hacer una volea de derecha paralela. Después de realizar el golpe, volverá a la fila para volver a realizar el ejercicio.

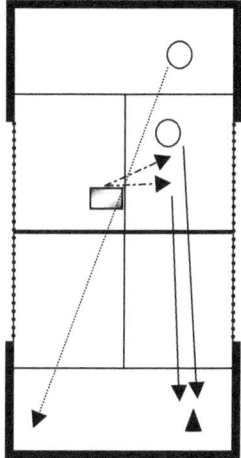

Ejercicio 0634   Golpes: V – Bd

Objetivo: Mecanización de la bandeja y volea de ataque.
Secuencia de golpes: BdX simulada – BdX – VRX

Descripción:
Ubicado el jugador en la línea de saque en el lado del drive, realizará una simulación de bandeja cruzada y subirá a la altura del monitor para realizar una bandeja cruzada a la bola lanzada con la mano con el monitor y posteriormente hacer una volea de revés cruzada. Después de realizar el golpe, volverá a la fila para volver a realizar el ejercicio.

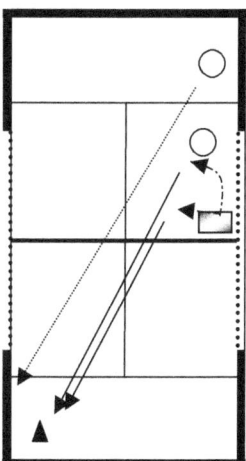

Ejercicio 0635   Golpes: V – Bd

Objetivo: Velocidad y coordinación del movimiento técnico, habilidad y resistencia a la velocidad en largos períodos de tiempo.
Secuencia de golpes: Escalera – VDX - BdX

Descripción:
Ubicado el jugador junto a la escalera situada en paralelo a la red en medio de la pista, realizará la escalera de coordinación*, y al llegar al final realizará una volea de derecha cruzada y una bandeja cruzada, con el objetivo de la marca situada en el fondo de la pista.

- * www.technologysport.com

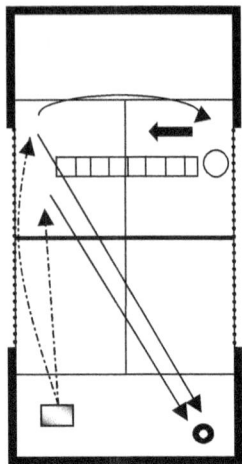

Ejercicio 0636   Golpes: V - Bd

Objetivo: Relevo en la red.
Secuencia de golpes: VDX – Bd// - VD//

Descripción:
Ubicados dos jugadores cerca de la red, el jugador del revés realizará una volea de derecha a la zona que queremos atacar. El jugador del drive se retrasará para realizar una bandeja cruzada y subirá recto a la zona que ocupaba su compañero que se mueve a la zona del drive para realizar una volea de derecha paralela.

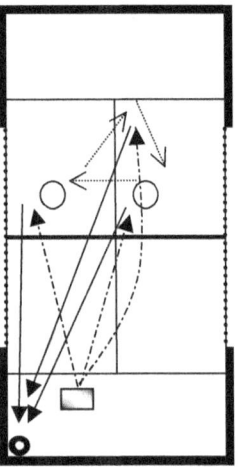

Ejercicio 0637   Golpes: V - Bd

Objetivo: Velocidad y coordinación del movimiento técnico, habilidad y resistencia a la velocidad en largos períodos de tiempo.
Secuencia de golpes: VR// - BdX

Descripción:
Ubicado un jugador al lado del cono situado sobre la línea de saque, correrá en cruzado para realizar una volea de revés paralela y una bandeja cruzada, subiendo hasta el cono de arriba después de la bandeja, para que su compañero pueda salir y realizar el primer golpe.

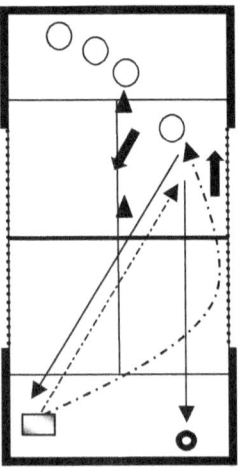

Ejercicio 0638   Golpes: V - Bd

Objetivo: Velocidad y coordinación del movimiento técnico, habilidad y resistencia a la velocidad en largos períodos de tiempo.
Secuencia de golpes: VD// - BdX

Descripción:
Ubicado un jugador en media pista, realizará una volea de derecha paralela y una bandeja cruzada, repitiendo dos veces la secuencia de golpes. A la tercera bandeja cruzada, continuará el punto contra el monitor, manteniendo el punto en cruzado y respetando la zona donde juegan.

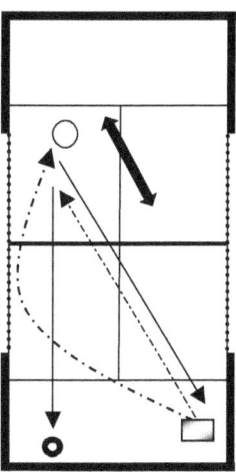

Ejercicio 0639   Golpes: V - Bd

Objetivo: Velocidad y coordinación del movimiento técnico, habilidad y resistencia a la velocidad en largos períodos de tiempo.
Secuencia de golpes: VD// - BdX

Descripción:
Ubicado un jugador al lado del cono situado sobre la línea de saque, correrá en cruzado para realizar una volea de derecha paralela y una bandeja cruzada, subiendo hasta el cono de arriba después de la bandeja, para que su compañero pueda salir y realizar el primer golpe.

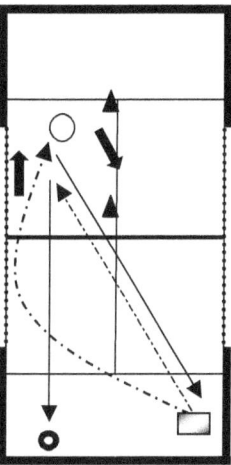

Ejercicio 0640   Golpes: V - Bd

Objetivo: Velocidad y coordinación del movimiento técnico, habilidad y resistencia a la velocidad en largos períodos de tiempo.
Secuencia de golpes: VRX – Bd// - VR//

Descripción:
Ubicado un jugador al lado del cono situado sobre la línea de saque, correrá en cruzado para realizar una volea de revés cruzada, una bandeja paralela y una volea de revés paralela, realizando movimiento lateral hasta el cono de arriba después de la última volea.

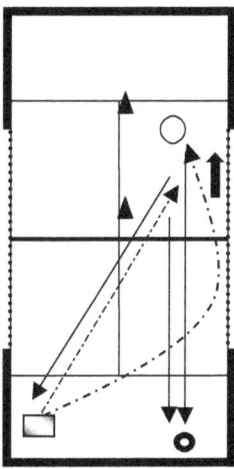

Ejercicio 0641   Golpes: V - Bd

Objetivo: Rapidez en el movimiento, coordinación del movimiento técnico, fuerza y rapidez.
Secuencia de golpes: VR// - BdX

Descripción:
Ubicado un jugador en media pista, realizará una volea de revés paralela y una bandeja cruzada, repitiendo dos veces la secuencia de golpes. A la tercera bandeja cruzada, continuará el punto contra el monitor, manteniendo el punto en cruzado y respetando la zona donde juegan.

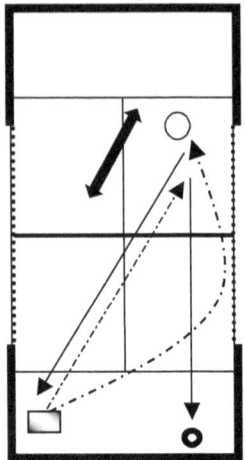

Ejercicio 0642   Golpes: V - Bd

Objetivo: Relevo en la red.
Secuencia de golpes: VRX – Bd// - VR//

Descripción:
Ubicados dos jugadores cerca de la red, el jugador del drive realizará una volea de revés a la zona que queremos atacar. El jugador del revés se retrasará para realizar una bandeja cruzada y subirá recto a la zona que ocupaba su compañero que se mueve a la zona del revés para realizar una volea de revés paralela.

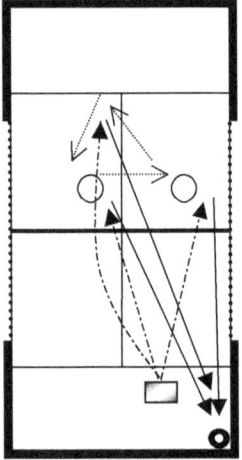

Ejercicio 0643   Golpes: V - Bd

Objetivo: Rapidez en el movimiento, coordinación del movimiento técnico, fuerza y rapidez.
Secuencia de golpes: VDX – Bd// - VD//

Descripción:
Ubicado un jugador al lado del cono situado sobre la línea de saque, correrá en cruzado para realizar una volea de derecha cruzada, una bandeja paralela y una volea de derecha paralela, realizando movimiento lateral hasta el cono de arriba después de la última volea.

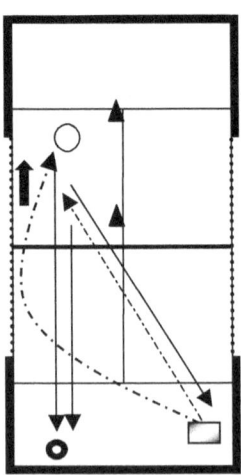

ENTRENAMIENTO DE PÁDEL: 1001 NUEVOS EJERCICIOS

Ejercicio 0644   Golpes: V - Bd

Objetivo: Rapidez en el movimiento, coordinación del movimiento técnico, fuerza y rapidez.
Secuencia de golpes: (Bd simulada - VDX) x3

Descripción:
Ubicado un jugador en media pista a la altura del cono blanco, realizará una bandeja simulada y una volea de derecha cruzada y avanzará al siguiente cono. Después de cada volea, se retrasará hasta el cono blanco para realizar la bandeja simulada. En la tercera volea, continuará el punto contra el monitor, manteniendo el punto en cruzado y respetando la zona donde juegan.

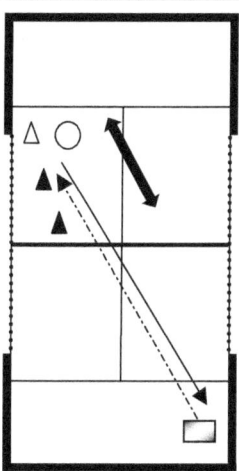

Ejercicio 0645   Golpes: V – Bd

Objetivo: Coordinación y rapidez en la ejecución.
Secuencia de golpes: VRX – BdX

Descripción:
Ubicado un jugador en media pista junto al poste, alternará las voleas de revés cruzadas y las bandejas cruzadas, con el objetivo de las marcas situadas en el fondo de la pista.
Después de 10 bolas se cambia de jugador.

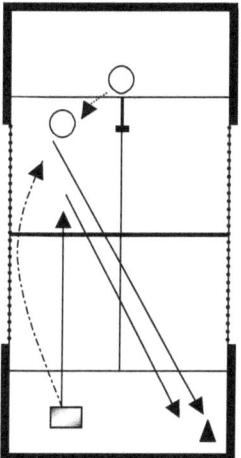

Ejercicio 0646   Golpes: V – Bd

Objetivo: Desarrollo del ritmo, tiempo de ejecución y resistencia.
Secuencia de golpes: Bd// - VD//

Descripción:
Ubicado el jugador cerca de la red, se retrasará lo suficiente para realizar una bandeja paralela y subir para hacer una volea de derecha paralela. Después del último golpe rodeará el poste situado junto a la red para continuar el ejercicio.
Después de 12 bolas se cambia de jugador.

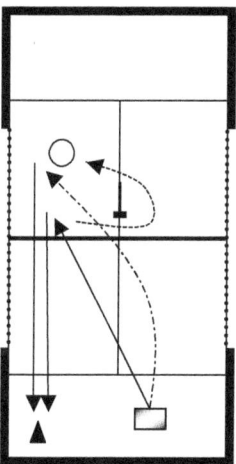

Ejercicio 0647   Golpes: V – Bd

Objetivo: Coordinación, precisión, rapidez y fuerza.
Secuencia de golpes: VR// - BdX

Descripción:
Ubicado el jugador cerca de la red, se desplazará para rodear el primer poste y realizar una volea de revés paralela, rodeará el siguiente poste y realizará una bandeja cruzada.
Después de 12 bolas se cambia de jugador.

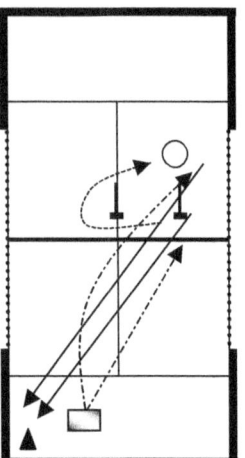

Ejercicio 0648   Golpes: V - Bd

Objetivo: Desarrollo del ritmo, tiempo de ejecución y resistencia.
Secuencia de golpes: (Bd simulada - VD //) x3

Descripción:
Ubicado un jugador en media pista a la altura del cono blanco, realizará una bandeja simulada y una volea de derecha paralela y avanzará al siguiente cono. Después de cada volea, se retrasará hasta el cono blanco para realizar la bandeja simulada. En la tercera volea, continuará el punto contra el monitor, manteniendo el punto en paralelo y respetando la zona donde juegan.

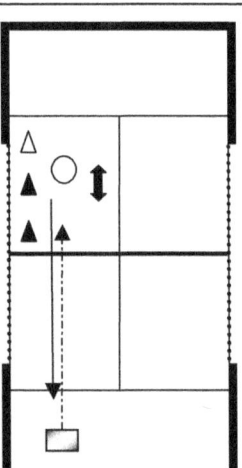

Ejercicio 0649   Golpes: V – Bd

Objetivo: Perfeccionamiento de la ejecución del movimiento, habilidad, fuerza y rapidez.
Secuencia de golpes: Tocar red – BdX – VRX

Descripción:
Ubicado un jugador cerca de la red, la tocará y se retrasará lo suficiente para realizar una bandeja cruzada y una volea de revés cruzada con el objetivo de la marca situada en el fondo de la pista. Después del último golpe, volverá a tocar la red para comenzar de nuevo el ejercicio.
Después de 10 bolas se cambia de jugador.

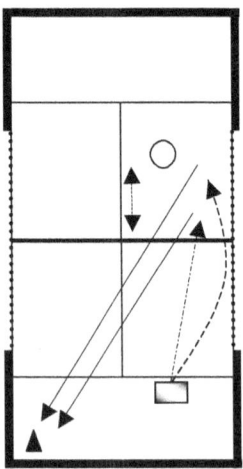

Ejercicio 0650   Golpes: V- Bd

Objetivo: Perfeccionamiento de la bandeja, tiempo de ejecución y habilidad.
Secuencia de golpes: V// – Bd//

Descripción:
Ubicado un jugador cerca de la red, realizará una volea contra el monitor que le realizará un globo para que éste realice una bandeja paralela continuando el punto respetando la zona actual de juego.

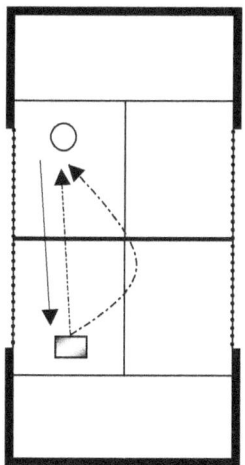

Ejercicio 0651   Golpes: V - Bd

Objetivo: Rapidez de la ejecución en movimiento.
Secuencia de golpes: BdX - VRX

Descripción:
Ubicado el jugador junto al poste de la red, se retrasará para realizar una bandeja cruzada y subirá a la red para hacer una volea de revés cruzada con el objetivo de la marca situada en el fondo de la pista.
Después de 10 bolas se cambia de jugador.

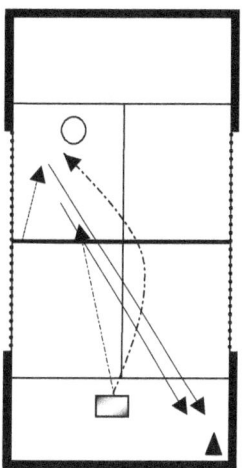

Ejercicio 0652   Golpes: V – Bd

Objetivo: Perfeccionamiento de la ejecución del movimiento, habilidad, fuerza y rapidez.
Secuencia de golpes: Tocar red – Bd// – VD//

Descripción:
Ubicado un jugador cerca de la red, la tocará y se retrasará lo suficiente para realizar una bandeja paralela y una volea de derecha paralela con el objetivo de la marca situada en el fondo de la pista. Después del último golpe, volverá a tocar la red para comenzar de nuevo el ejercicio.
Después de 10 bolas se cambia de jugador.

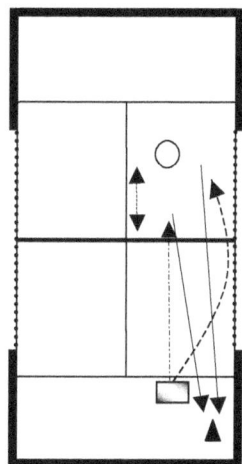

Ejercicio 0653   Golpes: V- Bd

Objetivo: Perfeccionamiento de la bandeja, tiempo de ejecución y habilidad.
Secuencia de golpes: VX – BdX

Descripción:
Ubicado un jugador cerca de la red, realizará una volea contra el monitor que le realizará un globo para que éste realice una bandeja cruzada continuando el punto respetando la zona actual de juego.

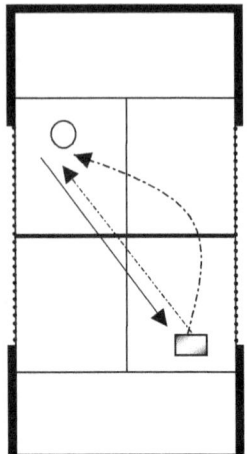

Ejercicio 0654   Golpes: V - Bd

Objetivo: Rapidez de la ejecución en movimiento.
Secuencia de golpes: Bd// - VR//

Descripción:
Ubicado el jugador junto al poste de la red, se retrasará para realizar una bandeja paralela y subirá a la red para hacer una volea de revés paralela con el objetivo de la marca situada en el fondo de la pista.
Después de 10 bolas se cambia de jugador.

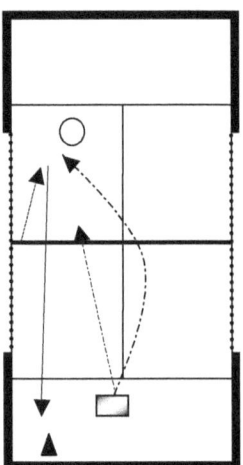

Ejercicio 0655   Golpes: V – Bd

Objetivo: Perfeccionamiento de la ejecución del movimiento, habilidad, fuerza y rapidez.
Secuencia de golpes: Tocar red – Bd// – VR//

Descripción:
Ubicado un jugador cerca de la red, la tocará y se retrasará lo suficiente para realizar una bandeja paralela y una volea de revés paralela con el objetivo de la marca situada en el fondo de la pista. Después del último golpe, volverá a tocar la red para comenzar de nuevo el ejercicio.
Después de 10 bolas se cambia de jugador.

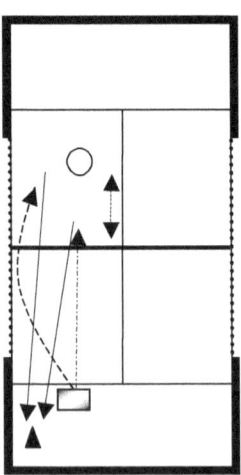

Ejercicio 0656   Golpes: V – Bd

Objetivo: Perfeccionamiento de la ejecución del movimiento, habilidad, fuerza y rapidez.
Secuencia de golpes: Tocar red – BdX – VDX

Descripción:
Ubicado un jugador cerca de la red, la tocará y se retrasará lo suficiente para realizar una bandeja cruzada y una volea de derecha cruzada con el objetivo de la marca situada en el fondo de la pista. Después del último golpe, volverá a tocar la red para comenzar de nuevo el ejercicio.
Después de 10 bolas se cambia de jugador.

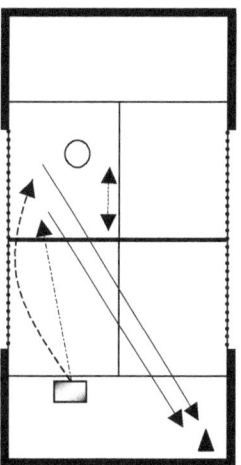

Ejercicio 0657   Golpes: V- Bd

Objetivo: Perfeccionamiento de la bandeja, tiempo de ejecución y habilidad.
Secuencia de golpes: VX – BdX

Descripción:
Ubicados dos jugadores enfrentados cerca de la red, el monitor lanza una bola a un jugador que voleará haciendo globo cruzado que será respondido con una bandeja cruzada. A partir de ahí continuarán el punto respetando la zona de juego.
Después de 10 bolas se alterna la posición de los jugadores.

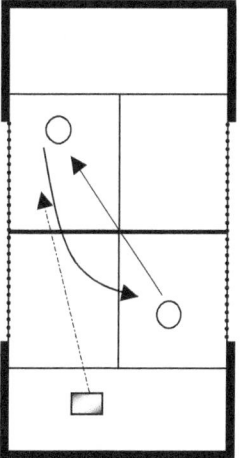

Ejercicio 0658   Golpes: V - Bd

Objetivo: Rapidez de la ejecución en movimiento.
Secuencia de golpes: Bd// - VD//

Descripción:
Ubicado el jugador junto al poste de la red, se retrasará para realizar una bandeja paralela y subirá a la red para hacer una volea de derecha paralela con el objetivo de la marca situada en el fondo de la pista.
Después de 10 bolas se cambia de jugador.

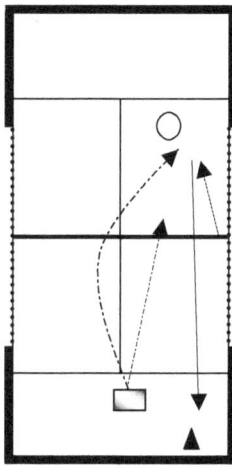

Ejercicio 0659   Golpes: V – Bd

Objetivo: Coordinación, rapidez en la ejecución y movimiento.
Secuencia de golpes: VD// - VRX – BdX

Descripción:
Ubicado un jugador cerca de la red, realizará una volea de derecha paralela, una volea de revés cruzada, se retrasará rodeando el poste situado al lado suyo y realizará una bandeja cruzada. Después del último golpe continuará el punto en cruzado contra el monitor respetando la zona actual de juego.

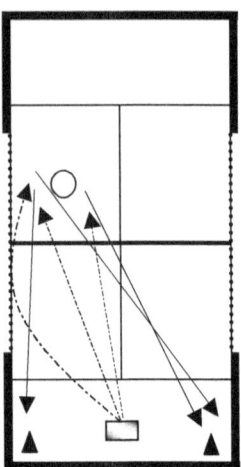

Ejercicio 0660   Golpes: V – Bd

Objetivo: Coordinación, rapidez en la ejecución y movimiento.
Secuencia de golpes: VD// - VR// – Bd//

Descripción:
Ubicado un jugador cerca de la red, realizará una volea de derecha paralela, una volea de revés paralela, se retrasará rodeando el poste situado al lado suyo y realizará una bandeja paralela. Después del último golpe continuará el punto en paralelo contra el monitor respetando la zona actual de juego.

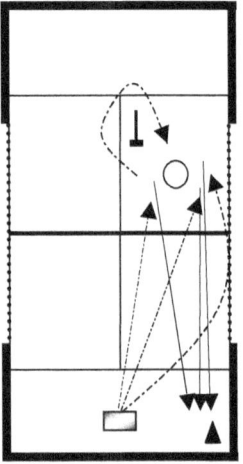

Ejercicio 0661   Golpes: V – Bd

Objetivo: Coordinación, rapidez en la ejecución y movimiento.
Secuencia de golpes: VD// - VRX – BdX

Descripción:
Ubicado un jugador cerca de la red, realizará una volea de derecha paralela, una volea de revés cruzada, se retrasará rodeando el poste situado al lado suyo y realizará una bandeja cruzada. Después del último golpe volverá a la posición inicial para comenzar de nuevo el ejercicio.
Después de 12 bolas se cambia de jugador.

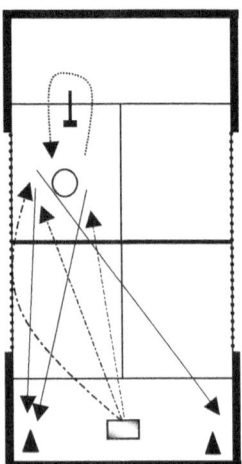

Ejercicio 0662   Golpes: V - Bd

Objetivo: Coordinación, rapidez en la eje cución y movimiento.
Secuencia de golpes: (Bd simulada - VR //) x3

Descripción:
Ubicado un jugador en media pista a la altura del cono blanco, realizará una bandeja simulada y una volea de revés paralela y avanzará al siguiente cono. Después de cada volea, se retrasará hasta el cono blanco para realizar la bandeja simulada. En la tercera volea, continuará el punto contra el monitor, manteniendo el punto en paralelo y respetando la zona donde juegan.

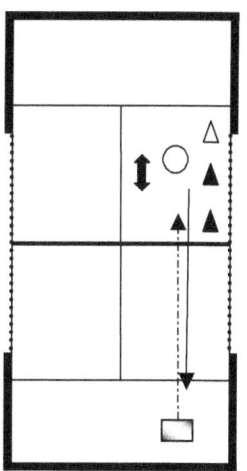

Ejercicio 0663   Golpes: V – Bd

Objetivo: Coordinación, rapidez en la ejecución y movimiento.
Secuencia de golpes: VR// - VD// – Bd//

Descripción:
Ubicado un jugadore cerca de la red, realizará una volea de revés paralela, una volea de derecha paralela, se retrasará rodeando el poste situado al lado suyo y realizará una bandeja paralela. Después del último golpe continuará el punto en paralelo contra el monitor respetando la zona actual de juego.

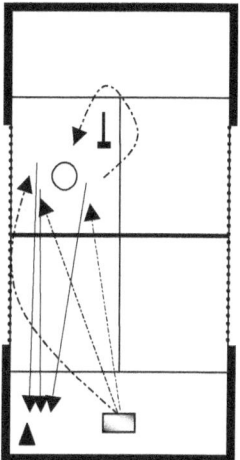

Ejercicio 0664   Golpes: V – Bd

Objetivo: Coordinación, rapidez en la ejecución y movimiento.
Secuencia de golpes: VR// - VDX – BdX

Descripción:
Ubicado un jugador cerca de la red, realizará una volea de revés paralela, una volea de derecha cruzada, se retrasará rodeando el poste situado al lado suyo y realizará una bandeja cruzada. Después del último golpe volverá a la posición inicial para comenzar de nuevo el ejercicio.
Después de 12 bolas se cambia de jugador.

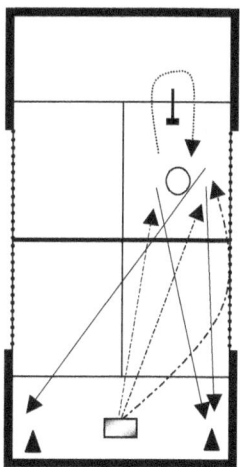

Ejercicio 0665   Golpes: V – Bd

Objetivo: Coordinación, rapidez en la ejecución y movimiento.
Secuencia de golpes: VD// - VR// – Bd//

Descripción:
Ubicado un jugador cerca de la red, realizará una volea de derecha paralela, una volea de revés paralela, se retrasará rodeando el poste situado al lado suyo y realizará una bandeja paralela. Después del último golpe volverá a la posición inicial para comenzar de nuevo el ejercicio.
Después de 12 bolas se cambia de jugador.

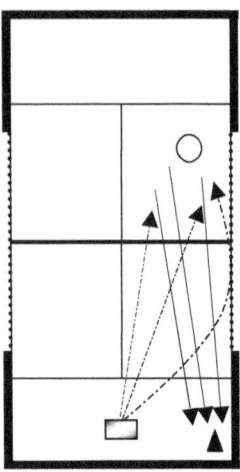

Ejercicio 0666   Golpes: V - Bd

Objetivo: Rapidez en el movimiento, velocidad de reacción y habilidad.
Secuencia de golpes: Bd// - V//

Descripción:
Ubicado un jugador en el fondo de la pista, se lanzará una bola como un saque de tenis para realizar una bandeja paralela contra el jugador situado en la red que bloqueará paralelo este golpe. Después de este golpe continuarán el punto respetando la zona actual de juego.
Después de 10 bolas se alterna la posición de los jugadores.

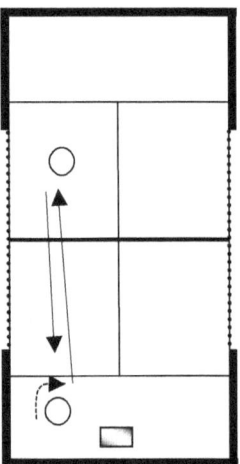

Ejercicio 0667   Golpes: V – Bd

Objetivo: Coordinación, rapidez en la ejecución y movimiento.
Secuencia de golpes: VR// - VD// – BdX

Descripción:
Ubicado un jugador cerca de la red, realizará una volea de revés paralela, una volea de derecha paralela, se retrasará rodeando el poste situado al lado suyo y realizará una bandeja cruzada. Después del último golpe continuará el punto en cruzado contra el monitor respetando la zona actual de juego.

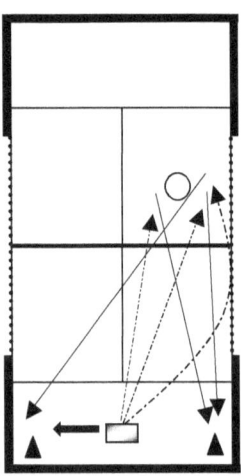

Ejercicio 0668   Golpes: V - Bd

Objetivo: Control de la volea y la bandeja en distintas posiciones. Coordinación de movimientos técnicos.
Secuencia de golpes: BdX – VR// - VDX y jugar

Descripción:
Ubicado el jugador en media pista, realizará una bandeja cruzada y se desplazará en paralelo a la otra zona para realizar una volea de revés paralela con el objetivo de la marca situada en el fondo de la pista. Luego hará una volea de derecha cruzada y continuará el punto contra el monitor.

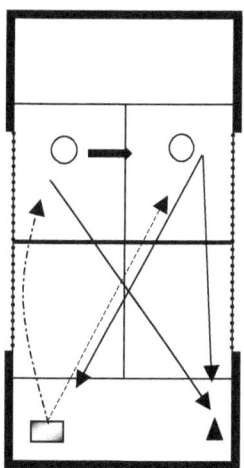

Ejercicio 0669   Golpes: V – Bd

Objetivo: Coordinación, rapidez en el movimiento y habilidad.
Secuencia de golpes: VR// - BdX

Descripción:
Ubicado el jugador en la posición inicial, se acercará a la red para realizar una volea de revés paralela, tocará la red y se retrasará lo suficiente para realizar una bandeja cruzada con el objetivo de las marcas situadas en el fondo de la pista.

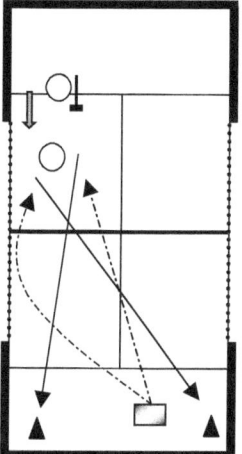

Ejercicio 0670   Golpes: V - Bd

Objetivo: Control de la volea y la bandeja en distintas posiciones. Coordinación de movimientos técnicos.
Secuencia de golpes: BdX – VD// - VDX

Descripción:
Ubicado el jugador en media pista, realizará una bandeja cruzada y se desplazará en paralelo a la otra zona para realizar una volea de derecha paralela con el objetivo de la marca situada en el fondo de la pista. Luego hará una volea de derecha cruzada y volverá a la posición inicial para volver a realizar el mismo ejercicio.
Después de 12 bolas se cambia de jugador.

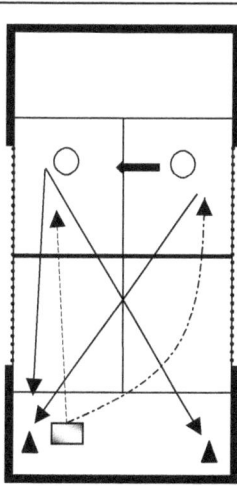

Ejercicio 0671   Golpes: V - Bd

Objetivo: Rapidez en el movimiento, velocidad de reacción y habilidad.
Secuencia de golpes: Bd// - V//

Descripción:
Ubicado un jugador en el fondo de la pista, se lanzará una bola como un saque de tenis para realizar una bandeja paralela contra el jugador situado en la red que bloqueará paralelo este golpe.
Después de 10 bolas se alterna la posición de los jugadores.

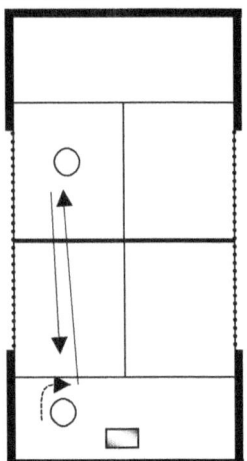

Ejercicio 0672   Golpes: V – Bd

Objetivo: Coordinación, rapidez en la ejecución y movimiento.
Secuencia de golpes: VRX - VDX – Bd//

Descripción:
Ubicado un jugador cerca de la red, realizará una volea de revés paralela, una volea de derecha cruzada, se retrasará rodeando el poste situado al lado suyo y realizará una bandeja paralela. Después del último golpe volverá a la posición inicial para comenzar de nuevo el ejercicio.
Después de 12 bolas se cambia de jugador.

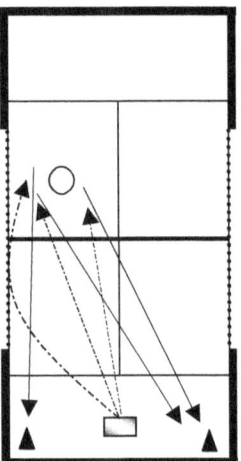

Ejercicio 0673   Golpes: V - Bd

Objetivo: Rapidez en el movimiento, velocidad de reacción y habilidad.
Secuencia de golpes: BdX - VX

Descripción:
Ubicado un jugador en el fondo de la pista, se lanzará una bola como un saque de tenis para realizar una bandeja cruzada contra el jugador situado en la red que bloqueará cruzado este golpe. Después de este golpe continuarán el punto respetando la zona actual de juego.
Después de 10 bolas se alterna la posición de los jugadores.

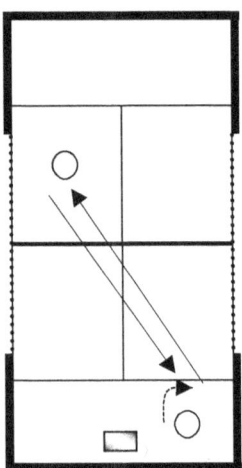

Ejercicio 0674   Golpes: V – Bd

Objetivo: Mecanización de la bandeja y volea de ataque.
Secuencia de golpes: Saque – Bd// – VDX

Descripción:
Ubicado el jugador en la línea de saque en el lado del drive, realizará un saque y subirá a la altura del monitor para realizar una bandeja paralela a la bola lanzada con la mano por el monitor y posteriormente hacer una volea de derecha cruzada. Después de realizar el golpe, el monitor le dará una bola y volverá a la fila para volver a realizar el ejercicio.

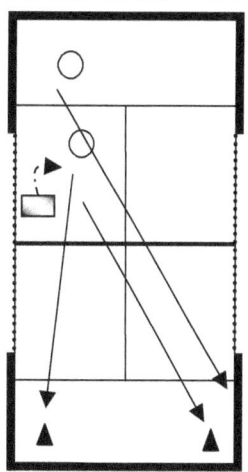

Ejercicio 0675   Golpes: V - Bd

Objetivo: Mecanización de la bandeja y volea de ataque.
Secuencia de golpes: (Bd simulada - VRX) x3

Descripción:
Ubicado un jugador en media pista a la altura del cono blanco, realizará una bandeja simulada y una volea de revés cruzada y avanzará al siguiente cono. Después de cada volea, se retrasará hasta el cono blanco para realizar la bandeja simulada. En la tercera volea, continuará el punto contra el monitor, manteniendo el punto en cruzado y respetando la zona donde juegan.

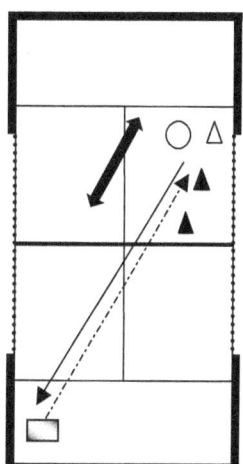

Ejercicio 0676   Golpes: V – Bd

Objetivo: Mecanización de la bandeja y volea de ataque.
Secuencia de golpes: Saque – Bd// – VRX

Descripción:
Ubicado el jugador en la línea de saque en el lado del drive, realizará un saque y subirá a la altura del monitor para realizar una bandeja paralela a la bola lanzada con la mano por el monitor y posteriormente hacer una volea de revés cruzada. Después de realizar el golpe, el monitor le dará una bola y volverá a la fila para volver a realizar el ejercicio.

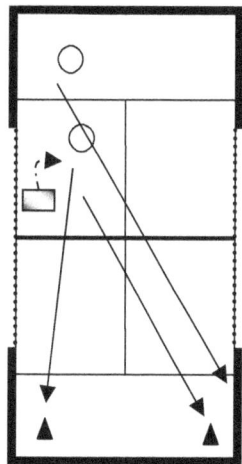

Ejercicio 0677   Golpes: V – Bd

Objetivo: Mecanización de la bandeja y volea de ataque.
Secuencia de golpes: Bd// simulada – Bd// – VR//

Descripción:
Ubicado el jugador en la línea de saque en el lado del drive, realizará una simulación de bandeja paralela y subirá a la altura del monitor para realizar una bandeja paralela a la bola lanzada con la mano por el monitor y posteriormente hacer una volea de revés paralela. Después de realizar el golpe, volverá a la fila para volver a realizar el ejercicio.

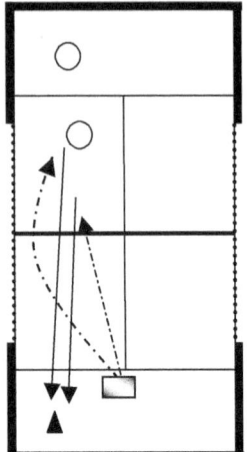

Ejercicio 0678   Golpes: V – Bd

Objetivo: Coordinación, precisión, rapidez y fuerza.
Secuencia de golpes: VDX - BdX

Descripción:
Ubicado el jugador cerca de la red, se desplazará para rodear el primer poste y realizar una volea de derecha cruzada, rodeará el siguiente poste y realizará una bandeja cruzada.
Después de 12 bolas se cambia de jugador.

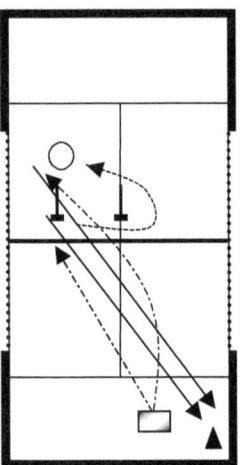

Ejercicio 0679   Golpes: V – Bd

Objetivo: Mecanización de la bandeja y volea de ataque.
Secuencia de golpes: Saque – Bd// – VD//

Descripción:
Ubicado el jugador en la línea de saque en el lado del drive, realizará un saque y subirá a la altura del monitor para realizar una bandeja paralela a la bola lanzada con la mano con el monitor y posteriormente hacer una volea de derecha paralela. Después de realizar el golpe, el monitor le dará una bola y volverá a la fila para volver a realizar el ejercicio.

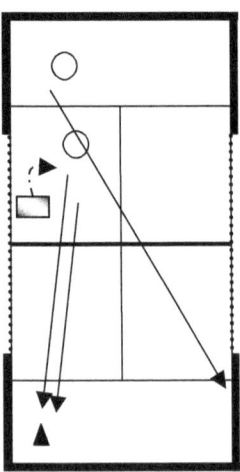

Ejercicio 0680   Golpes: V - Bd

Objetivo: Control de la volea y la bandeja en distintas posiciones. Coordinación de movimientos técnicos.
Secuencia de golpes: BdX – VR// - VRX

Descripción:
Ubicado el jugador en media pista, realizará una bandeja cruzada y se desplazará en paralelo a la otra zona para realizar una volea de revés paralela con el objetivo de la marca situada en el fondo de la pista. Luego hará una volea de revés cruzada y volverá a la posición inicial para volver a realizar el mismo ejercicio.
Después de 12 bolas se cambia de jugador.

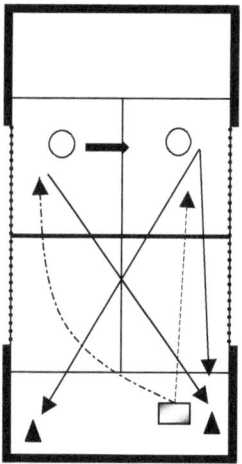

Ejercicio 0681   Golpes: V - Bd

Objetivo: Mecanización de la bandeja y volea de ataque.
Secuencia de golpes: Saque – BdX – VDX

Descripción:
Ubicado el jugador en la línea de saque en el lado del drive, realizará un saque y subirá a la altura del monitor para realizar una bandeja cruzada a la bola lanzada con la mano por el monitor y posteriormente hacer una volea de derecha cruzada. Después de realizar el golpe, el monitor le dará una bola y volverá a la fila para volver a realizar el ejercicio.

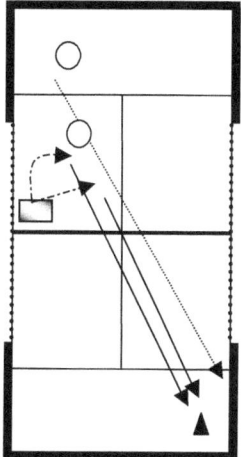

Ejercicio 0682   Golpes: V – Bd

Objetivo: Mecanización de la bandeja y volea de ataque.
Secuencia de golpes: Saque – Bd// – VR//

Descripción:
Ubicado el jugador en la línea de saque en el lado del drive, realizará un saque y subirá a la altura del monitor para realizar una bandeja paralela a la bola lanzada con la mano por el monitor y posteriormente hacer una volea de revés paralela. Después de realizar el golpe, el monitor le dará una bola y volverá a la fila para volver a realizar el ejercicio.

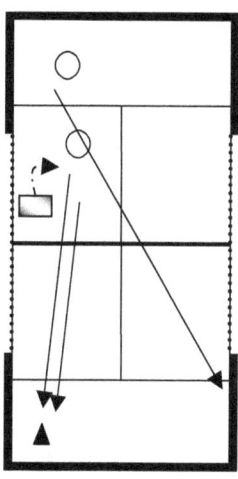

Ejercicio 0683   Golpes: V – Bd

Objetivo: Mecanización de la bandeja y volea de ataque.
Secuencia de golpes: Saque – BdX – VRX

Descripción:
Ubicado el jugador en la línea de saque en el lado del drive, realizará un saque y subirá a la altura del monitor para realizar una bandeja cruzada a la bola lanzada con la mano por el monitor y posteriormente hacer una volea de revés cruzada. Después de realizar el golpe, el monitor le dará una bola y volverá a la fila para volver a realizar el ejercicio.

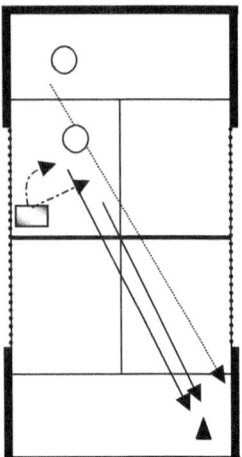

Ejercicio 0684   Golpes: V – Bd

Objetivo: Relevos.
Secuencia de golpes: VR// - Bd// - VR//

Descripción:
Ubicados dos jugadores cerca de la red, tendrán como objetivo mantener el juego en una zona de la pista, para la cual realizarán los relevos pertinentes para que el juego no cambie de orientación. El jugador del drive hará una volea de revés paralela y mantendrá la zona, ya que su compañero realizará una bandeja paralela, y de nuevo, el jugador del drive realizará una volea de revés paralela, con el objetivo de la marca situada en el fondo de la pista.

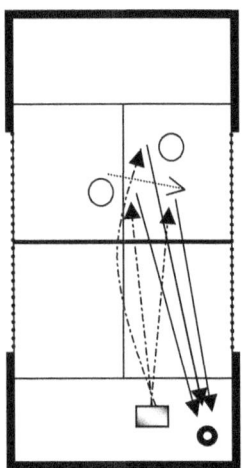

EJERCICIOS DE BANDEJA Y REMATE

Ejercicio 0685   Golpes: Bd – Rm

Objetivo: Combinación de golpes.
Secuencia de golpes: SqBd// – Rm// – Rm// – Rm//

Descripción:
Ubicado el jugador sobre la línea de saque, realizará un saque bandeja paralelo, y progresará hacia la red con tres remates paralelos consecutivos, con el objetivo de la marca situada en el fondo de la pista.
Después de 12 bolas se cambia de jugador.

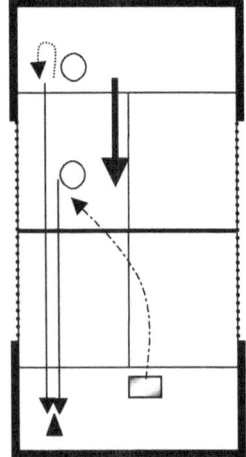

Ejercicio 0686   Golpes: Bd – Rm

Objetivo: Rapidez en el movimiento.
Secuencia de golpes: Bd// – valla – RmX

Descripción:
Ubicado el jugador en media pista, realizará una bandeja paralela y saltará la valla situada al lado suyo para dirigirse hacia la red y realizar un remate cruzado con el objetivo de la marca situada.

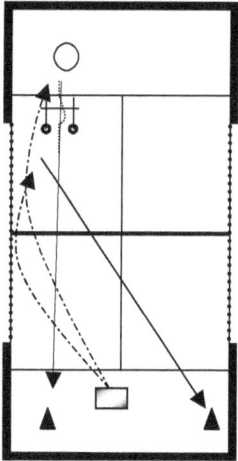

Ejercicio 0687   Golpes: Bd – Rm

Objetivo: Combinación de golpes.
Secuencia de golpes: SqBdX – RmX – RmX – RmX

Descripción:
Ubicado el jugador sobre la línea de saque, realizará un saque bandeja cruzado, y progresará hacia la red con tres remates cruzados consecutivos, con el objetivo de la marca situada en el fondo de la pista.
Después de 12 bolas se cambia de jugador.

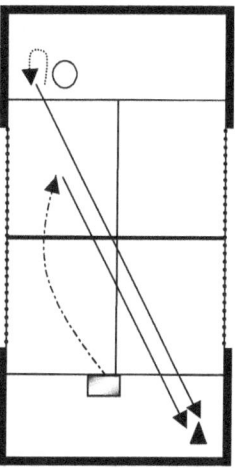

Ejercicio 0688   Golpes: Bd – Rm

Objetivo: Rapidez de la ejecución en movimiento.
Secuencia de golpes: BdX - RmX

Descripción:
Ubicado el jugador junto al poste de la red, rodeará el poste situado en media pista para realizar una bandeja cruzada y subirá a la red para hacer un remate cruzado con el objetivo de la marca situada en el fondo de la pista.
Después de 10 bolas se cambia de jugador.

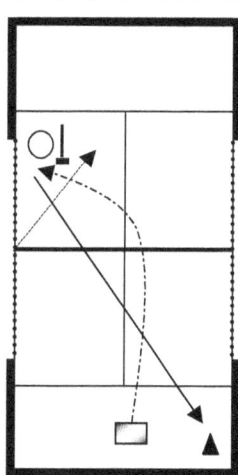

Ejercicio 0689   Golpes: Bd – Rm

Objetivo: Rapidez en el movimiento.
Secuencia de golpes: BdX – valla – Rm//

Descripción:
Ubicado el jugador en media pista, realizará una bandeja cruzada y saltará la valla situada al lado suyo para dirigirse hacia la red y realizar un remate paralelo con el objetivo de la marca situada.

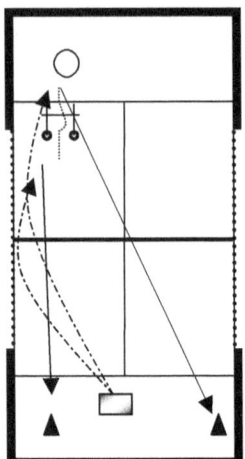

Ejercicio 0690   Golpes: Bd - Rm

Objetivo: Perfeccionamiento del lanzamiento de la bandeja y del remate en condiciones de esfuerzo, rapidez en la ejecución, fuerza y rapidez.
Secuencia de golpes: BdX - RmX

Descripción:
Ubicado el jugador en media pista, realizará una bandeja cruzada, tocará la red y se retrasará lo suficiente para realizar un remate cruzado con el objetivo de la marca situada en el fondo de la pista.

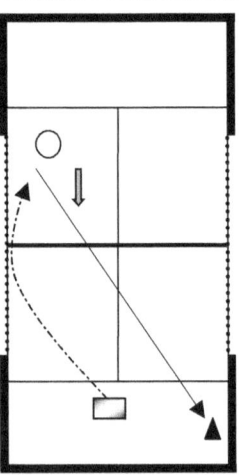

Ejercicio 0691   Golpes: Bd – Rm

Objetivo: Rapidez en el movimiento.
Secuencia de golpes: Bd – Bd – Rm//

Descripción:
Ubicado el jugador en media pista, realizará dos bandejas cruzadas, rodeará los dos postes situados en media pista y realizará un remate paralelo con el objetivo de la marca situada en el fondo de la pista.

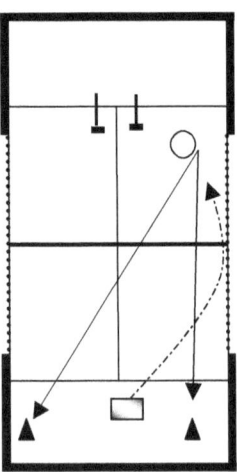

Ejercicio 0692   Golpes: Bd - Rm

Objetivo: Perfeccionamiento del lanzamiento de la bandeja y del remate en condiciones de esfuerzo, rapidez en la ejecución, fuerza y rapidez.
Secuencia de golpes: Bd// - Rm//

Descripción:
Ubicado el jugador en media pista, realizará una bandeja paralela, tocará la red y se retrasará lo suficiente para realizar un remate paralelo con el objetivo de la marca situada en el fondo de la pista.

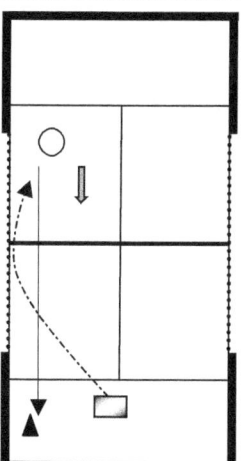

Ejercicio 0693   Golpes: Bd – Rm

Objetivo: Rapidez en el movimiento.
Secuencia de golpes: BdX – BdX – Rm//

Descripción:
Ubicado el jugador en media pista, realizará dos bandejas cruzadas, rodeará los dos postes situados en media pista y realizará un remate paralelo con el objetivo de la marca situada en el fondo de la pista.

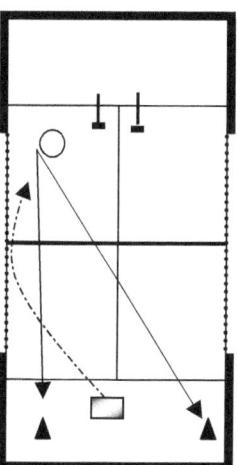

Ejercicio 0694   Golpes: Bd – Rm

Objetivo: Coordinación de la técnica.
Secuencia de golpes: BdX – Rm//

Descripción:
Ubicado un jugador en media pista justo al poste situado sobre la línea, subirá a la red para realizar una bandeja cruzada y un remate paralelo, con el objetivo de las marcas situadas en el fondo de la pista.
Después del remate, se retrasará para rodear el poste y continuar el ejercicio.
Después de 10 bolas se cambia de jugador.

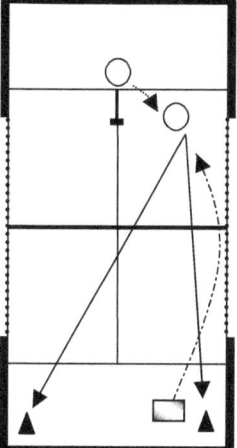

Ejercicio 0695   Golpes: Bd – Rm

Objetivo: Rapidez de la ejecución en movimiento.
Secuencia de golpes: Bd// - Rm//

Descripción:
Ubicado el jugador junto al poste de la red, rodeará el poste situado en media pista para realizar una bandeja paralela y subirá a la red para hacer un remate paralelo con el objetivo de la marca situada en el fondo de la pista.
Después de 10 bolas se cambia de jugador.

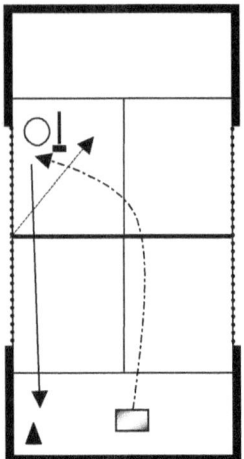

Ejercicio 0696   Golpes: Bd – Rm

Objetivo: Combinación de golpes.
Secuencia de golpes: SqBdX – RmX – RmX – RmX

Descripción:
Ubicado el jugador sobre la línea de saque, realizará un saque bandeja cruzado, y progresará hacia la red con tres remates cruzados consecutivos, con el objetivo de la marca situada en el fondo de la pista.
Después de 12 bolas se cambia de jugador.

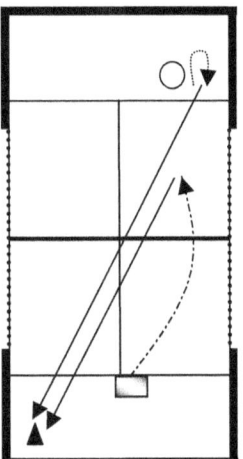

Ejercicio 0697   Golpes: Bd – Rm

Objetivo: Rapidez en el movimiento y rapidez en la ejecución.
Secuencia de golpes: Rodeo – BdX – Rm//

Descripción:
Ubicado un jugador pegado a la red, rodeará el poste situado sobre la línea de saque y subirá a la red con una bandeja cruzada y finalizará con un remate paralelo con el objetivo de las marcas situadas en el fondo de la pista.
Después de 10 bolas se cambia de jugador.

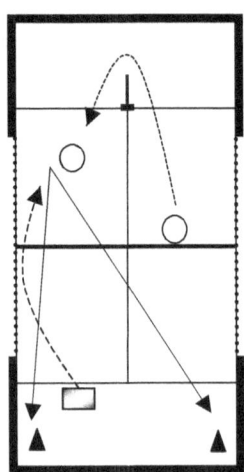

Ejercicio 0698   Golpes: Bd – Rm

Objetivo: Rapidez y precisión en la ejecución.
Secuencia de golpes: Bd – Rm

Descripción:
Ubicado el jugador en el fondo de la pista pegado a la pared, se desplazará para realizar una bandeja y un remate con el objetivo de la marca situada en el fondo de la pista.
Posteriormente se realizará en la otra zona de la pista.

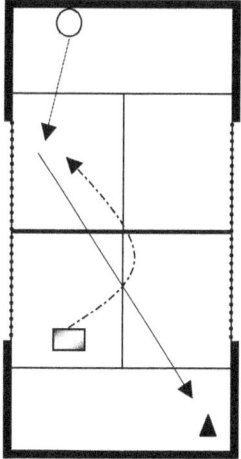

Ejercicio 0699   Golpes: Bd - Rm

Objetivo: Perfeccionamiento de la ejecución del movimiento, habilidad, fuerza y rapidez.
Secuencia de golpes: Bd o Rm

Descripción:
Trabajando en distintas posiciones, todas entre media pista y cerca de la red, el jugador realizará bandejas o remates con el objetivo de las marcas situadas en el fondo de la pista.
Después de 10 bolas se cambia de jugador.

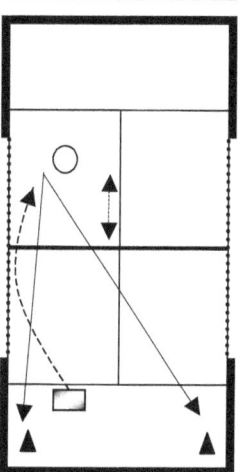

Ejercicio 0700   Golpes: Bd – Rm

Objetivo: Rapidez de la ejecución en movimiento.
Secuencia de golpes: BdX - RmX

Descripción:
Ubicado el jugador junto al poste de la red, rodeará el poste situado en media pista para realizar una bandeja cruzada y subirá a la red para hacer un remate cruzado con el objetivo de la marca situada en el fondo de la pista.
Después de 10 bolas se cambia de jugador.

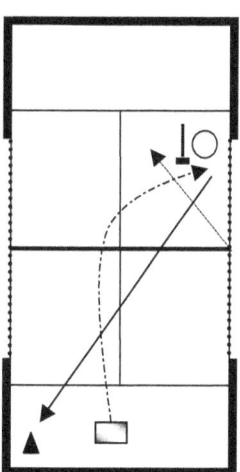

Ejercicio 0701   Golpes: Bd – Rm

Objetivo: Perfeccionamiento de la ejecución del movimiento, habilidad, fuerza y rapidez.
Secuencia de golpes: Bd o Rm

Descripción:
Ubicados dos jugadores en el fondo de la pista y otros dos en media pista, el monitor lanzará un globo alto que se queda con mucho rebote y sin avanzar a lo que el jugador dejará botar la bola para ejecutar una bandeja o un remate.
Después de 10 bolas se rota la posición de losjugadores.

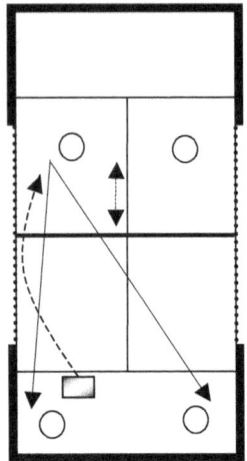

Ejercicio 0702   Golpes: Bd – Rm

Objetivo: Coordinación de la técnica.
Secuencia de golpes: BdX – Rm//

Descripción:
Ubicado un jugador en media pista justo al poste situado sobre la línea, subirá a la red para realizar una bandeja cruzada y un remate paralelo, con el objetivo de las marcas situadas en el fondo de la pista.
Después del remate, se retrasará para rodear el poste y continuar el ejercicio.
Después de 10 bolas se cambia de jugador.

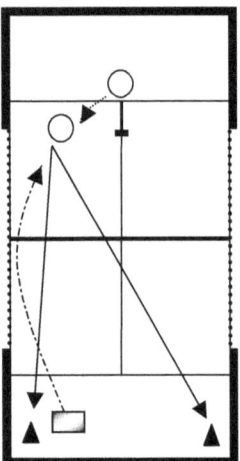

Ejercicio 0703   Golpes: Bd – Rm

Objetivo: Rapidez de la ejecución en movimiento.
Secuencia de golpes: Bd// - Rm//

Descripción:
Ubicado el jugador junto al poste de la red, rodeará el poste situado en media pista para realizar una bandeja paralela y subirá a la red para hacer un remate paralelo con el objetivo de la marca situada en el fondo de la pista.
Después de 10 bolas se cambia de jugador.

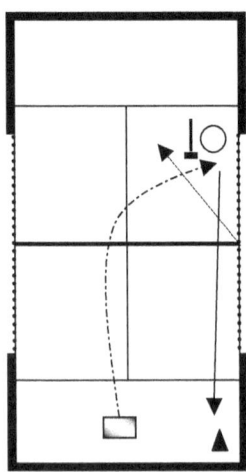

Ejercicio 0704   Golpes: Bd – Rm

Objetivo: Perfeccionamiento del golpe, fuerza y rapidez.
Secuencia de golpes: Bd o Rm

Descripción:
Ubicado un jugador de espaldas cerca de la red, a la orden del monitor se desplazará para rodear el poste situado en media pista y se dará la vuelta para devolver de bandeja o remate el globo que le ha tirado el monitor, con el objetivo de la marca situada en el fondo de la pista.

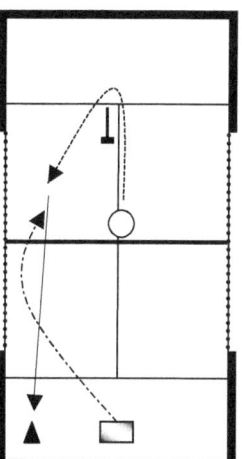

Ejercicio 0705   Golpes: Bd – Rm

Objetivo: Perfeccionamiento del golpeo, rapidez en la ejecución y fuerza.
Secuencia de golpes: Bd – Rm

Descripción:
Ubicado un jugador en el fondo de la pista junto a uno de los postes situados sobre la línea de fondo, rodeará el otro poste y se situará para realizar una bandeja y un remate en cada una de las posiciones con el objetivo de la marca situada en el fondo de la pista.
Después de 10 bolas se cambia de jugador.

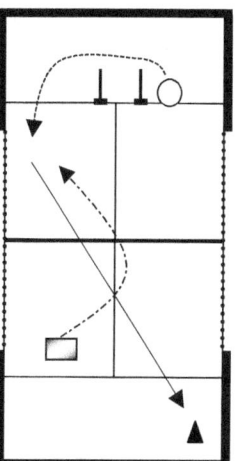

EJERCICIOS DE DERECHA, VOLEA, PAREDES Y REMATE

Ejercicio 0706   Golpes: D – V – SF – SL - Rm

Objetivo: Perfeccionamiento del golpeo, rapidez en la ejecución y fuerza.
Secuencia de golpes: RX – SFR medio – SLR// - VR// - Rm//

Descripción:
Ubicado el jugador en la posición de defensa en el fondo de la pista, realizará un revés cruzado, sobre la T una salida de fondo de revés, en la otra zona de la pista una salida de lateral de revés paralela con la que subirá para realizar una volea de revés paralela y un remate paralelo, con el objetivo de la marca situada en el fondo de la pista.

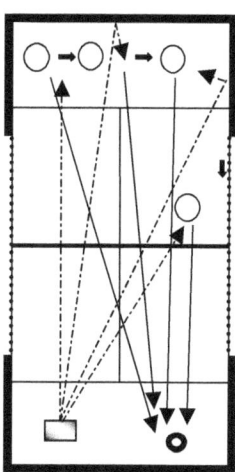

Ejercicio 0707   Golpes: D – V – SF – SL – Rm

Objetivo: Perfeccionamiento del golpeo, rapidez en la ejecución y fuerza.
Secuencia de golpes: DX – SFD medio – SLD// - VD// - Rm//

Descripción:
Ubicado el jugador en la posición de defensa en el fondo de la pista, realizará una derecha cruzada, sobre la T una salida de fondo de derecha, en la otra zona de la pista una salida de lateral de derecha paralela con la que subirá para realizar una volea de derecha paralela y un remate paralelo, con el objetivo de la marca situada en el fondo de la pista.

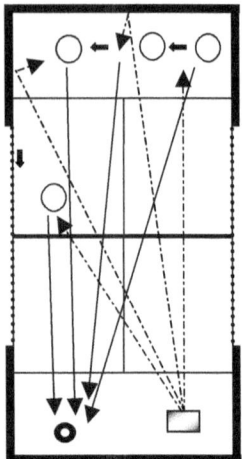

Ejercicio 0708   Golpes: R – SF – V – Bd – Rm

Objetivo: Distintos golpes al medio.
Secuencia de golpes: R – SFR – R – Bd - Rm (al medio).

Descripción:
Ubicado el jugador en el fondo de la pista, realizará un revés, una salida de fondo de revés, subirá a media pista para realizar un revés a una bola corta, una bandeja y un remate, con el objetivo de la zona marcada en medio del fondo de la pista contraria. El objetivo es mecanizar distintos golpes con el objetivo del medio de la pista.

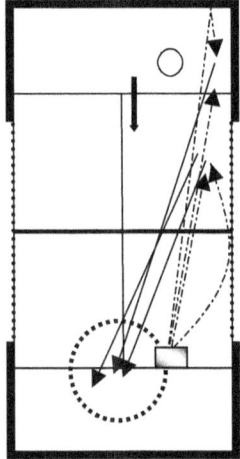

Ejercicio 0709   Golpes: D – SF – V – Bd – Rm

Objetivo: Distintos golpes al medio.
Secuencia de golpes: D – SFD – D – Bd – Rm (al medio).

Descripción:
Ubicado el jugador en el fondo de la pista, realizará una derecha, una salida de fondo de derecha, subirá a media pista para realizar una derecha a una bola corta, una bandeja y un remate, con el objetivo de la zona marcada en medio del fondo de la pista contraria. El objetivo es mecanizar distintos golpes con el objetivo del medio de la pista.

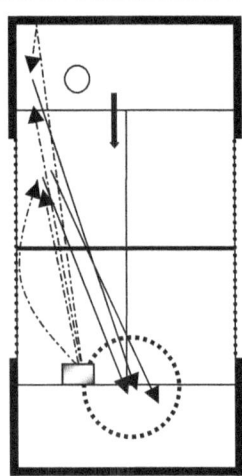

Ejercicio 0710   Golpes: Sq – Bd

Objetivo: Perfeccionamiento técnico y habilidad.
Secuencia de golpes: Sq – BdX – Bd//

Descripción:
Ubicado el jugador en la posición de defensa en el fondo de la pista, realizará un saque cruzado y subirá a la altura del monitor para realizar una bandeja cruzada y una bandeja paralela, con el objetivo de las marcas situadas en el fondo de la pista.

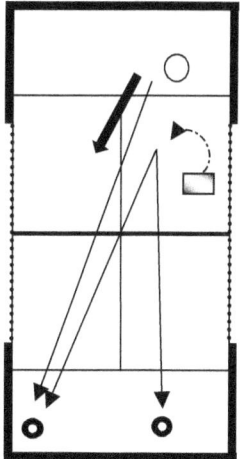

Ejercicio 0711   Golpes: Sq – Bd

Objetivo: Perfeccionamiento técnico y habilidad.
Secuencia de golpes: Sq - BdX

Descripción:
Ubicado el jugador en la posición de defensa en el fondo de la pista, realizará un saque cruzado y subirá a la altura del monitor para realizar una bandeja cruzada, con el objetivo de la marca situada en el fondo de la pista.

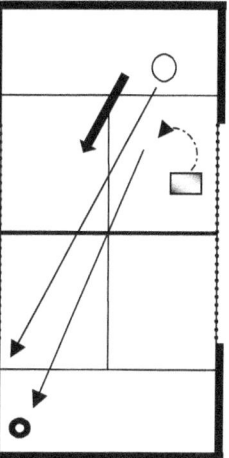

EJERCICIOS DE SAQUE Y BANDEJA

Ejercicio 0712   Golpes: Sq – Bd

Objetivo: Perfeccionamiento técnico y habilidad.
Secuencia de golpes: Sq – BdX – Bd//

Descripción:
Ubicado el jugador en la posición de defensa en el fondo de la pista, realizará un saque cruzado y subirá a la altura del monitor para realizar una bandeja cruzada y una bandeja paralela, con el objetivo de las marcas situadas en el fondo de la pista.

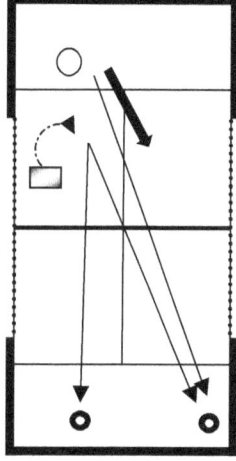

Ejercicio 0713   Golpes: Sq – Bd

Objetivo: Perfeccionamiento técnico y habilidad.
Secuencia de golpes: Sq - BdX

Descripción:
Ubicado el jugador en la posición de defensa en el fondo de la pista, realizará un saque cruzado y subirá a la altura del monitor para realizar una bandeja cruzada, con el objetivo de la marca situada en el fondo de la pista.

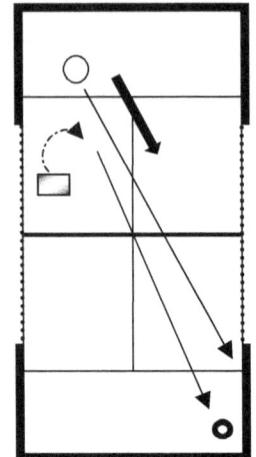

EJERCICIOS DE VOLEA, GLOBO Y REMATE

Ejercicio 0714   Golpes: V – Gb – Rm

Objetivo: Perfeccionamiento técnico y habilidad.
Secuencia de golpes: GBDX - VDX - RmX

Descripción:
Ubicado el jugador en el fondo de la pista, realizará un globo de derecha cruzado, subirá a la red con una volea de derecha cruzada para finalizar con un remate cruzado, con el objetivo de la marca situada en el fondo de la pista.

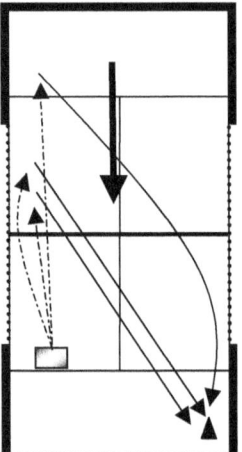

Ejercicio 0715   Golpes: V – Gb – Rm

Objetivo: Perfeccionamiento técnico y habilidad.
Secuencia de golpes: GBR// - VR// - Rm//

Descripción:
Ubicado el jugador en el fondo de la pista, realizará un globo de revés paralelo, subirá a la red cn una volea de revés paralela para finalizar con un remate paralelo, con el objetivo de la marca situada en el fondo de la pista.

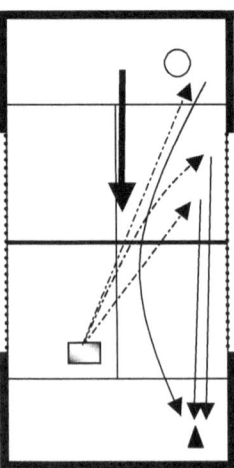

Ejercicio 0716   Golpes: V – Gb – Rm

Objetivo: Perfeccionamiento técnico y habilidad.
Secuencia de golpes: GBRX - VRX - RmX

Descripción:
Ubicado el jugador en el fondo de la pista, realizará un globo de revés cruzado, subirá a la red con una volea de revés cruzada para finalizar con un remate cruzado, con el objetivo de la marca situada en el fondo de la pista.

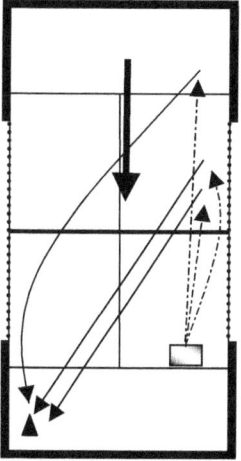

Ejercicio 0717   Golpes: V – Gb – Rm

Objetivo: Perfeccionamiento técnico y habilidad.
Secuencia de golpes: GBD// - VD// - Rm//

Descripción:
Ubicado el jugador en el fondo de la pista, realizará un globo de derecha paralelo, subirá a la red con una volea de derecha paralela para finalizar con un remate paralelo, con el objetivo de la marca situada en el fondo de la pista.

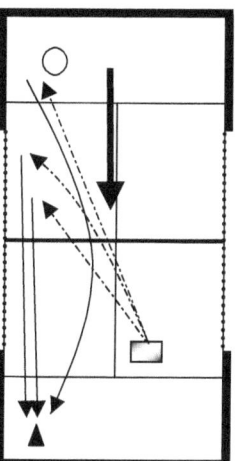

EJERCICIOS DE GLOBO Y BANDEJA/REMATE

Ejercicio 0718   Golpes: Gb – Bd

Objetivo: Coordinación de la fuerza, habilidad y respuesta.
Secuencia de golpes: Cono – GbX - BdX

Descripción:
Ubicado un jugador en el fondo de la pista, el monitor le lanzará una bola tras la cual el jugador tocará el cono situado junto a la T y realizará un globo cruzado contra el jugador que se encuentra en la otra pista que realizará una bandeja cruzada y continuarán el punto respetando la zona actual de juego.
Después de 10 puntos se alterna la posición de los jugadores.

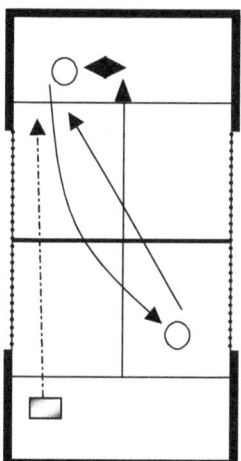

Ejercicio 0719   Golpes: Gb – Rm

Objetivo: Acción de coordinación entre jugadores.
Secuencia de golpes: Gb// - Rm//

Descripción:
Desde la posición 0, los jugadores ocupan su posición; uno de ellos para realizar un globo paralelo y el otro para realizar un remate paralelo tras la cual continuarán el punto respetando la zona actual de juego.
Después de 10 puntos se alterna la posición de los jugadores.

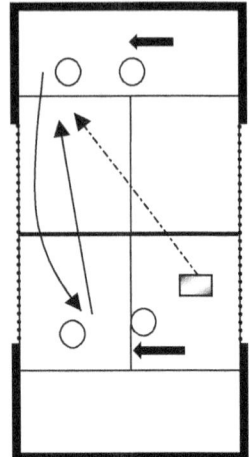

Ejercicio 0720   Golpes: Gb – Rm

Objetivo: Acción de coordinación entre jugadores.
Secuencia de golpes: GbX - RmX

Descripción:
Desde la posición 0, los jugadores ocupan su posición; uno de ellos para realizar un globo cruzado y el otro para realizar un remate cruzado tras la cual continuarán el punto respetando la zona actual de juego.
Después de 10 puntos se alterna la posición de los jugadores.

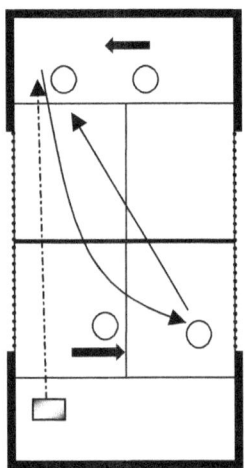

Ejercicio 0721   Golpes: Bd – Rm

Objetivo: Coordinación, tiempo de ejecución y habilidad.
Secuencia de golpes: Bd o Rm

Descripción:
Ubicado un jugador en el fondo de la pista junto al monitor y de espaldas a la red, el monitor le lanzará un globo que le sobre pasará, el jugador se dará la vuelta y tras dejar botas la bola, realizará una bandeja o un remate con el objetivo de las marcas situadas en el fondo de la pista.

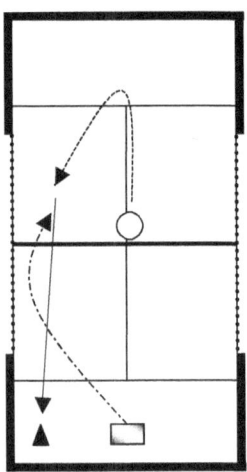

Ejercicio 0722   Golpes: Gb – Bd

Objetivo: Acción de coordinación entre jugadores.
Secuencia de golpes: GbX - BdX

Descripción:
Desde la posición inicial, los jugadores ocupan su posición; uno de ellos para realizar un globo de derecha cruzado y el otro para realizar una bandeja cruzada tras la cual continuarán el punto respetando la zona actual de juego.
Después de 10 puntos se alterna la posición de los jugadores.

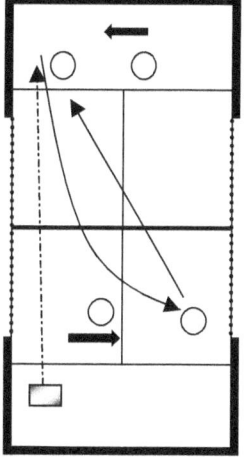

Ejercicio 0723   Golpes: Gb – Bd

Objetivo: Coordinación de la fuerza, habilidad y respuesta.
Secuencia de golpes: Cono – GbX - BdX

Descripción:
Ubicados dos jugadores en el fondo de la pista, el monitor le lanzará una bola a uno de ellos tras la cual el jugador tocará el cono situado junto a la T y realizará un globo cruzado o paralelo contra el jugador que se encuentra en la otra pista que realizará una bandeja y continuarán el punto respetando la zona actual de juego.
Después de 10 puntos se alterna la posición de los jugadores.

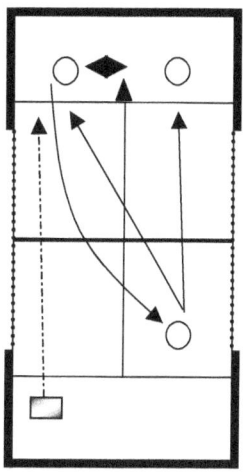

Ejercicio 0724   Golpes: G - Bd

Objetivo: Perfeccionamiento técnico, resistencia, habilidad y tiempo de ejecución. Coordinación.
Secuencia de golpes: GB a sí mismo – Bd//

Descripción:
Ubicados dos jugadores en los fondos de cada una de los lados, cuando reciban la bola relizarán un golpe sobre sí mismos, un globo, para después volver a ejecutar una bandeja paralela.
Después de 11 puntos se alterna la posición de los jugadores.

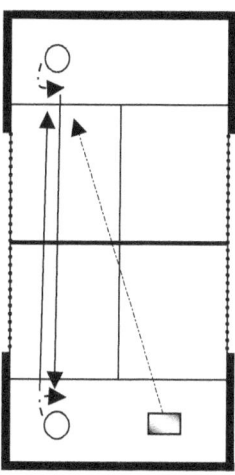

Ejercicio 0725   Golpes: Bd – Gb

Objetivo: Rapidez en el movimiento, desarrollo de la precisión en la ejecución, tiempo de ejecución, velocidad de reacción.
Secuencia de golpes: GbRX – BdX – GbRX – Bd//

Descripción:
Ubicado un jugador en el fondo de la pista, realizará globos de revés cruzados contra el jugador que se encuentra en la red, el cual alternará las bandejas cruzadas y las bandejas paralelas. Después de 10 golpes, se alternará la posición de los jugadores.

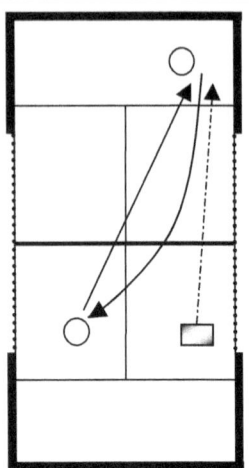

Ejercicio 0726   Golpes: Gb – Bd

Objetivo: Rapidez en el movimiento, desarrollo de la precisión en la ejecución, tiempo de ejecución, velocidad de reacción.
Secuencia de golpes: GbX – BdX –GbX – BdX

Descripción:
Ubicados dos jugadores en el fondo de la pista y otros dos cerca de la red, los jugadores del fondo alternarán los globos cruzados y los globos paralelos contra los jugadores que se encuentran en la red, los cuales alternarán las bandejas cruzadas y las bandejas paralelas. Todos los jugadores tocaran el cono situado a su lado después de cada golpe.

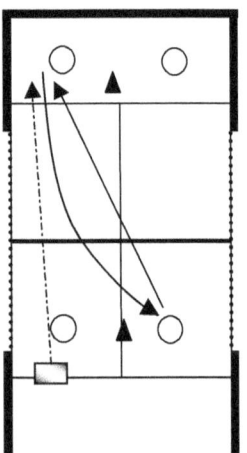

Ejercicio 0727   Golpes: Gb – Bd

Objetivo: Control de globo con desplazamiento y bandeja
Secuencia de golpes: Gb// o GbX – Bd// o BdX

Descripción:
Ubicado un jugador en el fondo de la pista en el lado del drive y dos jugadores en la red junto al monitor, el jugador del fondo alternará los globos paralelos o los globos cruzados para que sus contrarios ejecuten bandejas a la misma zona de donde le venían los globos. El jugador que realiza los globos tocará el cono situado sobre la T después de cada golpe.

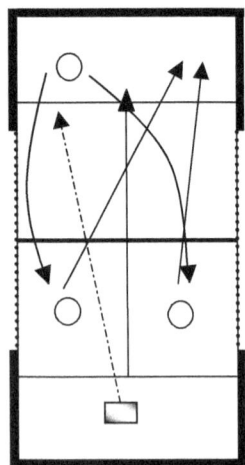

Ejercicio 0728   Golpes: Gb – Bd

Objetivo: Control de globo con desplazamiento y bandeja
Secuencia de golpes: Gb// o GbX – Bd// o BdX

Descripción:
Ubicado un jugador en el fondo de la pista en el lado del drive y dos jugadores en la red junto al monitor, el jugador del fondo alternará los globos paralelos o los globos cruzados para que sus contrarios ejecuten bandejas a la zona que no ocupa su compañero. El jugador que realiza los globos tocará el cono situado sobre la T después de cada golpe.

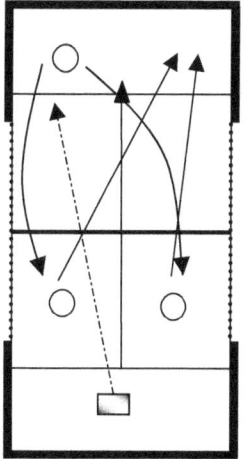

Ejercicio 0729   Golpes: Gb – Bd

Objetivo: Perfeccionamiento de la técnica de la volea, tiempo de ejecución, habilidad y rapidez en el movimiento.
Secuencia de golpes: GbX – BdX

Descripción:
Ubicado el jugador en la posición del drive, realiza un globo cruzado y se desplaza a la zona del revés para defender la bandeja o remate que su contrario realizará en paralelo. A partir de éste golpe, continuarán el punto manteniendo la zona actual hasta llegar a 10 y después alternarán la posición.

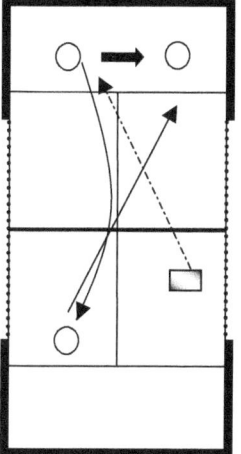

Ejercicio 0730   Golpes: Gb – Bd

Objetivo: Rapidez en el movimiento, desarrollo de la precisión en la ejecución, tiempo de ejecución, velocidad de reacción.
Secuencia de golpes: GbDX – BdX – GbDX – Bd//

Descripción:
Ubicado un jugador en el fondo de la pista, realizará globos de derecha cruzados contra el jugador que se encuentra en la red, el cual alternará las bandejas cruzadas y las bandejas paralelas. Después de 10 golpes, se alternará la posición de los jugadores.

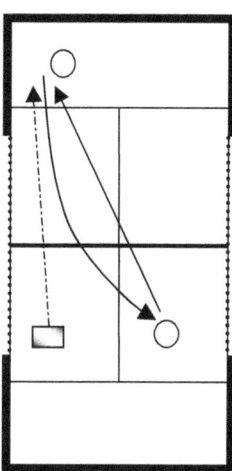

Ejercicio 0731   Golpes: Gb - Bd

Objetivo: Control de globo con desplazamiento y bandeja
Secuencia de golpes: Gb// o GbX – Bd// o BdX

Descripción:
Ubicado un jugador en el fondo de la pista en el lado del revés y dos jugadores en la red junto al monitor, el jugador del fondo alternará los globos paralelos o los globos cruzados para que sus contrarios ejecuten bandejas a la zona que no ocupa su compañero. El jugador que realiza los globos tocará el cono situado sobre la T después de cada golpe.

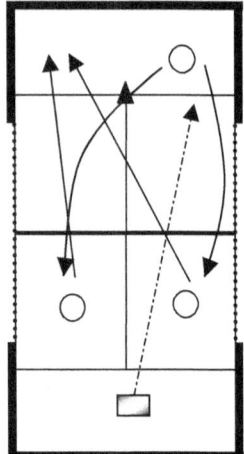

Ejercicio 0732   Golpes: Gb- Bd

Objetivo: Desarrollo de la precisión y coordinación del movimiento.
Secuencia de golpes: BdX o RmX – GbX

Descripción:
Ubicado un jugador en media pista y otro jugador junto al monitor, el jugador que ataca realizará bandejas cruzadas o remates cruzados contra el jugador que defiende que contestará con globos cruzados.
Después de 10 bolas se alterna la posición de los jugadores.

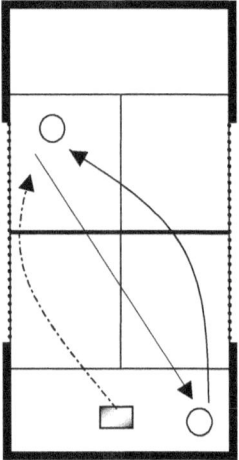

Ejercicio 0733   Golpes: Gb – Bd

Objetivo: Coordinación de la fuerza, habilidad y respuesta.
Secuencia de golpes: Cono – GbX - BdX

Descripción:
Ubicados dos jugadores en el fondo de la pista, el monitor le lanzará una bola a uno de ellos tras la cual el jugador tocará el cono situado junto a la T y realizará un globo cruzado o paralelo contra el jugador que se encuentra en la otra pista que realizará una bandeja libre y continuarán el punto, jugando incluso contra el monitor. Después de 10 puntos se alterna la posición de los jugadores.

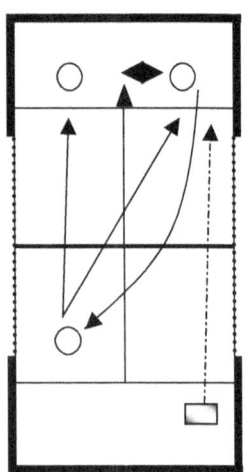

Ejercicio 0734   Golpes: Gb – Bd

Objetivo: Rapidez en el movimiento, desarrollo de la precisión en la ejecución, tiempo de ejecución, velocidad de reacción.
Secuencia de golpes: GbX – BdX –GbX – BdX

Descripción:
Ubicado un jugador en el fondo de la pista, realizará globos cruzados contra el jugador que se encuentra en la red, el cual realizará bandejas cruzadas. Ambos jugadores tocaran el cono situado a su lado después de cada golpe. Después de 10 golpes, se alternará la posición de los jugadores.

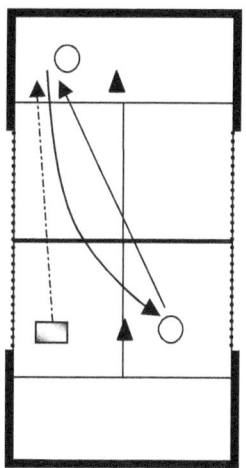

Ejercicio 0735   Golpes: G – Bd

Objetivo: Perfeccionamiento técnico, resistencia, habilidad y tiempo de ejecución. Coordinación.
Secuencia de golpes: G a sí mismo - BdX

Descripción:
Ubicados dos jugadores en los fondos de cada una de los lados, cuando reciban la bola relizarán un golpe sobre sí mismos, un globo, para después volver a ejecutar una bandeja cruzada y continuarán en cruzado respetando la zona actual de juego. Después de 11 puntos se alterna la posición de los jugadores.

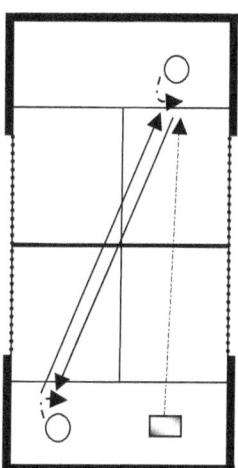

Ejercicio 0736   Golpes: Gb – Bd

Objetivo: Control de globo con desplazamiento y bandeja. Coordinación. Mejora de la técnica.
Secuencia de golpes: Gb// o GbX – Bd// o BdX

Descripción:
Ubicado un jugador en el fondo de la pista en el lado del revés junto al monitor y dos jugadores en la red, el jugador del fondo alternará los globos paralelos o los globos cruzados para que sus contrarios ejecuten bandejas a la misma zona de donde le venían los globos. Una vez la misma bola haya sido tocada por los tres jugadores, se continuará el punto. Cuando lleguen a 11 puntos se rotará la posición de los jugadores.

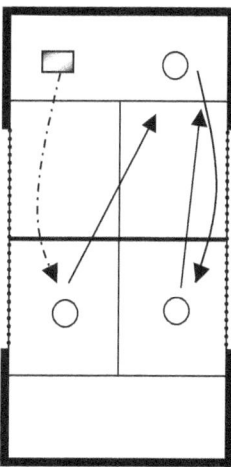

Ejercicio 0737   Golpes: Gb – Bd

Objetivo: Control de globo con desplazamiento y Bandeja. Coordinación. Mejora de la técnica.
Secuencia de golpes: Gb// o GbX – Bd// o BdX

Descripción:
Ubicado un jugador en el fondo de la pista en el lado del drive junto al monitor y dos jugadores en la red, el jugador del fondo alternará los globos paralelos o los globos cruzados para que sus contrarios ejecuten bandejas a la misma zona de donde le venían los globos. Una vez la misma bola haya sido tocada por los tres jugadores, se continuará el punto. Cuando lleguen a 11 puntos se rotará la posición de los jugadores.

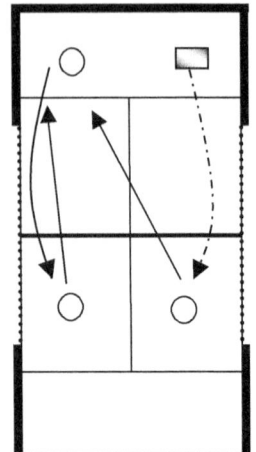

Ejercicio 0738   Golpes: Gb – Bd

Objetivo: Coordinación, rapidez en la ejecución y movimiento.
Secuencia de golpes: G// o GX – Bd// o BdX

Descripción:
Ubicados dos jugadores en el fondo de la pista, realizarán globos paralelos o cruzados contra los jugadores que se encuentran en mitad de la otra pista. Una vez hayan ejecutado todos los jugadores que se encuentran en ataque una bandeja, continuarán el punto.
Cuando lleguen a 11 puntos se rota la posición de los jugadores.

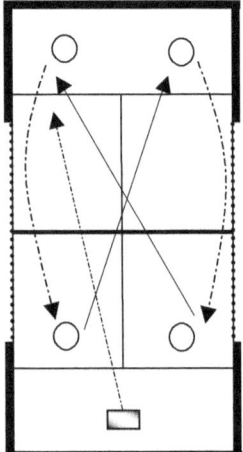

Ejercicio 0739   Golpes: Gb – Bd

Objetivo: Acción de coordinación entre jugadores.
Secuencia de golpes: Gb// - Bd//

Descripción:
Desde la posición 0, los jugadores ocupan su posición; uno de ellos para realizar un globo paralelo y el otro para realizar una bandeja paralela tras la cual continuarán el punto respetando la zona actual de juego.
Después de 10 puntos se alterna la posición de los jugadores.

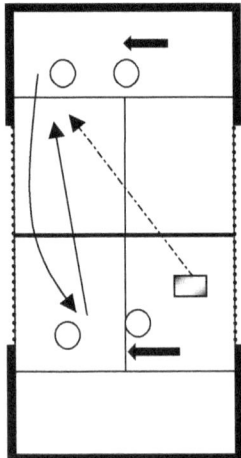

Ejercicio 0740   Golpes: Gb – Bd

Objetivo: Coordinación de la fuerza, habilidad y respuesta.
Secuencia de golpes: Cono – Gb// - Bd//

Descripción:
Ubicado un jugador en el fondo de la pista, el monitor le lanzará una bola tras la cual el jugador tocará el cono situado junto a la T y realizará un globo paralelo contra el jugador que se encuentra en la otra pista que realizará una bandeja paralela y continuarán el punto respetando la zona actual de juego.
Después de 10 puntos se alterna la posición de los jugadores.

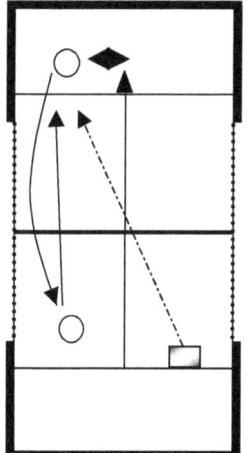

Ejercicio 0741   Golpes: Gb - Bd

Objetivo: Control de globo con desplazamiento y bandeja.
Secuencia de golpes: Gb// o GbX – Bd// o BdX

Descripción:
Ubicado un jugador en el fondo de la pista en el lado del drive y dos jugadores en la red junto al monitor, el jugador del fondo alternará los globos paralelos o los globos cruzados para que sus contrarios ejecuten bandejas a la misma zona de donde le venían los globos. El jugador que realiza los globos tocará el cono situado sobre la T después de cada golpe.

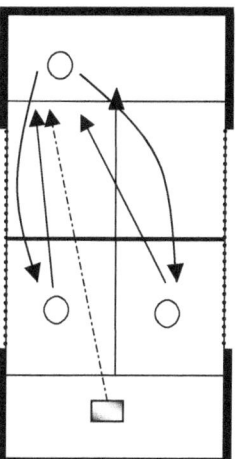

EJERCICIOS DE SAQUE, VOLEA Y BANDEJA

Ejercicio 0742   Golpes: Sq – V – Bd

Objetivo: Coordinación de la fuerza, habilidad y respuesta.
Secuencia de golpes: Sq - BdX - VDX

Descripción:
Ubicado el jugador en la posición de defensa en el fondo de la pista, realizará un saque cruzado y subirá a la altura del monitor para realizar una bandeja cruzada y una volea de derecha cruzada, con el objetivo de la marca situada en el fondo de la pista.

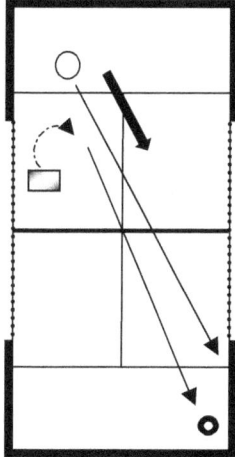

Ejercicio 0743   Golpes: Sq – V – Bd

Objetivo: Coordinación de la fuerza, habilidad y respuesta.
Secuencia de golpes: Sq - BdX – VD//

Descripción:
Ubicado el jugador en la posición de defensa en el fondo de la pista, realizará un saque cruzado y subirá a la altura del monitor para realizar una bandeja cruzada y una volea de derecha paralela, con el objetivo de las marcas situadas en el fondo de la pista.

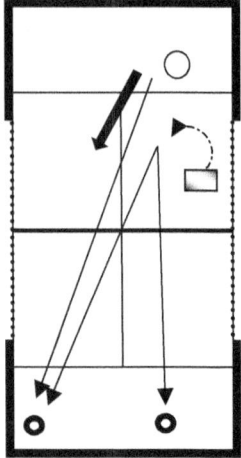

Ejercicio 0744   Golpes: Sq – V – Bd

Objetivo: Coordinación de la fuerza, habilidad y respuesta.
Secuencia de golpes: Sq - BdX – VD//

Descripción:
Ubicado el jugador en la posición de defensa en el fondo de la pista, realizará un saque cruzado y subirá a la altura del monitor para realizar una bandeja cruzada y una volea de derecha paralela, con el objetivo de las marcas situadas en el fondo de la pista.

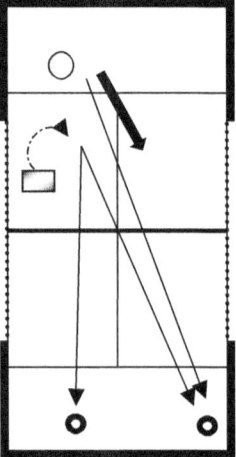

Ejercicio 0745   Golpes: Sq – V – Bd

Objetivo: Coordinación de la fuerza, habilidad y respuesta.
Secuencia de golpes: Sq - BdX - VDX

Descripción:
Ubicado el jugador en la posición de defensa en el fondo de la pista, realizará un saque cruzado y subirá a la altura del monitor para realizar una bandeja cruzada y una volea de derecha cruzada, con el objetivo de la marca situada en el fondo de la pista.

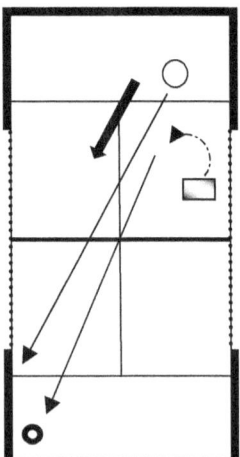

Ejercicio 0746 Golpes: Sq – V – Bd

Objetivo: Coordinación de la fuerza, habilidad y respuesta.
Secuencia de golpes: Sq - VDX - BdX

Descripción:
Ubicado el jugador en la posición de defensa en el fondo de la pista, realizará un saque cruzado y subirá a media pista para realizar una volea de derecha cruzada y retrocederá para realizar una bandeja cruzada y continuar el punto contra el monitor, manteniendo el punto en cruzado y respetando la zona donde juegan.

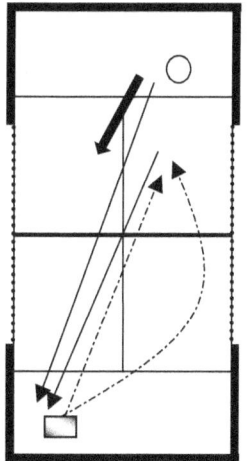

Ejercicio 0747 Golpes: Sq – V – Bd

Objetivo: Coordinación de la fuerza, habilidad y respuesta.
Secuencia de golpes: Sq - VDX - BdX

Descripción:
Ubicado el jugador en la posición de defensa en el fondo de la pista, realizará un saque cruzado y subirá a media pista para realizar una volea de derecha cruzada y retrocederá para realizar una bandeja cruzada y continuar el punto contra el monitor, manteniendo el punto en cruzado y respetando la zona donde juegan.

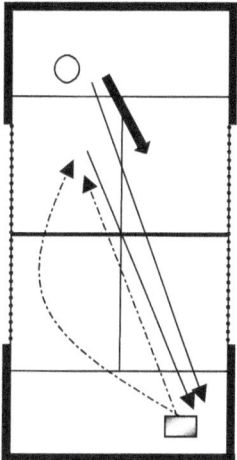

Ejercicio 0748 Golpes: Sq – V – Bd

Objetivo: Consolidar la red.
Secuencia de golpes: Sq – BdX – VR medio

Descripción:
Ubicado el jugador en la posición de defensa en el fondo de la pista, realizará un saque cruzado y subirá a media pista para realizar una bandeja cruzada con la que llegar a la red y mantenerla con una volea de revés al medio, con el objetivo de la marca situada en el fondo de la pista.

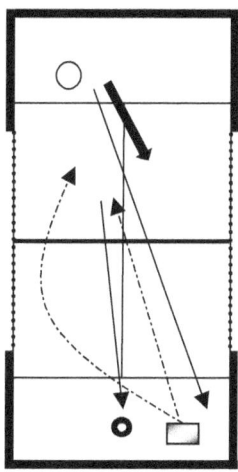

Ejercicio 0749   Golpes: Sq – V – Bd

Objetivo: Consolidar la red.
Secuencia de golpes: Sq – BdX – VD medio

Descripción:
Ubicado el jugador en la posición de defensa en el fondo de la pista, realizará un saque cruzado y subirá a media pista para realizar una bandeja cruzada con la que llegar a la red y mantenerla con una volea de derecha al medio, con el objetivo de la marca situada en el fondo de la pista.

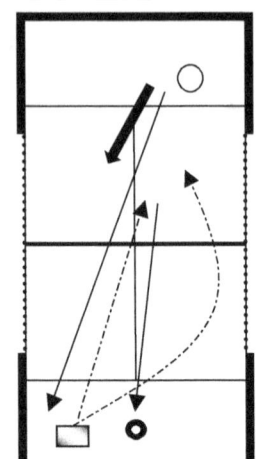

EJERCICIOS DE SAQUE, VOLEA Y REMATE

Ejercicio 0750   Golpes: Sq – V – Rm

Objetivo: Combinaciones técnicas, fuerza y rapidez.
Secuencia de golpes: Sq – VDX – RmX – Rm//

Descripción:
Ubicado el jugador en el fondo de la pista, realizará un saque con el que subirá a la red, consolidará la red con una volea de derecha cruzada, para después hacer un remate cruzado y finalizar con un remate paralelo, con el objetivo de las marcas situadas en el fondo de la pista.
Después de la última bola, el monitor le lanzará una bola para que vuelva a sarcar cuando le toque.

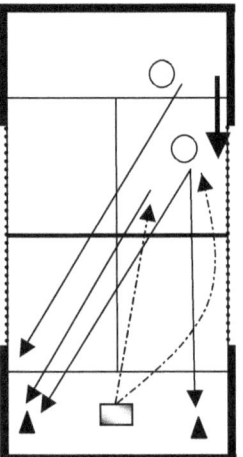

Ejercicio 0751   Golpes: Sq – V – Rm

Objetivo: Combinaciones técnicas, fuerza y rapidez.
Secuencia de golpes: Sq – VRX – RmX – Rm//

Descripción:
Ubicado el jugador en el fondo de la pista, realizará un saque con el que subirá a la red, consolidará la red con una volea de revés cruzada, para después hacer un remate cruzado y finalizar con un remate paralelo, con el objetivo de las marcas situadas en el fondo de la pista.
Después de la última bola, el monitor le lanzará una bola para que vuelva a sarcar cuando le toque.

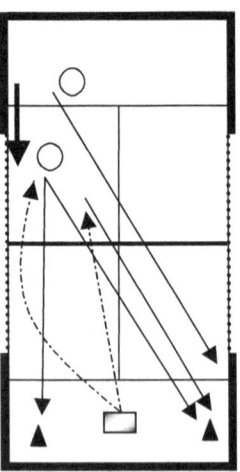

Ejercicio 0752   Golpes: Sq – V – Rm

Objetivo: Perfeccionamiento de los golpes en condiciones de esfuerzo físico.

Secuencia de golpes: Sq – VRX – salto valla – Rm//

Descripción:
Ubicado un jugador en el fondo de la pista, realizará un saque y subirá a la red para realizar una volea de revés cruzada. En ese momento se parará y realizará un salto en la valla situado al lado suyo para continuar con un remate paralelo.

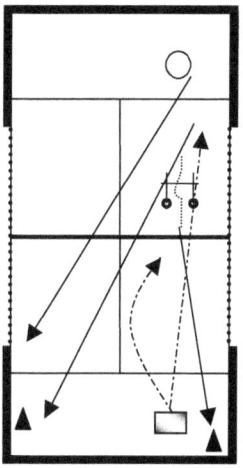

Ejercicio 0753   Golpes: Sq – V – Rm

Objetivo: Perfeccionamiento de los golpes en condiciones de esfuerzo físico.

Secuencia de golpes: Sq – VDX – salto valla – Rm//

Descripción:
Ubicado un jugador en el fondo de la pista, realizará un saque y subirá a la red para realizar una volea de derecha cruzada. En ese momento se parará y realizará un salto en la valla situado al lado suyo para continuar con un remate paralelo.

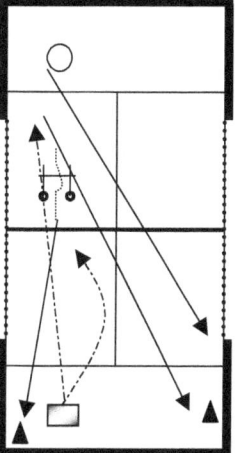

Ejercicio 0754   Golpes: Sq – V – Rm

Objetivo: Combinación de golpes en diferentes posiciones, habilidad y resistencia.

Secuencia de golpes: Sq – VRX – Rm//

Descripción:
Ubicado el jugador en el fondo de la pista, realizará un saque con el que subirá a la red, consolidará la red con una volea de revés cruzada y finalizará el punto con un remate paralelo con el objetivo de las marcas situadas en el fondo de la pista.

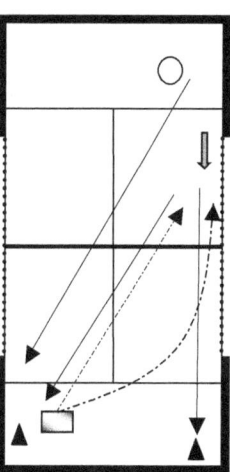

Ejercicio 0755   Golpes: Sq – V – Rm

Objetivo: Combinación de golpes en diferentes posiciones, habilidad y resistencia.
Secuencia de golpes: Sq – VDX – Rm//

Descripción:
Ubicado el jugador en el fondo de la pista, realizará un saque con el que subirá a la red, consolidará la red con una volea de derecha cruzada y finalizará el punto con un remate paralelo con el objetivo de las marcas situadas en el fondo de la pista.

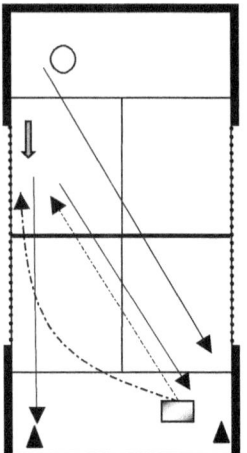

EJERCICIOS DE SAQUE Y RESTO

Ejercicio 0756   Golpes: Resto – Bd

Objetivo: Combinación de golpes en diferentes posiciones, habilidad y resistencia.
Secuencia de golpes: R – BdX

Descripción:
Ubicado en el fondo de la pista, en posición de recepcionar un resto, devolverá de revés plana el saque del monitor. Tras este golpe subirá a la red para realizar una bandeja cruzada.

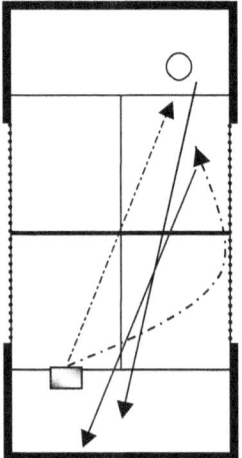

Ejercicio 0757   Golpes: Resto – Bd

Objetivo: Combinación de golpes en diferentes posiciones, habilidad y resistencia.
Secuencia de golpes: D – BdX

Descripción:
Ubicado en el fondo de la pista, en posición de recepcionar un resto, devolverá de derecha plana el saque del monitor. Tras este golpe subirá a la red para realizar una bandeja cruzada.

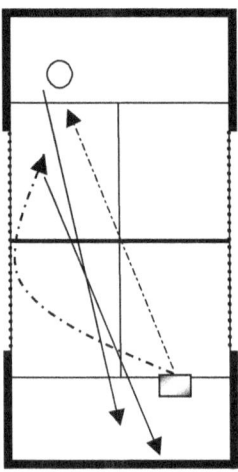

EJERCICIOS DE VOLEA, BANDEJA Y REMATE

Ejercicio 0758   Golpes: V – Bd – Rm

Objetivo: Dinamismo, coordinación y fuerza.
Secuencia de golpes: BdX – VR// - Rm// - VDX

Descripción:
Ubicado el jugador en el fondo de la pista, realizará una bandeja cruzada y subirá en diagonal para ejecutar una volea de revés paralela y un remate paralelo, y cerrará la devolución al medio con una volea de derecha cruzada, todo con el objetivo de las marcas situadas en el fondo de la pista.

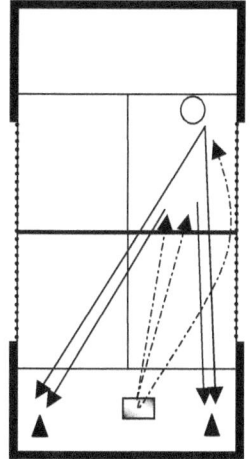

Ejercicio 0759   Golpes: V – Bd – Rm

Objetivo: Dinamismo, coordinación y fuerza.
Secuencia de golpes: BdX – VD// - Rm// - VRX

Descripción:
Ubicado el jugador en el fondo de la pista, realizará una bandeja cruzada y subirá en diagonal para ejecutar una volea de derecha paralela y un remate paralelo, y cerrará la devolución al medio con una volea de revés cruzada, todo con el objetivo de las marcas situadas en el fondo de la pista.

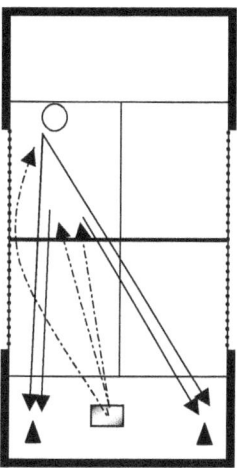

Ejercicio 0760   Golpes: V- Bd – Rm

Objetivo: Coordinación, rapidez y habilidad.
Secuencia de golpes: BdX – VR// - Rm//

Descripción:
Ubicado el jugador sobre la línea de fondo, realizará un saque bandeja cruzado con la que subirá a la red para realizar una volea de derecha paralela y un remate paralelo, con el objetivo de las marcas situadas en el fondo de la pista.
Después de 12 bolas se cambia de jugador.

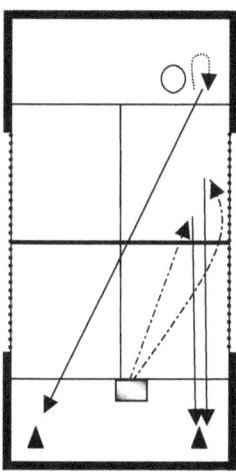

Ejercicio 0761   Golpes: V- Bd – Rm

Objetivo: Coordinación, rapidez y habilidad.
Secuencia de golpes: BdX – VD// - Rm//

Descripción:
Ubicado el jugador sobre la línea de fondo, realizará un saque bandeja cruzado con la que subirá a la red para realizar una volea de derecha paralela y un remate paralelo, con el objetivo de las marcas situadas en el fondo de la pista.
Después de 12 bolas se cambia de jugador.

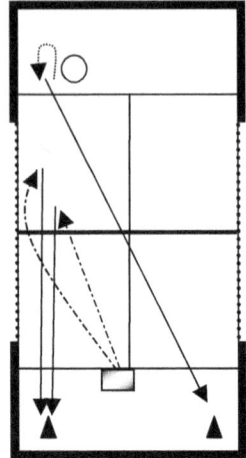

Ejercicio 0762   Golpes: V – Bd – Rm

Objetivo: Desarrollo de capacidades técnicas rápidas.
Secuencia de golpes: VD// – Bd// – VR// – Rm//

Descripción:
Ubicado el jugador cerca de la red, realizará una volea de derecha paralela y una bandeja paralela para mantener la red, y luego cerrará con una volea de revés paralela y finalizará con un remate paralelo, con el objetivo de la marca situada en el rincón de la pista.
Después de 12 bolas se cambia de jugador.

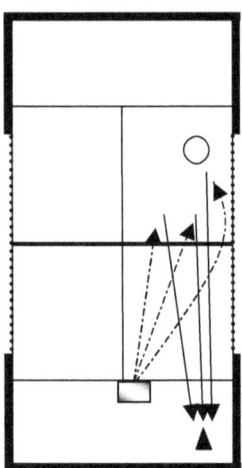

Ejercicio 0763   Golpes: V – Bd – Rm

Objetivo: Desarrollo de capacidades técnicas rápidas.
Secuencia de golpes: VD// – Bd// – VR// – Rm//

Descripción:
Ubicado el jugador cerca de la red, realizará una volea de derecha paralela y una bandeja paralela para mantener la red, y luego cerrará con una volea de revés paralela y finalizará con un remate paralelo, con el objetivo de la marca situada en el rincón de la pista.
Después de 12 bolas se cambia de jugador.

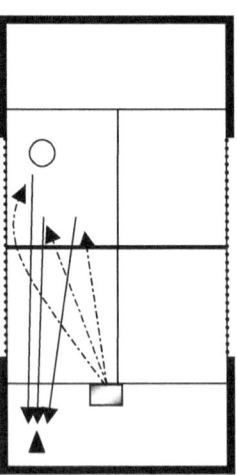

Ejercicio 0764   Golpes: V – Rm – Bd

Objetivo: Perfeccionamiento técnico, habilidad y coordinación.
Secuencia de golpes: Rm// - VDX – VDX – BdX

Descripción:
Ubicado el jugador cerca de la red, realizará un remate paralelo, dos voleas de derecha cruzadas y una bandeja cruzada con el objetivo de las marcas situadas en el fondo de la pista.
Después de 12 bolas se cambia de jugador.

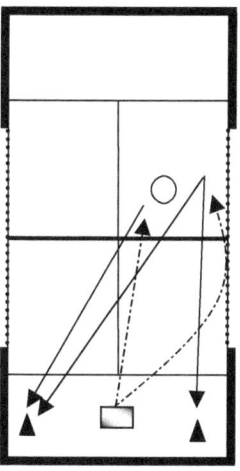

Ejercicio 0765   Golpes: V – Bd – Rm

Objetivo: Rapidez en el movimiento, habilidad, fuerza y rapidez.
Secuencia de golpes: VDX – BdX – Rm//

Descripción:
Ubicado el jugador cerca de la red, realizará una volea de derecha cruzada y se retrasará lo suficiente para realizar una bandeja cruzada, rodear el poste situado al lado suyo y subir a la red para realizar un remate paralelo, con el objetivo de las marcas situadas en el fondo de la pista.

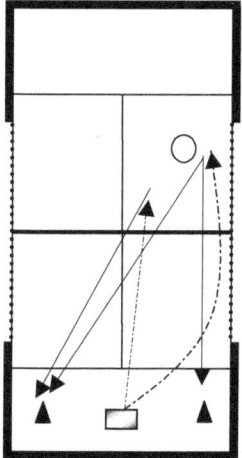

Ejercicio 0766   Golpes: V – Bd – Rm

Objetivo: Perfeccionamiento técnico, habilidad y coordinación.
Secuencia de golpes: Rm// - VRX – VRX – BdX

Descripción:
Ubicado el jugador cerca de la red, realizará un remate paralelo, dos voleas de derecha cruzadas y una bandeja cruzada con el objetivo de las marcas situadas en el fondo de la pista.
Después de 12 bolas se cambia de jugador.

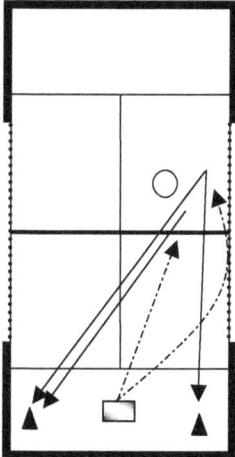

Ejercicio 0767   Golpes: V – Bd – Rm

Objetivo: Rapidez en el movimiento, habilidad, fuerza y rapidez.
Secuencia de golpes: VRX – BdX – Rm//

Descripción:
Ubicado el jugador cerca de la red, realizará una volea de revés cruzada y se retrasará lo suficiente para realizar una bandeja cruzada, rodear el poste situado al lado suyo y subir a la red para realizar un remate paralelo, con el objetivo de las marcas situadas en el fondo de la pista.

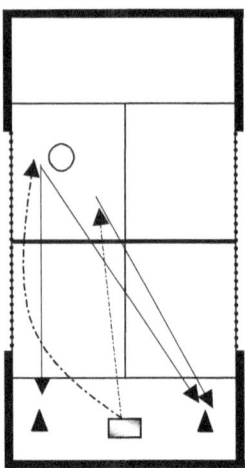

Ejercicio 0768   Golpes: V – Bd – Rm

Objetivo: Desarrollo de la habilidad en las técnicas, habilidad y tiempo de ejecución.
Secuencia de golpes: VD medio - RmX - BdX

Descripción:
Ubicado un jugador cerca del poste situado en el fondo de la pista, lo rodeará y realizará una volea de derecha al medio con la que subirá a la red para realizar un remate cruzado y se retrasará lo suficiente para realizar una bandeja cruzada, con el objetivo de las marcas situadas en el fondo de la pista.

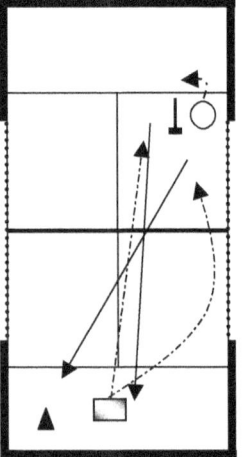

Ejercicio 0769   Golpes: V – Bd – Rm

Objetivo: Perfeccionamiento técnico, habilidad y coordinación.
Secuencia de golpes: Rm// - VDX – VDX – BdX

Descripción:
Ubicado el jugador cerca de la red, realizará un remate paralelo, dos voleas de derecha cruzadas y una bandeja cruzada con el objetivo de las marcas situadas en el fondo de la pista.
Después de 12 bolas se cambia de jugador.

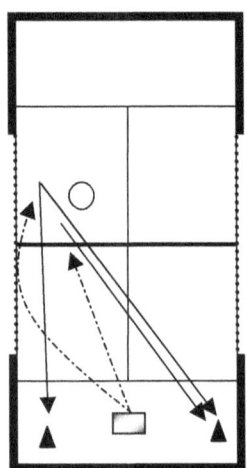

Ejercicio 0770   Golpes: V – Bd - Rm

Objetivo: Coordinación, rapidez en el movimiento.
Secuencia de golpes: VX – BdX – RmX – V// - Bd// - Rm//
Descripción:
Ubicado un jugador en el fondo de la pista y otro jugador cerca de la red, el jugador de la red ejecutará una volea cruzada, una bandeja cruzada, una volea paralela, una bandeja paralela y un remate paralelo. Después de cada golpe tocará el cono situado en el medio de la pista. El jugador del fondo de la pista se limitará a defender las bolas que le vienen sin continuar el punto. Despues de 12 bolas, se alternará la posición de los jugadores.

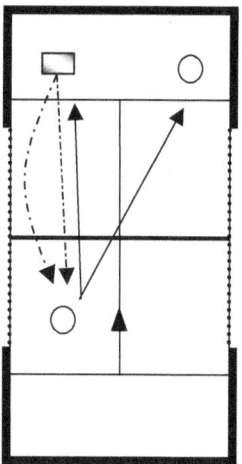

Ejercicio 0771   Golpes: V – Bd – Rm

Objetivo: Coordinación, rapidez en el movimiento.
Secuencia de golpes: V – BdX – RmX – Rm//

Descripción:
Ubicados dos jugadores en media pista, el jugador del lado del drive realizará: volea de revés cruzada, bandeja cruzada, remate cruzado y remate paralelo; y el jugador del revés realizará: volea de derecha cruzada, bandeja cruzada, remate cruzado y remate paralelo, con el objetivo de las marcas situadas en el fondo de la pista.

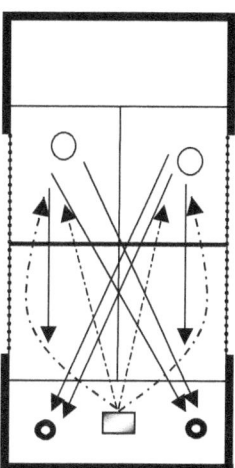

Ejercicio 0772   Golpes: V – Bd – Rm

Objetivo: Coordinación, rapidez en el movimiento.
Secuencia de golpes: BdX – VX – BdX – Rm//

Descripción:
Ubicados dos jugadores en media pista, el jugador del lado del drive realizará: bandeja cruzada, volea de revés cruzada, bandeja cruzada y remate paralelo; y el jugador del revés realizará: bandeja cruzada, volea de derecha cruzada, bandeja cruzada y remate paralelo, con el objetivo de las marcas situadas en el fondo de la pista.

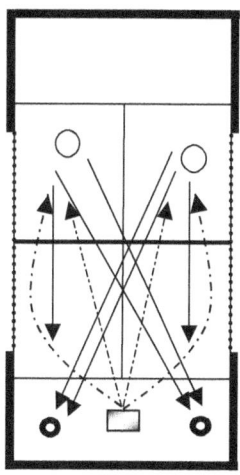

Ejercicio 0773   Golpes: V – Bd – Rm

Objetivo: Desarrollo de la habilidad en las técnicas, habilidad y tiempo de ejecución.
Secuencia de golpes: VR medio - RmX - BdX

Descripción:
Ubicado un jugador cerca del poste situado en el fondo de la pista, lo rodeará y realizará una volea de revés al medio con la que subirá a la red para realizar un remate cruzado y se retrasará lo suficiente para realizar una bandeja cruzada, con el objetivo de las marcas situadas en el fondo de la pista.

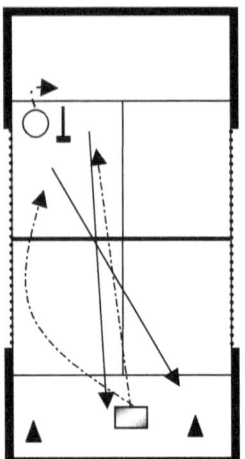

Ejercicio 0774   Golpes: V – Bd – Rm

Objetivo: Perfeccionamiento técnico, habilidad y coordinación.
Secuencia de golpes: Rm// - VRX – VRX – BdX

Descripción:
Ubicado el jugador cerca de la red, realizará un remate paralelo, dos voleas de revés cruzadas y una bandeja cruzada con el objetivo de las marcas situadas en el fondo de la pista.
Después de 12 bolas se cambia de jugador.

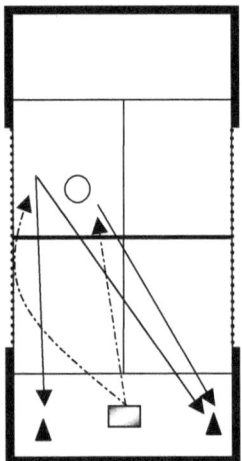

Ejercicio 0775   Golpes: V – Bd – Rm

Objetivo: Desarrollo de la habilidad en las técnicas, habilidad y tiempo de ejecución.
Secuencia de golpes: VD// - Rm// - BdX

Descripción:
Ubicado un jugador cerca del poste situado en el fondo de la pista, lo rodeará y realizará una volea de derecha paralela con la que subirá a la red para realizar un remate paralelo y se retrasará lo suficiente para realizar una bandeja cruzada, con el objetivo de las marcas situadas en el fondo de la pista.

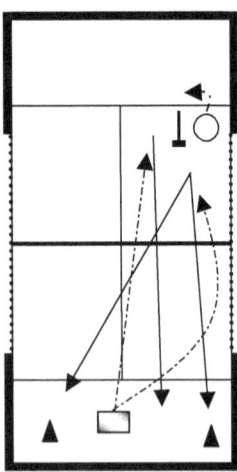

Ejercicio 0776   Golpes: V – Bd - Rm

Objetivo: Coordinación, rapidez en el movimiento, habilidad.
Secuencia de golpes: V// – Bd// – Rm// – VX - BdX - RmX
Descripción:
Ubicado un jugador en el fondo de la pista y otro jugador cerca de la red, el jugador de la red ejecutará una volea paralela, una bandeja paralela, un remate paralelo, una volea cruzada y una bandeja cruzada. Después de cada golpe tocará el cono situado en el medio de la pista. El jugador del fondo de la pista se limitará a defender las bolas que le vienen sin continuar el punto. Despues de 12 bolas, se alternará la posición de los jugadores.

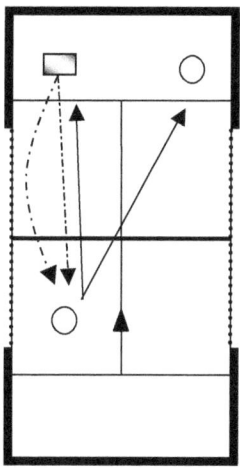

Ejercicio 0777   Golpes: V – Bd – Rm

Objetivo: Desarrollo de la habilidad en las técnicas, habilidad y tiempo de ejecución.
Secuencia de golpes: VR// - Rm// - BdX

Descripción:
Ubicado un jugador cerca del poste situado en el fondo de la pista, lo rodeará y realizará una volea de revés paralela con la que subirá a la red para realizar un remate paralelo y se retrasará lo suficiente para realizar una bandeja cruzada, con el objetivo de las marcas situadas en el fondo de la pista.

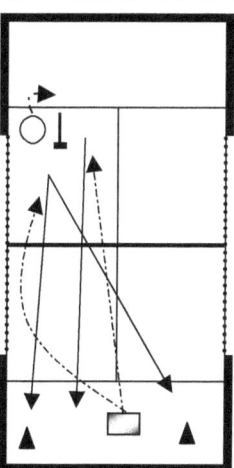

EJERCICIOS DE SALIDA DE FONDO, GLOBO Y BANDEJA

Ejercicio 0778   Golpes: SF – Gb – Bd

Objetivo: Rapidez en el movimiento, desarrollo de la precisión en la ejecución, tiempo de ejecución, velocidad de reacción.
Secuencia de golpes: SFDX - BdX

Descripción:
Ubicado un jugador en el fondo de la pista junto al monitor, realizará salida de fondo de derecha con globo a las bolas lanzadas con la mano con el monitor. El contrario, situado en media pista, realizará bandejas cruzadas y continuarán el punto respetando la posición de juego actual. Después de 10 bolas se alterna la posición de los jugadores.

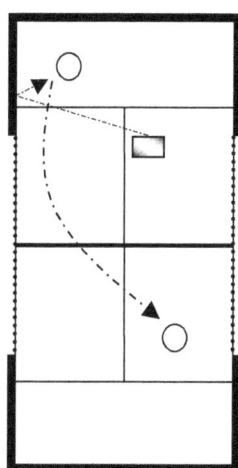

Ejercicio 0779   Golpes: SF – Gb – Bd

Objetivo: Rapidez en el movimiento, desarrollo de la precisión en la ejecución, tiempo de ejecución, velocidad de reacción.
Secuencia de golpes: SFRX - BdX

Descripción:
Ubicado un jugador en el fondo de la pista junto al monitor, realizará salida de fondo de revés con globo a las bolas lanzadas con la mano con el monitor. El contrario, situado en media pista, realizará bandejas cruzadas y continuarán el punto respetando la posición de juego actual. Después de 10 bolas se alterna la posición de los jugadores.

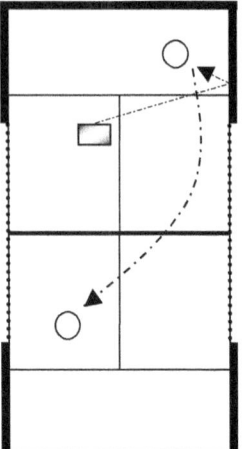

EJERCICIOS DE SAQUE, SALIDA DE FONDO Y VOLEA

Ejercicio 0780   Golpes: Sq – SF – V

Objetivo: Desarrollo de la habilidad de las técnicas complejas, tiempo de ejecución, fuerza y rapidez, y velocidad de reacción.
Secuencia de golpes: Sq – SFD medio – VDX - VDX

Descripción:
Ubicado el jugador en el fondo de la pista, realizará un saque en australiana, tras el cual rodeará un cono y se retrasará para realizar una salida de fondo de revés al medio con la que subirá para realizar dos voleas de derecha cruzadas progresivas para ganar la red.
Una vez ganada la red, continuará el punto en paralelo contra el monitor.

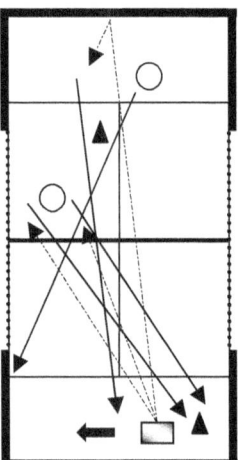

Ejercicio 0781   Golpes: Sq – SF – V

Objetivo: Desarrollo de la habilidad de las técnicas complejas, tiempo de ejecución, fuerza y rapidez, y velocidad de reacción.
Secuencia de golpes: Sq – SFR medio – VRX - VRX

Descripción:
Ubicado el jugador en el fondo de la pista, realizará un saque en australiana, tras el cual rodeará un cono y se retrasará para realizar una salida de fondo de revés al medio con la que subirá para realizar dos voleas de revés cruzadas progresivas para ganar la red.

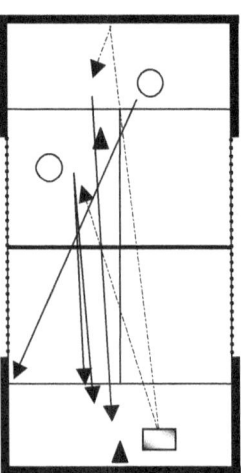

Ejercicio 0782   Golpes: Sq – SF – V

Objetivo: Desarrollo de la habilidad de las técnicas complejas, tiempo de ejecución, fuerza y rapidez, y velocidad de reacción.
Secuencia de golpes: Sq – SFR// - VR// - VR//

Descripción:
Ubicado el jugador en el fondo de la pista, realizará un saque en australiana, tras el cual rodeará un cono y se retrasará para realizar una salida de fondo de revés paralela con la que subirá para realizar dos voleas de revés progresivas para ganar la red.

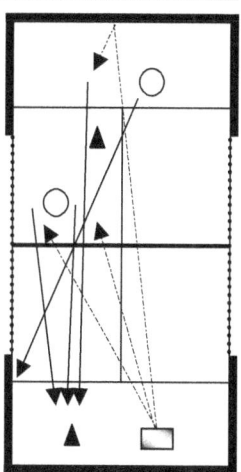

Ejercicio 0783   Golpes: Sq – SF – V

Objetivo: Desarrollo de la habilidad de las técnicas complejas, tiempo de ejecución, fuerza y rapidez, y velocidad de reacción.
Secuencia de golpes: Sq – SFD// - VD// - VD//

Descripción:
Ubicado el jugador en el fondo de la pista, realizará un saque en australiana, tras el cual rodeará un cono y se retrasará para realizar una salida de fondo de derecha paralela con la que subirá para realizar dos voleas de derecha progresivas para ganar la red.

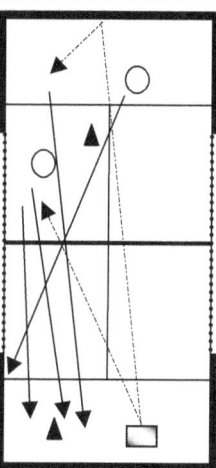

Ejercicio 0784   Golpes: Sq – SF – V

Objetivo: Desarrollo de la habilidad de las técnicas complejas, tiempo de ejecución, fuerza y rapidez, y velocidad de reacción.
Secuencia de golpes: Sq – SFR// - VR// - VR//

Descripción:
Ubicado el jugador en el fondo de la pista, realizará un saque en australiana, tras el cual rodeará un cono y se retrasará para realizar una salida de fondo de revés paralela con la que subirá para realizar dos voleas de revés progresivas para ganar la red.
Una vez ganada la red, continuará el punto en paralelo contra el monitor.

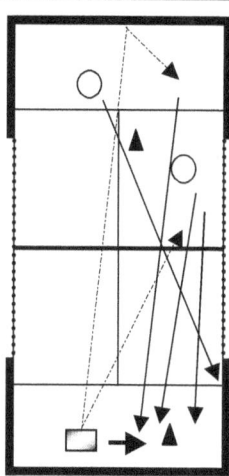

Ejercicio 0785   Golpes: Sq – SF – V

Objetivo: Desarrollo de la habilidad de las técnicas complejas, tiempo de ejecución, fuerza y rapidez, y velocidad de reacción.
Secuencia de golpes: Sq – SFD medio – VDX - VDX

Descripción:
Ubicado el jugador en el fondo de la pista, realizará un saque en australiana, tras el cual rodeará un cono y se retrasará para realizar una salida de fondo de derecha al medio con la que subirá para realizar dos voleas de derecha cruzadas progresivas para ganar la red.

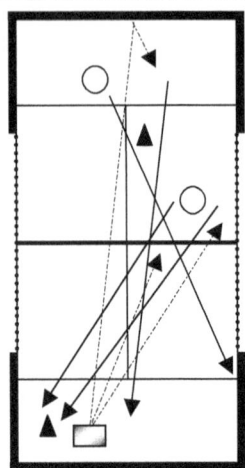

Ejercicio 0786   Golpes: Sq – SF – V

Objetivo: Desarrollo de la habilidad de las técnicas complejas, tiempo de ejecución, fuerza y rapidez, y velocidad de reacción.
Secuencia de golpes: Sq – SFR medio – VRX - VRX

Descripción:
Ubicado el jugador en el fondo de la pista, realizará un saque en australiana, tras el cual rodeará un cono y se retrasará para realizar una salida de fondo de revés al medio con la que subirá para realizar dos voleas de revés cruzadas progresivas para ganar la red.
Una vez ganada la red, continuará el punto en paralelo contra el monitor.

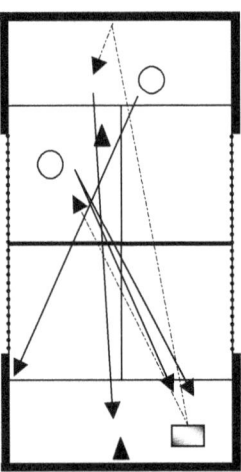

Ejercicio 0787   Golpes: Sq – SF – V

Objetivo: Desarrollo de la habilidad de las técnicas complejas, tiempo de ejecución, fuerza y rapidez, y velocidad de reacción.
Secuencia de golpes: Sq – SFD// - VR// - VR//

Descripción:
Ubicado el jugador en el fondo de la pista, realizará un saque en australiana, tras el cual rodeará un cono y se retrasará para realizar una salida de fondo de derecha paralela con la que subirá para realizar dos voleas de revés progresivas para ganar la red.
Una vez ganada la red, continuará el punto en paralelo contra el monitor.

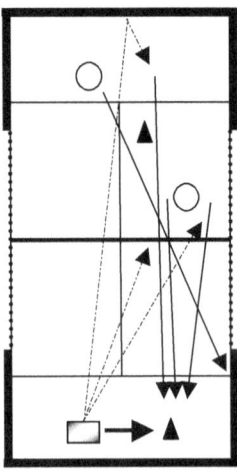

EJERCICIOS DE SAQUE, VOLEA Y BANDEJA

Ejercicio 0788   Golpes: Sq – V – Bd

Objetivo: Fuerza, rapidez y habilidad.
Secuencia de golpes: SqBd// – VRX - rodeo – Bd// - VDX

Descripción:
Ubicado el jugador sobre la línea de saque, realizará un saque bandeja paralelo y subirá a la red para realizar una volea de revés cruzada, rodeará el poste situado en media pista y se retrasará para realizar una bandeja paralela con la que subirá a la red para realizar una volea de derecha cruzada, con el objetivo de las marcas situadas en el fondo de la pista.

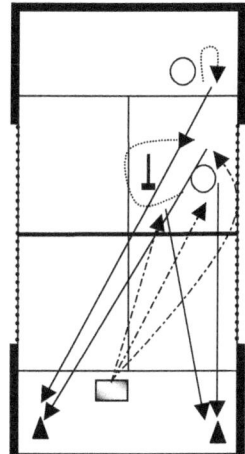

EJERCICIOS DE VOLEA, SALIDA DE FONDO Y BANDEJA

Ejercicio 0789   Golpes: V – SF – Bd

Objetivo: Coordinación del movimiento técnico, rapidez en el movimiento, resistencia a la velocidad.
Secuencia de golpes: Bd// – BdX – SFDX – VDX

Descripción:
Ubicado el jugador en media pista, realizará una bandeja paralela, una bandeja cruzada, se retrasará lo suficiente para realizar una salida de fondo de derecha cruzada con la que subirá a la red para realizar una volea de derecha cruzada con el objetivo de las marcas situadas en el fondo de la pista.
Después de 12 bolas se cambia de jugador.

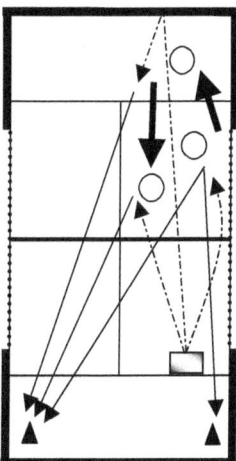

Ejercicio 0790   Golpes: V – SF – Bd

Objetivo: Coordinación del movimiento técnico, rapidez en el movimiento, resistencia a la velocidad.
Secuencia de golpes: Bd// – BdX – SFRX – VRX

Descripción:
Ubicado el jugador en media pista, realizará una bandeja paralela, una bandeja cruzada, se retrasará lo suficiente para realizar una salida de fondo de revés cruzada con la que subirá a la red para realizar una volea de revés cruzada con el objetivo de las marcas situadas en el fondo de la pista.
Después de 12 bolas se cambia de jugador.

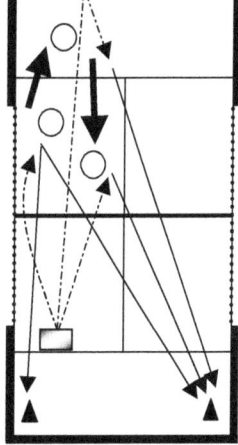

EJERCICIOS DE DERECHA, REVÉS, SALIDA LATERAL Y DOBLE PARED

Ejercicio 0791   Golpes: R – SL – SDP

Objetivo: Defensa.
Secuencia de golpes: RX – SLRX -- SDPRX

Descripción:
Ubicado un jugador en el fondo de la pista, realizará un revés, una salida de lateral de revés y una salida de doble pared de revés sin giro, con el objetivo de la marca situada en el fondo de la pista.

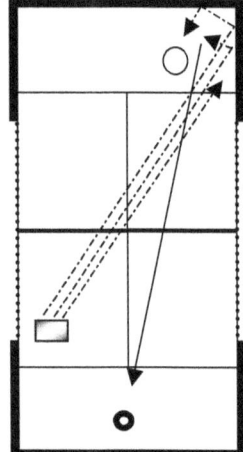

Ejercicio 0792   Golpes: D – SLD – SDPD

Objetivo: Defensa.
Secuencia de golpes: DX – SLDX -- SDPDX

Descripción:
Ubicado un jugador en el fondo de la pista, realizará una derecha, una salida de lateral de derecha y una salida de doble pared de derecha sin giro, con el objetivo de la marca situada en el fondo de la pista.

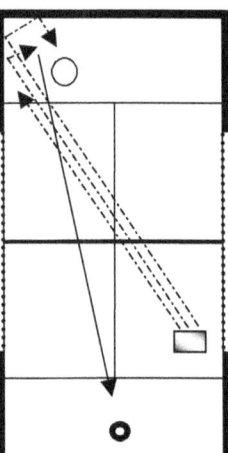

EJERCICIOS DE DERECHA, REVÉS, GLOBO Y BANDEJA

Ejercicio 0793   Golpes: D – Gb – Bd

Objetivo: Velocidad de reacción, rapidez en el movimiento, habilidad y tiempo de ejecución.
Secuencia de golpes: DX – DX – GbDX - BdX

Descripción:
Ubicado un jugador en el fondo de la pista y otro en la red, el jugador del fondo realizará dos derechas cruzadas y un globo de derecha cruzado en cada una de las posiciones. Después de este golpe su contrario ejecutará una bandeja cruzada y continuarán el punto respetando la zona que cada uno ocupa. Después de 11 puntos alternarán la posición que ocupan.

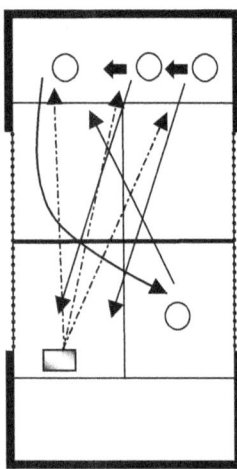

Ejercicio 0794   Golpes: R – Gb – Bd

Objetivo: Velocidad de reacción, rapidez en el movimiento, habilidad y tiempo de ejecución.

Secuencia de golpes: RvX – RvX – GbRX - BdX

Descripción:
Ubicado un jugador en el fondo de la pista y otro en la red, el jugador del fondo realizará dos reveses cruzados y un globo de revés cruzado en cada una de las posiciones. Después de este golpe su contrario ejecutará una bandeja cruzada.
Después de 10 bolas alternarán la posición.

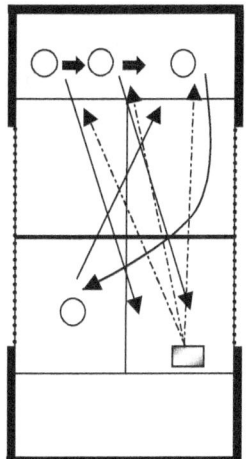

Ejercicio 0795   Golpes: D – Gb – Bd

Objetivo: Velocidad de reacción, rapidez en el movimiento, habilidad y tiempo de ejecución.

Secuencia de golpes: DX – DX – GbDX - BdX

Descripción:
Ubicado un jugador en el fondo de la pista y otro en la red, el jugador del fondo realizará dos derechas cruzadas y un globo de derecha cruzado en cada una de las posiciones. Después de este golpe su contrario ejecutará una bandeja cruzada.
Después de 10 bolas alternarán la posición.

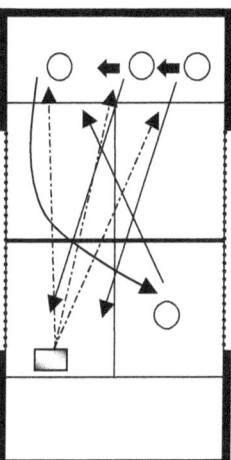

Ejercicio 0796   Golpes: R – Gb – Bd

Objetivo: Velocidad de reacción, rapidez en el movimiento, habilidad y tiempo de ejecución.

Secuencia de golpes: RvX – RvX – GbRvX - BdX

Descripción:
Ubicado un jugador en el fondo de la pista y otro en la red, el jugador del fondo realizará dos reveses cruzados y un globo de revés cruzado en cada una de las posiciones. Después de este golpe su contrario ejecutará una bandeja cruzada y continuarán el punto respetando la zona que cada uno ocupa. Después de 11 puntos alternarán la posición que ocupan.

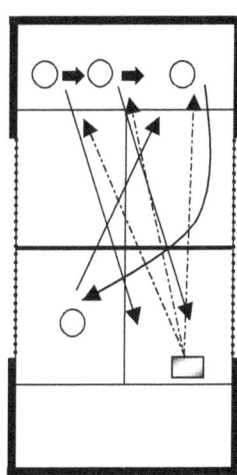

EJERCICIOS DE DERECHA, REVÉS, GLOBO Y REMATE

Ejercicio 0797   Golpes: R – Rm – Gb

Objetivo: Coordinación, habilidad y rapidez.
Secuencia de golpes: RX – Gb – RmX

Descripción:
Ubicado un jugador en el fondo de la pista, realizará un revés cruzado. La siguiente bola que venga, se hará un globo a sí mismo y realizará un remate cruzado, con el objetivo de la marca situada en el fondo de la pista.
Después de 12 bolas se cambia de jugador.

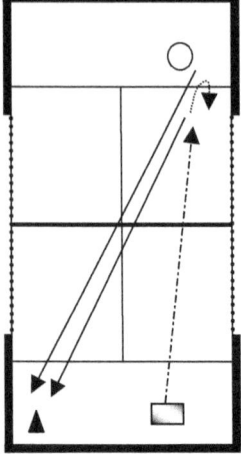

Ejercicio 0798   Golpes: D – Rm – Gb

Objetivo: Coordinación, habilidad y rapidez.
Secuencia de golpes: DX – Gb – RmX

Descripción:
Ubicado un jugador en el fondo de la pista, realizará una derecha cruzada. La siguiente bola que venga, se hará un globo a sí mismo y realizará un remate cruzado, con el objetivo de la marca situada en el fondo de la pista.
Después de 12 bolas se cambia de jugador.

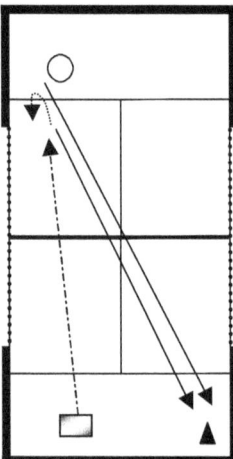

EJERCICIOS DE DERECHA, REVÉS, BANDEJA Y REMATE

Ejercicio 0799   Golpes: R – Bd – Rm

Objetivo: Rapidez en el movimiento, resistencia, fuerza y rapidez.
Secuencia de golpes: R// - Bd// - RmX

Descripción:
Ubicado el jugador en el fondo de la pista, realizará un golpe de revés paralelo con el que subirá a la red para progresar con una bandeja paralela y finalizará con un remate cruzado con el objetivo de las marcas situadas en el fondo de la pista.

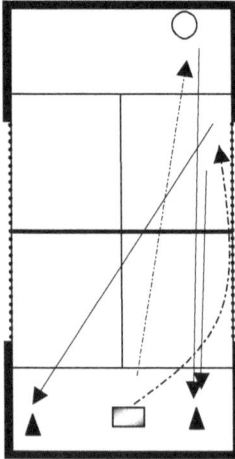

Ejercicio 0800   Golpes: D – Bd – Rm

Objetivo: Rapidez en el movimiento, resistencia, fuerza y rapidez.
Secuencia de golpes: D// - Bd// - RmX

Descripción:
Ubicado el jugador en el fondo de la pista, realizará un golpe de derecha paralelo con el que subirá a la red para progresar con una bandeja paralela y finalizará con un remate cruzado con el objetivo de las marcas situadas en el fondo de la pista.

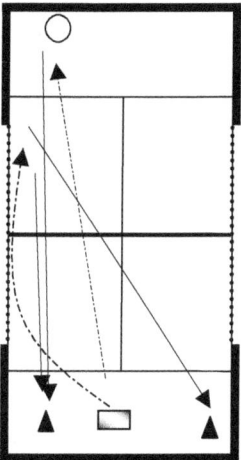

EJERCICIOS DE VOLEA, GLOBO Y BANDEJA

Ejercicio 0801   Golpes: V – Gb – Bd

Objetivo: Perfeccionamiento de la técnica de la volea, tiempo de ejecución, habilidad y rapidez en el movimiento.
Secuencia de golpes: VR// - GbX - BdX

Descripción:
Ubicado un jugador cerca de la red, realizará una volea de revés paralela y se retrasará lo suficiente para realizar un globo cruzado contra el otro jugador que en media pista realizará una bandeja cruzada. Después de este golpe continuarán el punto respetando la zona actual de juego.
Después de 10 bolas se rota la posición de los jugadores.

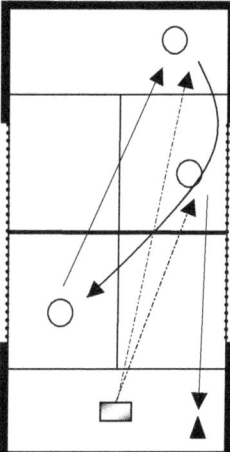

Ejercicio 0802   Golpes: V – Gb – Bd

Objetivo: Perfeccionamiento de la técnica de la volea, tiempo de ejecución, habilidad y rapidez en el movimiento.
Secuencia de golpes: VD// - GbX - BdX

Descripción:
Ubicado un jugador cerca de la red, realizará una volea de derecha paralela y se retrasará lo suficiente para realizar un globo cruzado contra el otro jugador que en media pista realizará una bandeja cruzada. Después de este golpe continuarán el punto respetando la zona actual de juego.
Después de 10 bolas se rota la posición de los jugadores.

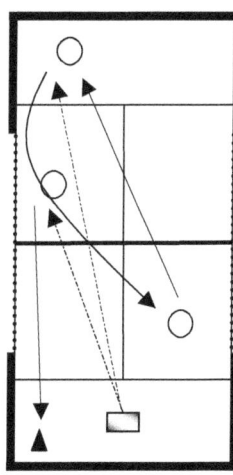

EJERCICIOS DE DERECHA, REVÉS, SALIDA DE FONDO Y VOLEA

Ejercicio 0803   Golpes: D – R- SF – V

Objetivo: Perfeccionamiento de la técnica de la volea, tiempo de ejecución, habilidad y rapidez en el movimiento.
Secuencia de golpes: DX – RX- SFRX - VDX

Descripción:
Ubicado el jugador en la posición de defensa en el fondo de la pista, realizará una derecha cruzada, un revés cruzado y una salida de fondo de revés con la que subirá a la red para realizar una volea de derecha cruzada con el objetivo de la marca situada en el fondo de la pista.

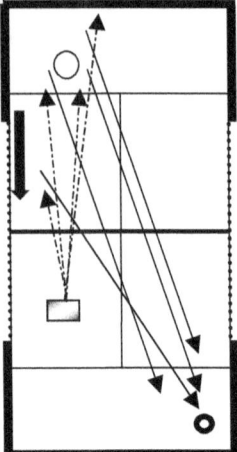

EJERCICIOS DE SALIDA DE FONDO, LATERAL Y VOLEA

Ejercicio 0804   Golpes: SF – SL – V

Objetivo: Combinación de golpes en diferentes posiciones, habilidad y resistencia.
Secuencia de golpes: SLD - SFR – SLD – SFR – VD – VR – VD – VR
Descripción:
Ubicado el jugador en el fondo de la pista, alternará las salidas laterales de derecha y las salidas de fondo de revés, con el objetivo de las marcas situadas en el fondo de la pista. Después de cuatro bolas, subirá a la red para alternar dos voleas de derecha y dos voleas de revés con el objetivo de la marca situada en el fondo de la pista.

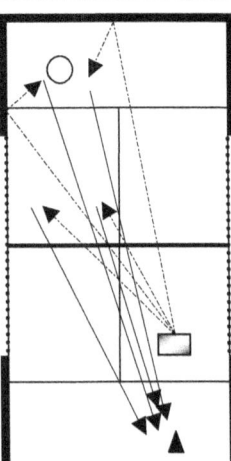

Ejercicio 0805   Golpes: SF – SL – V

Objetivo: Combinación de golpes en diferentes posiciones, habilidad y resistencia.
Secuencia de golpes: SLR - SFD – SLR – SFD – VD – VR – VD – VR
Descripción:
Ubicado el jugador en el fondo de la pista, alternará las salidas laterales de revés y las salidas de fondo de derecha, con el objetivo de las marcas situadas en el fondo de la pista. Después de cuatro bolas, subirá a la red para alternar dos voleas de derecha y dos voleas de revés con el objetivo de la marca situada en el fondo de la pista.

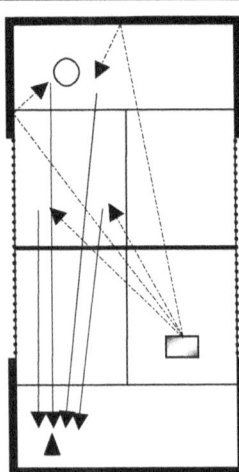

EJERCICIOS DE DERECHA, REVÉS, VOLEA Y REMATE

Ejercicio 0806   Golpes: D – R – V – Rm

Objetivo: Esfuerzo físico y habilidad.
Secuencia de golpes: DX - RX - VRX - RmX

Descripción:
Ubicado el jugador en el fondo de la pista, realizará una derecha cruzada y un revés cruzado con el que subirá a la red para hacer una dejada de volea de revés cruzada y se retrasará para hacer un remate cruzado, con el objetivo de la marca situada en el fondo de la pista.

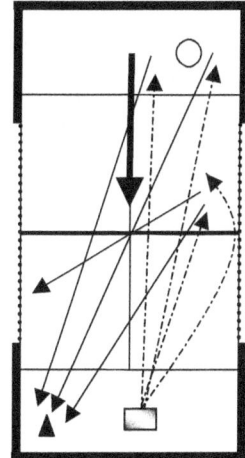

Ejercicio 0807   Golpes: D – R – V – Rm

Objetivo: Esfuerzo físico y habilidad.
Secuencia de golpes: D// - R// - VD// - Rm//

Descripción:
Ubicado el jugador en el fondo de la pista, realizará una derecha paralela y un revés paralelo con el que subirá a la red para hacer una dejada de volea de derecha paralela y se retrasará para hacer un remate paralelo, con el objetivo de las marcas situadas en el fondo de la pista.

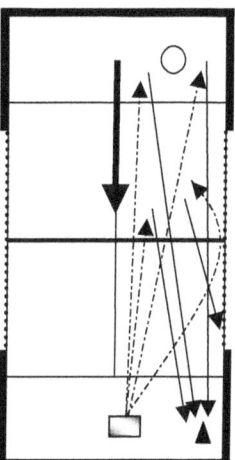

Ejercicio 0808   Golpes: D – R – V – Rm

Objetivo: Esfuerzo físico y habilidad.
Secuencia de golpes: D// - R// - VR// - Rm//

Descripción:
Ubicado el jugador en el fondo de la pista, realizará una derecha paralela y un revés paralelo con el que subirá a la red para hacer una dejada de volea de revés paralela y se retrasará para hacer un remate paralelo, con el objetivo de la marca situada en el fondo de la pista.

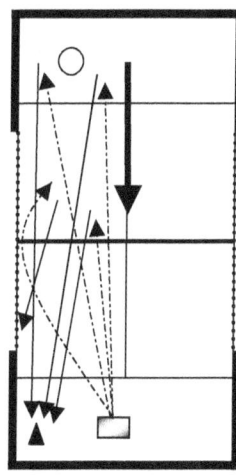

Ejercicio 0809   Golpes: R – V – Rm

Objetivo: Coordinación del dinamismo y habilidad.
Secuencia de golpes: VR// – R// – RmX

Descripción:
Ubicado un jugador cerca de la red, realizará una volea de revés paralela y se desplazará para rodear el poste hacia el fondo de pista para realizar un revés paralelo con el que subirá para hacer un remate cruzado.
Después de 12 bolas se cambia de jugador.

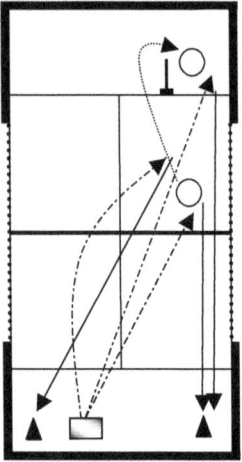

Ejercicio 0810   Golpes: D – R – V – Rm

Objetivo: Esfuerzo físico y habilidad.
Secuencia de golpes: DX - RX - VDX - RmX

Descripción:
Ubicado el jugador en el fondo de la pista, realizará una derecha cruzada y un revés cruzado con el que subirá a la red para hacer una dejada de volea de derecha cruzada y se retrasará para hacer un remate cruzado, con el objetivo de las marcas situadas en la pista.

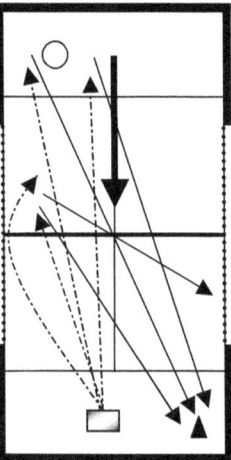

Ejercicio 0811   Golpes: D – V – Rm

Objetivo: Coordinación del dinamismo y habilidad.
Secuencia de golpes: VD// – D// – RmX

Descripción:
Ubicado un jugador cerca de la red, realizará una volea de derecha paralela y se desplazará para rodear el poste hacia el fondo de pista para realizar una derecha paralela con la que subirá para hacer un remate cruzado.
Después de 12 bolas se cambia de jugador.

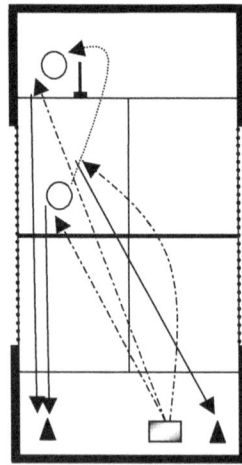

Ejercicio 0812   Golpes: D – R – V - Rm

Objetivo: Coordinación del dinamismo y habilidad.
Secuencia de golpes: DX – RX – VDX – VRX – Rm//

Descripción:
Ubicado el jugador sobre la línea de saque, realizará una derecha cruzada y un revés cruzado a las bolas cortas lanzadas por el monitor, y subirá a la red para realizar una volea de derecha cruzada y una volea de revés cruzada, y se retrasará lo suficiente para realizar un remate paralelo, con el objetivo de las marcas situadas en el fondo de la pista.

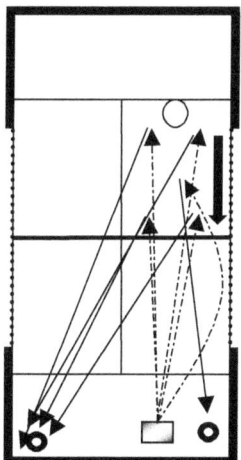

Ejercicio 0813   Golpes: D – R – V - Rm

Objetivo: Coordinación del dinamismo y habilidad.
Secuencia de golpes: DX – RX – VDX – VRX RmX

Descripción:
Ubicado el jugador en la posición de defensa en el fondo de la pista, realizará una derecha cruzada y un revés cruzado, y subirá a la red para realizar una volea de derecha cruzada y una volea de revés cruzada, y se retrasará lo suficiente para realizar un remate cruzado, con el objetivo de la marca situada en el fondo de la pista.

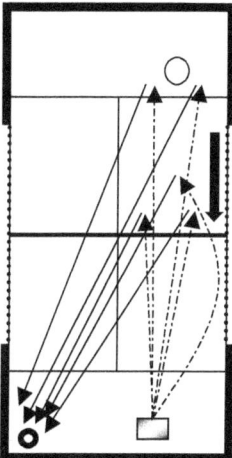

Ejercicio 0814   Golpes: D – R – V - Rm

Objetivo: Coordinación del dinamismo y habilidad.
Secuencia de golpes: DX – RX – VDX – VRX – Rm//

Descripción:
Ubicado el jugador sobre la línea de saque, realizará una derecha cruzada y un revés cruzado a las bolas cortaslanzadas por el monitor, y subirá a la red para realizar una volea de derecha cruzada y una volea de revés cruzada, y se retrasará lo suficiente para realizar un remate paralelo, con el objetivo de las marcas situadas en el fondo de la pista.

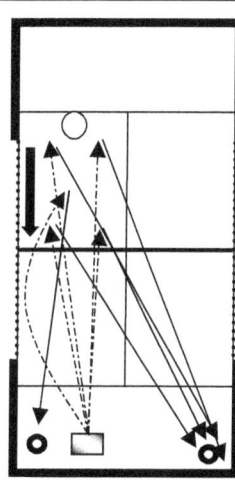

Ejercicio 0815   Golpes: D – R – V - Rm

Objetivo: Coordinación del dinamismo y habilidad.
Secuencia de golpes: DX – RX – VDX – VRX RmX

Descripción:
Ubicado el jugador en la posición de defensa en el fondo de la pista, realizará una derecha cruzada y un revés cruzado, y subirá a la red para realizar una volea de derecha cruzada y una volea de revés cruzada, y se retrasará lo suficiente para realizar un remate cruzado, con el objetivo de la marca situada en el fondo de la pista.

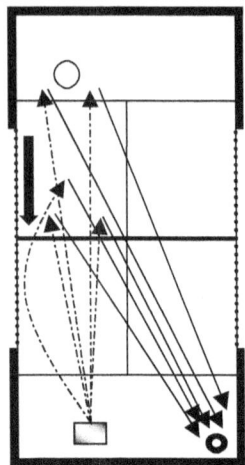

Ejercicio 0816   Golpes: D – R – V - Rm

Objetivo: Coordinación del dinamismo y habilidad.
Secuencia de golpes: DX – RX – VDX – VRX - RmX

Descripción:
Ubicado el jugador sobre la línea de saque, realizará una derecha cruzada y un revés cruzado a las bolas cortas lanzadas por el monitor, y subirá a la red para realizar una volea de derecha cruzada y una volea de revés cruzada, y se retrasará lo suficiente para realizar un remate cruzado, con el objetivo de la marca situada en el fondo de la pista.

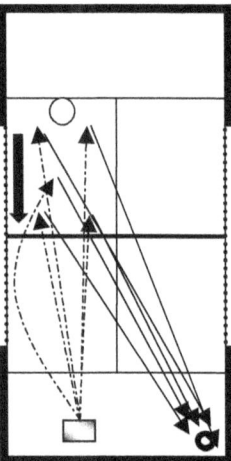

Ejercicio 0817   Golpes: D – R – V - Rm

Objetivo: Coordinación del dinamismo y habilidad.
Secuencia de golpes: DX – RX – VDX – VRX Rm//

Descripción:
Ubicado el jugador en la posición de defensa en el fondo de la pista, realizará una derecha cruzada y un revés cruzado, y subirá a la red para realizar una volea de derecha cruzada y una volea de revés cruzada, y se retrasará lo suficiente para realizar un remate paralelo, con el objetivo de las marcas situadas en el fondo de la pista.

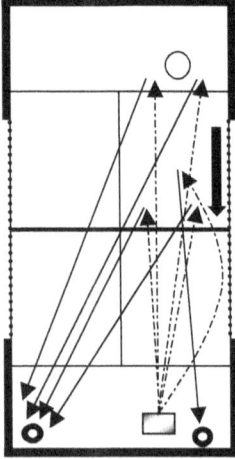

Ejercicio 0818   Golpes: D – R – V - Rm

Objetivo: Coordinación del dinamismo y habilidad.
Secuencia de golpes: DX – RX – VDX – VRX RmX

Descripción:
Ubicado el jugador sobre la línea de saque, realizará una derecha cruzada y un revés cruzado a las bolas cortas lanzadas por el monitor, y subirá a la red para realizar una volea de derecha cruzada y una volea de revés cruzada, y se retrasará lo suficiente para realizar un remate cruzado, con el objetivo de la marca situada en el fondo de la pista.

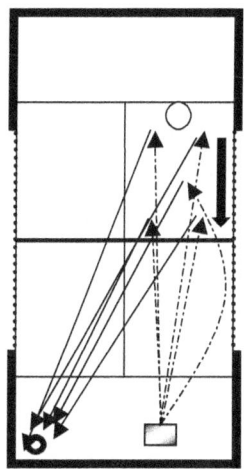

Ejercicio 0819   Golpes: D – R – V - Rm

Objetivo: Coordinación del dinamismo y habilidad.
Secuencia de golpes: DX – RX – VDX – VRX Rm//

Descripción:
Ubicado el jugador en la posición de defensa en el fondo de la pista, realizará una derecha cruzada y un revés cruzado, y subirá a la red para realizar una volea de derecha cruzada y una volea de revés cruzada, y se retrasará lo suficiente para realizar un remate paralelo, con el objetivo de las marcas situadas en el fondo de la pista.

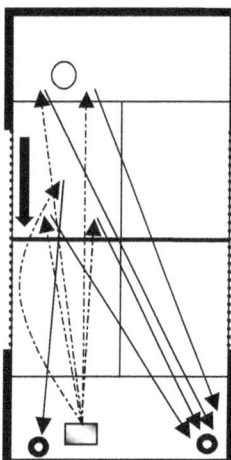

EJERCICIOS VARIADOS DE COMPETICIÓN

Ejercicio 0820   Golpes: Ejercicios variados de competición.

Objetivo: Ejercicios de competición, práctica activa de los ejercicios. Coordinación técnica y simulación de puntos de partido.
Secuencia de golpes: Todos **Descripción:**
Ubicados dos jugadores en el fondo de la pista y dos jugadores en la red, uno de los jugadores del fondo realizará un golpe cruzado que será devuelto con una volea cruzada. A éste golpe contestará con un globo paralelo para que el contrario realice una bandeja y continuarán el punto entre todos los jugadores. Al llegar a 10 puntos se rota la posición entre los jugadores.

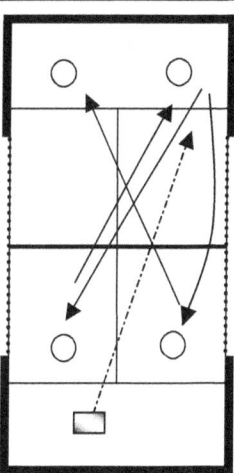

Ejercicio 0821   Golpes: Ejercicios variados de competición.

Objetivo: Ejercicios de competición, práctica activa de los ejercicios. Coordinación técnica y simulación de puntos de partido.

Secuencia de golpes: Todos

Descripción:
Ubicado el jugador en el fondo de la pista en la zona defensiva, tocará cualquiera de los conos situados a su lado y en ese momento el monitor le tirará una bola para que defienda. A partir de ésta devolución, continuará el punto contra el monitor, manteniendo el punto en paralelo y respetando la zona donde juegan.

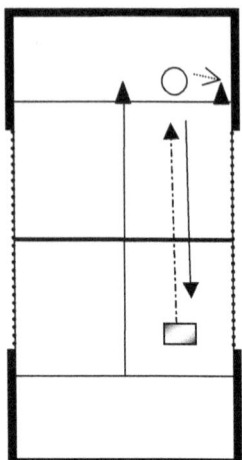

Ejercicio 0822   Golpes: Ejercicios variados de competición.

Objetivo: Ejercicios de competición, práctica activa de los ejercicios. Coordinación técnica y simulación de puntos de partido.

Secuencia de golpes: Todos **Descripción:**
Ubicado dos jugadores en el fondo de la pista y dos jugadores en la red, uno de los jugadores del fondo realizará un golpe paralelo que será devuelto con una volea paralela. A éste golpe contestará con un globo cruzado para que el contrario realice una bandeja y continuarán el punto entre todos los jugadores. Al llegar a 10 puntos se rota la posición entre los jugadores.

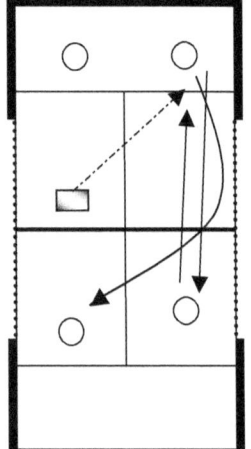

Ejercicio 0823   Golpes: Ejercicios variados de competición.

Objetivo: Ejercicios de competición, práctica activa de los ejercicios. Coordinación técnica y simulación de puntos de partido.

Secuencia de golpes: Todos

Descripción:
Ubicado el jugador en la posición del revés, realiza un globo paralelo y se desplaza a la zona del drive para defender la bandeja o remate que su contrario realizará en cruzado. A partir de éste golpe, continuarán el punto manteniendo la zona actual hasta llegar a 10 y después alternarán la posición.

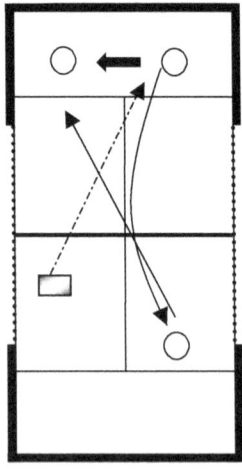

Ejercicio 0824 Golpes: Ejercicios variados de competición.

Objetivo: Ejercicios de competición, práctica activa de los ejercicios. Coordinación técnica y simulación de puntos de partido.

Secuencia de golpes: Todos **Descripción:**

Ubicado dos jugadores en el fondo de la pista y dos jugadores en la red, uno de los jugadores del fondo realizará un golpe paralelo que será devuelto con una volea paralela. A éste golpe contestará con un globo cruzado para que el contrario realice una bandeja y continuarán el punto entre todos los jugadores. Al llegar a 10 puntos se rota la posición entre los jugadores.

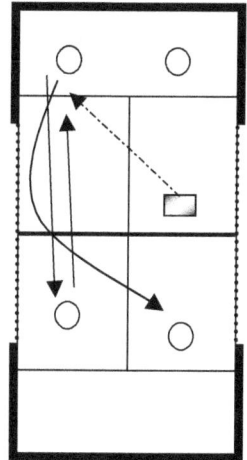

Ejercicio 0825 Golpes: Ejercicios variados de competición.

Objetivo: Ejercicios de competición, práctica activa de los ejercicios. Coordinación técnica y simulación de puntos de partido.

Secuencia de golpes: Todos **Descripción:**

Ubicado un jugador en el fondo de la pista y dos jugadores en la red, el jugador del fondo realizará un golpe cruzado que será devuelto con una volea cruzada. A éste golpe contestará con un globo paralelo para que el contrario realice una bandeja paralela y continuarán el punto respetando la zona del jugador que defiende. Al llegar a 10 puntos se rota la posición entre los jugadores.

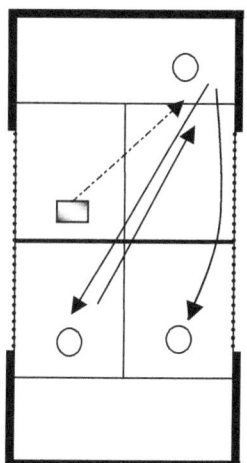

Ejercicio 0826 Golpes: Ejercicios variados de competición.

Objetivo: Rapidez y coordinación del movimiento técnico, habilidad y resistencia.

Secuencia de golpes: GbRX// - BdX y jugar **Descripción:**

Ubicado un jugador en el fondo de la pista, rodeará el poste que tiene al lado suyo y realizará un globo de revés cruzado para que su contrario realice una bandeja cruzada y continuarán el punto respetando la zona actual de juego. Después de 11 puntos se alternará la posición de los jugadores.

El monitor alternará los lanzamientos para que el jugador realice globos de derecha y globos de revés.

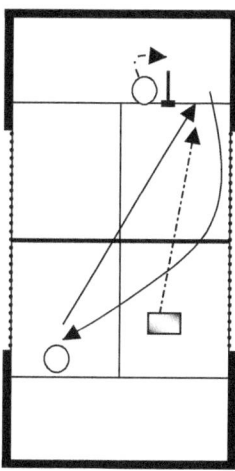

Ejercicio 0827 Golpes: Ejercicios variados de competición.

Objetivo: Ejercicios de competición, práctica activa de los ejercicios. Coordinación técnica y simulación de puntos de partido.

Secuencia de golpes: Todos **Descripción:**
Ubicado un jugador en el fondo de la pista y dos jugadores en la red, el jugador del fondo realizará un golpe paralelo que será devuelto con una volea paralela. A éste golpe contestará con un globo cruzado para que el contrario realice una bandeja cruzada y continuarán el punto respetando la zona del jugador que defiende. Al llegar a 10 puntos se rota la posición entre los jugadores.

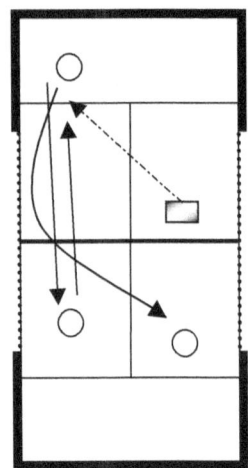

Ejercicio 0828 Golpes: Ejercicios variados de competición.

Objetivo: Ejercicios de competición, práctica activa de los ejercicios. Coordinación técnica y simulación de puntos de partido.

Secuencia de golpes: Todos **Descripción:**
Ubicado un jugador en el fondo de la pista y dos jugadores en la red, el jugador del fondo realizará un golpe paralelo que será devuelto con una volea paralela. A éste golpe contestará con un globo cruzado para que el contrario realice una bandeja cruzada y continuarán el punto respetando la zona del jugador que defiende. Al llegar a 10 puntos se rota la posición entre los jugadores.

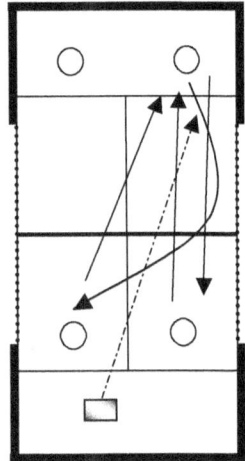

Ejercicio 0829 Golpes: Ejercicios variados de competición.

Objetivo: Ejercicios de competición, práctica activa de los ejercicios. Coordinación técnica y simulación de puntos de partido.

Secuencia de golpes: Todos **Descripción:**
Ubicado un jugador en el fondo de la pista y dos jugadores en la red, el jugador del fondo realizará un golpe cruzado que será devuelto con una volea cruzada. A éste golpe contestará con un globo paralelo para que el contrario realice una bandeja paralela y continuarán el punto respetando la zona del jugador que defiende. Al llegar a 10 puntos se rota la posición entre los jugadores.

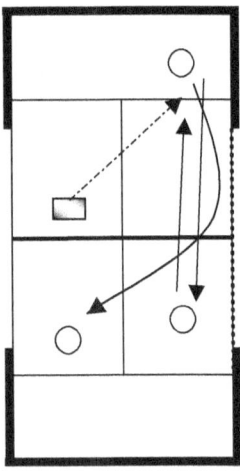

Ejercicio 0830   Golpes: Ejercicios variados de competición.

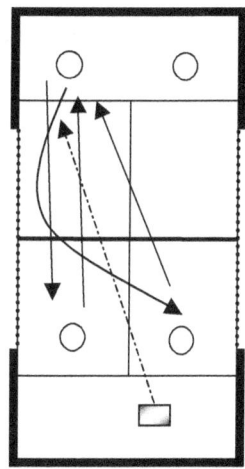

Objetivo: Ejercicios de competición, práctica activa de los ejercicios. Coordinación técnica y simulación de puntos de partido.

Secuencia de golpes: Todos **Descripción:**
Ubicado dos jugadores en el fondo de la pista y dos jugadores en la red, uno de los jugadores del fondo realizará un golpe paralelo que será devuelto con una volea paralela. A éste golpe contestará con un globo cruzado para que el contrario realice una bandeja y continuarán el punto entre todos los jugadores. Al llegar a 10 puntos se rota la posición entre los jugadores.

Ejercicio 0831   Golpes: Ejercicios variados de competición.

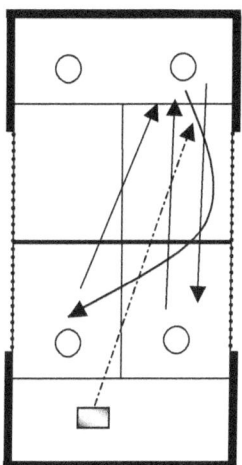

Objetivo: Ejercicios de competición, práctica activa de los ejercicios. Coordinación técnica y simulación de puntos de partido.

Secuencia de golpes: Todos **Descripción:**
Ubicado dos jugadores en el fondo de la pista y dos jugadores en la red, uno de los jugadores del fondo realizará un golpe paralelo que será devuelto con una volea paralela. A éste golpe contestará con un globo cruzado para que el contrario realice un remate y continuarán el punto entre todos los jugadores. Al llegar a 10 puntos se rota la posición entre los jugadores.

Ejercicio 0832   Golpes: Ejercicios variados de competición.

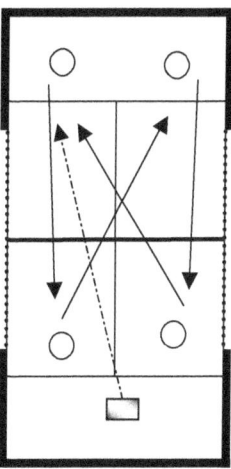

Objetivo: Ejercicios de competición, práctica activa de los ejercicios. Coordinación técnica y simulación puntos.

Secuencia de golpes: Todos **Descripción:**
Ubicado dos jugadores en el fondo de la pista y otros dos jugadores cerca de la red, los jugadores que defienden realizarán golpeos paralelos, evitando los globos, hacia la zona del jugador de la red, el cual realizará voleas cruzadas. Después de 4 golpes, continuarán el punto, ya pudiendo realizar globos. Al llegar a 10 puntos, se alternará la posición de los jugadores.

Ejercicio 0833   Golpes: Ejercicios variados de competición.

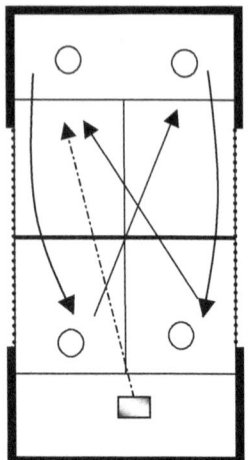

Objetivo: Ejercicios de competición, práctica activa de los ejercicios. Coordinación técnica y simulación de puntos de partido.

Secuencia de golpes: Todos **Descripción:**
Ubicado dos jugadores en el fondo de la pista y otros dos jugadores cerca de la red, los jugadores que defienden realizarán globos paralelos hacia la zona del jugador de la red, los cuales realizarán bandejas cruzadas. Después de 4 golpes, continuarán el punto. Al llegar a 10 puntos, se alternará la posición de los jugadores.

Ejercicio 0834   Golpes: Ejercicios variados de competición.

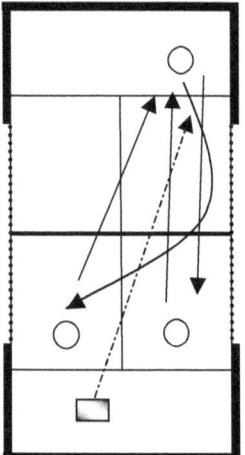

Objetivo: Ejercicios de competición, práctica activa de los ejercicios. Coordinación técnica y simulación de puntos de partido.

Secuencia de golpes: Todos **Descripción:**
Ubicado un jugador en el fondo de la pista y dos jugadores en la red, el jugador del fondo realizará un golpe paralelo que será devuelto con una volea paralela. A éste golpe contestará con un globo cruzado para que el contrario realice un remate cruzado y continuarán el punto respetando la zona del jugador que defiende. Al llegar a 10 puntos se rota la posición entre los jugadores.

Ejercicio 0835   Golpes: Ejercicios variados de competición.

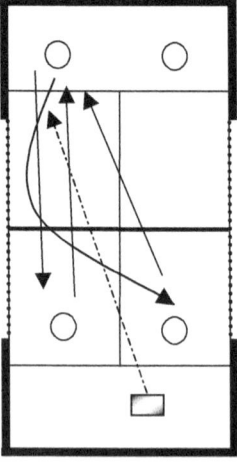

Objetivo: Ejercicios de competición, práctica activa de los ejercicios. Coordinación técnica y simulación de puntos de partido.

Secuencia de golpes: Todos **Descripción:**
Ubicado un jugador en el fondo de la pista y dos jugadores en la red, el jugador del fondo realizará un golpe paralelo que será devuelto con una volea paralela. A éste golpe contestará con un globo cruzado para que el contrario realice un remate cruzado y continuarán el punto respetando la zona del jugador que defiende. Al llegar a 10 puntos se rota la posición entre los jugadores.

Ejercicio 0836 Golpes: Ejercicios variados de competición.

Objetivo: Ejercicios de competición, práctica activa de los ejercicios. Coordinación técnica y simulación de puntos de partido. **Secuencia de golpes:** Todos **Descripción:**

Ubicado dos jugadores en el fondo de la pista y otro jugador cerca de la red, los jugadores que defienden realizarán globos hacia la zona del jugador de la red, el cual alternará las bandejas paralelas y las bandejas cruzadas. Después de 4 golpes, continuarán el punto respetando la zona del jugador que está en la red. Al llegar a 10 puntos, se alternará la posición de los jugadores.

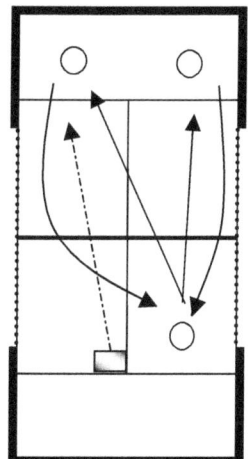

Ejercicio 0837 Golpes: Ejercicios variados de competición.

Objetivo: Ejercicios de competición, práctica activa de los ejercicios. Coordinación técnica y simulación de puntos de partido.

Secuencia de golpes: Todos **Descripción:**

Ubicado un jugador en el fondo de la pista y dos jugadores en la red, el jugador del fondo realizará un golpe cruzado que será devuelto con una volea cruzada. A éste golpe contestará con un globo paralelo para que el contrario realice un remate paralelo y continuarán el punto respetando la zona del jugador que defiende. Al llegar a 10 puntos se rota la posición entre los jugadores.

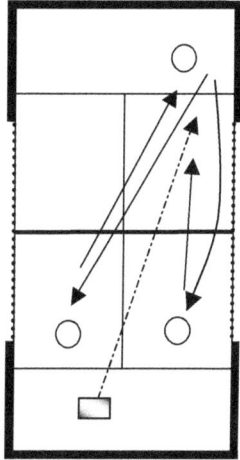

Ejercicio 0838 Golpes: Ejercicios variados de competición.

Objetivo: Ejercicios de competición, práctica activa de los ejercicios. Coordinación técnica y simulación de puntos de partido.

Secuencia de golpes: Todos **Descripción:**

Ubicado dos jugadores en el fondo de la pista y dos jugadores en la red, uno de los jugadores del fondo realizará un golpe cruzado que será devuelto con una volea cruzada. A éste golpe contestará con un globo paralelo para que el contrario realice un remate y continuarán el punto entre todos los jugadores. Al llegar a 10 puntos se rota la posición entre los jugadores.

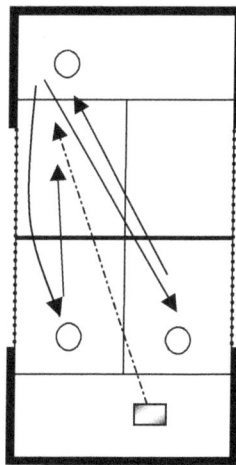

Ejercicio 0839   Golpes: Ejercicios variados de competición.

Objetivo: Ejercicios de competición, práctica activa de los ejercicios. Coordinación técnica y simulación de puntos de partido. **Secuencia de golpes:** Todos **Descripción:**

Ubicado dos jugadores en el fondo de la pista y otro jugador cerca de la red, los jugadores que defienden realizarán golpeos, evitando los globos, hacia la zona del jugador de la red, el cual alternará las voleas paralelas y las voleas cruzadas. Después de 4 golpes, continuarán el punto respetando la zona del jugador que está en la red. Al llegar a 10 puntos, se alternará la posición de los jugadores.

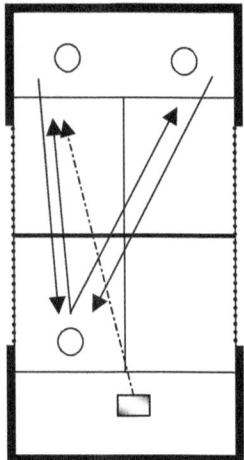

Ejercicio 0840   Golpes: Ejercicios variados de competición.

Objetivo: Ejercicios de competición, práctica activa de los ejercicios. Coordinación técnica y simulación de puntos de partido.

Secuencia de golpes: Todos **Descripción:**

Ubicado dos jugadores en el fondo de la pista y dos jugadores en la red, uno de los jugadores del fondo realizará un golpe paralelo que será devuelto con una volea paralela. A éste golpe contestará con un globo cruzado para que el contrario realice un remate y continuarán el punto entre todos los jugadores. Al llegar a 10 puntos se rota la posición entre los jugadores.

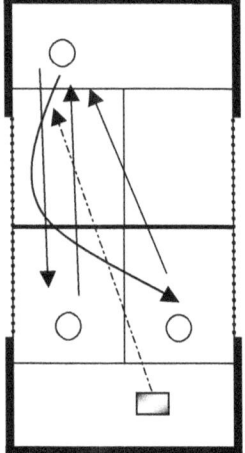

Ejercicio 0841   Golpes: Ejercicios variados de competición.

Objetivo: Ejercicios de competición, práctica activa de los ejercicios. Coordinación técnica y simulación de puntos de partido.

Secuencia de golpes: Todos **Descripción:**

Ubicado un jugador en el fondo de la pista y dos jugadores en la red, el jugador del fondo realizará un golpe cruzado que será devuelto con una volea cruzada. A éste golpe contestará con un globo paralelo para que el contrario realice un remate paralelo y continuarán el punto respetando la zona del jugador que defiende. Al llegar a 10 puntos se rota la posición entre los jugadores.

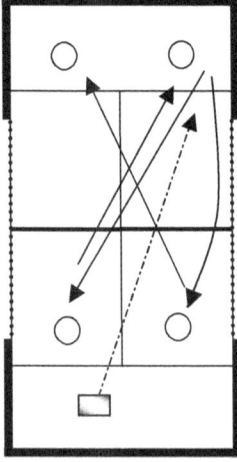

Ejercicio 0842 Golpes: Ejercicios variados de competición.

Objetivo: Ejercicios de competición, práctica activa de los ejercicios. Coordinación técnica y simulación de puntos de partido.

Secuencia de golpes: Todos **Descripción:**
Ubicados dos jugadores en el fondo de la pista y otros dos jugadores cerca de la red, los jugadores que defienden realizarán globos cruzados hacia la zona del jugador de la red, los cuales realizarán bandejas paralelas. Después de 4 golpes, continuarán el punto. Al llegar a 10 puntos, se alternará la posición de los jugadores.

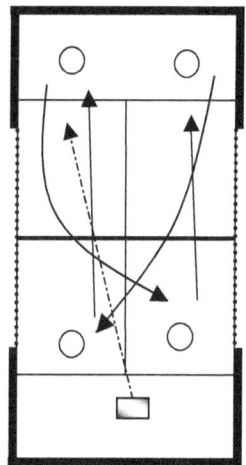

Ejercicio 0843 Golpes: Ejercicios variados de competición.

Objetivo: Ejercicios de competición, práctica activa de los ejercicios. Coordinación técnica y simulación de puntos de partido. **Secuencia de golpes:** Todos **Descripción:**
Ubicados dos jugadores en el fondo de la pista y otros dos jugadores cerca de la red, los jugadores que defienden realizarán golpeos cruzados, evitando los globos, hacia la zona del jugador de la red, el cual realizará voleas paralelas. Después de 4 golpes, continuarán el punto, ya pudiendo realizar globos. Al llegar a 10 puntos, se alternará la posición de los jugadores.

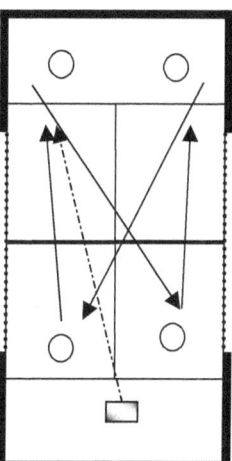

Ejercicio 0844 Golpes: Ejercicios variados de competición.

Objetivo: Ejercicios de competición, práctica activa de los ejercicios. Coordinación técnica y simulación de puntos de partido.

Secuencia de golpes: Todos **Descripción:**
Ubicado el jugador en la posición del revés, realiza un globo cruzado y se desplaza a la zona del drive para defender la bandeja o remate que su contrario realizará en paralelo. A partir de éste golpe, continuarán el punto manteniendo la zona actual hasta llegar a 10 y después alternarán la posición.

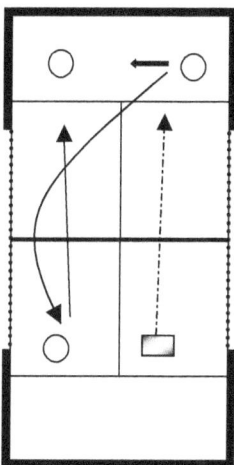

Ejercicio 0845   Golpes: Ejercicios variados de competición.

Objetivo: Ejercicios de competición, práctica activa de los ejercicios. Coordinación técnica y simulación de puntos de partido.

Secuencia de golpes: Todos **Descripción:**
Ubicados dos jugadores en el fondo de la pista y dos jugadores en la red, uno de los jugadores del fondo realizará un golpe paralelo que será devuelto con una volea paralela. A éste golpe contestará con un globo cruzado para que el contrario realice un remate y continuarán el punto entre todos los jugadores. Al llegar a 10 puntos se rota la posición entre los jugadores.

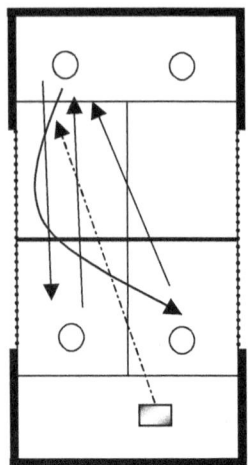

Ejercicio 0846   Golpes: Ejercicios variados de competición.

Objetivo: Velocidad de reacción, habilidad y tiempo de ejecución.
Secuencia de golpes: Sq y jugar.

Descripción:
Ubicados tres jugadores en un lado de la pista y uno en la contraria, uno de los jugadores sacará y subirá a la red donde ya se encuentran sus dos compañeros. Se jugará un partido de 3 contra 1, en el que no podrá repetir golpe el mismo jugador y en el que se respetará la zona del jugador que resta. Después de 11 puntos se rota la posición de los jugadores.

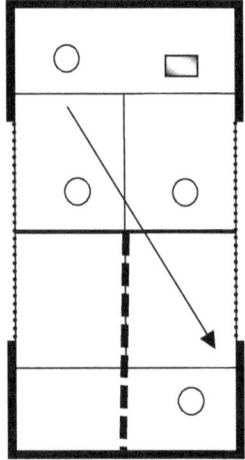

Ejercicio 0847   Golpes: Ejercicios variados de competición.

Objetivo: Ejercicios de competición, práctica activa de los ejercicios. Coordinación técnica y simulación de puntos de partido. **Secuencia de golpes:** Todos **Descripción:** Ubicado un jugador en el fondo de la pista junto al monitor y dos jugadores cerca de la red, el monitor le lanzará una bola al jugador que tiene en cruzado para que realice una volea paralela para que su oponente haga un globo paralelo que será contestado con una bandeja paralela o un remate paralelo. A partir de este golpe, continuarán el puntojugando incluso con el monitor. Al llegar a 11 puntos se rota la posición de los jugadores.

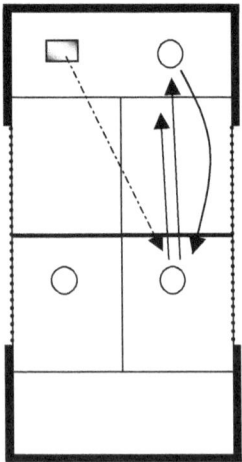

Ejercicio 0848   Golpes: Ejercicios variados de competición.

Objetivo: Ejercicios de competición, práctica activa de los ejercicios. Coordinación técnica y simulación de puntos de partido. **Secuencia de golpes:** V// - GbX – BdX o RmX
Descripción: Ubicado un jugador en el fondo de la pista junto al monitor y dos jugadores cerca de la red, el monitor le lanzará una bola al jugador que tiene en cruzado para que realice una volea paralela para que su oponente haga un globo cruzado que será contestado con una bandeja cruzada o un remate cruzado. A partir de este golpe, continuarán el puntojugando incluso con el monitor. Al llegar a 11 puntos se rota la posición de los jugadores.

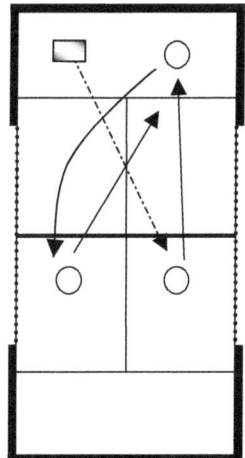

Ejercicio 0849   Golpes: Ejercicios variados de competición.

Objetivo: Rapidez y coordinación del movimiento técnico, habilidad y resistencia.
Secuencia de golpes: GbDX - BdX y jugar

Descripción: Ubicado un jugador en el fondo de la pista, rodeará el poste que tiene al lado suyo y realizará un globo de derecha cruzado para que su contrario realice una bandeja cruzada y continuarán el punto respetando la zona actual de juego. Después de 11 puntos se alternará la posición de los jugadores.
El monitor alternará los lanzamientos para que el jugador realice globos de derecha y globos de revés.

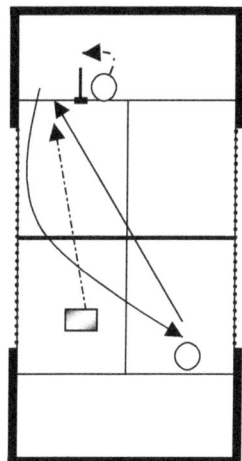

Ejercicio 0850   Golpes: Ejercicios variados de competición.

Objetivo: Ejercicios de competición, práctica activa de los ejercicios. Coordinación técnica y simulación de puntos de partido. **Secuencia de golpes:** Todos **Descripción:** Ubicados dos jugadores junto al monitor en el fondo de la pista y otros dos en la red, los jugadores del fondo dejarán caer una bola, y tras bote, ejecutarán un golpe fuerte y rápido contra los jugadores de la red, que devolverán y continuarán el punto. Los jugadores de la red tienen delimitada la zona de juego por una cadena y los jugadores de fondo sólo podrán jugar por abajo.
A los 11 puntos se alterna la posición de los jugadores.

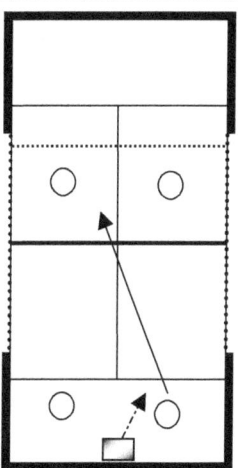

Ejercicio 0851   Golpes: Ejercicios variados de competición.

Objetivo: Ejercicios de competición, práctica activa de los ejercicios. Coordinación técnica y simulación de puntos de partido.

Secuencia de golpes: Todos **Descripción:**
Ubicado el jugador en el fondo de la pista en la zona defensiva, tocará cualquiera de los conos situados a su lado y en ese momento el monitor le tirará una bola para que defienda. A partir de ésta devolución, continuará el punto contra el monitor, manteniendo el punto en cruzado y respetando la zona donde juegan.

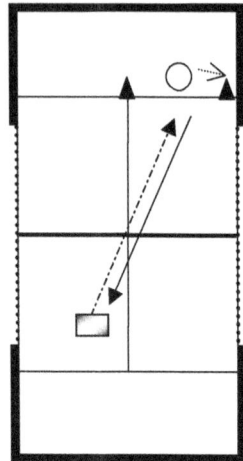

Ejercicio 0852   Golpes: Ejercicios variados de competición.

Objetivo: Rapidez y coordinación del movimiento técnico, resistencia y rapidez en la ejecución.
Secuencia de golpes: D// - X – X - // **Descripción:**
Ubicados dos jugadores en un fondo de la pista y otro jugador cerca del poste situado en el fondo de la pista, los del fondo realizarán golpeos a la zona del jugador que defiende solo. Este jugador alternará los golpes paralelos y los golpes cruzados, pero después de cada golpeo deberá rodear el poste situado al lado suyo. Después de golpear todos los jugadores, se continuará el punto incluso con el monitor. A 11 puntos se rota.

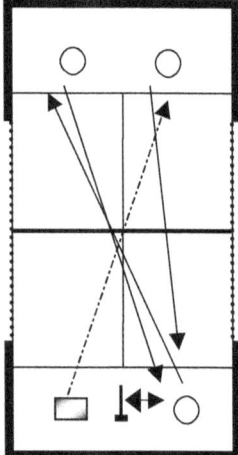

Ejercicio 0853   Golpes: Ejercicios variados de competición.

Objetivo: Ejercicios de competición, práctica activa de los ejercicios. Coordinación técnica y simulación de puntos de partido.

Secuencia de golpes: Todos **Descripción:** Ubicado un jugador pegado al monitor y dos en el fondo de la pista, el monitor lanzará una bola a uno de los jugadores del fondo de la pista para que realice una derecha paralela. El jugador que estaba con el monitor recuperará la posición y realizará un golpe cruzado tras el cual continuarán el punto incluso con el monitor. Después de 11 puntos se rota la posición de los jugadores.

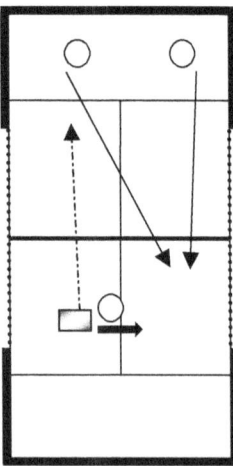

Ejercicio 0854 Golpes: Ejercicios variados de competición.

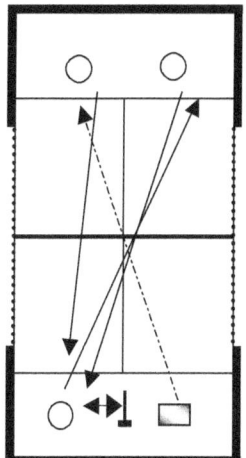

Objetivo: Rapidez y coordinación del movimiento técnico, resistencia y rapidez en la ejecución.

Secuencia de golpes: R// - X – X - // **Descripción:** Ubicados dos jugadores en un fondo de la pista y otro jugador cerca del poste situado en el fondo de la pista, los del fondo realizarán golpeos a la zona del jugador que defiende solo. Este jugador alternará los golpes paralelos y los golpes cruzados, pero después de cada golpeo deberá rodear el poste situado al lado suyo. Después de golpear todos los jugadores, se continuará el punto incluso con el monitor. A 11 puntos se rota.

Ejercicio 0855 Golpes: Ejercicios variados de competición.

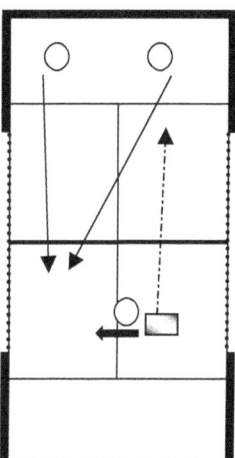

Objetivo: Coordinación, rapidez en el movimiento y habilidad.
Secuencia de golpes: R// - X – X y jugar

Descripción: Ubicado un jugador pegado al monitor y dos en el fondo de la pista, el monitor lanzará una bola a uno de los jugadores del fondo de la pista para que realice un revés paralelo. El jugador que estaba con el monitor recuperará la posición y realizará un golpe cruzado tras el cual continuarán el punto incluso con el monitor. Después de 11 puntos se rota la posición de los jugadores.

Ejercicio 0856 Golpes: Ejercicios variados de competición.

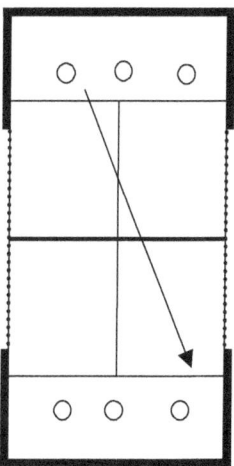

Objetivo: Ejercicios de competición, práctica activa de los ejercicios. Coordinación técnica y simulación de puntos de partido.

Secuencia de golpes: Todos

Descripción:
Partido de tres contra tres, con saque en cruzado. El jugador que falle queda eliminado, y cuando sólo queda un jugador jugara solo en la zona en la que se encuentre. El equipo que gane, recibirá el saque.

Ejercicio 0857 Golpes: Ejercicios variados de competición.

Objetivo: Ejercicios de competición, práctica activa de los ejercicios. **Secuencia de golpes:** Todos **Descripción:** Ubicados dos jugadores cerca de la red, tendrán como objetivo mantener el juego en una zona de la pista, para la cual realizarán los relevos pertinentes para que el juego no cambie de orientación. El jugador del revés realizará una volea de revés paralela, el del drive hará una volea de revés cruzada y mantendrá la zona, ya que su compañero realizará una bandeja paralela, y de nuevo, el jugador del revés realizará una volea de derecha paralela. Hacemos primero con dos golpes, luego con tres y finalmente el ejercicio entero.

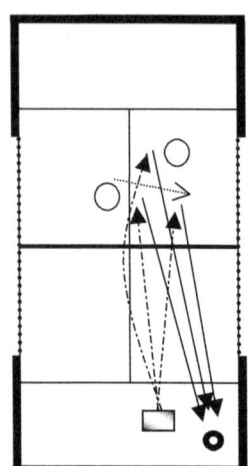

Ejercicio 0858 Golpes: Ejercicios variados de competición.

Objetivo: Ejercicios de competición, práctica activa de los ejercicios. Coordinación técnica y simulación de puntos de partido.

Secuencia de golpes: Todos **Descripción:**
Ubicados dos jugadores junto al monitor en el fondo de la pista y otros dos en el fondo de la otra, los jugadores del fondo se tirarán una bola hacia arriba y ejecutarán una bandeja contra los jugadores del otro lado de la pista, que devolverán y continuarán el punto.
A los 11 puntos se alterna la posición de los jugadores.

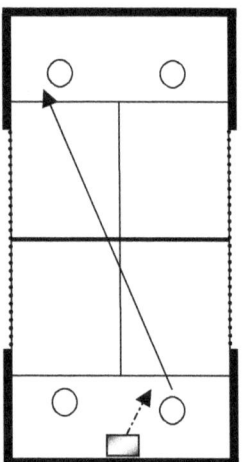

Ejercicio 0859 Golpes: Ejercicios variados de competición.

Objetivo: Ejercicios de competición, práctica activa de los ejercicios. Coordinación técnica y simulación de puntos de partido.

Secuencia de golpes: Todos **Descripción:**
Ubicados dos jugadores en la parte de arriba y un jugador abajo junto al carro, jugarán puntos 2 contra 1. El que está solo saca y defiende sólo su lado. Cuando "el apaquete" gana 5 puntos, elige "otro paquete" para que ocupe su lugar.
El jugador que saca alternará ambos lados para sacar y jugar.

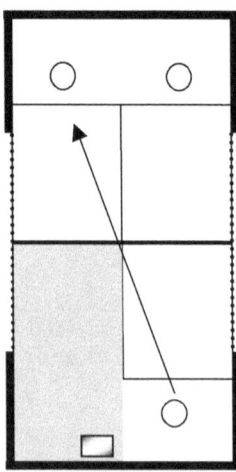

Ejercicio 0860 Golpes: Ejercicios variados de competición.

Objetivo: Ejercicios de competición, práctica activa de los ejercicios. Coordinación técnica y simulación de puntos de partido.

Secuencia de golpes: Todos **Descripción:**
Ubicados dos jugadores enfrentados en cruzado en el fondo de la pista, jugarán puntos en cruzado. Los jugadores irán contando los golpes y quien gane el punto se anotará esos tantos. El primero en llegar sumando a 100, gana.

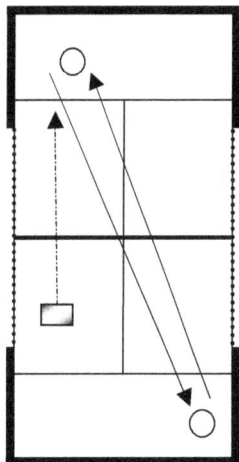

Ejercicio 0861 Golpes: Ejercicios variados de competición.

Objetivo: Ejercicios de competición, práctica activa de los ejercicios. Coordinación técnica y simulación de puntos de partido.

Secuencia de golpes: Todos

Descripción:
Ubicados dos jugadores enfrentados en paralelo en el fondo de la pista, jugarán puntos en paralelo. Los jugadores irán contando los golpes y quien gane el punto se anotará esos tantos. El primero en llegar sumando a 100, gana.

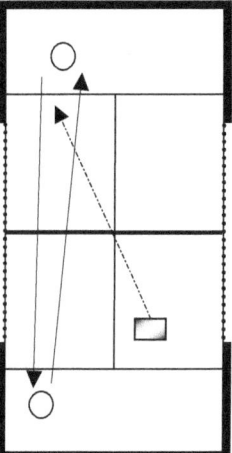

Ejercicio 0862 Golpes: Ejercicios variados de competición.

Objetivo: Ejercicios de competición, práctica activa de los ejercicios. Coordinación técnica y simulación de puntos de partido.

Secuencia de golpes: Todos **Descripción:**
Ubicado un jugador pegado al monitor y dos en el fondo de la pista, el monitor lanzará una bola a uno de los jugadores del fondo de la pista para que realice un revés cruzado. El jugador que estaba con el monitor recuperará la posición y realizará un golpe paralela tras el cual continuarán el punto incluso con el monitor. Después de 11 puntos se rota la posición de los jugadores.

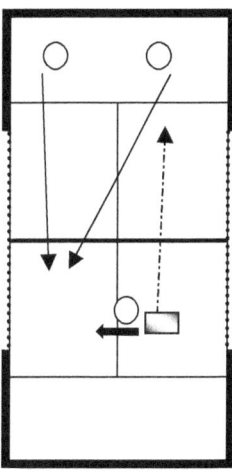

Ejercicio 0863 Golpes: Ejercicios variados de competición.

Objetivo: Ejercicios de competición, práctica activa de los ejercicios. Coordinación técnica y simulación de puntos de partido. **Secuencia de golpes:** Todos **Descripción:**
Ubicado un jugador pegado al monitor y dos en el fondo de la pista, el monitor lanzará una bola a uno de los jugadores del fondo de la pista para que realice una derecha cruzada. El jugador que estaba con el monitor recuperará la posición y realizará un golpe paralela tras el cual continuarán el punto incluso con el monitor. Después de 11 puntos se rota la posición de los jugadores.

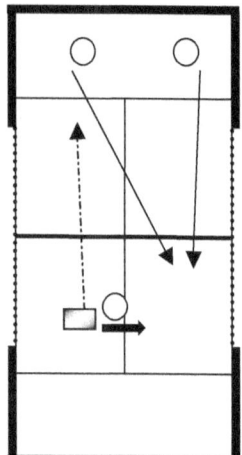

Ejercicio 0864 Golpes: Ejercicios variados de competición.

Objetivo: Ejercicios de competición, práctica activa de los ejercicios. **Secuencia de golpes:** Todos **Descripción:** Ubicados dos jugadores cerca de la red, tendrán como objetivo mantener el juego en una zona de la pista, para la cual realizarán los relevos pertinentes para que el juego no cambie de orientación. El jugador del drive realizará una volea de derecha paralela, el del revés hará una volea de derecha cruzada y mantendrá la zona, ya que su compañero realizará una bandeja paralela, y de nuevo, el jugador del drive realizará una volea de revés paralela. Hacemos primero con dos golpes, luego con tres y finalmente el ejercicio entero.

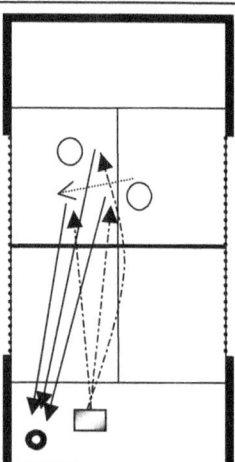

Ejercicio 0865 Golpes: Ejercicios variados de competición.

Objetivo: Ejercicios de competición, práctica activa de los ejercicios. Coordinación técnica y simulación de puntos de partido. **Secuencia de golpes:** Todos **Descripción:** Ubicados dos jugadores cerca de la red, tendrán como objetivo mantener el juego en una zona de la pista. El jugador del revés realizará un saque en australiana sin bola y subirá a la red para realizar una volea de revés cruzada y su compañero una volea de revés paralela. El jugador del revés, ya con la red ganada, realizará una bandeja cruzada y su compañero una volea de derecha paralela, con el objetivo de la marca situada en el fondo de la pista.

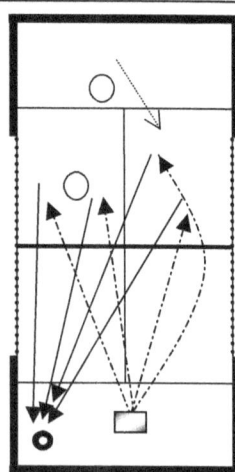

Ejercicio 0866 Golpes: Ejercicios variados de competición.

Objetivo: Ejercicios de competición, práctica activa de los ejercicios. Coordinación técnica y simulación de puntos de partido. **Secuencia de golpes:** Todos **Descripción:** Ubicados dos jugadores cerca de la red, tendrán como objetivo mantener el juego en una zona de la pista. El jugador del drive realizará un saque en australiana sin bola y subirá a la red para realizar una volea de derecha cruzada y su compañero una volea de derecha paralela. El jugador del drive, ya con la red ganada, realizará una bandeja cruzada y su compañero una volea de revés paralela, todo con el objetivo de la marca situada en el fondo de la pista.

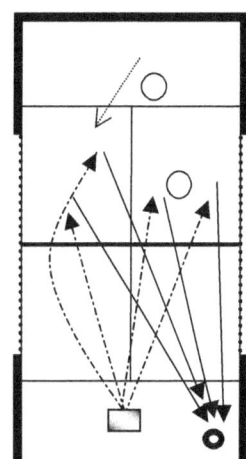

EJERCICIOS DE PSICOMOTRICIDAD

Ejercicio 0867 Ejercicios de pies. Psicomotricidad.

Objetivo: Desarrollo de las posibilidades motrices, expresivas y creativas a partir del cuerpo, lo que lleva a centrar su actividad sobre el movimiento y el golpe a ejecutar.
Secuencia del movimiento:
Zigzag entre conos hacia adelante.

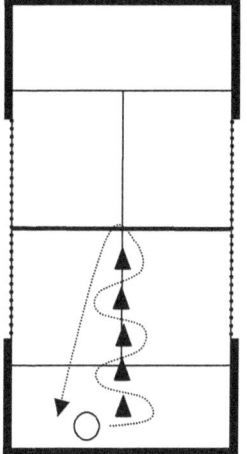

Ejercicio 0868 Ejercicios de pies. Psicomotricidad.

Objetivo: Desarrollo de las posibilidades motrices, expresivas y creativas a partir del cuerpo, lo que lleva a centrar su actividad sobre el movimiento y el golpe a ejecutar.
Secuencia del movimiento:
Zigzag entre conos lateralmente.

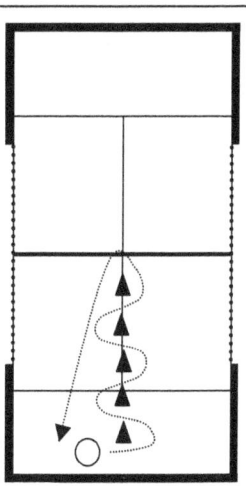

Ejercicio 0869 Ejercicios de pies. Psicomotricidad.

Objetivo: Desarrollo de las posibilidades motrices, expresivas y creativas a partir del cuerpo, lo que lleva a centrar su actividad sobre el movimiento y el golpe a ejecutar.

Secuencia del movimiento:
Zigzag entre conos hacia atrás.

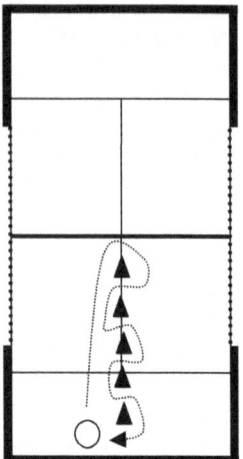

Ejercicio 0870 Ejercicios de pies. Psicomotricidad.

Objetivo: Desarrollo de las posibilidades motrices, expresivas y creativas a partir del cuerpo, lo que lleva a centrar su actividad sobre el movimiento y el golpe a ejecutar.

Secuencia del movimiento:
Hacia delante poniendo un pie a cada lado de los conos.

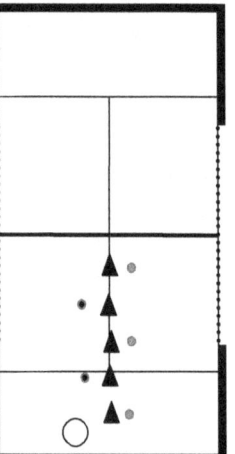

Ejercicio 0871 Ejercicios de pies. Psicomotricidad.

Objetivo: Desarrollo de las posibilidades motrices, expresivas y creativas a partir del cuerpo, lo que lleva a centrar su actividad sobre el movimiento y el golpe a ejecutar.

Secuencia del movimiento:
Hacia atrás poniendo un pie a cada lado de los conos.

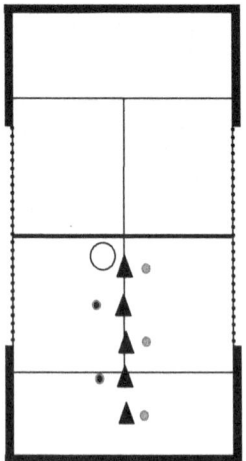

Ejercicio 0872   Ejercicios de pies. Psicomotricidad.

Objetivo: Desarrollo de las posibilidades motrices, expresivas y creativas a partir del cuerpo, lo que lleva a centrar su actividad sobre el movimiento y el golpe a ejecutar.

Secuencia del movimiento:
Hacia delante poniendo una pierna en cada cono, levantando solo la pierna izquierda.

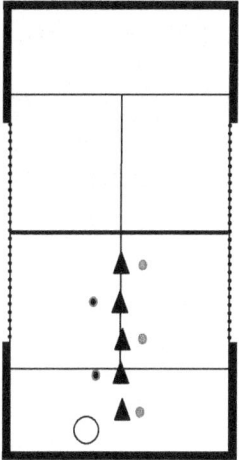

Ejercicio 0873   Ejercicios de pies. Psicomotricidad.

Objetivo: Desarrollo de las posibilidades motrices, expresivas y creativas a partir del cuerpo, lo que lleva a centrar su actividad sobre el movimiento y el golpe a ejecutar.

Secuencia del movimiento:
Hacia delante poniendo las dos piernas en cada cono.

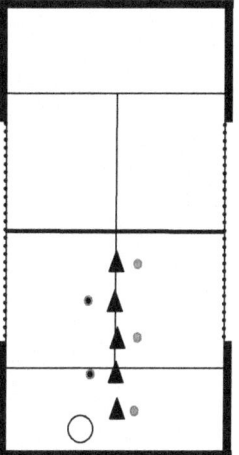

Ejercicio 0874   Ejercicios de pies. Psicomotricidad.

Objetivo: Desarrollo de las posibilidades motrices, expresivas y creativas a partir del cuerpo, lo que lleva a centrar su actividad sobre el movimiento y el golpe a ejecutar.

Secuencia del movimiento:
Hacia delante poniendo una pierna en cada cono, levantando solo la pierna derecha.

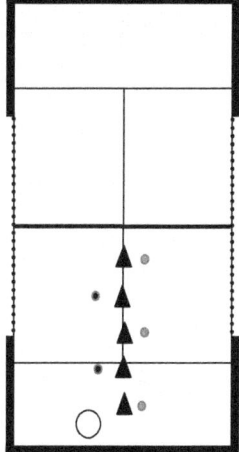

Ejercicio 0875   Ejercicios de pies. Psicomotricidad.

Objetivo: Desarrollo de las posibilidades motrices, expresivas y creativas a partir del cuerpo, lo que lleva a centrar su actividad sobre el movimiento y el golpe a ejecutar.

Secuencia del movimiento:
Hacia delante dos conos y uno hacia atrás.

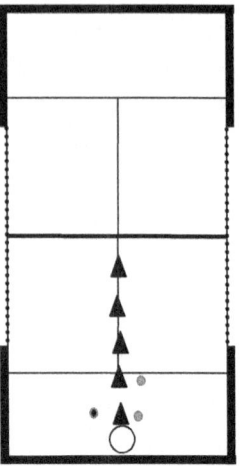

Ejercicio 0876   Ejercicios de pies. Psicomotricidad.

Objetivo: Desarrollo de las posibilidades motrices, expresivas y creativas a partir del cuerpo, lo que lleva a centrar su actividad sobre el movimiento y el golpe a ejecutar.

Secuencia del movimiento:
Lateralmente, 2 conos laterales hacia izquierda y uno hacia derecha.

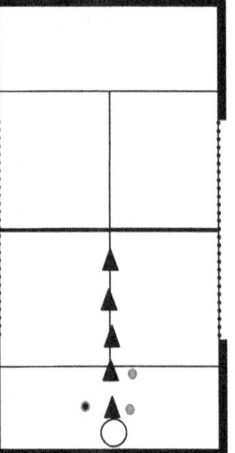

Ejercicio 0877   Ejercicios de pies. Psicomotricidad.

Objetivo: Desarrollo de las posibilidades motrices, expresivas y creativas a partir del cuerpo, lo que lleva a centrar su actividad sobre el movimiento y el golpe a ejecutar.

Secuencia del movimiento:
Lateralmente, 2 conos laterales hacia derecha y uno hacia izquierda.

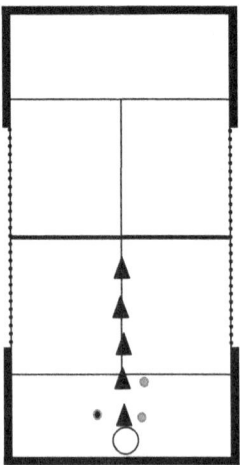

Ejercicio 0878   Ejercicios de pies. Psicomotricidad.

Objetivo: Desarrollo de las posibilidades motrices, expresivas y creativas a partir del cuerpo, lo que lleva a centrar su actividad sobre el movimiento y el golpe a ejecutar.
Secuencia del movimiento:
Hacia delante saltando los conos.

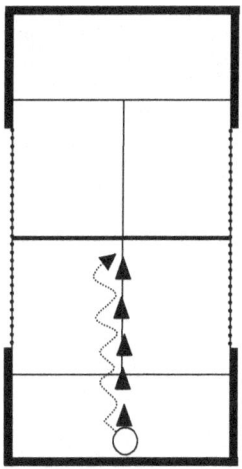

Ejercicio 0879   Ejercicios de pies. Psicomotricidad.

Objetivo: Desarrollo de las posibilidades motrices, expresivas y creativas a partir del cuerpo, lo que lleva a centrar su actividad sobre el movimiento y el golpe a ejecutar.
Secuencia del movimiento:
Hacia delante saltando los conos a pata coja.

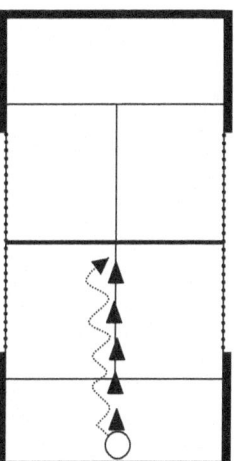

Ejercicio 0880   Ejercicios de pies. Psicomotricidad.

Objetivo: Desarrollo de las posibilidades motrices, expresivas y creativas a partir del cuerpo, lo que lleva a centrar su actividad sobre el movimiento y el golpe a ejecutar.
Secuencia del movimiento:
Hacia delante saltando los conos y abriendo las piernas en el aire y cayendo con las piernas cerradas.

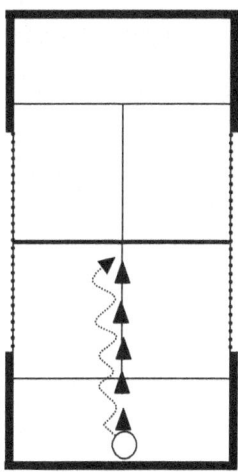

Ejercicio 0881   Ejercicios de pies. Psicomotricidad.

Objetivo: Desarrollo de las posibilidades motrices, expresivas y creativas a partir del cuerpo, lo que lleva a centrar su actividad sobre el movimiento y el golpe a ejecutar.

Secuencia del movimiento:
Hacia delante saltando los conos y cerrando las piernas en el aire y cayendo con las piernas abiertas.

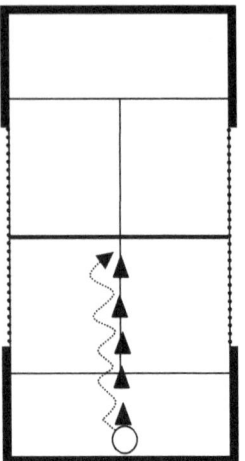

EJERCICIOS CON NIÑOS

Ejercicio 0882   Ejercicios con Niños

Objetivo: Progresiones.
Secuencia de golpes: D o R

Descripción:
Ubicados los niños en el fondo de la pista, empezarán en el cono que está sobre la línea golpeando de derecha o de revés, según les venga la bola. Si el golpeo es correcto, progresarán al siguiente cono hasta llegar a la red. Si fallan un golpe, volverán a la fila.

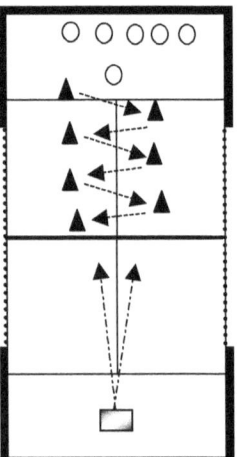

Ejercicio 0883   Ejercicios con Niños

Objetivo: Habilidad y coordinación.

Descripción:

Ubicados los niños en fila, realizarán zigzag entre los conos empujando la bola con la pala por el suelo.

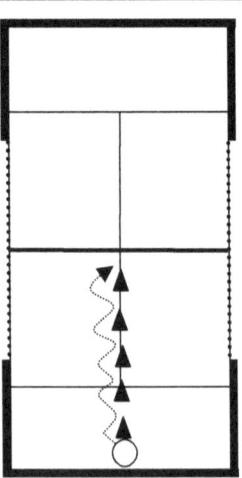

Ejercicio 0884   Ejercicios con Niños

Objetivo: Coordinación del golpeo y de la recepción.
Secuencia de golpes: D o R

Descripción:
Fútbol. Ubicados dos jugadores cerca de la red y otros cuatro delante de la línea, jugarán un partido de ping pong delimitado por las líneas de saque. Los de la red no podrán dejar botar la bola y los del fondo dejarán que bote.
El saque podrá ser detrás de la línea y siempre sacará quien volea.
Se puede variar los golpes que cada jugador da: 2,3,..

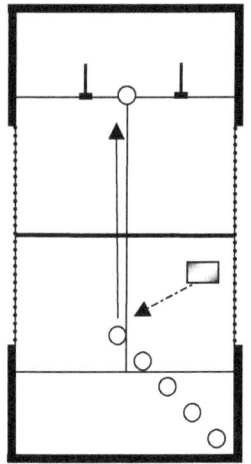

Ejercicio 0885   Ejercicios con Niños

Objetivo: Habilidad y coordinación.

Descripción:
Ubicados los niños en fila, realizarán zigzag entre los conos botando la bola encima de la pala.
Si se les cae, volverán al comienzo de la fila para empezar de nuevo.

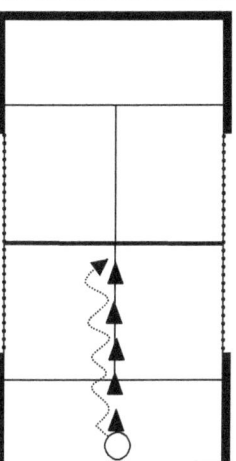

Ejercicio 0886   Ejercicios con Niños

Objetivo: Habilidad y coordinación en el golpeo.

Descripción:
El portero. Colocamos una portería en la pared de fondo con un niño que realiza las funciones de portero. El resto de los niños se situarán cerca de la red, donde el monitor les lanzará bolas para que realicen voleas e intenten marcar gol. Quien mete gol se pone de portero.

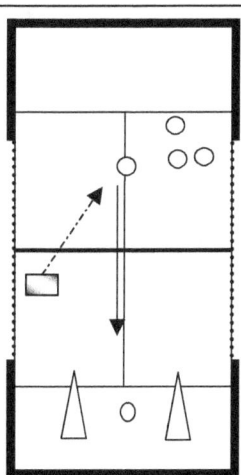

Ejercicio 0887   Ejercicios con Niños

Objetivo: Percepción y ajuste de los rebotes en las paredes.

Descripción:
Matapollos V.1. El profesor se situada a un lado de la pista y los niños detrás de la línea de servicio dentro de un recinto establecido. Estos deberán evitar que las bolas les toquen, hasta un máximo de 3. El que llegue a 3 ayuda al monitor.

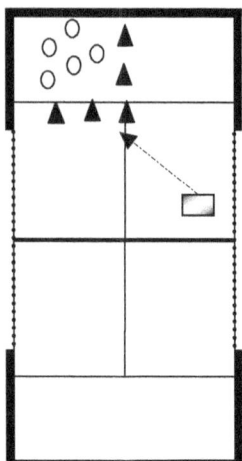

Ejercicio 0888   Ejercicios con Niños

Objetivo: Percepción y ajuste de los rebotes en las paredes.

Descripción:
Matapollos V.2. El profesor se situará en un lado de la pista pegado a la valla lateral, y los niños detrás de la línea de saque. El profesor lanzará bolas con y sin rebote en las paredes del fondo de la pista para que los niños las esquiven. Al niño que le toque una pelota, tendrá que salir de la zona establecida y trasladarse en la "cárcel" donde permanecerá hasta que el profesor diga que le salven.

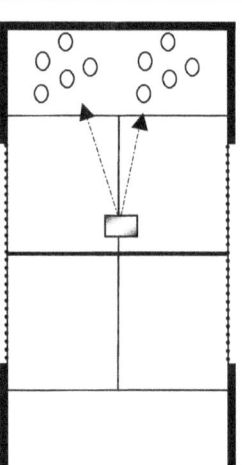

Ejercicio 0889   Ejercicios con Niños

Objetivo: Coordinación del golpeo y de la recepción.

Descripción:
Beisbol. 2 equipos. Un equipo batea la bola que lanza el profesor y tiene que recorrer las bases situadas en la pista. El otro equipo tiene que coger la bola para intentar eliminar a los del otro equipo. No es válido el lanzamiento que va directo a la reja, red o pared, siendo sólo válido si toca suelo. Para eliminar al jugador hay que coger la pelota al aire o meterla en el cesto antes de que los jugadores tomen la base.

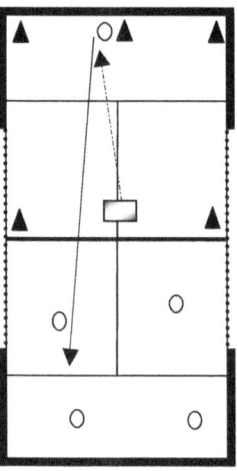

Ejercicio 0890   Ejercicios con Niños

Objetivo: Coordinación del golpeo y de la recepción.

Descripción:
Fútbol-Pádel. Ubicados todos los niños menos uno en fila en un lado de la pista, golperán el golpe que el monitor indique intentando meterle gol al niño que hace la función de portero en el otro lado de la pista. La portería se monta con una goma de pico a pico y dos tubos colgados de ella que hacen la función de poste. Quien mete gol se pone de portero.

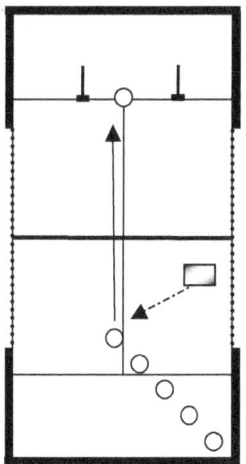

Ejercicio 0891   Ejercicios con Niños

Objetivo: Habilidad y coordinación.

Descripción:

Ubicados los niños en fila, realizarán zigzag entre los conos con un globo encima de la pala. Si se les cae, volverán al comienzo de la fila para empezar de nuevo.

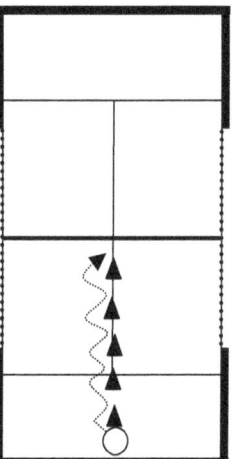

Ejercicio 0892   Ejercicios con Niños

Objetivo: El camarero. Coordinación oculo manual.

Descripción:
El camarero. Carrera de relevos por equipos, donde los alumnos corren por el espacio marcado manteniendo la bola sobre la pala. Aquel alumno que se le caiga la bola, deberá comenzar el recorrido desde el principio. El cambio de bola entre compañeros se realizará sin que la bola caiga al suelo.

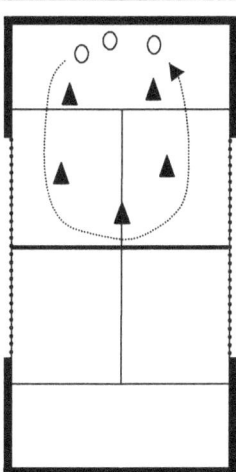

Ejercicio 0893   Ejercicios con Niños

Objetivo: El río (1). Aprendizaje básico de la derecha y del revés.

Secuencia de golpes: D o R

Descripción:

El río. Este es uno de los juegos más importantes en el aprendizaje básico de los golpes de derecha y de revés. Un alumno situado frente de otro, con 3 conos entre ambos. Se realizan las siguientes progresiones:

.- lanzamiento de ambos jugadores sin pala y con bote.

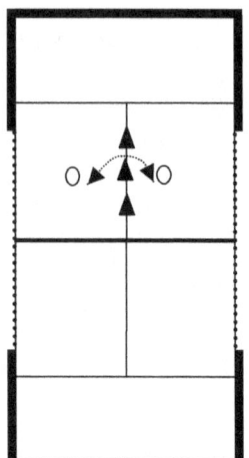

Ejercicio 0894   Ejercicios con Niños

Objetivo: El río (2). Aprendizaje básico de la derecha y del revés.

Secuencia de golpes: D o R

Descripción:

El río. Este es uno de los juegos más importantes en el aprendizaje básico de los golpes de derecha y de revés. Un alumno situado frente de otro, con 3 conos entre ambos. Se realizan las siguientes progresiones:

.- uno con pala y otro sin ella. Concepto de golpear en posición lateral, a la altura de la cintura y en profundidad, a la altura del pie más adelantado.

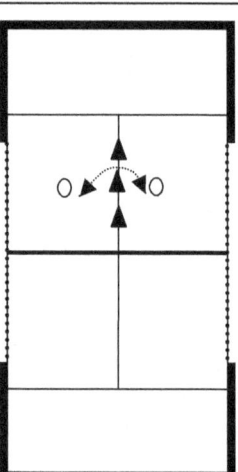

Ejercicio 0895   Ejercicios con Niños

Objetivo: El río (3). Aprendizaje básico de la derecha y del revés.

Secuencia de golpes: D o R

Descripción:

El río. Este es uno de los juegos más importantes en el aprendizaje básico de los golpes de derecha y de revés. Un alumno situado frente de otro, con 3 conos entre ambos. Se realizan las siguientes progresiones:

.- ambos alumnos con pala, haciendo botar la bola en la zona marcada.

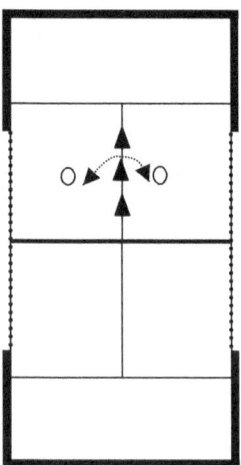

Ejercicio 0896   Ejercicios con Niños

Objetivo: El río (4). Aprendizaje básico de la derecha y del revés.

Secuencia de golpes: D o R

Descripción:
El río. Este es uno de los juegos más importantes en el aprendizaje básico de los golpes de derecha y de revés. Un alumno situado frente de otro, con 3 conos entre ambos. Se realizan las siguientes progresiones:

.- igual que el anterior pero con la red de por medio.

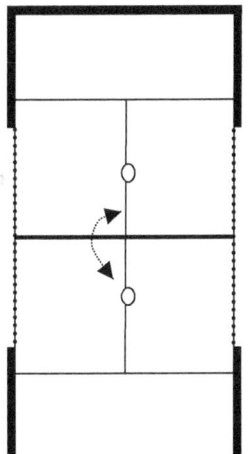

Ejercicio 0897   Ejercicios con Niños

Objetivo: Coordinación oculo manual y recepción.

Descripción:
Meteoritos. El profesor lanza bolas altas y los niños tienen que intentar cogerla al vuelo con un bote o sin bote, ayudándose de un cono. Si cogen la pelota, la situarán en la pared de fondo junto con su pala.

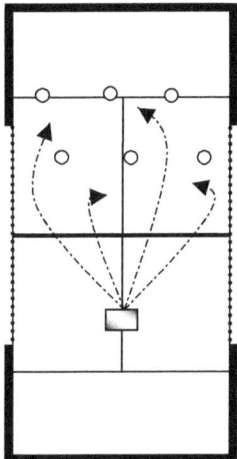

Ejercicio 0898   Ejercicios con Niños

Objetivo: Coordinación y psicomotricidad.

Descripción:
Emparedado. En pareja, presionan una pelota entre dos palas y se desplazan en diferentes sentidos.

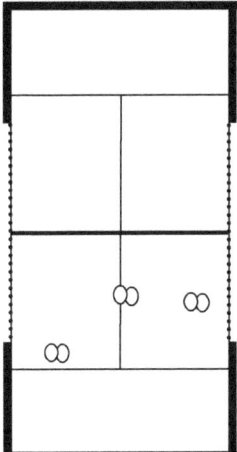

Ejercicio 0899   Ejercicios con Niños

Objetivo: Habilidad y coordinación.

Descripción:
Ubicados los niños en fila, realizarán zigzag entre los conos botando la bola de foam encima de la pala y dejándola botar de nuevo para volver a botarla sobre la pala.
Si se les cae, volverán al comienzo de la fila para empezar de nuevo.

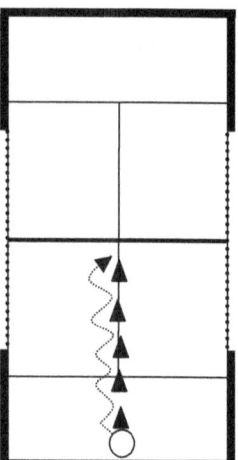

Ejercicio 0900   Ejercicios con Niños

Objetivo: Habilidad y coordinación oculo manual.

Descripción:
Ejercicios de pelota de manera individual sin pala:

.- rebote contra el suelo.

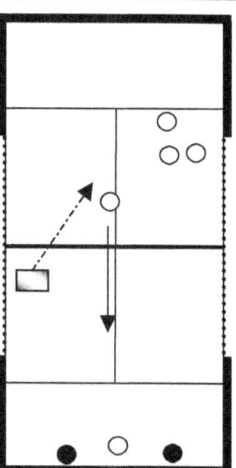

Ejercicio 0901   Ejercicios con Niños

Objetivo: Habilidad y coordinación oculo manual.

Descripción:
Ejercicios de pelota de manera individual sin pala:

.- rebote sobre la línea de saque.

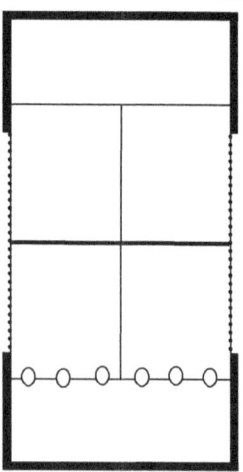

Ejercicio 0902   Ejercicios con Niños

Objetivo: Habilidad y coordinación oculo manual.

Descripción:
Ejercicios de pelota de manera individual sin pala:

.- pase de la pelota por entre las piernas.

Ejercicio 0903   Ejercicios con Niños

Objetivo: Habilidad y coordinación oculo manual.

Descripción:
Ejercicios de pelota de manera individual sin pala:

.- pase por dentro y por fuera de las piernas.

Ejercicio 0904   Ejercicios con Niños

Objetivo: Habilidad y coordinación oculo manual.

Descripción:
Ejercicios de pelota de manera individual sin pala:

.- lanzar al aire y atrapar.

Ejercicio 0905   Ejercicios con Niños

Objetivo: Habilidad y coordinación oculo manual.

Descripción:
Ejercicios de pelota de manera individual sin pala:

.- lanzar a un objeto.

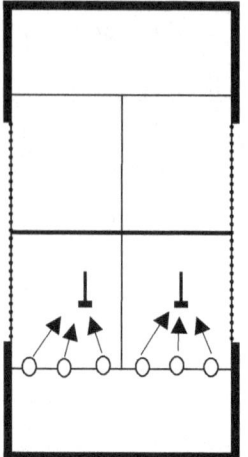

Ejercicio 0906   Ejercicios con Niños

Objetivo: Habilidad y coordinación oculo manual.

Descripción:
Ejercicios de pelota en parejas sin pala:

.- con dos pelotas pasar a la vez sin bote.

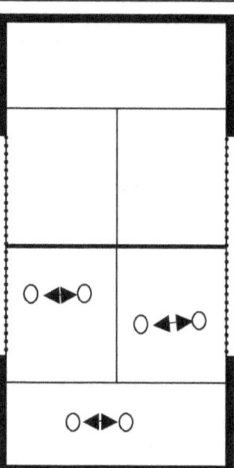

Ejercicio 0907   Ejercicios con Niños

Objetivo: Habilidad y coordinación oculo manual.

Descripción:
Ejercicios de pelota en parejas sin pala:

.- con dos pelotas pasar a la vez con bote.

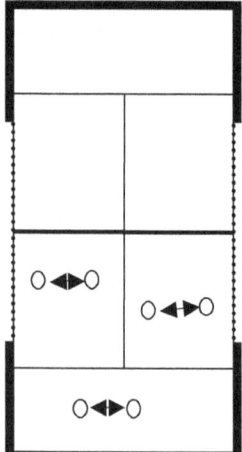

Ejercicio 0908   Ejercicios con Niños

Objetivo: Habilidad y coordinación oculo manual.

Descripción:
Ejercicios de pelota en parejas sin pala:

.- pase con bote con giro sobre sí mismo.

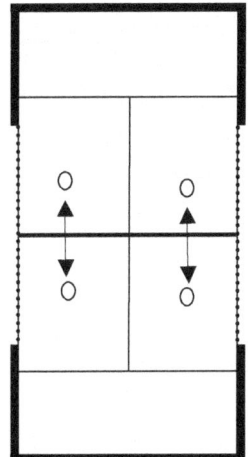

Ejercicio 0909   Ejercicios con Niños

Objetivo: Habilidad y coordinación oculo manual.

Descripción:
Ejercicios de pelota en parejas sin pala:

.- pase de béisbol sobre el hombro.

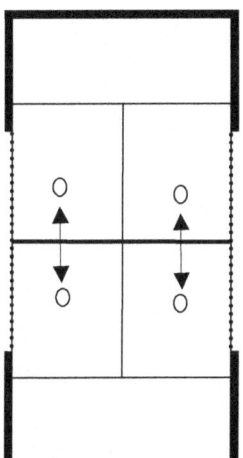

Ejercicio 0910   Ejercicios con Niños

Objetivo: Habilidad y coordinación oculo manual.

Descripción:
Ejercicios de pelota en parejas sin pala:

.- uno por arriba, otro por abajo.

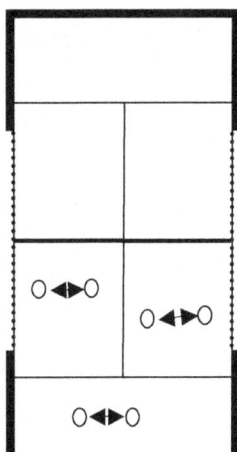

Ejercicio 0911   Ejercicios con Niños

Objetivo: Habilidad y coordinación oculo manual.

Descripción:
Ejercicios de pelota en parejas sin pala:

.- uno con y otro sin bote.

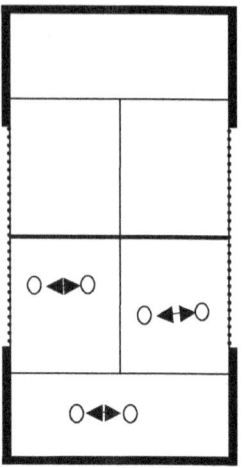

Ejercicio 0912   Ejercicios con Niños

Objetivo: Habilidad y coordinación.

Descripción:

Ubicados los niños en fila, realizarán zigzag entre los conos botando la bola de foam encima de la pala.

Si se les cae, volverán al comienzo de la fila para empezar de nuevo.

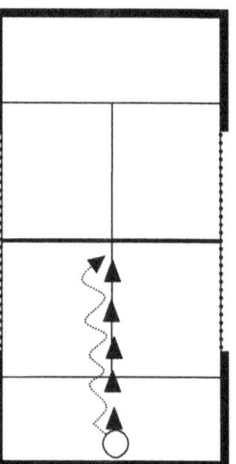

Ejercicio 0913   Ejercicios con Niños

Objetivo: Coordinación y psicomotricidad.

Descripción:
Choca esas 5. Ubicados los niños al otro lado de la red, chocarán con la pala la mano del monitor cuando este se encuentre a la altura suya. Una vez se domine el monitor les podrá lanzar bolas a esa zona.

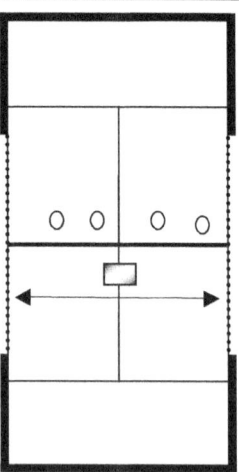

Ejercicio 0914   Ejercicios con Niños

Objetivo: Coordinación y psicomotricidad.

Descripción:
Choca esas 5 (2). Ubicados los niños en fila cerca de la red, llevarán una bola sobre la pala y cuando se acerquen a la altura del monitor chocarán la otra palma de la mano contra el monitor, evitando que la bola se les caiga.

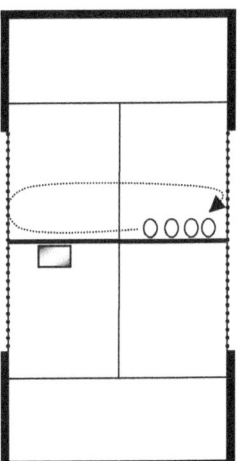

Ejercicio 0915   Ejercicios con Niños

Objetivo: Coordinación de los movimientos.

Descripción:
Comecocos (1). En este juego los jugadores se desplazan por las diferentes líneas de la mitad de la pista, uno de ellos realiza las funciones de comecocos y tratará de pillar a los demás que, una vez alcanzados, pasarán a ser los que hagan la función de comecocos.

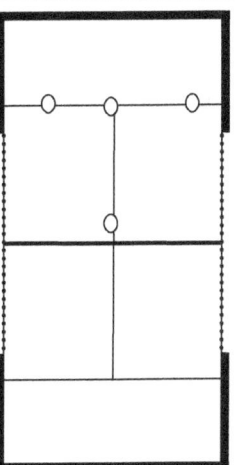

Ejercicio 0916   Ejercicios con Niños

Objetivo: Coordinación de los movimientos.

Descripción:
Comecocos (2). En este juego los jugadores se desplazan por las diferentes líneas de la mitad de la pista, uno de ellos realiza las funciones de comecocos y tratará de pillas a los demás que, una vez alcanzados, pasarán a hacer la función de comecocos e intentarán pillar entre todos a los que quedan libres.

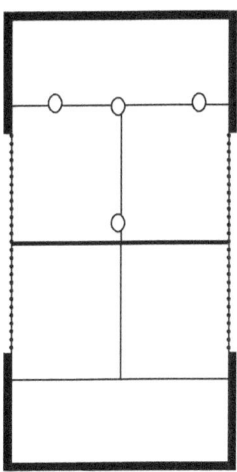

Ejercicio 0917   Ejercicios con Niños

Objetivo: Coordinación y psicomotricidad.

Descripción:
El círculo. Colocados los niños en círculo y con el monitor dentro, éste les lanzará bolas con la mano para que la recojan después de rebote en el suelo.
Una vez se perfeccione, la bola será lanzada con bote entre los componentes del círculo.

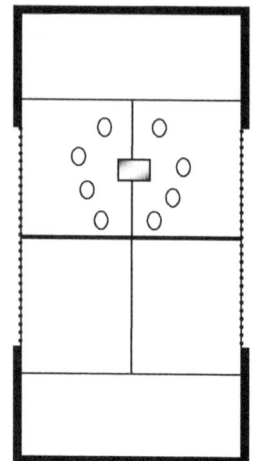

Ejercicio 0918   Ejercicios con Niños

Objetivo: Velocidad de reacción y movimiento.

Descripción:
Las líneas. Ubicados todos los niños pegados a la pared de fondo, el monitor dirá alguna de las siguientes palabras: "línea de saque", "línea del medio", "reja", "red" o "pico", tras lo cual los alumnos correrán para llegar lo antes posible, ya que el último en llegar será eliminado.

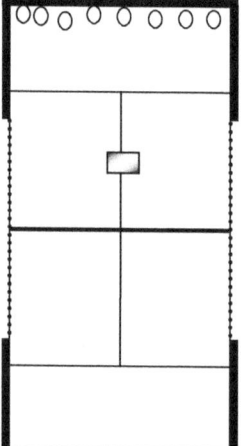

Ejercicio 0919   Ejercicios con Niños

Objetivo: Coordinación de los rebotes y de la recepción.

Descripción:
Los bolos. Ubicados los niños sobre la línea de saque, el monitor les lanzará bolas continuamente y ellos tienen que evitarlas sin salirse de la zona marcada. El ganador será el último que quede sin ser golpeado.

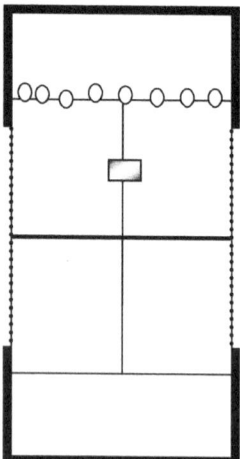

Ejercicio 0920   Ejercicios con Niños

Objetivo: Coordinación del movimiento.

Descripción:
El cazador y las liebres. Ubicado un jugador que hace la función de cazador en la zona de detrás de la línea y los demás niños pegados a la red haciendo la función de liebres.
Cuando el entrenador de una señal, las liebres tendrán que empezar a correr para llegar a la zona de saque sin que el cazador les toque.
En el momento en el que el cazador toque a alguien, vuelven a la posición inicial y la presa se convierte también en cazador.

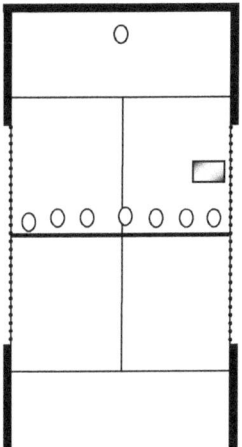

Ejercicio 0921   Ejercicios con Niños

Objetivo: Coordinación, rapidez y visualización.

Descripción:
Las bolas calientes. Ubicados todos los jugadores a un lado de la red, el monitor lanzará una bola menos que jugadores hay. Los jugadores cogerán la bola y la botarán sobre la pala, quedando uno eliminado. Entonces el monitor irá restando bolas según se eliminen.

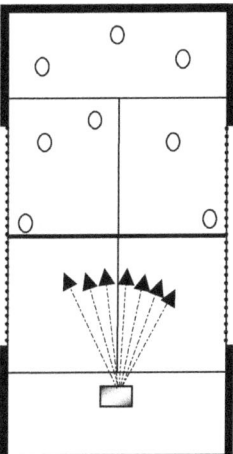

Ejercicio 0922   Ejercicios con Niños

Objetivo: Coordinación y control de bola.

Descripción:
Ubicados los niños sobre la línea de saque, a la voz del monitor correrán hacia la red haciendo botar la bola. Al llegar a la red, se darán la vuelta para llegar a la línea de sque que será la meta.

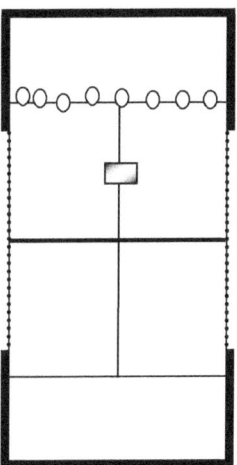

Ejercicio 0923   Ejercicios con Niños

Objetivo: Coordinación del golpeo y del movimiento.

Descripción:
Ubicados los niños en el fondo de la pista, realizarán una escalera de coordinación* y al llegar al final lanzarán con la mano una pelota intentando derribar los conos situados en media pista.

- * www.technologysport.com

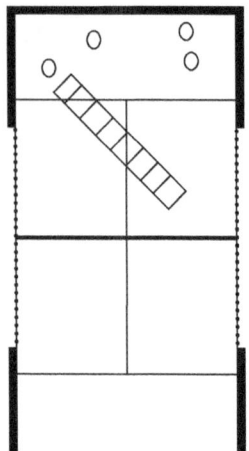

Ejercicio 0924   Ejercicios con Niños

Objetivo: Iniciación a los partidos.

Descripción:
Enfrentados dos jugadores en el fondo de la pista separados por una red de mini tenis*, jugarán partidos en individual utilizando las paredes de fondo.

- * www.technologysport.com

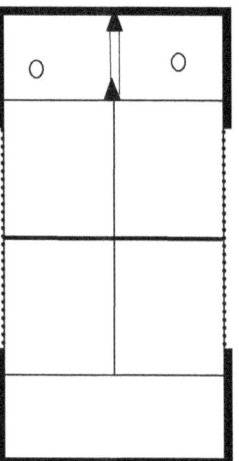

Ejercicio 0925   Ejercicios con Niños

Objetivo: Movimiento, coordinación y reacción.

Descripción:
El profe loco. Ubicados los jugadores formando un círculo en movimiento, el profesor que está en el medio toca con una pelota a uno de los jugadores el cual deberá coger la pelota e ir a tocar con la misma a uno de sus compañeros que se han dispersado por la pista. Una vez tocado el jugador, soltará la pelota para que su compañero realice el mismo ejercicio.

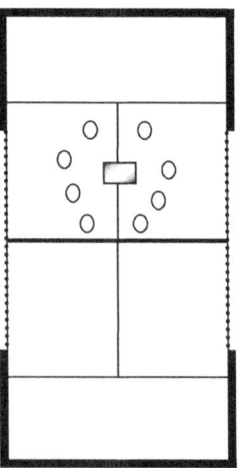

Ejercicio 0926   Ejercicios con Niños

Objetivo: Movimiento, coordinación y reacción.

Descripción:
Seguir a la policía. Ubicados todos los jugadores en fila corriendo en pista, de repente el monitor dice el nombre de uno de los niños y éstos tienen que rehacer la fila detrás del niño nombrado.

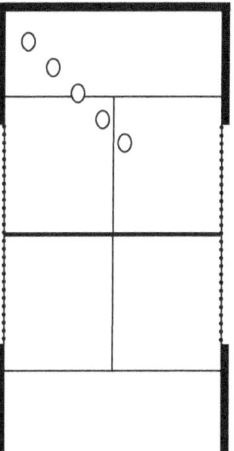

Ejercicio 0927   Ejercicios con Niños

Objetivo: Movimiento, coordinación y reacción.

Descripción:
Lugares del mundo. El río, parque, escuela, gimnasio, piscina,…. El monitor situará conos a lo largo de la pista y les dará un nombre a cada uno.
Ya colocados los niños en el fondo de la pista, dirá el nombre de uno de los conos y los niños correrán al cono identificado.

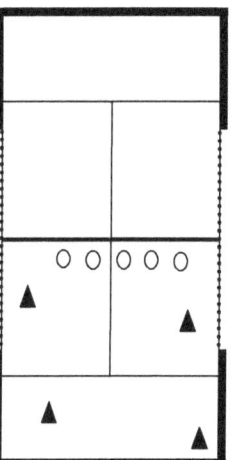

Ejercicio 0928   Ejercicios con Niños

Objetivo: : Movimiento, coordinación y reacción.

Descripción:
Carreras por número. Enfrentados dos equipos en las rejas, el monitor le dará un número a cada niño.
Cuando diga un número los niños correrán a la línea del medio a coger la pelota que tiene el monitor e intentará volver a su sitio antes de que el contrari le toque.

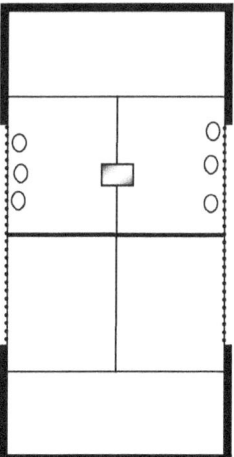

Ejercicio 0929   Ejercicios con Niños

Objetivo: : Movimiento, coordinación y reacción.

Descripción:
Los colores. El monitor colocará conos de distintos colores por toda la pista, tras lo cual, con los niños colocados en el fondo de la pista dirá un color y los niños correrán a coger uno de los conos indicados. El monitor colocará un cono menos que el número de niños, para que en cada ronda quede eliminado un niño.

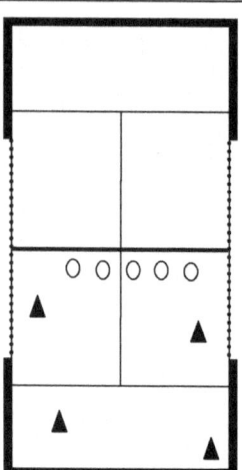

Ejercicio 0930   Ejercicios con Niños

Objetivo: : Movimiento, coordinación y reacción.

Descripción:
El semáforo. El monitor montará un circuito de conos por el que los niños correrán. A la voz de "Amarillo" se desplazarán como ranas, a la voz de "Rojo" se detendrán y a la voz de "Verde" continuarán la carrera.

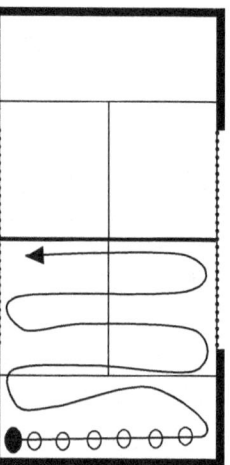

Ejercicio 0931   Ejercicios con Niños

Objetivo: : Movimiento, coordinación y reacción.

Descripción:
La reunión. Estando todos los niños en la pista corriendo, a la voz del monitor realizarán grupos de 2, 3, 4, 5,....

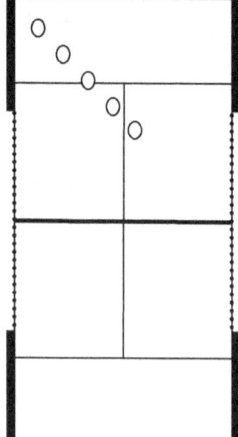

Ejercicio 0932   Ejercicios con Niños

Objetivo: : Movimiento, coordinación y reacción.

Descripción:
El equilibrista. Los niños, más pequeños en este caso, se desplazarán por las líneas pisando en todo momento sobre ellas. A la voz del monitor cambiarán de sentido. Si coinciden con otro compañero en sentido contrario, se pararán hasta que el monitor cambie el sentido.

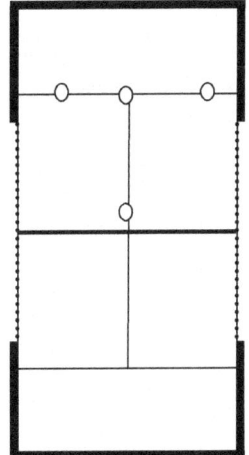

Ejercicio 0933   Ejercicios con Niños

Objetivo: Ejercicios para el desarrollo de la coordinación dinámica general.

Descripción:
Colocaremos conos emparejados y tirados en el suelo de lado separados 50 cm sobre la línea media y haremos que los niños corran y salten para salvarlos.

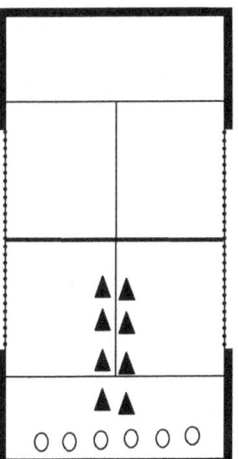

Ejercicio 0934   Ejercicios con Niños

Objetivo: Ejercicios para el desarrollo de la coordinación dinámica general.

Descripción:
Colocaremos conos emparejados pero unidos por las bases y tirados en el suelo de lado separados 50 cm sobre la línea media y haremos que los niños corran y salten para salvarlos.

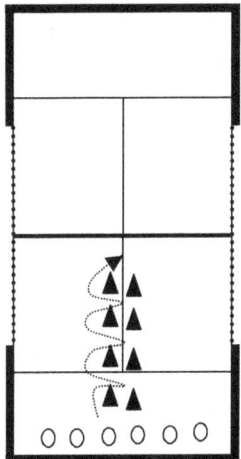

Ejercicio 0935   Ejercicios con Niños

Objetivo: Ejercicios para el desarrollo de la coordinación dinámica general.

Descripción:
Colocaremos conos emparejados pero unidos por los vértices y tirados en el suelo de lado separados 50 cm sobre la línea media y haremos que los niños corran y salten para salvarlos.

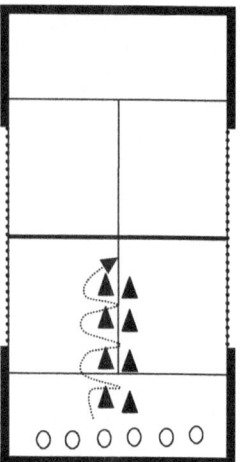

Ejercicio 0936   Ejercicios con Niños

Objetivo: Ejercicios para el desarrollo de la coordinación dinámica general.

Descripción:
Colocaremos conos tirados en el suelo separados 50 cm sobre la línea media y haremos que los niños corran con las piernas abiertas.
Variante: marcha atrás.

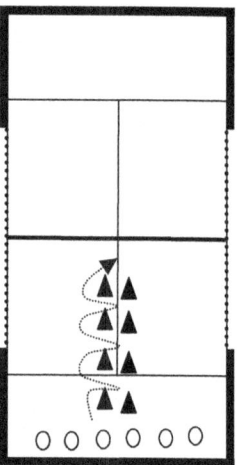

Ejercicio 0937   Ejercicios con Niños

Objetivo: Ejercicios para el desarrollo de la coordinación dinámica general.

Descripción:
Colocaremos sobre la línea media grupos de conos (5-6 uno encima de otro) para que los niños cojan impulso y los salten.

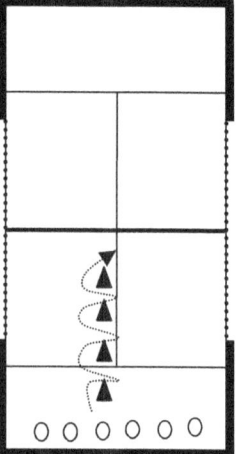

Ejercicio 0938   Ejercicios con Niños

Objetivo: Ejercicios para el desarrollo de la coordinación dinámica general.

Descripción:
En parejas y agarrados de las dos manos, realizaremos movimiento lateral dejando entre los niños los conos situados en el medio de la línea.

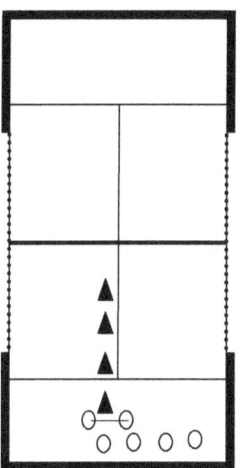

Ejercicio 0939   Ejercicios con Niños

Objetivo: Ejercicios para el desarrollo de la coordinación dinámica general.

Descripción:
En parejas, agarrados de las dos manos y mirándose cara a cara, se desplazarán uno hacia adelante y otro hacia atrás. Correrán por la fila de conos con las piernas abiertas para no tocarlos.
Variante: los de frente y cogidos por la mano y realizando un slalom.

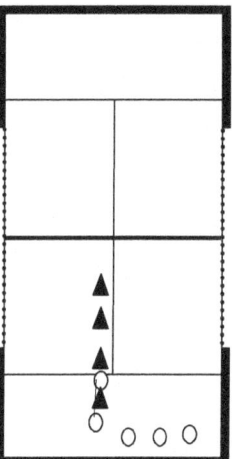

Ejercicio 0940   Ejercicios con Niños

Objetivo: Ejercicios para el desarrollo de la coordinación dinámica general.

Descripción:
El toro. Un niño realizar la función de toro con un cono en cada mano e intenta coger a sus compañeros que están delimitados por un cuadrante de la pista. Una vez lo ha tocado, dejará los conos en el suelo para que su compañero los coja y realice la misma función.

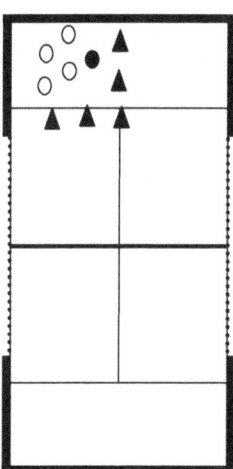

Ejercicio 0941   Ejercicios con Niños

Objetivo: Ejercicios para el desarrollo de la coordinación óculo-manual y óculo-pie.

Descripción:
Sentados dos niños en el suelo y separados un metro de distancia, se pasarán una pelota sin bote, y una vez perfeccionado lo realizarán con un bote.
Cuando esté perfeccionado, se aumentará la distancia entre ellos.

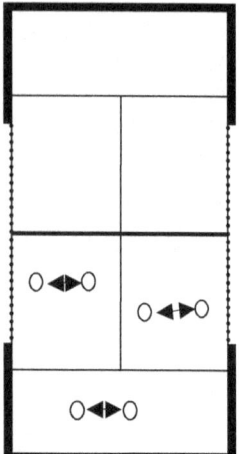

Ejercicio 0942   Ejercicios con Niños

Objetivo: Ejercicios para el desarrollo de la coordinación óculo-manual y óculo-pie.

Descripción:
De pie y a la pata coja, dos niños separados un metro de distancia, se pasarán una pelota sin bote, y una vez perfeccionado lo realizarán con un bote.
Cuando esté perfeccionado, se aumentará la distancia entre ellos.

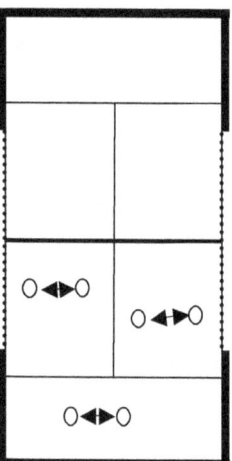

Ejercicio 0943   Ejercicios con Niños

Objetivo: Ejercicios para el desarrollo de la coordinación óculo-manual y óculo-pie.

Descripción:
Sentado en el suelo un niño y otro de pie, y separados un metro de distancia, se pasarán una pelota sin bote, y una vez perfeccionado lo realizarán con un bote.
Cuando esté perfeccionado, se aumentará la distancia entre ellos.

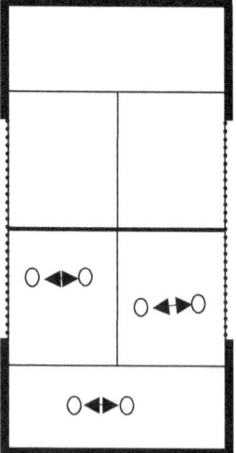

Ejercicio 0944   Ejercicios con Niños

Objetivo: Ejercicios para el desarrollo de la coordinación óculo-manual y óculo-pie.

Descripción:
Sentados dos niños en el suelo y separados un metro de distancia, uno de los niños tendrá un cono a modo de canasta y el otro intentará meter la bola dentro del cono.
Una vez perfeccionado lo realizarán con un bote.
Cuando esté perfeccionado, se aumentará la distancia entre ellos.

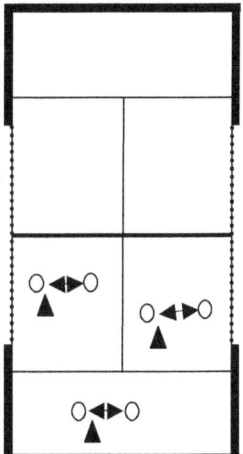

Ejercicio 0945   Ejercicios con Niños

Objetivo: Ejercicios para el desarrollo de los aspectos preceptivos del espacio-tiempo.

Descripción:
Colocaremos varios conos dispersados por toda la pista, tantos como niños tengamos, y los niños pegados en la pared de fondo.
A la voz del monitor, éste indicará alguna de las siguientes órdedes: "delante", "detrás", "izquierda" y "derecha", tras lo cual los niños correrán y adoptarán la posición indicada por el monitor.

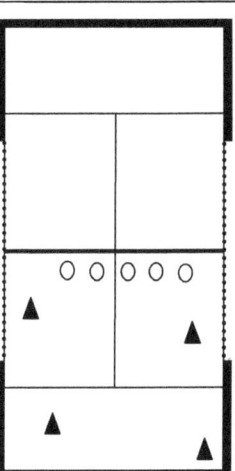

Ejercicio 0946   Ejercicios con Niños

Objetivo: Ejercicios para el desarrollo de los aspectos preceptivos del espacio-tiempo. Coordinación.

Descripción:
Colocaremos varias vallas de la misma altura sobre la línea media separadas a la misma distancia y haremos que los alumnos salten y coordinen los pasos para poder saltar coordinadamente.

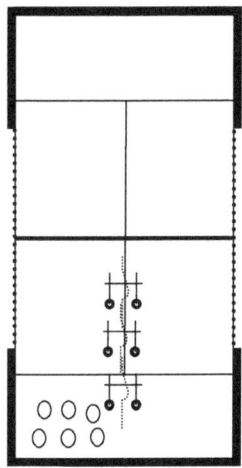

Ejercicio 0947 Ejercicios con Niños

Objetivo: Ejercicios para el desarrollo de los aspectos preceptivos del espacio-tiempo. Coordinación.

Descripción:

Colocaremos varios vallas de distintas alturas sobre la línea media separadas a distinta distancia y haremos que los alumnos salten y coordinen los pasos para poder saltar coordinadamente.

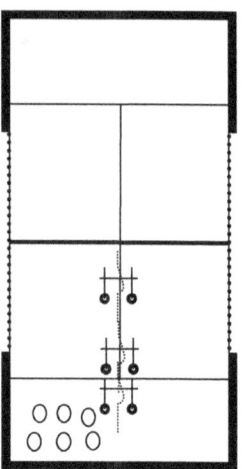

Ejercicio 0948 Ejercicios con Niños

Objetivo: Ejercicios para el desarrollo de los aspectos preceptivos del espacio-tiempo. Coordinación.

Descripción:

Sobre la red y colgando de una goma delimitadora de altura*, colocaremos un aro.

Los niños enfrentados a cada uno de los lados y separados de la red 1 metro, se pasarán la bola a través del aro, primero sin bote y luego con bote.

- * www.technologysport.com

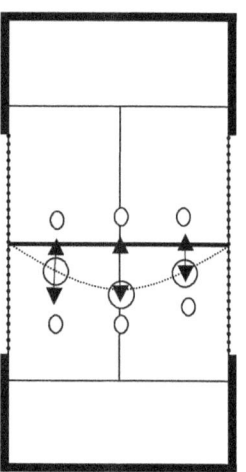

Ejercicio 0949 Ejercicios con Niños

Objetivo: Ejercicios para la velocidad de reacción.

Descripción:

Sobre la línea media colocaremos un cono, y enfrentaremos a dos niños separados del cono 3 metros. A la voz del monitor, correrán hacia el cono para ver quien lo toca antes.

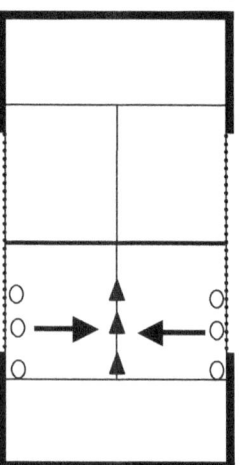

Ejercicio 0950   Ejercicios con Niños

Objetivo: Ejercicios para la velocidad de reacción.

Descripción:

Sobre la línea media colocaremos un cono, y enfrentaremos a dos niños de espaldas y separados del cono 3 metros. A la voz del monitor, correrán hacia el cono para ver quien lo toca antes.

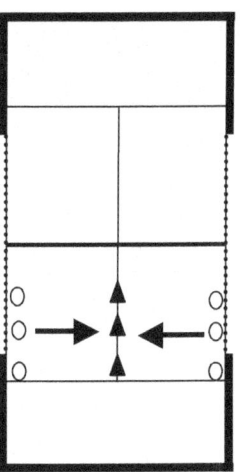

Ejercicio 0951   Ejercicios con Niños

Objetivo: Ejercicios para la velocidad de reacción.

Descripción:

Sobre la línea media colocaremos un cono, y enfrentaremos a dos niños tumbados en el suelo y separados del cono 3 metros. A la voz del monitor, correrán hacia el cono para ver quien lo toca antes.

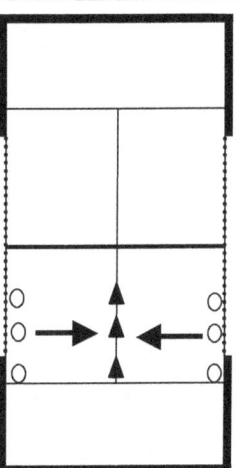

Ejercicio 0952   Ejercicios con Niños

Objetivo: Ejercicios para la velocidad de reacción.

Descripción:

Sobre la T colocaremos un cono que será el punto de salida, y a un metro de la red otro cono. A la voz del monitor los niños saldrán corriendo y rodearán el cono que está cerca de la red para llegar al cono de inicial.

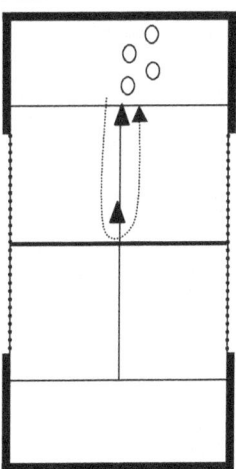

Ejercicio 0953   Ejercicios con Niños

Objetivo: Ejercicios para la velocidad de reacción.

Descripción:

Sobre la T colocaremos un cono que será el punto de salida, y a un metro de la red otro cono. A la voz del monitor los niños saldrán corriendo con un cono en la mano e intentarán llegar el primero para poner su cono sobre el que está cerca de la red.

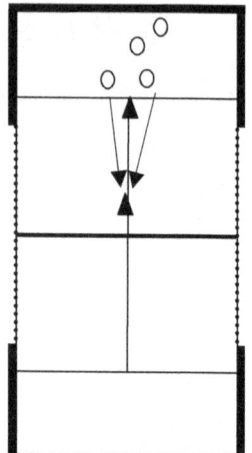

Ejercicio 0954   Ejercicios con Niños

Objetivo: Ejercicios para la coordinación.

Descripción:

Sobre la línea media colocaremos conos que harán de red, y en cada zona varios conos que realizarán la función de trampas. Los niños se lanzarán la bola con bote en el otro campo evitando los conos ahí situados.

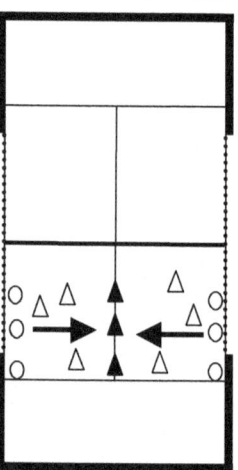

Ejercicio 0955   Ejercicios con Niños

Objetivo: Ejercicios para la coordinación.

Descripción:

Un círculo formado por conos delimitará la zona de juego. A la señal del monitor, uno de los niños correrá para intentar coger a sus compañeros.

Variante: se pueden realizar otras formas geométricas.

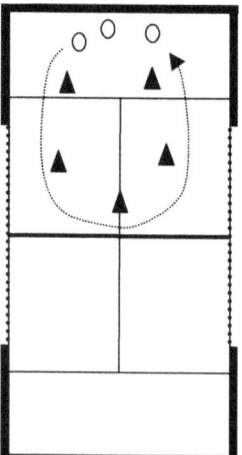

Ejercicio 0956   Ejercicios con Niños

Objetivo: Ejercicios para la coordinación.

Descripción:

Un círculo formado por conos delimitará la zona de juego. A la señal del monitor, uno de los niños correrá a pata coja para intentar coger a sus compañeros.

Variante: se pueden realizar otras formas geométricas.

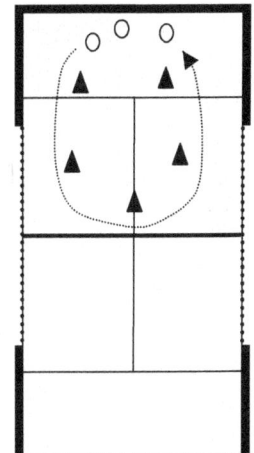

Ejercicio 0957   Ejercicios con Niños

Objetivo: Ejercicios para la coordinación.

Descripción:

Un círculo formado por conos delimitará la zona de juego. A la señal del monitor, uno de los niños correrá haciendo slalom para intentar coger a sus compañeros.

Variante: se pueden realizar otras formas geométricas.

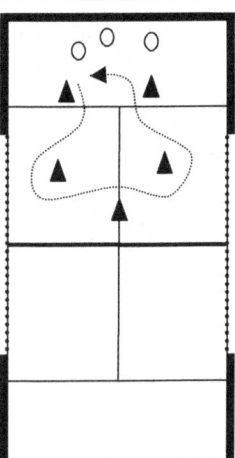

Ejercicio 0958   Ejercicios con Niños

Objetivo: Ejercicios para la coordinación.

Descripción:

La canasta. Formamos dos equipos, uno con conos y otro con pelota. Los que tienen la pelota intentan pasársela sin que los que tienen los conos se la quiten. A cinco pases se cambia la función de los equipos.

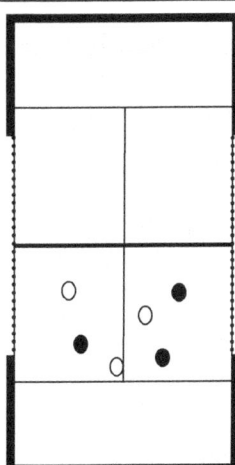

Ejercicio 0959   Ejercicios con Niños

Objetivo: Ejercicios para la coordinación.

Descripción:

Metidos dentro de una goma delimitadora de altura*, colocaremos varios conos, y los niños intentarán golpearlos, primero tirando directamente con la mano y cuando se perfeccione, realizando golpeos desde el fondo de la pista.

- * www.technologysport.com

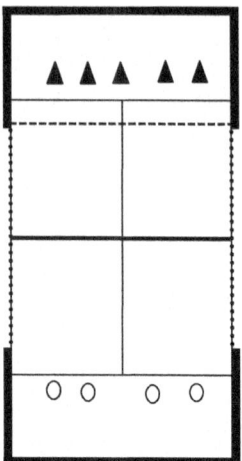

Ejercicio 0960   Ejercicios con Niños

Objetivo: Ejercicios para la coordinación y agilidad.

Descripción:

Batalla de bolas. Dispersadas todas las bolas entre los dos lados de la pista, los niños separados por equipos tendrán que coger las bolas de su campo y pasarlas al campo contrario. Pasado unos minutos, gana quien menos bolas tiene en su campo.

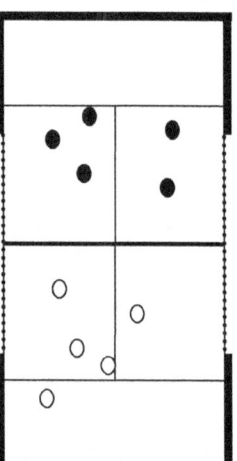

Ejercicio 0961   Ejercicios con Niños

Objetivo: Ejercicios para la coordinación y cooperación.

Descripción:

Colocados los niños por parejas, se colocarán un pelota entre sus espaldas y cuando indique el monitor correrán hacia la red. Si a alguna pareja se le cae la paleota deberá comenzar de nuevo.

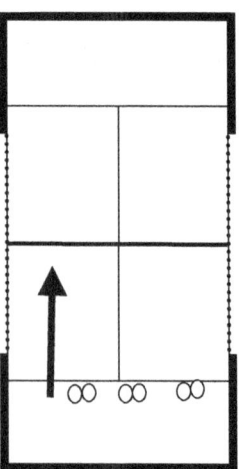

Ejercicio 0962   Ejercicios con Niños

Objetivo: Ejercicios para la coordinación.

Descripción:

La bola de helado. Formamos dos equipos, y a cada equipo le daremos un cono y un globo que deberán transportar hasta rodear el cono situado cerca de la red, y hacer el relevo con su compañero de equipo. Si se le cae deberá empezar de nuevo.

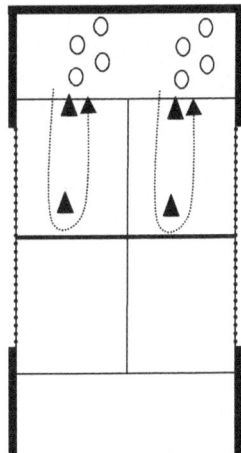

Ejercicio 0963   Ejercicios con Niños

Objetivo: Ejercicios para la coordinación.

Descripción:

La bandeja. Formamos dos equipos, y a cada equipo le daremos una bola que deberán transportar sobre la pala hasta rodear el cono situado cerca de la red, y hacer el relevo con su compañero de equipo. Si se le cae deberá empezar de nuevo.

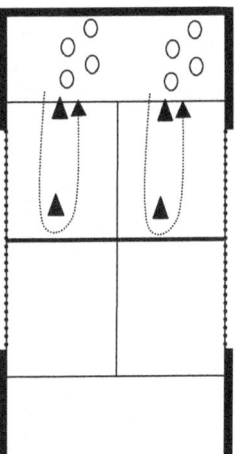

Ejercicio 0964   Ejercicios con Niños

Objetivo: Ejercicios para la coordinación.

Descripción:

Formamos parejas y a cada pareja le daremos dos conos y una bola que deberán lanzarse intentando meterla dentro del cono de su compañero. Si consiguen meterla avanzarán un paso. Si fallan mantienen la posición.

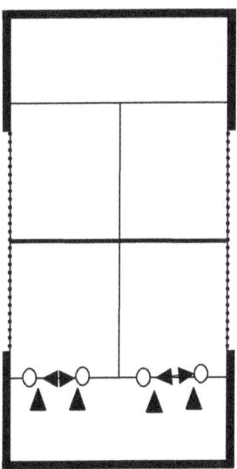

Ejercicio 0965   Ejercicios con Niños

Objetivo: Ejercicios para la coordinación.

Descripción:

La bandeja. Formamos dos equipos, y a cada equipo le daremos una bola que deberán transportar sobre la pala hasta rodear el cono situado cerca de la red, y hacer el relevo con su compañero de equipo. Si se le cae deberá empezar de nuevo.

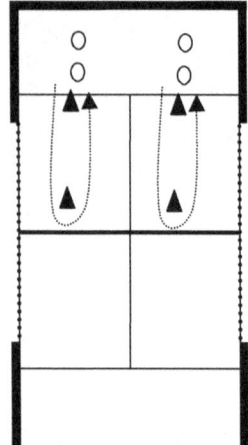

Ejercicio 0966   Ejercicios con Niños

Objetivo: Ejercicios para la coordinación.

Descripción:

Circuito en el que alternaremos los conos tirados, los conos de pie, los conos doble y los conos altos, para que los niños coordinen distintos tipos de saltos.

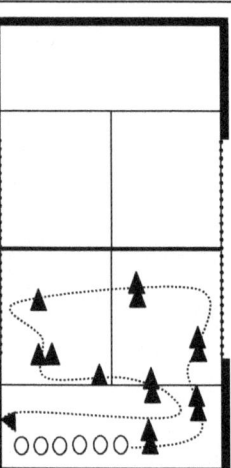

Ejercicio 0967   Ejercicios con Niños

Objetivo: Ejercicios para la coordinación.

Descripción:

Raseando. Colocaremos a los niños el fondo de la pista y deberán realizar slalom en un circuito de conos arrastrando la bola por el suelo.

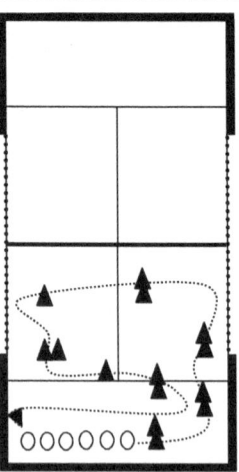

Ejercicio 0968   Ejercicios con Niños

Objetivo: Ejercicios para la coordinación y competición.

Descripción:

El hockey. Formamos dos equipos con una portería cada uno. Jugaremos un partido en el que los jugadores empujarán la pelota sobre el suelo, golpeándola a algún compañero si quieren, pero nunca levantándola.

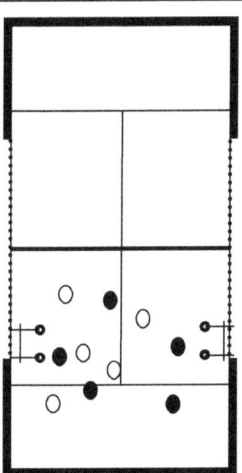

Ejercicio 0969   Ejercicios con Niños

Objetivo: Ejercicios para la coordinación.

Descripción:

El espejo. Colocados los niños sobre la línea de saque, imitarán sin pelota los golpeos que realiza el monitor.

Si se domina, lo ejecutarán con bola.

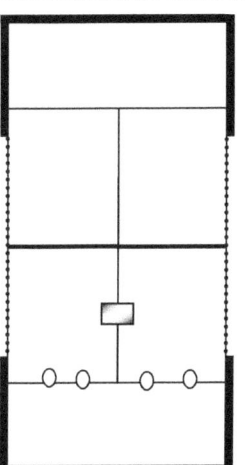

Ejercicio 0970   Ejercicios con Niños

Objetivo: Ejercicios para la coordinación.

Descripción:

El mareo. Realizamos un círculo con los niños y uno de ellos en el medio. Intentamos que se pasen la pelota con bote sin que el niño del medio la toque. Si la toca o se le cae al que recepciona, se intercambian las posiciones.

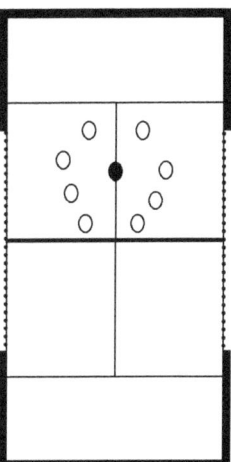

Ejercicio 0971   Ejercicios con Niños

Objetivo: Ejercicios para la coordinación.

Descripción:

El túnel. Dos equipos colocados en fila, se pasarán la pelota por debajo de las piernas hasta que llegue al final.

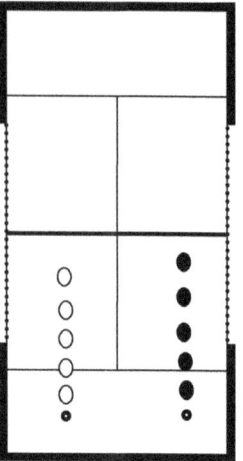

Ejercicio 0972   Ejercicios con Niños

Objetivo: Ejercicios para la coordinación.

Descripción:

El huevo frito. Por equipos, los jugadores llevarán por un circuito una bola sobre la pala, y al llegar donde su compañero se la pasarán evitando que ésta caiga.

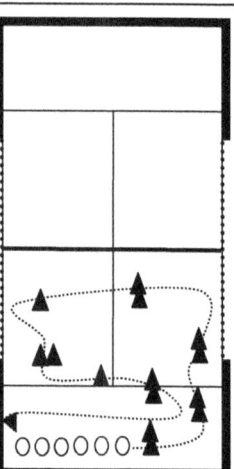

Ejercicio 0973   Ejercicios con Niños

Objetivo: Ejercicios para la coordinación oculo manual.

Descripción:

El perrito. Los niños llevarán sobre las líneas la pelota haciendo rodar y alternando las empuñaduras de derecha y de revés.

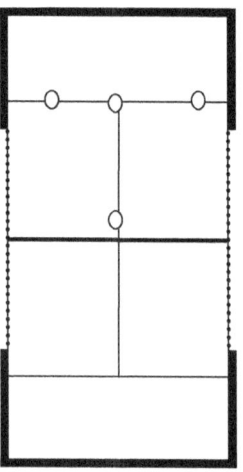

Ejercicio 0974   Ejercicios con Niños

Objetivo: Ejercicios para la coordinación.

Descripción:

El tren. Formamos dos equipos en fila, y a cada equipo le daremos una bola que deberán pasar por encima de la cabeza para que llegue al final y así hacer un punto.

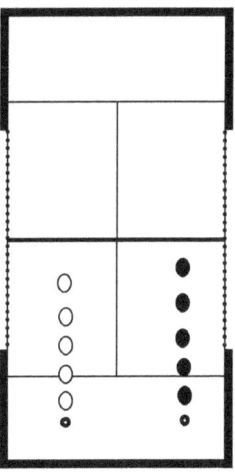

Ejercicio 0975   Ejercicios con Niños

Objetivo: Ejercicios para la coordinación.

Descripción:

Balonmano. Formamos dos equipos, uno defenderá intentando quitar la bola y el otro intentará pasarse la bola sin que se caiga y sin que los contrarios se la quiten. Si llegan a 10 pases, ganan.

Variante: se puede jugar con dos bolas a la vez, pero si alguna bola se cae, se cambia la posición de los equipos.

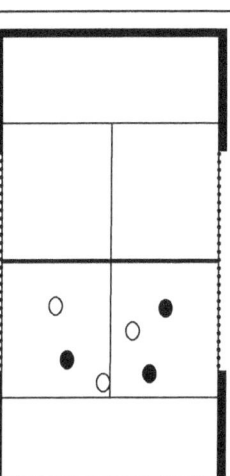

Ejercicio 0976   Ejercicios con Niños

Objetivo: Ejercicios para la coordinación.

Descripción:

Declaro la guerra. Un niño tendrá una bola que lanzará al aire y dirá el nombre de otro niño. Los demás niños se alejarán y en cuanto que el niño nombrado coja la bola, se pararán todos. En ese momento intentará golpear a algún niño para eliminarlo.

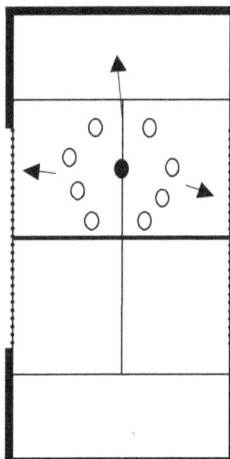

Ejercicio 0977   Ejercicios con Niños

Objetivo: Ejercicios para la coordinación.

Descripción:

Puntería. Separados dos equipos por la línea media, se colocará un equipo con una bola e intentará golpear a a alguno de los contrarios del otro equipo. Si le golpea y la bola cae al suelo, ese jugador queda eliminado, pero si la bola es cogida sin caer al suelo, el jugador que tiró está eliminado.

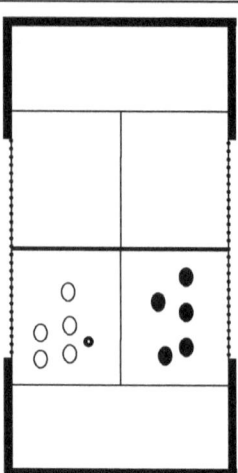

Ejercicio 0978   Ejercicios con Niños

Objetivo: Mejora de la velocidad de reacción y atención.

Descripción:

La patata caliente. Todos los jugadores se pasan una bola mientras todos están en movimiento en una zona delimitada. En un momento el monitor pronuncia la palabra "patata", tras lo cual la última persona que tenía la bola queda eliminada.

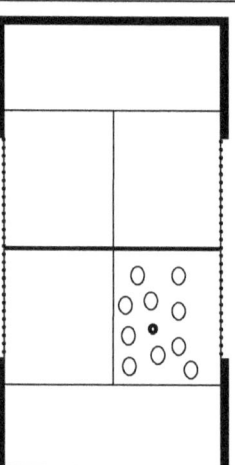

Ejercicio 0979   Ejercicios con Niños

Objetivo: Mejora de la velocidad de reacción, atención, agilidad y competencia.

Descripción:

El ladrón. Formamos dos equipos separados por la línea media, y a cada equipo le daremos diez bolas. Cada equipo tendrá que intentar defenderse del equipo contrario que intentará quitarle las bolas para llevarlas a su campo, lo mismo que tendrán que hacer ellos. El equipo que consiga tener más balones en su campo será el ganador.

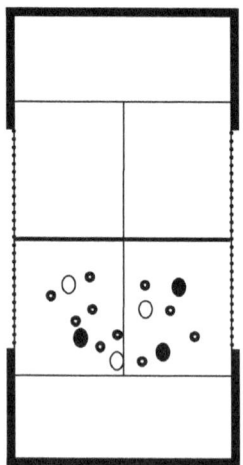

Ejercicio 0980   Ejercicios con Niños

Objetivo: Ejercicios para la coordinación.

Descripción:

La línea. Formamos dos equipos, qué intentarán pasarse la bola entre ellos para intentar posarla sobre la línea del campo contrario. Si se les cae la bola, pierden el turno.

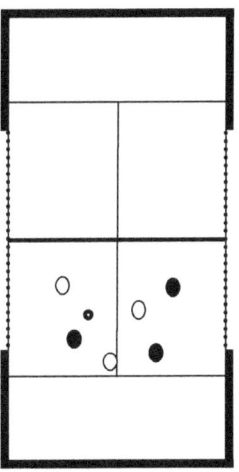

Ejercicio 0981   Ejercicios con Niños

Objetivo: Ejercicios para la coordinació oculo-manual.

Descripción:

Pases coordinados. Formamos un círculo con los niños, los cuales estarán en constante movimiento. Los niños se pasarán la bola de atrás hacia adelante, evitando que se caiga.

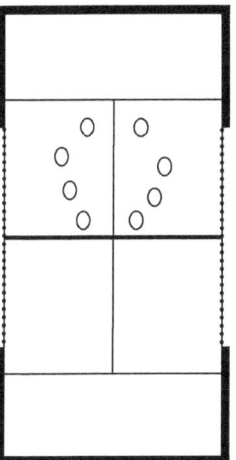

Ejercicio 0982   Ejercicios con Niños

Objetivo: Ejercicios para la coordinación oculo-manual.

Descripción:

Que no caiga. Formamos un círculo con todos los niños, los cuales se pasarán la bola sin bote en el suelo. Si algún niño se le cae, estará eliminado. Una vez todos los niños han tocado la bola, darán un paso hacia atrás para hacer más grande el círculo.

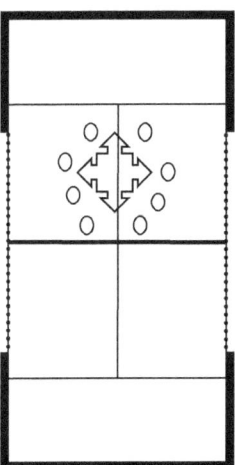

Ejercicio 0983   Ejercicios con Niños

Objetivo: Ejercicios para la coordinación y cooperación.

Descripción:

Relevos con pala. Formamos dos equipos, y a cada equipo le daremos una bola. El primer niño de cada equipo saldrá botando la bola con la pala hasta rodear el poste y volver a la posición inicial donde le dará la bola a su compañero de equipo.

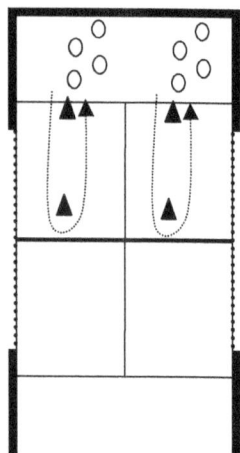

Ejercicio 0984   Ejercicios con Niños

Objetivo: Ejercicios para la velocidad y la coordinación.

Descripción:

Busca tu pelota. Todos los niños tendrán una pelota que será marcada con con su nombre para no confundirla con la de sus compañeros (si se tienen de distinto color, mucho mejor). A la señal del monitor, lanzarán todas las pelotas hacia arriba y tratarán de encontrar la suya lo más rápido posible. El último en coger su bola queda eliminado.

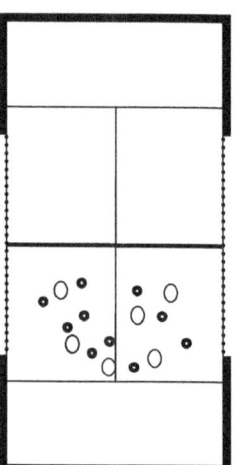

Ejercicio 0985   Ejercicios con Niños

Objetivo: Lanzamiento y coordinación.

Descripción:

Tiro a la pala. Formamos equipos de dos personas con una pala colocada en la reja. Cada equipo tendrá una sola bola que tirarán contra su pala para intentar tirarla. El que no tira, recoge la bola y va a la posición de tiro.

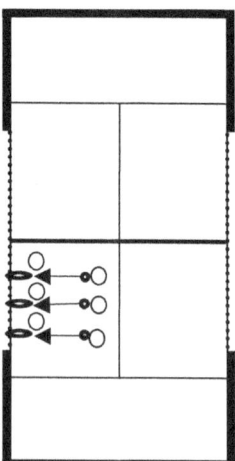

Ejercicio 0986   Ejercicios con Niños

Objetivo: Ejercicios para la coordinación de los lanzamientos, coordinación y recepción.

Descripción:

La canasta por parejas. Formamos equipos de dos niños con un cono y una pelota. A cierta distancia se tirarán la bola para intentar meterla dentro del cono. Si aciertan cambian de posición. En cuanto consigan meter la bola los dos niños, termina el juego.

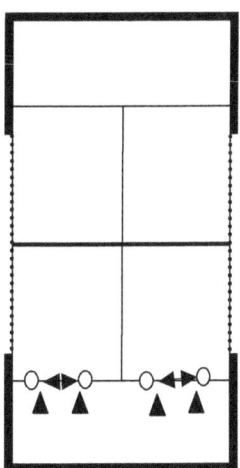

Ejercicio 0987   Ejercicios con Niños

Objetivo: Ejercicios para la coordinación de los lanzamientos, coordinación y recepción.

Descripción:

Petanca. Formamos equipos de dos niños con dos bolas. A cierta distancia colocamos un cono e intentarán lanzar la bola lo más cerca posible. El equipo que consiga dejar la bola más cerca, gana.

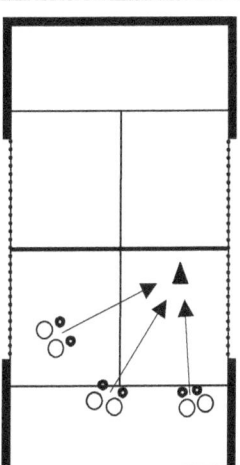

Ejercicio 0988   Ejercicios con Niños

Objetivo: Ejercicios para la coordinación de los lanzamientos, coordinación y recepción.

Descripción:

Tiro al bolo . Ubicados los niños cerca de la red, tirarán bolas por debajo de la red, la cual estará levantada por dos tubos, para intentar derribar los conos situados en mitad de la pista.

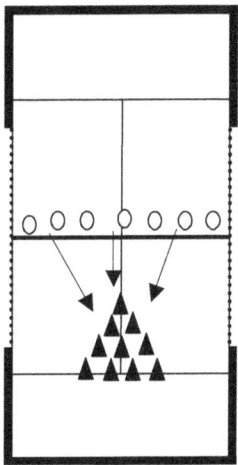

Ejercicio 0989   Ejercicios con Niños

Objetivo: Ejercicios para la coordinación de los lanzamientos, coordinación y recepción.

Descripción:

Los inmortales de derecha. Ubicados todos los niños, salvo uno detrás de las línea, ejecutarán golpes de derecha evitando que su compañero del otro lado toque la bola. Si la toca, intercambian la posición. Si falla el golpe, se va con su compañero. Y si mete la bola sin que la toque nadie, vuelve a la fila para continuar el ejercicio. Gana el niño que quede solo en la fila.

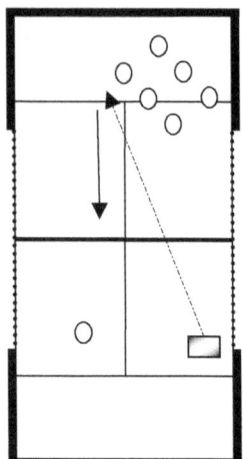

Ejercicio 0990   Ejercicios con Niños

Objetivo: Ejercicios para la coordinación de los lanzamientos, coordinación y recepción.

Descripción:

Los inmortales de revés. Ubicados todos los niños, salvo uno detrás de las línea, ejecutarán golpes de revés evitando que su compañero del otro lado toque la bola. Si la toca, intercambian la posición. Si falla el golpe, se va con su compañero. Y si mete la bola sin que la toque nadie, vuelve a la fila para continuar el ejercicio. Gana el niño que quede solo en la fila.

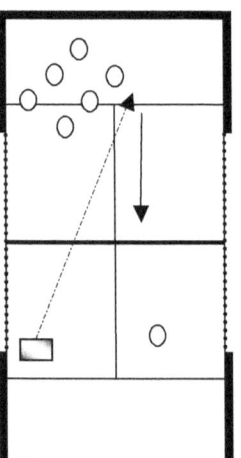

Ejercicio 0991   Ejercicios con Niños

Objetivo: Ejercicios para la coordinación de los lanzamientos, coordinación y recepción.

Descripción:

Los inmortales de volea de derecha. Ubicados todos los niños, salvo uno detrás de las línea, ejecutarán golpes de volea de derecha evitando que su compañero del otro lado toque la bola. Si la toca, intercambian la posición. Si falla el golpe, se va con su compañero. Y si mete la bola sin que la toque nadie, vuelve a la fila para continuar el ejercicio. Gana el niño que quede solo en la fila.

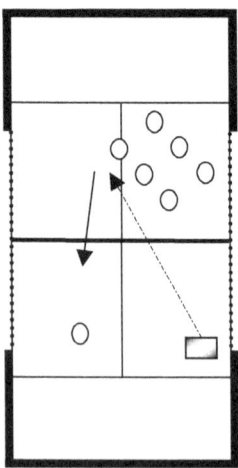

Ejercicio 0992   Ejercicios con Niños

Objetivo: Ejercicios para la coordinación de los lanzamientos, coordinación y recepción.

Descripción:

Los inmortales de volea de revés. Ubicados todos los niños, salvo uno detrás de las línea, ejecutarán golpes de volea de revés evitando que su compañero del otro lado toque la bola. Si la toca, intercambian la posición. Si falla el golpe, se va con su compañero. Y si mete la bola sin que la toque nadie, vuelve a la fila para continuar el ejercicio. Gana el niño que quede solo en la fila.

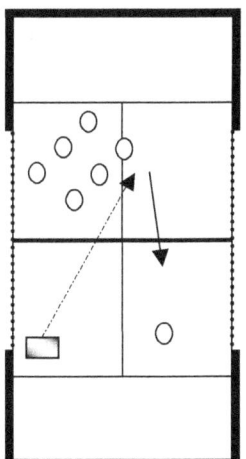

Ejercicio 0993   Ejercicios con Niños

Objetivo: Ejercicios para la coordinación de los lanzamientos, coordinación y recepción.

Descripción:

Los inmortales de bandeja. Ubicados todos los niños, salvo uno detrás de las línea, ejecutarán golpes de bandeja evitando que su compañero del otro lado toque la bola. Si la toca, intercambian la posición. Si falla el golpe, se va con su compañero. Y si mete la bola sin que la toque nadie, vuelve a la fila para continuar el ejercicio. Gana el niño que quede solo en la fila.

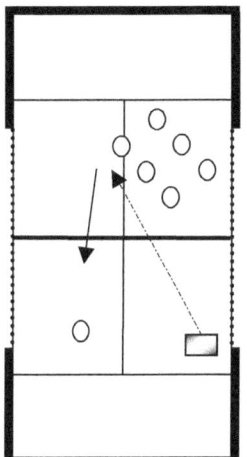

Ejercicio 0994   Ejercicios con Niños

Objetivo: Ejercicios para la coordinación de los lanzamientos, coordinación y recepción.

Descripción:

Los inmortales de salida de fondo de derecha. Ubicados todos los niños, salvo uno detrás de las línea, ejecutarán golpes de salida de fondo de derecha evitando que su compañero del otro lado toque la bola. Si la toca, intercambian la posición. Si falla el golpe, se va con su compañero. Y si mete la bola sin que la toque nadie, vuelve a la fila para continuar el ejercicio. Gana el niño que quede solo en la fila.

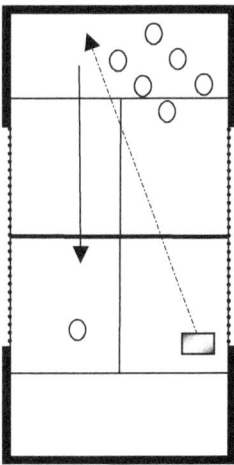

Ejercicio 0995   Ejercicios con Niños

Objetivo: Ejercicios para la coordinación de los lanzamientos, coordinación y recepción.

Descripción:

Los inmortales de salida de fondo de revés. Ubicados todos los niños, salvo uno detrás de las línea, ejecutarán golpes de salida de fondo de revés evitando que su compañero del otro lado toque la bola. Si la toca, intercambian la posición. Si falla el golpe, se va con su compañero. Y si mete la bola sin que la toque nadie, vuelve a la fila para continuar el ejercicio. Gana el niño que quede solo en la fila.

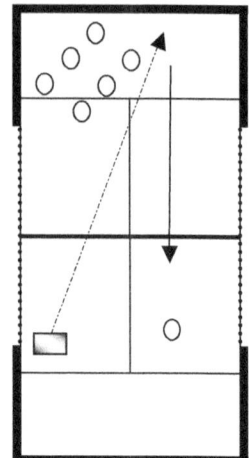

Ejercicio 0996   Ejercicios con Niños

Objetivo: Ejercicios para la coordinación de los lanzamientos, coordinación y recepción.

Descripción:

Los inmortales de salida de lateral de derecha. Ubicados todos los niños, salvo uno detrás de las línea, ejecutarán golpes de salida de lateral de derecha evitando que su compañero del otro lado toque la bola. Si la toca, intercambian la posición. Si falla el golpe, se va con su compañero. Y si mete la bola sin que la toque nadie, vuelve a la fila para continuar el ejercicio. Gana el niño que quede solo en la fila.

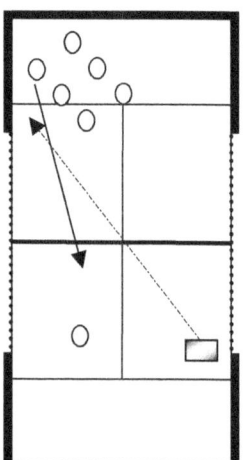

Ejercicio 0997   Ejercicios con Niños

Objetivo: Ejercicios para la coordinación de los lanzamientos, coordinación y recepción.

Descripción:

Los inmortales de salida de lateral de revés. Ubicados todos los niños, salvo uno detrás de las línea, ejecutarán golpes de salida de lateral de revés evitando que su compañero del otro lado toque la bola. Si la toca, intercambian la posición. Si falla el golpe, se va con su compañero. Y si mete la bola sin que la toque nadie, vuelve a la fila para continuar el ejercicio. Gana el niño que quede solo en la fila.

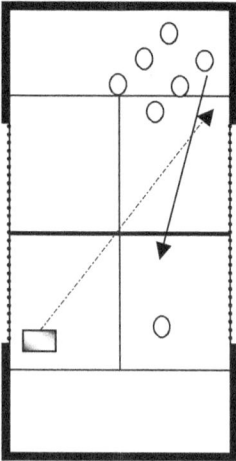

Ejercicio 0998   Ejercicios con Niños

Objetivo: Ejercicios para la coordinación de los lanzamientos, coordinación y recepción.

Descripción:

El tiro enfrente. Ubicados todos los niños en círculo y separados por parejas, a la voz del monitor se pasarán la bola sin bote a la vez.

Una vez se perfeccione, se intentará realizar con bote en el suelo.

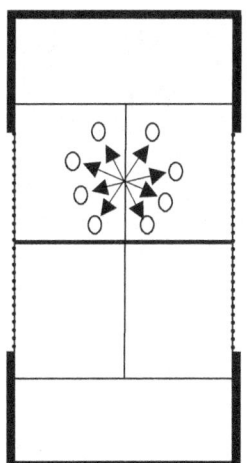

Ejercicio 0999   Ejercicios con Niños

Objetivo: Ejercicios para la coordinación de los lanzamientos, coordinación y recepción.

Descripción:

Pasa la bola. Ubicados los jugadores en fila separados por grupos a cada lado de la red, se pasarán la bola sin que se les caiga. Una vez han pasado la bola, se colocarán de nuevo en la fila. Si se les cae, no volverán a la fila.

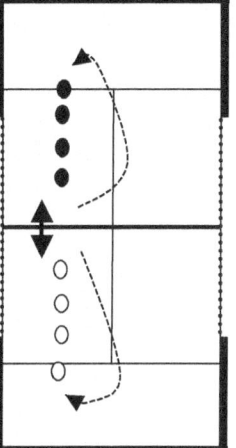

Ejercicio 1000   Ejercicios con Niños

Objetivo: Ejercicios para la coordinación de los lanzamientos, coordinación y recepción.

Descripción:

Tiro al bolo (II). Ubicados los niños cerca de la red, tirarán bolas por encima de la red para intentar derribar los conos situados en mitad de la pista.

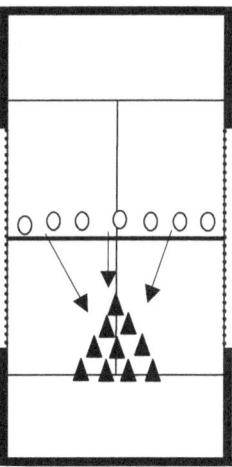

Ejercicio 1001   Ejercicios con Niños

Objetivo: Ejercicios para la coordinación de los lanzamientos, coordinación y recepción.

Descripción:

La nueva canasta. Ubicados los niños detrás de la línea de saque, tirarán con la mano las bolas que tienen en el suelo intentando meterlas en el cesto.

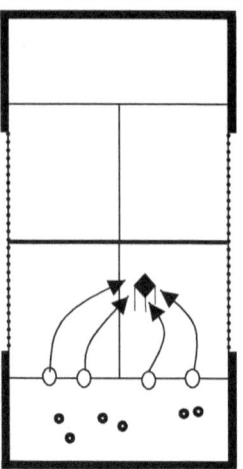

EL PÁDEL Y LA VISIÓN.

La visión en el pádel es fundamental en varios aspectos, el ojo recoge las imágenes en la retina (sensación) y las envía por la vía óptica al cerebro, el cual las analiza (percepción) y envía ordenes motoras a los órganos encargados de ejecutar determinadas acciones y/o movimientos.

Por ello se antoja vital que este envío de información sea rápido y preciso para poder realizar de forma correcta y coordinada el movimiento o la acción requerida en el juego.

Para que esta vía sea precisa, en primer lugar, las estructuras que lo componen debes estar sanas, sin ninguna patología; además, se debe dar una imagen lo más nítida posible en retina, es decir debemos ser emétropes o bien tener corregido nuestro defecto refractivo ya sea miopía, astigmatismo o hipermetropía en visión lejana, y también debemos tener una buena funcionalidad de nuestra visión, ésto se refiera a una serie de habilidades visuales que son fundamentales en el deporte del pádel ya que, podemos tener una visión perfectamente nítida, pero no tener desarrolladas estas habilidades visuales al 100% , con lo cual no integraremos de manera correcta esa perfecta imagen en retina y ello conllevará a errores.

A continuación pasaremos a describir estas habilidades visuales, haremos una breve descripción de cada una y citaremos de manera muy básica una serie de ejercicios de terapia visual que permiten entrenar (si amigos, la visión también se entrena) y mejorar todas estas habilidades visuales:

1. **Coordinacion ojo mano.**

La coordinación ojo-mano es la capacidad para mover con precisión las manos de acuerdo con la imagen que nuestro sistema visual capta. La coordinación ojo-mano sirve para valorar la precisión con la que una decisión ejecute.

Nos permite ejecutar movimientos finos y precisos de nuestras manos con la pala, el poder inclinar la pala unos grados con precisión para dar un efecto determinado, el poder cambiar la empuñadura rápidamente según viene la bola, todo está relacionado con esta coordinación ojo-mano.

2. Tiempo de reacción visual

Es el tiempo que pasa desde aparece un estímulo visual y somos capaces de verlo (tiempo de reacción sensitivo) y ejecutar una repuesta motora a este estímulo (tiempo de reacción motor).

Como es fácil de entender, unos tiempos de reacción visual muy tardíos harán que lleguemos tarde a las bolas o no podamos anticiparnos en una jugada determinada.

3. Memoria visual.

La memoria visual es la capacidad que nuestro cerebro tiene de preservar o mantener fijada una determinada imagen aunque ésta ya no esté presente ante nuestros ojos, en el padel es muy útil por ejemplo mantener en nuestra mente una imagen mental de donde y cómo están colocados nuestros contrarios mientras yo ejecuto un golpe de espaldas sin posibilidad de verlos.

Esto nos permitirá poder tomar una decisión en nuestro golpe sin necesidad de mirar, ya que nuestra memoria visual nos estará dando esa información y podremos colocar la bola con mejor información.

(Foto número 15. David Lapastora con el objetivo fijo en la bola)

4. Vision periférica

La visión periferia es la capacidad poder estar mirando un determinado estimulo en el centro de nuestro campo visual y a la vez ser conscientes de lo que hay en la periferia, alrededor de él; eso nos permite localizar huecos laterales en los desplazamientos de la pareja rival, detectarlos a la vez que estamos mirando al frente y poder elegir la dirección del golpe adecuada sin necesidad de estar girando constantemente la cabeza.

5-Agudeza visual dinámica

La agudeza visual tal y como la conocemos, la que medimos en nuestro gabinete, se realiza con estímulos estáticos, sin movimiento; ésto en el mundo del deporte se da muy pocas veces, aquí el estímulo casi siempre está en movimiento y son los músculos oculares los encargados de dirigir los ojos rápidamente para que puedan enfocarlos nítidos (motilidad ocular), para ello realizan unos movimientos sacadicos y de seguimientos, con el fin de no verlos dobles.

Entrenamiento visual digital para habilidades visuales en deporte:

Hoy en día existen centros especializados en entrenamientos de visión deportiva, con software específico y pantallas táctiles que, de forma muy amena y divertida mediante videojuegos, permiten mejorar y cuantificar la evolución del entrenamiento.

Pasamos a enumerar los más importantes con los que nosotros trabajamos:

.- **Taquitoscopio central**: mejora la agudeza visual central, la memoria visual y el tiempo de reacción.

.- **Taquitoscopio periférico**: mejora la visión periférica, memoria visual y coordinación ojo-mano.

.- **Taquitoscopio centro-periferia**: memoria visual, sacádicos y tiempo de reacción.

.- **Cuenta-caracteres**: sacádicos y coordinación ojo-mano.

.- **Marca-caracteres**: sacádicos, visión periférica y coordinación ojo-mano.

.- **Identificacion y coordinación**: coordinación ojo-mano, sacádicos y visión periférica.

.- **Flecha de dirección**: coordinación ojo-mano y sacádicos.

.- **Ping pong**: seguimientos, coordinación ojo-mano y periferia.

.- **Sígueme**: seguimientos, sacádicos y coordinación ojo-mano.

.- **Laberintos**: coordinación ojo-mano fina.

.- **Tic tac toe**: memoria visual y reacción visual.

El optometrista especializado tras un examen optométrico deportivo, evaluara las habilidades visuales y preparara un programa de entrenamientos para potenciar las habilidades visuales requeridas, estos software permiten cuantificar las habilidades y su mejora evolutiva durante las sesiones de entrenamiento.

Espero y deseo que hayáis encontrado interesante este capitulo, se ha hecho con todo el cariño del mundo.

David Calderon Rodriguez - Col 8017 - Visioramasport

www.opticasvisiorama.com

RESEÑAS DE PÁDEL

"Desde fuera, este deporte es muy engañoso, difícil de apreciar el nivel verdadero de los jugadores. Lo que se ve son los golpes vistosos, la plasticidad de ejecución o los "winners" aislados. Pero para saber cómo juega realmente tienes que meterte dentro, sentir la dificultad de sus golpes, si vienen ajustados a la pared, dan poco rebote, qué tipo de efecto y variedad utiliza, cómo vienen sus globos y a qué zona los tira, cómo defiende y pone la bola en las zonas….; todo eso, que desde fuera es tan difícil de apreciar, es lo que te da las verdaderas pistas del nivel del jugador."

"Para mí el pádel es un deporte donde me enfrento a diferentes situaciones que me plantea la vida haciendo a la vez lo que me gusta. Por tanto, cada partido es una situación y cada día aprendo algo nuevo."

"Quien teme perder, ya está vencido. Si corres lo que te piden, serás bueno. Si corres el doble, serás mejor."

"Si no sueñas, nunca encontrarás lo que hay más allá de tus sueños".

"No todo se cuece dentro de la pista. Mira partidos, analiza a los jugadores y crea tus estrategias. El pádel no es sólo darle bien a la pelotita."

"Entrena siempre como si fuese el primer día, y más allá de haber ganado o perdido el último partido, cada vez que entres a la pista, exígete al máximo para ser el mejor."

"El Pádel es un deporte, una profesión, un hobby, una diversión y en mi caso, mi vida…. El entrenamiento lo es todo, es la base para una buena carrera."

"El Pádel es un deporte de equipo con lo cual hay que enseñarlo y entenderlo así."

"El inteligente no es aquel que lo sabe todo sino aquel que sabe utilizar lo poco que sabe.

El Pádel es un deporte mental donde además se juega al pádel.

Consejos fundamentales:
1.- Divertirse, ya sea jugando o dando clases.

2.- Buscar retos para mantener la motivación.
3.- Ganar el último punto del partido."

"Cuando arrancas en este deporte nunca aprendes aunque a ti te parezca, recién aprendes cuando crees que te estancas, quiere decir que empiezo a crecer como jugador."

"El Pádel es un deporte que cautiva nada más empezar, pero si continúas y lo trabajas, será como tu enamorado….. no sólo te cautivara sino te apasionará y ya no podrás vivir sin él."

"Debemos jugar siempre con muchas ganas y jugar al máximo en todos los puntos para intentar ganar el partido pero sin olvidar que lo más importante y el mejor camino para llegar allí, es cuando nosotros nos divertimos y nos aprovechamos de nuestra pasión por este deporte para jugar nuestro mejor pádel."

"De tu velocidad reactiva dependerá anticiparte a la trayectoria, de tu velocidad de ejecución la efectividad de los gestos técnicos, de la resistencia a la velocidad los niveles de competitividad óptimos para ganar el juego."

"El Pádel, al igual que el ajedrez, es un juego mental y no solamente físico, requiere tranquilidad y saber jugar tal y como requiere cada jugada."

"Mis problemas desaparecen cuando la bola ha pasado la red." "Ganar o perder un partido depende de las ganas que Ud. tenga de jugar el último tanto." "Si tienes miedo a perder, no mereces ganar." "Tienes que perder para saber cómo ganar"

"Es solo Pádel…… pero me gusta."

"Rapidez, coordinación, reflejos, picardía y colocación…. Más que un deporte."

"No es problema caer, todos lo hacemos, lo importante es poder levantarse, y cuanto antes, mejor."

"Disciplina, Paciencia y Conciencia"

"Nunca dejes de aprender" Norman Foster.

"Todo el mundo y todo a tu alrededor es tu maestro" Ken Keyes.

"Quien se atreve a enseñar nunca debe dejar de aprender" Paulo Freire.

AGRADECIMIENTO ESPECIAL
A PAQUITO NAVARRO COMPÁN

Desde estas líneas quiero agradecer a Paquito Navarro Compán la predisposición inmediata que tuvo desde el principio en el que comencé a pedirle colaboración para realizar el prólogo y contribuir con su experiencia en la finalización del libro.

¡Eternamente agradecido!

NOMBRE:

Francisco Navarro Compán

LUGAR Y FECHA DE NACIMIENTO:

Sevilla, 10 de febrero de 1989

PROFESIÓN:

Jugador profesional de pádel y estudiante de Dirección y Creación de Empresas en la Universidad Europea de Madrid.

LADO DE JUEGO:

Revés

MANO DE JUEGO:

Derecha

MODELO DE PALA:

BullPadel Hack

PESO DE LA PALA / NÚMERO DE OVERGRIPS:

370 grs./ 1

PATROCINADORES Y COLABORADORES

AGRADECIMIENTOS COLABORACIÓN EN EL LIBRO

David Calderon Rodriguez - Col 8017 - Visioramasport

www.opticasvisiorama.com

Patentado por:

Antonio José Jiménez Martín

Derechos adquiridos por la marca PADELBOING:

www.padelboing.com

Teléfono: 652117602

Email: info@padelboing.com

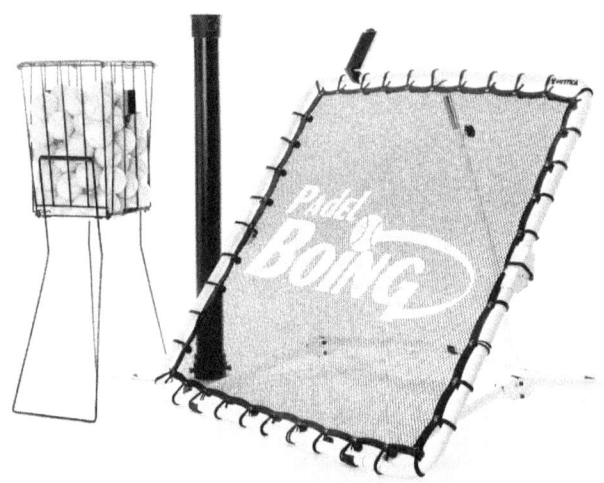

DATOS DEL AUTOR

FORMACIÓN DEPORTIVA:

- **Título Monitor de Pádel** impartido por la Federación Madrileña de Pádel

- **Título de Monitor de Pádel Adaptado** impartido por la Asociación de Pádel Adaptado (ASPADO)

- **Título de Juez Árbitro de Pádel**, impartido por la Federación Madrileña de Pádel (Director del Curso: Gonzalo de la Herrán, Gerente del WPT y Gerente de la Federación Madrileña de Pádel).

- **Título de Entrenador de Pádel,** por la APA.

LIBROS PUBLICADOS:

.- "1001 Juegos y Ejercicios de Pádel", de la Editorial Wanceulen, año 2011

.- "1001 Games and Exercises of Padel", de la Editorial Wanceulen, noviembre de 2016

.- "Pádel: sus golpes, entrenamiento y más", de la Editorial Wanceulen, marzo 2017.

CONTACTO Y REDES SOCIALES:

Mail: juanjo.moyano@gmail.com // esferapadel@gmail.com

Instagram: juanjo_moyano_
Youtube: Juanjo Moyano – clases de pádel
Web: www.esferapadel.com
Tweeter: @juanjo__moyano

BIBLIOGRAFÍA

.- Libro "1001 Juegos y Ejercicios de Pádel", Editorial Wanceulen, de Juanjo Moyano Vázquez.

.- Libro "1001 Games and Exercises of Padel", Editorial Wanceulen, de Juanjo Moyano Vázquez.

.- Libro "Pádel: sus golpes, entrenamiento y más", Editorial Wanceulen, de Juanjo Moyano Vázquez.

.- Manuales de apoyo del Curso de Monitor de Pádel por la Federación de Pádel de Madrid.

.- Libro Curso de Monitor de Pádel Adaptado, impartido por Kiki de la Rocha, Presidenta de la Asociación de Pádel Adaptado.

.- www.esferapadel.com La web del Pádel

.-Manual de uso de Padelboing

FOTOGRAFÍA

.- Fotografía propiedad de PadelBoing, Visioramasport, David Lapastora, Bullpadelsport y Juanjo Moyano.

Derechos de autor reservados y cedidos al autor.